"十四五"时期国家重点出版物出版专项规划项目

罗汉果全产业链关键技术研究与应用

李典鹏 卢凤来 蓝福生 主编

Research and Application of
the Key Technologies in the Industrial Chain of Monk Fruit

中国农业科学技术出版社

图书在版编目（CIP）数据

罗汉果全产业链关键技术研究与应用 / 李典鹏，卢凤来，蓝福生主编 . -- 北京：中国农业科学技术出版社，2025.4. -- ISBN 978-7-5116-7311-4

Ⅰ . F426.77

中国国家版本馆 CIP 数据核字第 202551QE78 号

责任编辑	张国锋
责任校对	李向荣
责任印制	姜义伟　王思文

出 版 者	中国农业科学技术出版社
	北京市中关村南大街 12 号　邮编：100081
电　　话	（010）82109705（编辑室）（010）82106624（发行部）
	（010）82109709（读者服务部）
网　　址	https://castp.caas.cn
经 销 者	各地新华书店
印 刷 者	北京地大彩印有限公司
开　　本	185 mm×260 mm　1/16
印　　张	26.5
字　　数	500 千字
版　　次	2025 年 4 月第 1 版　2025 年 4 月第 1 次印刷
定　　价	498.00 元

◆ 版权所有・侵权必究 ◆

《罗汉果全产业链关键技术研究与应用》编委会

主　　编　李典鹏　卢凤来　蓝福生

副 主 编　宋静茹　蒋水元　李　健　黄夕洋　臧艺玫
　　　　　　颜小捷

编　　者　李　丽　马小军　羊学荣　蓝斐思　张川梅
　　　　　　蒋小华　韦玉璐　莫长明　张燕玲　黎杏玉
　　　　　　储　建　罗祖良　陈月圆　向巧彦　曹贝贝
　　　　　　李　虹　代兴华　谭泰梁　蒋语鸣　梁振华
　　　　　　王　望　李喜媚　郭丽霞　夏　星　张宝堂
　　　　　　苏家贤　王崇楠　蒋海英　易　萍　甘　婷

参编单位　广西壮族自治区中国科学院广西植物研究所
　　　　　　广西中医药大学
　　　　　　桂林吉福思罗汉果生物技术股份有限公司
　　　　　　中国医学科学院药用植物研究所
　　　　　　广西壮族自治区农业科学院
　　　　　　北京城市学院
　　　　　　湖南绿蔓生物科技股份有限公司

序 一

　　罗汉果,作为广西"十四五"重点开发的药材品种,声名远扬,素有"神仙果""肺部清道夫"的美誉。在中医领域,它是一味良药,有着清热润肺、滑肠通便的显著功效,常用于治疗肺火燥咳、咽痛失音、肠燥便秘等病症。现代医学研究也表明,罗汉果在咳嗽及哮喘、急性肺损伤和肺纤维化等呼吸系统疾病的治疗中发挥着关键作用。在《广西壮族自治区新型冠状病毒肺炎中医药防治方案(试行第四版)》中,由罗汉果10克与陈皮6克组成的预防茶饮方,在新冠肺炎预防中成效显著,这一实例更是凸显了罗汉果的药用价值。

　　2022年发布的《广西"十四五"罗汉果产业高质量发展专项规划》,为罗汉果产业发展绘制了宏伟蓝图。其中明确提出"提高罗汉果精深加工产品份额,整合开发共享相关技术资源,提升甜苷在第三代甜味剂中的竞争力"的关键任务,从稳定原料供应链、加强产品加工与技术研发、加大生产性服务业建设、推进"罗汉果+"大健康产业发展等方面内容,推动罗汉果产业结构优化与高质量发展。当下,罗汉果产业已构建起上下游完备、特色鲜明且竞争力较强的产业链,覆盖科学研究开发、良种选育繁育、规模化种植、产品加工销售等各个环节。而罗汉果甜苷作为天然甜味剂的生产与应用,则是这一产业的核心支撑。然而,在这繁荣景象背后,产业发展仍面临诸多挑战,如技术瓶颈亟待突破、产品标准化程度有待提高、市场竞争日益激烈等。这些问题制约着罗汉果产业向更高质量、更可持续的方向迈进。

　　值此关键时刻,《罗汉果全产业链关键技术研究与应用》这部著作应运而生,可谓恰逢其时。这部著作堪称罗汉果产业的集大成之作,全面且深度地展现了罗汉果产业的方方面面。它从罗汉果的基础生物学特性入手,深入剖析其化学物质、药理作用,

罗汉果
全产业链关键技术研究与应用

为后续的开发利用奠定了坚实的理论基础。在种植环节,详细介绍了优良品种选育、高效栽培技术以及病虫害绿色防控等关键技术,旨在实现罗汉果的优质、高产、绿色种植。对于加工领域,书中涵盖了从传统加工工艺到现代高新技术的全面阐述,致力于提升罗汉果产品的附加值和市场竞争力。著作者们整理了罗汉果根、茎、叶的化学成分及生物活性研究结果,分析了罗汉果植株资源全利用的可行性与科学性,为罗汉果产业的延伸开辟了新方向。此外,还对罗汉果产业的市场前景、发展趋势进行了精准分析,提出了一系列具有前瞻性和可操作性的发展策略与建议。

本著作不仅涵盖了罗汉果基础研究与产业发展的来龙去脉、发展现状及未来走向,科学梳理与整合了现有信息,帮助普通大众深入认识罗汉果,更为科技工作者和从业人员提供了详实资料,其前瞻性的发展建议,能为产业决策者提供极具价值的参考,助力罗汉果产业迈向新高度,实现更大突破与发展。衷心祝愿本书能够在学术界和产业界引起广泛关注与积极反响,成为推动罗汉果产业发展的经典之作。同时,也期待作者团队能够继续深耕细作,为我国特色药材产业的发展奉献更多智慧与力量。

中国科学院昆明植物研究所
中国科学院院士
2025 年 1 月

序 二

　　罗汉果是葫芦科多年生藤本植物罗汉果的果实，我国首批药食同源目录品种。罗汉果甜苷是其独有的甜味成分，具有天然、安全、风味好的特点。1995年，美国食品药品监督管理局批准在食品中添加罗汉果甜苷。1996年，我国批准将其用作食品添加剂。罗汉果甜苷因已成为天然甜味剂市场的新宠而广泛应用于食品与饮料的添加中。同时，罗汉果是广西"桂十味"特色道地药材，广西中药材、壮瑶药材产业高质量发展的重点开发品种，具有清肺止咳、润肠通便的传统功效。现代药理学研究表明，罗汉果植株的果实、根、茎和叶丰富多样的化学成分具有调节糖脂代谢、保肝、防癌抑癌、调节免疫、抗氧化等诸多生物活性，具备较强的保健价值。随着民众健康意识的增强，国内外对罗汉果的需求逐年增加，罗汉果产业在近年来得到迅猛发展，不仅种植面积不断扩大，生产加工的企业也日渐增多。然而，产业的发展也面临着认知度、技术创新、产品开发、品牌建设等诸多问题。因此，如何科学合理地利用好这一独特资源，全面挖掘其食品与保健的双重附加值，集成高效、优质、节能的生产关键技术来促进产业可持续发展，已然成为罗汉果产业迫切需要解决的问题。

　　《罗汉果全产业链关键技术研究与应用》的著作者由一批在农业科学、食品科学、生物学等领域颇有建树的专家学者组成。他们不仅在学术研究上成果丰硕，发表了众多高水平的科研论文，还积极投身于罗汉果产业实践，与种植基地、加工企业建立了长期的合作关系。这种理论与实践相结合，确保了著作内容的科学性、实用性与前瞻性。笔者们广泛收集与参阅近年相关信息，总结了研究团队基础研究与生产实践成果，系统剖析了罗汉果化学成分与食药价值；介绍了罗汉果甜苷分子生物学基础研究、优良种质培育以及现代化种植技术；汇编罗汉果生产加工技术及其在终端快消产品方面的适用性；分析相关产业知识产权现状，提出了发展对策；提出罗汉果资源综合开发的可能性与科学性。从产业发展的宏观角度看，本专著将罗汉果全产业链条的零散技术与信息形成一套完整的技术体系与产业发展指南，系统总结了罗汉果产业基础和发展现状，前瞻性探讨了产业发展存在的困难、机遇及其对策，涉及工、医、农等多个领域，内容丰富，兼具理论性、应用性与系统性。对于科研人员，它是进一步深入研究的基石；对于产业从业者，它是重要的技术支持也是制定战略决策的重要参考；对于政府部门，它是制定产业扶持政策的有力依据。该著作的出版将促进罗汉果产业各环节之间的对接与协同发展，为广西罗汉果大健康产业的提质增效提供支撑与思路。

值此著作脱稿之际，我很高兴看到这部书稿并为之作序。衷心希望该书的出版能为我国从事罗汉果科学研究的科技工作者及相关产业的管理人员、从业人员提供有益借鉴与参考，为消费者的品质生活和健康追求提供有价值的启迪与帮助。

中山大学
中国科学院院士 陈新滋
2024 年 12 月

序 三

罗汉果是中国特色药食同源中药材，性凉味甘，有清热润肺作用，临床上主要用于治疗哮喘、咽炎、急/慢性气管炎、肺炎、肺结核等呼吸系统疾病。罗汉果独有天然甜味成分——罗汉果甜苷已获得40多个国家的市场准入，成为天然甜味剂市场的新宠，被广泛应用于食品与饮料中。罗汉果是广西桂林传统特色药材，也是广西"十四五"重点发展的"桂十味"药材之首，将这一最具广西特色和优势的中药大品种做强做大是广西经济发展的迫切需求。近年来罗汉果产业得到迅速发展，不仅桂林地区种植面积明显增加，湖南、贵州、福建等地也开始种植。目前罗汉果产业发展既迎来前所未有的机遇，也面临着认知度有待提高、技术创新有待加强、产品开发有待深入、品牌建设有待完善等问题，总结与集成现有相关领域的研究成果，从中寻找突破对促进产业的可持续发展至关重要。

该书聚焦罗汉果产业链的研究与生产实践，从产业实际与学术研究出发，总结了研究团队多年研究与生产实践成果，结合广泛收集与参阅近年相关文献信息，总结了罗汉果物质基础和分子生物学方向的科学研究；介绍了基于甜苷成分的优良种质培育和现代化种植技术；汇编了罗汉果产业中的初级加工及精深加工产品的生产工艺、产品类型及知识产权现状；并提出罗汉果资源综合开发利用的蓝图设想。本专著紧密围绕罗汉果全产业链关键技术研究与应用展开阐述，系统总结了罗汉果产业基础、现状与趋势，涉及多个领域，内容丰富，兼具理论性、应用性与系统性，可作为科技工作者、种植技术人员、生产与管理者的良好参考用书，使从业人员能够快速追踪技术最新进展，为广西罗汉果大健康产业的提质增效提供支撑与思路。

该书主编李典鹏研究员、卢凤来研究员、蓝福生董事长为长期深耕罗汉果物质基础、功能评价、产品开发、育种、种植等领域的科技工作者与企业家。多年来他们紧紧围绕罗汉果的基础理论与技术前沿问题，积极探索、潜心研究、不断创新，主持完成国家自然科学基金项目、国家科技攻关计划项目、广西重大专项等多个罗汉果领域的重大科学研究项目，取得了诸多原创性成果。全书内容丰富、系统全面，不仅注重基础研究，更注重与生产实际相结合，该书既是一部具有理论深度的研究专著，也是一部适用于基层与企业相关人员的工具书。

该著作的出版必将为该领域的科学研究、学科发展和人才培养等方面发挥积极的推动作用和产生深远的影响，能为相关产业的管理人员、从业人员提供有益借鉴与技术支撑。我欣然为之作序。

中国科学院昆明植物研究所
成都中医药大学
2024 年 12 月

前 言

罗汉果［Siraitia grosvenorii（Swingle）C.Jeffrey］是葫芦科多年生藤本植物罗汉果的果实，我国首批药食同源目录品种，广西"桂十味"特色道地药材，也是广西中药材、壮瑶药材产业高质量发展的重点开发品种。罗汉果具有清肺止咳、润肠通便的功效，同时具备调节糖脂代谢、保肝、防癌抑癌、免疫调节等多种保健价值；罗汉果果实中主要甜味成分——罗汉果甜苷因天然、安全、零热量已经成为享誉全球的知名天然甜味剂。在国内外对罗汉果产品日益扩大的市场需求拉动下，学者和民众对罗汉果认知的渴求也愈加强烈。本专著作者从实际产业需求与学术研究基础出发，总结多年研究与生产实践成果，结合广泛调研、收集与参阅近年相关文献信息，分析了罗汉果研究与产业发展的现状，针对存在问题提出建设性发展思路、对策与建议；再由罗汉果最具市场价值的甜味成分入手，介绍罗汉果甜苷分子生物学基础研究、优良种质培育以及现代化种植技术；综述了罗汉果植物化学与药理药效研究进展，提出其保健价值开发设想；汇编罗汉果生产加工技术及其在终端快消产品方面的适用性，并分析相关产业知识产权现状与未来对策；同时依据非药用部分、加工废弃物的基础/应用研究，提供罗汉果资源综合开发的科学依据。本专著紧密围绕罗汉果全产业链关键技术研究与应用展开论述，系统总结了罗汉果产业基础、现状与趋势，涉及理、工、医、农等多个领域，内容丰富，兼具理论性、应用性与系统性，可作为科技工作者、种植技术人员、生产与管理者的良好参考用书，使从业人员能够快速追踪最新进展，为广西罗汉果大健康产业的提质增效提供支撑与思路。

本书内容的研究工作得到国家重点研发计划"南药产业关键技术研究与应用示范"（2022YFD1600300），国家自然科学基金联合基金"基于甜苷V标志物的罗汉果道地性多元评价及分子机制的研究"（U20A2004），国家自然科学基金地区基金"罗汉果苷、苷元及其衍生物防癌活性及机制研究"（21562009）、"罗汉果总皂苷及其组分的吸收和代谢特点研究"（81160392），广西科技重大专项"药食同源系列产品开发"（桂科AA23023035-6）、"广西特色药食同源（两用）植物资源深度挖掘及康旅融合产业化示范"（桂科AA22096020），广西重点研发计划"罗汉果加工废弃物再利用及产品开发"（桂科AB16380108）与"基于传统功效活性组分的罗汉果种植关键技术研究及其大健康产品开发"（桂科AB25069040），广西自然科学基金重点项目"基于代谢成分的罗汉果体内抗肺损伤药效物质基础及作用机制研究"（2023GXNSFDA026053）、桂林市重大专项"罗汉果产业发展关键瓶颈技术攻关"（20170303）、国家农业产业融合发展"广西罗汉果优势特色产业集群项目"等项目重点资助。在此，一并致以感谢！

此外，本书内容得以顺利推进，离不开众多人士的热情参与和辛勤付出。在此，我们怀着诚挚的感激之情，特别向中山大学陈新滋院士，以及中国科学院昆明植物研究所的孙汉董院士、黎胜红研究员致谢，承蒙他们为本书作序，为其增添了厚重的学术价值。在著作撰写过程中，我们参考了诸多文献资料。由于篇幅有限，无法将所有引用文献一一详尽罗列，在此，我们向每一位相关文献的作者，以及所有支持本书撰写工作的同仁，致以最衷心的感谢！

由于作者学识和水平有限，书中若存在表述不当或欠妥之处，恳请各位同行不吝批评指正。我们将虚心接受，并在后续科研工作中持续改进，力求使内容更加完善。

编者

2025年1月

目 录

第一章　概　述　/ 1

　　第一节　罗汉果研究与产业发展现状　/ 3

　　第二节　罗汉果产业面临的机遇　/ 11

　　第三节　罗汉果产业面临的问题与困境　/ 20

　　第四节　罗汉果产业发展思路、对策与建议　/ 24

第二章　罗汉果的化学成分、药理作用及临床应用　/ 31

　　第一节　罗汉果的化学成分研究　/ 33

　　第二节　罗汉果的功效及作用机制研究　/ 51

　　第三节　罗汉果苷体内吸收、代谢与分布研究　/ 65

　　第四节　罗汉果醇衍生物的制备与活性研究　/ 77

　　第五节　罗汉果的临床应用　/ 93

第三章　罗汉果分子生物学研究及应用　/ 105

　　第一节　罗汉果甜苷类成分合成途径及关键基因研究　/ 106

　　第二节　罗汉果遗传转化与细胞培养　/ 122

　　第三节　罗汉果苷Ⅴ合成相关分子标记研究及应用　/ 131

第四章　罗汉果育种与种苗繁育　/ 147

　　第一节　罗汉果种质资源　/ 148

　　第二节　罗汉果育种　/ 156

　　第三节　罗汉果种苗繁殖　/ 164

第五章　罗汉果种植关键技术　/ 185

　　第一节　罗汉果种植园的建立　/ 186

第二节　罗汉果种植管理　/ 197

　　第三节　罗汉果主要病虫害的防治　/ 214

　　第四节　罗汉果创新栽培技术　/ 232

　　第五节　罗汉果的采收、贮运与保鲜　/ 242

第六章　罗汉果干制品加工技术　/ 249

　　第一节　罗汉果干制的基本原理　/ 250

　　第二节　影响罗汉果干果品质的因素　/ 261

　　第三节　罗汉果干制生产工艺与设备　/ 264

　　第四节　罗汉果干制品的生产实例　/ 274

第七章　罗汉果提取物加工技术　/ 283

　　第一节　罗汉果提取物类型　/ 284

　　第二节　罗汉果提取物的生产工艺与设备　/ 287

　　第三节　罗汉果甜苷生产线设计与生产过程控制关键　/ 304

　　第四节　罗汉果提取物的质量标准　/ 310

　　第五节　产品包装与贮存　/ 319

第八章　罗汉果深加工产品的应用与终端产品加工工艺　/ 325

　　第一节　罗汉果深加工产品的应用特性　/ 327

　　第二节　罗汉果提取物在终端产品中的应用　/ 331

　　第三节　罗汉果终端产品的加工工艺　/ 340

第九章　罗汉果废弃物的开发与利用　/ 349

　　第一节　罗汉果根化学成分与活性研究　/ 350

　　第二节　罗汉果非果实部位黄酮成分及活性研究　/ 362

　　第三节　罗汉果深加工残渣的综合开发与利用　/ 367

　　第四节　罗汉果中角鲨烯、蛋白酶的开发与利用　/ 375

第十章　罗汉果标准与知识产权分析　/ 381

　　第一节　罗汉果产业标准体系建设情况　/ 382

　　第二节　罗汉果专利现状及趋势　/ 392

　　第三节　罗汉果品牌建设情况　/ 401

第一章 概述

据史料记载，罗汉果早在南宋时期就被用于煮茶饮用，且以《赋罗汉果》诗三首的形式出现在公元1167年的《南岳倡酬集》一书中："目劳竹倦登乔岳，吻燥肠枯到上方。从遣山僧煮罗汉，未妨分我一杯汤"（仲晦）；"黄实累累本自芳，西湖名字着诸方。里称胜母吾尝避，珍重山僧日煮汤"（敬夫）；"团团硕果自流黄，罗汉芳名托上方。寄语山僧留待客，多些滋味煮成汤。（择之）"这是"罗汉果"被寺院僧人发现并命名的最早记载。清光绪十一年（即1885年），永宁州（今桂林市永福县百寿镇）牧派人重刊《永宁州志》载，刘翰镇先生将"罗汉果、百合、勾藤"一同增修入"物产科药石类"，这为罗汉果入药提供了依据。清光绪三十一年（即1905年），重刊《临桂县志》记有"罗汉果大如柿，椭圆中空，味甜性凉治劳嗽"，至此，对罗汉果药效有了官方解读。1932年，《岭南采药录》将罗汉果收录其间。1975年，学者CHI-HANG LEE（李志航）发表了罗汉果成分的初步研究结果，在研究报告中，明确指出罗汉果富含罗汉果甜苷，其甜度是蔗糖的300倍，且不产生热量。随即，大量的开发商与科研人员开始探索罗汉果甜苷作为糖尿病患者代用糖的可能性，罗汉果提取技术也应运而生。1977年，罗汉果终于被中医体系认证，收录于《中国药典》中。1987年，国家卫生部公布罗汉果为药食同源品种。罗汉果由最初寺院僧人使用，后逐渐传入民间，成为一种传统的养生食材。2010年1月，首个罗汉果甜味剂通过美国FDA-GRAS（一般公认安全性）认证，开启了罗汉果应用的新篇章。

第一章 概 述

第一节 罗汉果研究与产业发展现状

一、罗汉果研究概况

早在20世纪70—80年代，就有国内外学者对罗汉果进行研究。而对罗汉果的系统研究始于20世纪90年代，研究范围包括罗汉果的野生资源、品种选育、种植栽培、病虫害防治、生物学特性、化学成分、有效成分提取、药理药效、干果加工、新产品开发等，涵盖了整个罗汉果的生产链条。

陈燕蓉等（2024）基于文献分析发现，在以"罗汉果"为主题的文献中，广西发表的数量最多，共2 970篇，主要集中在罗汉果种植、加工、保鲜等产业化技术研究上。广东、安徽、湖南、北京、山东分别发表813篇、669篇、595篇、464篇、448篇；广东的研究主要集中在罗汉果成分分析、咳嗽、保健饮品、糖尿病干预等领域；安徽对罗汉果的研究主要集中在种植、成分分析等方面；湖南则注重罗汉果的成分分离纯化、医用价值等研究；北京则在罗汉果的遗传组学、多倍体育种、生物合成等方面开展前端研究。在广西，进行罗汉果的研究机构有广西师范大学、广西壮族自治区中国科学院广西植物研究所（以下简称广西植物研究所）、广西大学、广西中医药大学等，其中广西师范大学以290篇的总数位居第一，其研究方向主要为成分分析、组培、分离提取、遗传资源信息等方面。广西植物研究所近5年在罗汉果综合开发利用、皂苷体内代谢、功能评价方面取得较好的研究进展。目前，广西区内罗汉果产业相关单位建设有博士后科研工作站4个，省部级以上重点实验室8个，省部级以上技术中心4个。这些平台的设立为罗汉果产业的发展提供了有力的技术支撑。在区外，中国医学科学院药用植物研究所是最活跃的研究单位之一。总体而言，罗汉果领域的主要科研力量和科研成果集中在高校、科研院所，而企业作为产业发展的重要力量，其科研活跃度仍相对较低。

自2006年以来，广西罗汉果产业共有9项成果在省级科技奖励中获奖，其中二等奖5项、三等奖4项，主要涉及育种、种植、成分化学、安全标准、产业推广等方面，其中2010年以前获奖4项，等级均为三等奖；2010年至今获奖5项，等级均为二等奖（表1-1）。广西植物研究所作为牵头单位分别获得2012年和2022年广西科学技术进步奖二等奖，其中2022年联合吉福思公司、桂林三金药业股份有限公司、桂林市大地生物技术有限公司和永福县罗汉果研究所获奖的项目"罗汉果产业高质量发展关键技术开发与应用"，优化了罗汉果健康种苗繁育技术，选育出"龙江1号"和"大地2号"两个罗汉果优良品种；研发出以罗汉果为处方的3个国药准字号中成药，开发出罗汉果创新型产品——罗汉果浓缩汁，成为首个通过美国食品药品监督管理局FDA-GRAS认证并获准在6个月以上婴幼儿食品、饮料中使用的罗汉果果汁产品；2019—2021年，为广西罗汉果种植加工产业增值210 456.95万元，新增利润122 525.63万元，为广西新增税收4 490.48万元，创收外汇1 362.09万美元，节支总额5 156.38万元，取得了显著而重大的经济效益，并对罗汉果产业的结构调整和高质量发展产生了重大的带动与推进作用。但是与国内其他省份的特色大品种药材相比，广西罗汉果在分子生物学、药剂应用等高端领域中的研究相对落后，仍需进一步推动罗汉果高附加值产业的发展。

表1-1　罗汉果有关成果获广西科技奖励情况（2010—2023年）

序号	获奖名称	牵头单位	年份	获奖等级
1	罗汉果产业高质量发展关键技术开发与应用	广西植物研究所	2022	二等奖
2	高含量罗汉果甜苷V绿色制造关键技术的研究及应用	桂林莱茵生物科技股份有限公司	2020	二等奖
3	罗汉果非甜苷部分研究成果与应用	广西师范大学	2016	二等奖
4	罗汉果成分化学、活性及质量控制研究	广西植物研究所	2012	二等奖
5	罗汉果遗传育种研究	广西壮族自治区药用植物园	2010	二等奖

二、罗汉果种植的历史与现状

永福县开始有人工栽培罗汉果的文字记录，始见于明朝崇祯十三年（1640年）永宁州（今属永福县）知州马光所撰的《记略》。书中记述了马光巡视州境途中，入"竹

第一章 概　述

鸟寺"，寺中僧人以"果茶"（罗汉果）招待，并记述以此素果作为常年的佛前供果的事实。清嘉庆二十四年（1819年）版的《永宁州志》中将罗汉果增进入药石篇，这说明至少在清代，罗汉果已经作为药用。广西桂林市永福县和龙胜各族自治县被誉为"罗汉果之乡"，永福县种植罗汉果已有380多年历史，龙胜各族自治县也有200多年的历史。广西是罗汉果的主要核心产地，其种植历史可以作为罗汉果民间种植历史悠久的有力证明。因此，罗汉果在民间无论是种植还是药用方面，都有超过300年的历史。民国三十七年（1948年），原百寿县山林局给广西省府的报告中，不仅介绍了自民国十四年（1925年）以来罗汉果的栽培、采摘、产量、出口贸易情况，还记录了罗汉果的人工栽培历史已有300多年。这一记述，与马光《记略》所记的历史相吻合。

最初传统种植的罗汉果，第一年不挂果，第二年结5～10个，第三年结20～30个，产量非常低下。早期，野生罗汉果本就少见，加上山中鸟兽喜食用，较难获得，为了采摘的方便，僧人们便将此野生果的块根挖到寺庙附近山上种植，第二年，块根发芽长出藤蔓，花开了很多，但却不结果或或结果小又少。后发现这种植物在不同的植株上开出两种不同的花，从而悟出这种植株有公母之分，于是又挖了一些不一样花的植株块根带回种植，在开花时节，采摘公花（雄花）的花粉涂抹在母花（雌花）的柱头上，终于结出果实，这就出现了人工授粉。这种栽培方式逐步在山区民间相传。20世纪50年代，罗汉果生产逐年发展，栽培面积和产量不断增加，成为影响日益广泛的桂林特产。20世纪70年代，为改变罗汉果供不应求的局面，有关学者开始致力于罗汉果栽培技术的系统研究，并使罗汉果种植的科学技术水平得到迅速提高。罗汉果在种植方面最突出的是品种问题。罗汉果自人工种植以来，一直是由农户自行繁殖，主要采用种子培育、压蔓繁殖和块根繁殖等传统繁殖技术，几乎没有进行提纯复壮和单株优选，导致品种良莠不齐，单产逐年下降，有些地方还呈现种性退化、病害严重的势头。针对传统繁殖技术引起罗汉果产区病虫害发生严重的问题，众多专家学者采用组织培养进行脱毒苗的研究。20世纪80年代，林荣等学者以罗汉果胚轴、茎尖、叶片和茎段等材料为外植体，进行了组织培养研究，获得罗汉果组培再生植株。20世纪90年代，林治良和杭玲等人通过热处理和微茎尖培养，获得脱除花叶病毒的无病苗。20世纪末，罗汉果器官离体培养再生植株体系的各个环节，如无菌体系建立、繁殖体增殖、芽苗生根以及试管苗移栽驯化等进一步得以完善，使罗汉果脱毒组培苗生产进入工厂化阶段。通过广西师范大学生命科学学院李伯林教授等科研人员的努力，罗汉果脱毒组培苗在永福县实验种植成功，罗汉果产量得到大幅提升。进入21世纪后，罗汉果脱毒组培苗的推广应用，解决了长期以来困扰罗汉果种植发展的种苗脱毒难、种性退化快、适应区域狭小等问题，为优质罗汉果种质、种苗的来源提供了保障，有力地刺激了罗汉果产业的发展。当前，罗汉果组培苗的种植已不仅局限于桂林的永福、临桂等传统原产地，柳州的融水、三江等新产区的种植规模也在逐年递增，且已扩展到湖南、广东、贵州、福建等省份。

罗汉果山区种植的生产模式一直延续到20世纪末。山区发展罗汉果种植，虽然为信息闭塞、交通不便、生产力相对落后的山区群众提供了一条脱贫致富的途径，对产区经济和社会发展起到了有力的推动作用，但山区可利用土地资源有限，极大地限制了罗汉果发展规模，致使罗汉果在几十年中面积一直维持在1 333.4 hm^{2}左右，年产量徘徊在1亿个果左右。且山区种植须以砍伐森林为代价，由此导致的水土流失、生境恶化也成为不可忽视的问题。从2002年开始，永福县成功实行了罗汉果下山种植革命，探索出了避免以牺牲生态为代价的罗汉果产业发展路子，部分罗汉果从山上向山下发展，种植面积扩大。在种植技术不断创新，组培苗、扦插苗等育苗技术被广泛推广应用的情况下，罗汉果由原来仅能在山区种植拓展到丘陵，甚至平原区种植，产量从亩（1亩≈667 m^2）产3 000个左右提高到亩产1万多个，种植面积也快速扩大，详见图1–1。

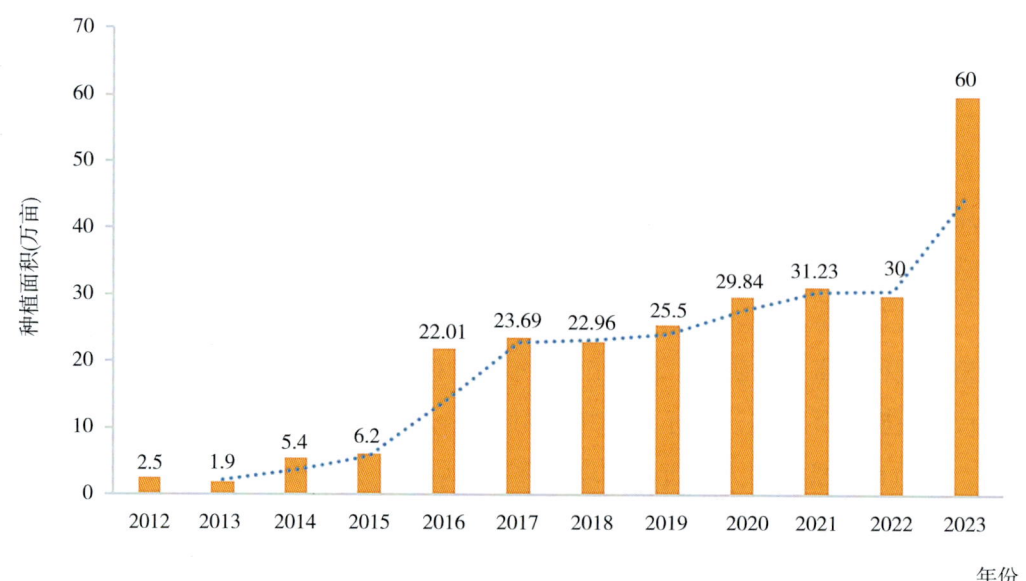

图1–1　2012—2023年中国罗汉果种植面积

三、罗汉果加工利用进展

罗汉果在传统医学中是一味常用中药材，对于肺火燥咳、咽痛失音、肠燥便秘等症状有良好的治疗作用。其传统用法是将罗汉果干果与其他药材或食材复配，用水煎服。如《中药大辞典》中记载，"罗汉果一个，柿饼五钱，水煎服可治百日咳"；《岭南采药录》中：理痰火咳嗽，和猪精肉煎汤服之。随着技术的发展，罗汉果被开发制成罗汉果咽喉片、止咳定喘片、罗汉果止咳冲剂、罗汉果止咳露等中成药。近年来又被开发成功能性饮料、食品原料、食品添加剂等，其中罗汉果独有的成分——罗汉果甜苷，是纯天然、零热量、高甜度、口感优异的天然甜味剂，甜度约为蔗糖的300倍，口感接近于蔗糖，已被广泛开发与应用，获得国内外消费者的认可。2010年，吉福思公司创新研发生产第一个罗汉果产品新品类——高甜度罗汉果甜苷，在全球率先通过美国FDA-GRAS认证，为中国罗汉果产品进入美国市场打开了大门；2016年，吉福思公司创新研发生产的另一个新品类——罗汉果浓缩果汁，也通过美国FDA-GRAS认证，并获准在6个月以上的婴幼儿食品和饮料中使用。

随着市场宣传的加强，越来越多的人认识到罗汉果的价值。目前罗汉果提取的相关产品已经获得美国、加拿大等近30个国家的准入许可。据统计，2014-2024期间，全球合计有膳食补充剂、饮料、食品、乳制品等8000多种产品中添加了罗汉果提取物；其中膳食补充、运动营养、软饮料行业应用最广泛，分别有1452、1392、1330种产品添加了罗汉果提取物，占应用产品的52.17%（详见图1-2）。

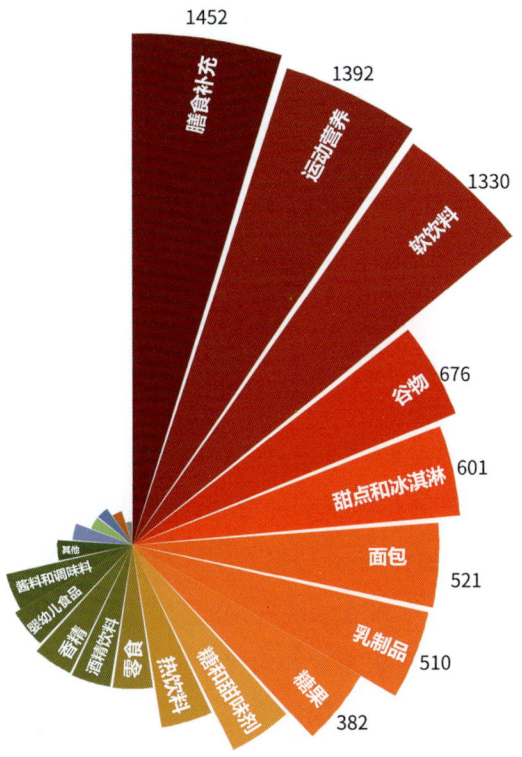

图1-2 罗汉果提取物在行业领域的应用情况
（2014-2024年）

经过多年培育发展，罗汉果产业已成为中国/广西具有很好发展前景的优势新兴产业之一，涌现出吉福思公司、桂林莱茵生物科技股份有限公司（以下简称莱茵公司）、桂林实力科技有限公司（以下简称实力公司）等一批优势企业，罗汉果提取物的出口量逐年上升（图1-3），预期产业规模可超过千亿元。

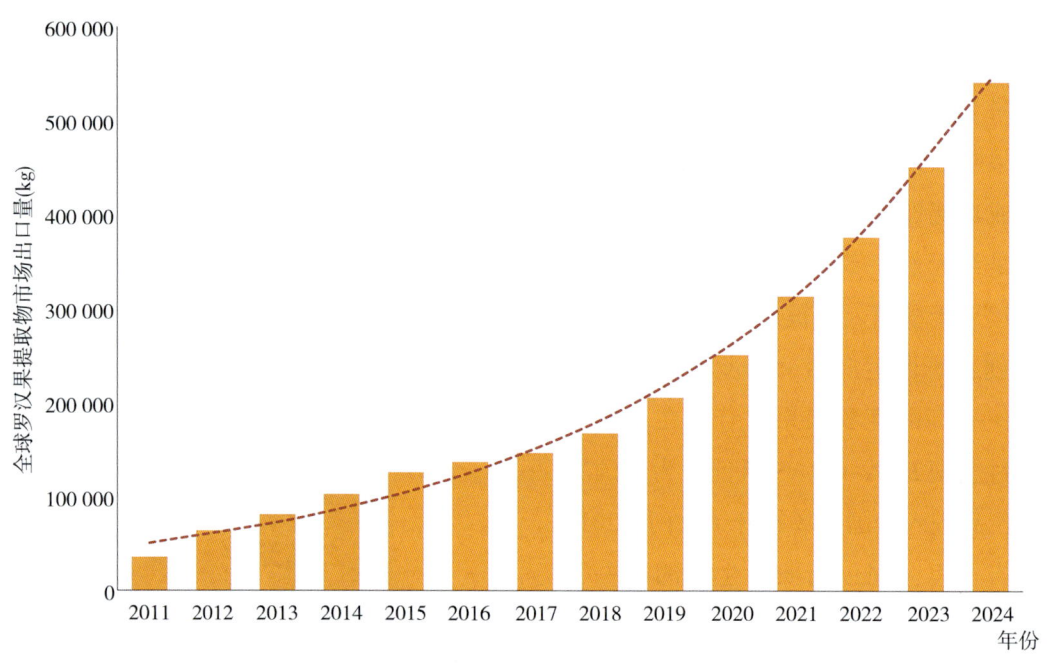

图1-3 全球罗汉果提取物（甜味剂）市场出口量

四、罗汉果产业融合与发展情况

罗汉果产业通过产业融合、产业链完善、市场拓展和政府社会支持等多方面的努力，已经从传统的种植产业转变为具有高附加值的现代化产业，不仅在国内市场占据重要地位，还成功打入国际市场，成为促进地方经济发展的重要力量。政府通过实施"四统一"服务（统一生产资料供应、统一技术标准、统一生产服务、统一产品收购和销售），组织企业和农民专业合作社与农户签订生产订单和收购协议，提供"一条龙"服务，有效保障了罗汉果的品质和市场需求。桂林市逐步推动罗汉果种植业、加工业、旅游业、电商产业、现代物流业全产业链发展，产业发展规模居全国首位。

第一章 概述

（一）罗汉果一二三产业融合情况的代表案例分析

1. 龙胜各族自治县罗汉果一二三产业融合情况

为切实做好罗汉果全产业链后端发展，龙胜各族自治县依托龙脊梯田景区的大环境和世界非物质文化遗产龙脊梯田文化的品牌效益，在龙脊梯田景区入口处建设龙胜"名特优"产品展销中心，正在全力打造把以"龙胜特优罗汉果"为代表的名特优农产品示范种植、研发生产加工及仓储展销为主线推向市场，努力形成集种、产、研、储、销等于一体的"名特优产品"产业链条。全面推动衍生以"精品旅游＋精品文化""农业＋文化""农业＋研学""农业＋科技"等农业品牌＋文化旅游相关业态，努力形成独具特色的地方品牌。

2. 永福县罗汉果一二三产业融合情况

永福县全县推行罗汉果标准化生产，罗汉果良种组培苗、扦插苗全面应用，产业发展规模、产值一直位居全国首位，服务体系日趋完善。目前，已建立覆盖罗汉果种苗培育供应、生产加工、技术服务、仓储物流、营销推介等环节的社会化服务，流通设施完备。广西永福林中仙罗汉果、桂林市永福县福元罗汉果有限公司、永福科源罗汉果有限责任公司等一批罗汉果加工、流通企业、专业合作社、专业经营户，相继发展建设基础仓储设施与罗汉果流通冷链物流，已建 5.5 万 m^3 冷库贮藏保鲜、381 台大型脱水干燥加工设备等配套设施。并依托桂林中族中药股份有限公司、广西甙元植物制品有限公司等罗汉果加工龙头企业，从生产、技术、收购加工、仓储流通、销售形成了完整的产业链，以"公司＋专业合作社＋基地＋农户"模式带动罗汉果产业快速发展。

3. 罗汉果特色小镇建设情况

罗汉果特色小镇位于永福县苏桥镇的桂林经济技术开发区，规划面积 2.98 km^2，核心区规划面积 1.06 km^2，总投资约 27.58 亿元，建设内容包括：罗汉果产业（罗汉果培育研发平台、深加工技术研发中心、产学结合平台、电商平台、展示馆、人才公寓、交易市场、罗汉果创业孵化中心、大健康检测中心等）；社区建设（商业街、中高档小区、邻里中心、水系连通工程等）；旅游文化建设（展销会、产业论坛、文化节、休闲康养度假区等）。已启动及即将启动建设的项目有：罗汉果交易市场、罗汉果展示馆、产业研发楼、人才公寓、水系连通、配套公寓、核心区建设、景观绿化工程等。

桂林经济技术开发区管委会于 2017 年底组织申报自治区级特色小镇，2018 年 4 月

罗汉果
全产业链关键技术研究与应用

进入自治区级特色小镇培育名单。并于 2018 年 8 月成功进入自治区科技厅产业创新小镇培育名单。同年 9 月进入自治区旅发委旅游型特色小镇培育名单，小镇全域旅游景区于 2018 年 12 月 5 日顺利通过旅发委专家评审并授牌国家 AAA 级景区称号。2023 年入选自治区级中小学生以"一颗罗汉果的旅行"为主题，农业文化和工业旅游相结合的研学实践教育基地。罗汉果小镇开放以来，接待研学、参观学生超 3 万人次，成为桂林市工业 + 旅游融合发展的典范。目前，在 45 个自治区级特色小镇中，罗汉果小镇是唯一一个集特色小镇、创新小镇、旅游小镇于一体的产业小镇。

罗汉果特色小镇现有注册企业 300 多家，规上企业 41 家，高新技术企业 7 家。到 2020 年，小镇将实现规上企业保有量 50 家，高新技术企业达 20 家，广西瞪羚企业 3 家，科技型中小企业 15 家，基本建成高新技术产业聚集区。

（二）罗汉果一二三产业整体发展趋势

根据桂林市农业农村局数据统计，近年来罗汉果产业总产值不断提升，2020 年总产值已突破百亿元，截至 2021 年总产值高达 124 亿元。通过对一产、二产、三产各自产值变化趋势对比来看（图 1-4），二产是贡献额度及变化趋势最为明显的，相比之下，一产和三产的上升空间较大，未来应持续拉动罗汉果生产端及文旅融合方面的发展，切实融合一二三产业协同发展，不断实现产业总产值的新突破。

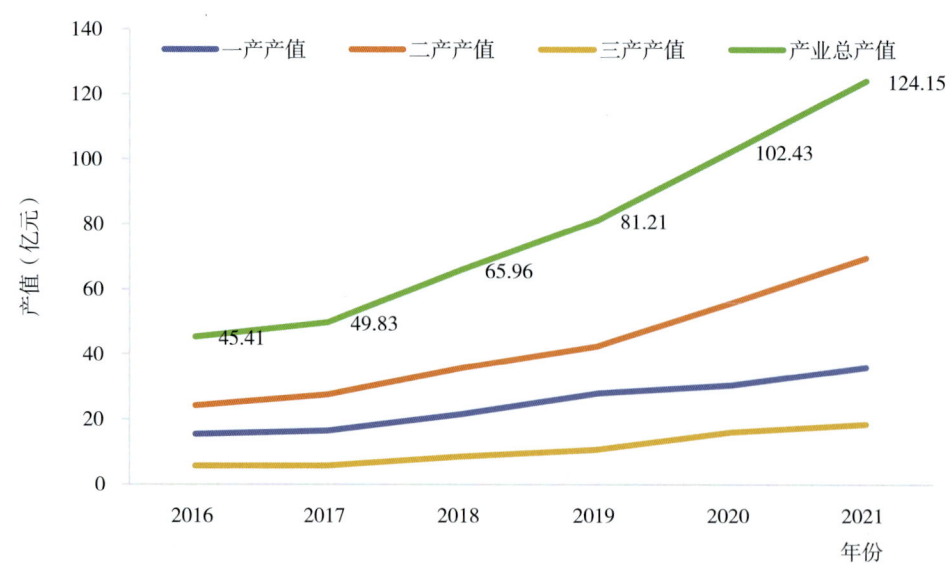

图 1-4 罗汉果产业总产值及一产、二产、三产产值变化趋势

第二节 罗汉果产业面临的机遇

一、罗汉果研究与产业发展的优势

（一）生态、资源优势

桂林市永福县是罗汉果的原产地。永福县群山环抱、绿水缠绕、生态优越，是著名的长寿之乡，素有"福寿之乡"的美誉。永福县以及与永福交界的龙胜各族自治县、临桂县，地处亚热带季风区，四季分明，冬短夏长，雨量充沛，土壤肥沃，气候温和，昼夜温差大，非常适宜优质罗汉果的种植和生长。早在2003年，永福县就被农业部认定为无公害罗汉果生产基地，2006年，龙胜各族自治县的罗汉果被确定为中药道地药材。研究表明，永福县、临桂县及龙胜各族自治县的罗汉果种植区域满足《国家绿色食品产地环境技术条件》。除桂林外，罗汉果在广西、广东、福建和湖南等省区均具有广泛的种植环境，生态位为海拔300～1 400 m亚热带的山坡、林下和河边湿润地段或丛林、灌木中（魏小琴等，2020）。

（二）科研、人才优势

广西拥有近10所高校、科研院所长期从事罗汉果的研究与开发，建有10多个罗汉果研发平台，承担了国家自然科学基金、国家科技支撑计划、广西科技重大专项等国家级、省部级科研项目，取得了一系列的技术性突破，也培养了一批从事罗汉果研究与开发的高层次人才，为罗汉果产业发展提供了有力的支撑。近年来，随着罗汉果市场需求增加，罗汉果研究也受到全国各地研究者的广泛关注，越来越多的研究机构、学者加入罗汉果的研究与开发中，为罗汉果产业发展注入新鲜血液。

（三）有完整的产业链系统

桂林罗汉果产业已形成上下游完备、特色鲜明、竞争力较强的产业链，整个产业涵盖了科学研究开发、良种选育繁育、规模化种植、产品加工销售等，也形成了分工有序的产业布局。科研院所和高校侧重于罗汉果种质资源、化学成分、良种选育、物化特性、药理药效等基础和应用基础研究，企业侧重于种苗繁育、标准化种植、基地建设、罗汉果深加工技术、大健康产品开发；生产科技中介服务机构侧重于信息服务、成果推广及担当政、产、学、研相结合的"桥梁"和"纽带"。罗汉果产业链上的主要单位在2011年联合成立了广西罗汉果产业技术创新战略联盟。近几年，该联盟建立了公共服务平台，围绕罗汉果产业共性关键技术如标准问题开展了科技攻关，并就国内外罗汉果最新研究动态、学科前沿发展趋势及研究热点等，多次举办产业发展论坛，大大促进了罗汉果产业的发展。

二、政府支持优势

（一）政策背景优势

随着乡村振兴的大力推进，狠抓产业发展是发展地方经济的关键，也是农民致富的保障。广西区政府高度重视特色产业，在罗汉果产业发展上给予了多项政策支持。通过政策导向，发挥财政资金的撬动作用，加强资金统筹整合，对罗汉果产业建设项目予以重点支持，引导推动资本、科技、人才、土地等要素向罗汉果产业集聚，带动农户参与产业发展，让农民分享到产业发展红利。罗汉果产业正逐渐成为具备全产业链体系，助力乡村振兴的支柱产业。

在国家层面上，2020年农业农村部和财政部审核并批准建设"广西罗汉果产业集群"，极大地促进了广西罗汉果产业的发展。2021年3月1日起，《中华人民共和国政府与欧洲联盟地理标志保护与合作协定》正式生效。桂林罗汉果被纳入《中欧地理标志协定》互认清单，是广西入选的12个互认产品之一，不仅可以享受欧洲市场高水平保护，还将获得欧盟的官方标志，罗汉果产业迎来国际化发展新契机。中国签订的《区域全面经济伙伴关系协定》（Regional Comprehensive Economic Partnership，RCEP）也为罗汉果在签约国家的流通提供了便利。RCEP协议规定，成员国之间90%以上的货物贸易将实现零关税，这极大降低了成员国之间的贸易成本。2023年，吉福思公司

第一章 概　述

一批价值约 16 万美元的罗汉果提取物就凭借 RCEP 原产地证书输往澳大利亚，享受了"零关税"政策，成为第一批享受 RCEP 零关税福利的罗汉果产品。综上所述，国际、国家、地方的这些政策（表 1-2）为罗汉果产业的快速发展奠定了良好基础。

表 1-2　与罗汉果相关主要政策文件

主要政策		
发布时间	文号	文件名称
2016 年 8 月	桂发改规划〔2016〕1104 号	《广西壮族自治区现代农业（种植业）发展"十三五"规划》
主要内容解析： 1. 大力发展罗汉果等桂北特色优势道地中药材，认可罗汉果的药用价值 2. 指出桂林市为罗汉果产业优势区域		
2018 年 12 月	桂农业发〔2018〕281 号	《广西农产品加工集聚区建设三年（2018—2020 年）行动方案》
内容摘要解析： 1. 大力发展罗汉果等桂北特色优势道地中药材，认可罗汉果的药用价值 2. 指出桂林市为罗汉果产业优势区域		
2019 年 2 月	桂政发〔2019〕7 号	《广西壮族自治区人民政府关于加快推进广西现代特色农业高质量发展的指导意见》
主要内容解析： 1. 提出"提升打造中药材产业集群"是现代特色农业高质量发展的主要任务之一，其中，罗汉果作为"广西独有优势大宗品种"赫然在列 2. 制定"争创中国特色农产品优势区"的目标；其中，"永福"作为桂林市罗汉果优势产区被明确提及 3. 部署"实施品牌强农行动"；其中，"永福罗汉果"应作为农产品"老字号"品牌开展农产品地理标志证明商标注册，强化品牌保护		
2019 年 4 月	桂政发〔2019〕80 号	《自治区农业农村厅关于印发 2019 年种植业工作要点的通知》
主要内容解析： 1. 强调"保持特色产业优势"作为 2019 年种植业工作要点，打造产业集群 2. 明确罗汉果在中药材产业结构中的"广西优势大宗品种"地位		
2020 年 4 月	桂农厅办发〔2020〕49 号	《自治区农业农村厅办公室关于 2020 年中药材生产工作的指导意见》
内容摘要解析： 1. 促进 2020 年广西中药材产业发展和推进贫困地区中药材扶贫产业发展 2. 认可罗汉果的中药材价值及产业扶贫贡献		

续表

主要政策		
发布时间	文号	文件名称
2020年5月	农产发〔2020〕2号	《农业农村部财政部关于公布2020年优势特色产业集群建设名单的通知》
主要内容解析： "广西罗汉果产业集群"作为50个优势特色产业集群之一，得到批准		
2020年9月	桂农厅办发〔2020〕83号	《自治区农业农村厅办公室关于印发2020年广西优势特色产业集群建设项目实施方案的通知》
主要内容解析： 1. 阐明广西罗汉果为优势特色产业及产业集群建设的指导思想和基本原则 2. 细化制定罗汉果优势特色产业集群项目的目标、内容等 3. 对产业集群项目建设分区域提供相应资金补助安排		
2021年3月	市政办〔2021〕11号	《桂林市人民政府办公室关于印发桂林市2021年重大项目建设实施方案的通知》
主要内容解析： 公布桂林市2021年重大项目建设实施方案，建设实施方案全方位涵盖罗汉果产业，包括：罗汉果与便利店合作、罗汉果小镇建设、罗汉果示范基地、罗汉果深加工等方面		
2021年4月	桂农厅公告〔2021〕30号	《广西壮族自治区农业农村厅关于确定第一批自治区级农业种质资源保护单位的公告》
主要内容解析： 公布第一批自治区级农业种质资源保护单位名单，罗汉果位列其中		
2021年4月	桂农厅办发〔2021〕96号	《自治区农业农村厅办公室关于印发2021年广西优势特色产业集群建设项目实施方案的通知》
主要内容解析： 公布2021年广西优势特色产业集群建设项目名单，罗汉果位列其中		
2021年4月	市政办〔2021〕11号	《桂林市人民政府办公室关于印发桂林市2021年重大项目建设实施方案的通知》
主要内容解析： 提出了着力壮大提升的六大产业链包括罗汉果在内的生态食品产业链		
相关配套政策（用地、财政、金融、人才、科技、品牌）		
2012年10月	桂政办发〔2012〕246号	《广西壮族自治区人民政府办公厅印发关于建设广西罗汉果产业化工程院实施方案的通知》

第一章 概 述

续表

主要政策		
发布时间	文号	文件名称
主要内容解析： 1. 牵线罗汉果龙头企业与科研协作单位合作，推进产业研发 2. 制定起步、成长、扩张三个实施步骤，明确各阶段工作任务 3. 提出最终要"提高罗汉果附加值，培育相应的企业群，促进罗汉果产业链的延伸和发展"等目标要求		
2018年1月	桂政办发〔2018〕9号	《广西壮族自治区人民政府办公厅关于印发贯彻落实创新驱动发展战略打造广西九张创新名片工作方案（2018—2020年）》
主要内容解析： 1. 落实打造"优势特色农业"作为广西创新名片之一 2. 提出"促进要素汇聚，打造现代特色农业示范区"，通过优化配置多维度资源，支持农业科技园区、现代特色农业（核心）示范区的创建工作		
2019年11月	桂农厅发〔2019〕255号	《广西壮族自治区农产品加工集聚区建设标准（自治区级）（暂行）》
主要内容解析： 1. 提出广西壮族自治区农产品加工集聚区建设标准所遵循的基本原则 2. 对建设自治区级农产品加工集聚区提出建设要求，规定了建设范围、基础及配套设施体系、进驻企业要求、主导产业、科技支撑、加工产品、辐射带动能力、资金、政策、科学管理的具体指标		
2020年8月	桂农厅办发〔2020〕77号	《自治区农业农村厅办公室关于印发2020年广西农产品仓储保鲜冷链设施建设实施方案的通知》
主要内容解析： 公布广西壮族自治区2020年农产品仓储保鲜冷链设施支持项目名单，罗汉果相关项目位列其中		

（二）地方政府资金支持优势

近年来政府对产业重视程度不断提升，在2020年入选国家优势特色产业集群建设名单后，罗汉果产业投入取得爆发式增长（图1-5）。为激发农户种植罗汉果的积极性，政府在种苗、种植规模、基础设施建设等给予一定的资金补贴（表1-3），相关资金投入有效缓解选种育苗端研发压力。对于在当地投资建设罗汉果加工厂的企业，根据其加工罗汉果的数量给予一定的补贴，以鼓励企业进行精深加工，提高罗汉果的附加值。对合作社等新型经营主体在特定年度内新建或扩建、改建罗汉果干果加工厂房、储藏仓库、冷库等给予建设成本上的补贴，帮助其提升加工和储存能力，促进产业的发展。

罗汉果
全产业链关键技术研究与应用

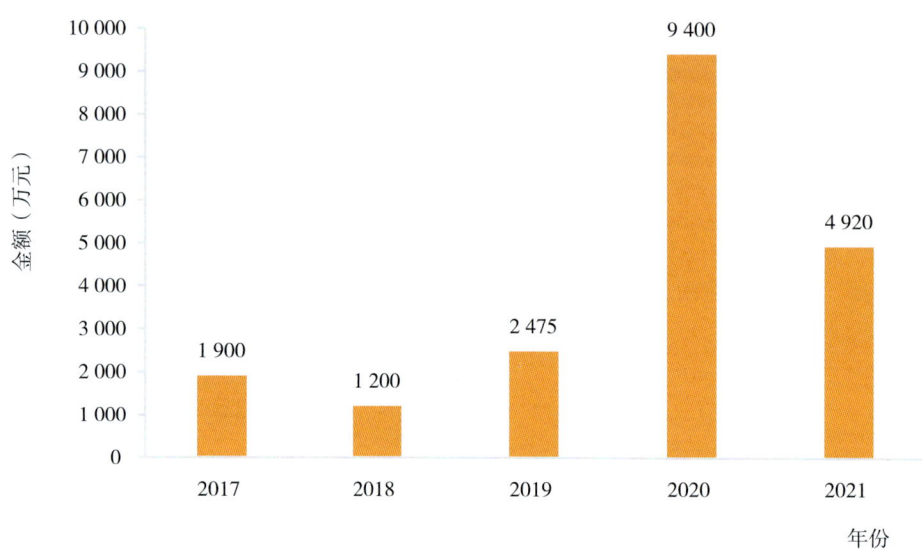

图 1-5　桂林罗汉果产业政府资金投入统计

表 1-3　政府给予农户、企业的资金支持情况

种苗补贴	部分地区为鼓励农户种植罗汉果，对采用特定公司或合作社供应的优质罗汉果种苗的农户给予一定的种苗购置补贴。例如荔浦市对发展种植与当地签订罗汉果精深加工战略合作协议的龙头企业供应的罗汉果脱毒种苗，且签订保价回收合同、有技术跟踪服务指导、联农带农机制完善的，给予较高标准的补贴，如 620 元 / 亩；而对于发展种植其他公司或合作社供应罗汉果种苗的，也会给予一定额度的补贴，如 320 元 / 亩
种植补贴	按照农户种植罗汉果的面积进行补贴，种植面积达到一定规模的农户可以获得相应的资金补助。这种补贴方式旨在鼓励农户扩大种植规模，提高罗汉果的产量和产业集中度。例如，龙胜各族自治县对种植规模达到连片要求（如 20 亩以上）的农户或经营主体，在实施相关项目时给予一定的支持
水肥一体化项目补贴	支持罗汉果种植基地建设水肥一体化设施，对符合条件的项目给予补贴。比如在龙胜各族自治县，要求种植规模达到连片 20 亩以上，2023 年度内实施水肥一体化设施农业项目的标准化种植示范基地，验收合格后每亩补助 1 000 元；荔浦市对 2024 年发展罗汉果种植规模达到连片 50 亩以上，实施水肥一体化设施农业项目的标准化种植示范基地，给予 300 元 / 亩补助
山地轨道运输项目补贴	荔浦市新型经营主体在罗汉果标准化示范基地实施山地轨道项目，新安装自走式山地轨道运输机，轨道长度 ≥ 100 m，额定装载质量 ≥ 200 kg，按相关建设标准和验收标准执行，原则上单台套补贴不得超过 3 万元。龙胜各族自治县对县域内依法注册成功，并在县域内连片 20 亩以上，2023 年度内实施山地轨道项目的罗汉果种植示范基地，所安装的自走式山地轨道运输机符合标准的，在县农机服务中心兑现购置补贴完成后，县农业农村局按照农机购置补贴资金同等数额进行累加奖补，单台套补贴上限 3 万元

续表

企业加工补贴	对于在当地投资建设罗汉果加工厂的企业,根据其加工罗汉果的数量给予一定的补贴,以鼓励企业进行精深加工,提高罗汉果的附加值。例如龙胜各族自治县对规模以上加工型龙头企业,在完成约定的保护价收购数量任务,且收购的鲜果在县域内加工的,每加工1枚罗汉果鲜果补助0.02元,单个实施主体最高补助资金不超过1 000万元
产能提升补贴	对合作社等新型经营主体在特定年度内新建或扩建、改建罗汉果干果加工厂房、储藏仓库、冷库等给予建设成本上的补贴,帮助其提升加工和储存能力,促进产业的发展
收购补贴	一些地方对收购当地罗汉果的合作社或企业给予补贴。如龙胜各族自治县对在龙胜行政辖区内登记注册,并实际经营满1年以上,完成年度(2023年9月后)收购在龙胜各族自治县辖区内当年种植的罗汉果鲜果300万个以上的农民专业合作社,每完成收购1个罗汉果补助0.02元
订单农业扶持	鼓励企业与农户签订保价回收合同,建立稳定的购销关系,保障农户的销售渠道和收益。例如莱茵公司与龙胜各族自治县的罗汉果专业合作社、种植户签订《罗汉果保价回收》三方协议
贷款优惠	一些地方政府与银行合作,推出针对罗汉果产业的专项贷款产品,降低贷款门槛和利率,为产业发展提供资金保障
农业保险	将罗汉果产业纳入农业保险目录,由政府给予一定的保费补贴,降低农户和企业因自然灾害、病虫害等风险造成的经济损失。例如,每亩罗汉果保费为50元,自治区补贴30%,地方财政和农户统筹协调解决70%

三、罗汉果市场需求增长

(一)减糖、控糖政策助推天然甜味剂需求增加

2017年和2019年,国家卫生健康委前后发布了《全民健康生活方式行动方案(2017—2025年)》《健康中国行动(2019—2030年》等方案,倡导全民减少含糖饮料和高糖食品的食用,倡导食品生产经营者使用食品安全标准允许使用的天然甜味物质和甜味剂取代蔗糖,科学地减少加工食品中的蔗糖含量。世界卫生组织呼吁成年人和儿童应将每天的游离糖摄入量进一步降至其总能量摄入的5%以下,多国出台政策征收"糖税"。美国、法国等40多个国家和地区集中出台和修订了糖类管控措施,主要通过对含糖饮料和食品征收消费税、进口税等政策,来减少糖类食品饮料的消费量。

在相关政策引导、全民对健康关注度日益提升的背景下,人们对健康生活的追求越来越高,"低糖/无糖""低热量/零热量""零脂肪""天然,无副作用"已经成为众

多消费者的追求。罗汉果甜苷提取物在内的天然代糖原料开始逐渐替代部分人工合成甜味剂和蔗糖。2020年，减糖产品中人工合成甜味剂的使用量为52.38%，天然甜味剂占比为14.29%，糖和其他碳水化合物占比为33.33%。

（二）人工甜味剂的安全隐患凸显罗汉果甜苷的优势并促进罗汉果市场需求增加

目前，在世界范围内被广泛使用的人工高甜度甜味剂有阿斯巴甜、安赛蜜、三氯蔗糖等。近年来，有关人工甜味剂对人体健康的隐患的报道层出不穷。2023年5月16日，世界卫生组织发布新的健康指南，建议不要使用人工甜味剂。世界卫生组织在一份声明中称，对现有证据进行的系统性评估表明，使用甜味剂对降低成人或儿童体内的脂肪没有任何长期的帮助。此外，评估结果表明，长期使用人工甜味剂可能带来潜在不良影响，包括罹患2型糖尿病、心血管疾病等风险，甚至是增加死亡风险。2023年7月，国际癌症研究机构（IARC，世界卫生组织癌症研究机构）首次将阿斯巴甜列为"可能对人类致癌的物质"，联合专家委员会重申其每日允许摄入量为每千克体重40 mg。此报告的发布再次掀起了代糖领域的波澜，也为以罗汉果提取物为代表的天然甜味剂的发展提供了新的机遇。

罗汉果甜苷作为新一代功能性天然甜味剂，其甜度为蔗糖的300倍，但热量为零，不升血糖。2014年，新版《食品安全国家标准 食品添加剂使用标准》（GB 2760—2014）规定，罗汉果甜苷可不限量用于各类食品。2017年，罗汉果甜苷国家标准《食品添加剂罗汉果甜苷》（GB 1886.77—2016）正式实施，明确罗汉果甜苷是以罗汉果为原料，经水煮提取、浓缩、干燥等工艺精制而成的食品添加剂。目前，食品工业中广泛应用了罗汉果甜苷物质。1995年美国食品药品监督管理局（FDA）批准了罗汉果甜苷应用于食品，我国在1996年全国食品添加剂委员会第十七次会议上批准该产品为食品添加剂，可作为甜味剂部分或全部代替蔗糖。目前，允许罗汉果甜苷作为食品添加剂使用的国家还有日本、韩国、英国等国家。吉福思公司研制的罗汉果浓缩汁，成为首个通过美国食品药品监督管理局一般安全认证（FDA-GRAS），并获准在6个月以上婴幼儿食品、饮料中使用的罗汉果果汁产品。

随着人们健康理念的加强，饮食观念逐渐往食用天然甜、健康甜代替传统蔗糖转变，国际市场上天然甜味剂的消费量呈现强劲增长趋势，在食品饮料行业尤为显著。例如"可口可乐"（美国）、"星巴克"（美国）、"元气森林"（中国）等国内外大型的食品企业都使用天然甜味剂取代传统蔗糖，2016—2020年美国市场使用的罗汉果甜苷量逐年上升，全球罗汉果甜苷市场规模将从2016年的约2.5亿美元增长到超过10亿美元，年复合增长率超过40%。2017年《食品添加剂罗汉果甜苷》在国内正式实施，明确了罗汉果甜苷作为食品添加剂的应用，中国市场也随之被打开。

（三）消费观念升级触发罗汉果产业新机遇

随着生活水平的提高，糖尿病患者数量、肥胖人数等均呈现出较快的增长趋势，而糖尿病也成为危害人类健康的主要疾病之一，肥胖人群更是高血压、高血脂、糖尿病的易发人群。天然甜味剂具有甜度高、用量少、热值小，有些又不参与代谢过程等优点，是未来甜味产品的主要发展方向。可以预测，随着我国饮料、食品、医药等行业对甜味物质需求的不断增长，尤其是在儿童医药行业需求方面，未来天然甜味剂的市场需求量会不断上涨。目前，我国老年人口数量为2.12亿人，到2050年将达到4.8亿人，老龄化水平为15.5%。老人数量越多，对健康的关注度、需求度越高，迫切感越强，这也是健康产业飞速发展的一个原因。老龄化的加剧刺激市场催生出许多养老类、健康类的公司和机构，同时也为健康习惯转为"变现"提供了机遇。

罗汉果营养价值很高，富含罗汉果甜苷、黄酮素、多糖、维生素C、多种过氧化物净化剂、24种矿物质元素、18种氨基酸、蛋白质、葡萄糖、果糖（无蔗糖）、脂肪以及果胶等药用物质和营养物质。传统医学认为罗汉果可润肺止咳、凉血、润肠通便，现代药理研究证实，罗汉果具有止咳祛痰、调节消化道运动、增强机体免疫力、抗氧化、保肝、抑制变性链球菌致龋等药理作用。当前，使用罗汉果为原料来开发饮料或者用于药膳食疗等越来越普遍。其中以罗汉果为主料开发具有健胃消食、解决便秘问题的饮料，其适用于糖尿病人、免疫力低下、高血压、高血脂和慢性便秘人群；以罗汉果为主要成分，可以开发具有预防与治疗感冒、咳嗽等功能的中成药及开发养生茶、养生酒等大健康系列产品；结合传统中药精髓，结合壮医、瑶医等民族特色疗法，开发有益于护嗓清咽、血糖血脂调控、心肝脾肺保护等健康相关的功能型产品等。据不完全统计，截至2023年，使用罗汉果产品的终端产品已达到7 957种，其中罗汉果的终端产品中使用最多的类别是：膳食补充剂类、运动营养类、软饮料类，占52%。

第三节　罗汉果产业面临的问题与困境

自 21 世纪以来，罗汉果因其药食同源的属性被社会广泛关注。广西桂林作为罗汉果的主产地，其产业由弱到强，走出了特色罗汉果发展之路，取得了很大的进步和显著的成绩，使罗汉果成为广西的特色产业。尤其是在"十二五"时期，广西出现了罗汉果育种、种植、加工研究的热潮，并取得了大量的研究成果。近年来罗汉果产量持续增长，产业发展带动了乡村振兴，农民脱贫致富，但广西罗汉果特色产业高质量发展还存在不足。

一、产业顶层设计定位高度不够，区域特色优势未能体现

广西具有发展罗汉果产业的资源、生态、人才、产业链等独特优势。桂林永福为罗汉果原产地，早在 2003 年，永福县就被农业部认定为无公害罗汉果生产基地，2006 年，龙胜各族自治县罗汉果被确定为中药道地药材。桂林罗汉果产业已形成上下游完备、特色鲜明、竞争力较强的产业链，整个产业涵盖了科学研究开发、良种选育繁育、规模化种植、产品加工销售等。近年来罗汉果产业也取得成效，但离创新性跨越发展仍有距离，没有达到预期的目的。罗汉果原料年度价格仍不稳定，农民利益未得到保障，导致发展种植的积极性不高。罗汉果整体产业链所创价值仍徘徊在 100 亿元左右，跟云南的三七、吉林的人参、宁夏的枸杞产业相距甚远，东方神果的特色优势未能体现。与杧果、螺蛳粉等特色产业相比，罗汉果产业发展规划缺乏顶层设计，产业优势只凸显在"量"上，在"高质"方面优势不足，导致罗汉果的资源优势、科技优势及产业优势没能有效地发挥出来，产业发展相对缓慢。

二、产业生产过程中创新性不足，传统生产模式问题凸显

罗汉果固有的生产模式一直未有创新，没能形成良好的产业体系，难以支撑国家和地方对产业发展的需求。主要体现在以下几个方面。

（一）罗汉果品种选育工作滞后，品种退化情况令人堪忧

随着人类活动的扩展，罗汉果野生环境遭到破坏，其野生种质资源越来越少，已趋于灭绝。近年来，追求高产、高甜苷含量成为罗汉果育种与栽培的首要目标。相较于冬瓜果、红毛果等品种，青皮果因罗汉果甜苷 V 含量较高而成为栽培的首选，种植占比已达 95% 左右。加之近年来广西药材取消了品种审定，很多种苗培育企业长期忽视品种的选育和改良，原有的老品种已严重混杂，种苗质量良莠不齐、品种退化严重，病虫害防治程度低。这些因素导致了罗汉果原料品质不稳定、种植产量及农户收入波动性大等问题。同时也导致罗汉果种质资源多样性急剧下降，为将来选育优质品种带来极大的难度。

目前，桂林市尚未建立起完备的良种繁育基地，健全的良种繁育组织体系和制度，罗汉果品种选育和种苗生产存在不同程度的盲目性。此外，纵观整个罗汉果产业，加工专用品种的选育和原料基地建设较为滞后，罗汉果加工企业生产普遍面临原料品质不稳定、专用原料供应难以保障等问题，直接影响到加工制成品的质量和效益。

（二）罗汉果的种苗生产、种植未能得到规范，种植过程难以实现监管

近年来，罗汉果产品需求的增加，带动了罗汉果种苗销售，罗汉果种植面积也在不断扩大。但是从目前的罗汉果种苗生产、销售市场情况看来，规范化生产罗汉果种苗的厂商较少，相当一部分商家销售的是未经脱毒处理的扦插苗。一方面，这样的种苗带病的可能性很大，极有可能造成罗汉果致病菌感染，从而导致罗汉果产量欠收甚至绝收，品质下降；另一方面，长时间使用这类种苗，将会加剧罗汉果品种退化情况。同时在缺乏约束的情况下，罗汉果种植户往往过量施肥，造成土壤板结，影响灌溉用水，甚至造成"富营养化"的现象，这无疑与逆境出品质的药材种植理论相违背，可能导致罗汉果品质下降。因此，如何规范和管理罗汉果种苗生产与销售市场以及如何监管种植管理将成为罗汉果产业稳定、快速发展亟须解决的问题。

三、深加工产品创新性不足，功能和作用没有得到有效利用

尽管在国际与国内层面，有关罗汉果的研究成果颇为丰硕，但遗憾的是，能够成功转化为实际生产力的项目却寥寥无几。以往，罗汉果的深加工产品主要集中在烘烤而成的罗汉果干果，产品种类较为单一，具备高附加值的产品更是稀缺。当下，市面上的罗汉果加工制品大多聚焦于清热润肺、清咽利嗓的功效。然而，罗汉果在抗氧化、抗癌、保肝、降脂减肥以及调节血糖等方面同样具有显著功能特性，可针对这些功能开发的产品却极为罕见，导致罗汉果的诸多功能与作用未能得到充分挖掘与发挥。造成这一局面的原因主要有以下几点：首先，对罗汉果的研究以及产品开发重视程度不足，研发投入资金有限，使得产品在创新性上存在明显短板，所开发出的产品档次普遍偏低。其次，部分产品由于质量欠佳或定价不合理，导致市场认可度不高，抵御市场风险的能力极为薄弱，难以打造出具有高附加值和广泛影响力的核心产品。再者，一些企业在产品开发上存在严重的重复性问题，生产工艺不够成熟，产品标准也不够完善。此外，加工企业为追求自身利益，相互之间进行无序竞价，恶意压低原料收购价格，极大地损害了种植者的切身利益。综上所述，当前罗汉果产业的发展现状与罗汉果本身所具备的价值和享有的美名极不匹配，产业规模未能有效扩大，距离成为千亿元产业的目标仍有相当大的差距。

四、罗汉果产业面临行业和区域竞争

随着种植技术不断更新，罗汉果生长的地域逐渐扩大。虽然桂林市目前仍是最大的罗汉果栽培种植基地。但是，近年来湖南、福建、江西、贵州、广东等地陆续从桂林引种罗汉果，区外罗汉果产业借势兴起，种植面积迅速增加，每年以超过2～3倍的速度迅速增加。2015年，广西区外的罗汉果种植面积达2万亩，2016年达4万亩，2023年达15万亩以上。湖南的华诚生物科技有限公司、福建的大闽生物科技有限公司、加拿大GLG生命科技集团等大型生物提取公司均纷纷加入罗汉果提取行业，未来的桂林罗汉果产业将面临来自其他地区同行业的竞争。其他地区罗汉果产业兴起与发展，给桂林带来了很大冲击。桂林虽然是罗汉果的发源地，也是最大的种植基地，罗汉果的品质优异，但在罗汉果产品研发、品牌的建设、公共宣传的投入方面，却是远

远低于其他农作物。此外，桂林罗汉果产业规模小，行业间企业各自单打独斗，缺乏政策引导，未能形成强而有力的自主品牌；产品标准化、系列化水平不高，自主研发能力不强，高端人才储备相对不足。如果不引起重视，罗汉果这一桂林特色将会特而不产，如何突出重围，将罗汉果产业打造成桂林名片，将是桂林罗汉果产业面临的巨大挑战。

五、宣传力度不够，未能开拓广阔的罗汉果消费市场

被誉为"东方神果"的罗汉果全身都是宝。其甜味成分、药用功效以及营养保健元素的开发利用，蕴含着不可估量的市场价值，在食品、医药、保健品、化妆品以及养生等领域，都能占据一席之地。这正是将罗汉果产业作为战略性新兴产业加以培育和发展的意义所在。

然而，目前罗汉果产业存在宣传不足、市场开拓能力欠佳的问题。无论是罗汉果干果，还是罗汉果制品，销售范围主要集中在我国南方地区，而幅员辽阔的北方地区以及经济发达的中东部地区，对罗汉果的了解却极为有限。实际上，北方冬季气候干燥，居民在屋内暖气开放时，极易出现干咳的情况，此时饮用天然甜味的罗汉果茶，更能起到润喉防燥的作用。不妨做个大胆设想，倘若每个中国人每天都用1个罗汉果来泡茶，以现阶段的罗汉果种植量计算，仅够满足全体中国人一天的消费需求。由此足以看出，罗汉果的市场前景极为广阔，亟待进一步挖掘与开拓。

第四节 罗汉果产业发展思路、对策与建议

一、罗汉果产业可持续发展的总体思路

以市场为导向，以资源为依托，以科技为手段，以提高效益为中心，以改良品种、优化布局、提高单产为重点，积极探索罗汉果丰产优质栽培技术，推行标准化、基地化、集约化生产，加大产品研发力度，大力开展技术和产品创新，把罗汉果产业培育成种植、加工、销售为一体的较完整的优势产业，实现罗汉果产业从资源优势向经济优势转变。

二、罗汉果产业高质量发展对策与建议

（一）集中优势力量，打造千亿元罗汉果产业集群

在近年来广西发布的产业发展规划中，健康产业都被列为重点培育的产业之一。罗汉果是具有民族特色的保健食品和中药材，又是最理想的代糖天然甜味剂，应对罗汉果产业进行明确的定位与聚焦，并在此基础上进行相关资源匹配。将罗汉果产业利益相关方都能联结到一起，充分发挥各自的主观能动性和资源优势，整合一起形成纽带，形成产业利益综合体，使罗汉果产业集约化。打造成千亿元罗汉果产业集群，其内容涵盖了罗汉果整个产业链及其涉及的相关产业，以罗汉果终端产品的产出带动周边相关产业如农资、物流、包装、冷藏等多个行业，为社会创造千亿元的价值。围绕罗汉果千亿元产业发展的需求，重点开展对罗汉果发展具有重大意义的关键技术、共性技术的研究开发与应用。同时，又要开展具有优势和前瞻性的技术研究，提高产业核心竞争力，增强罗汉果产业发展后劲，千亿元罗汉果产业集群实现目标如下。

长期目标：将罗汉果产业打造成为"桂林名片"乃至"广西名片"。

中期目标：加强要素融合、培育新型业态，打造罗汉果产业集群。

近期目标：整合罗汉果产业内外资源，规范现有罗汉果市场行为，有计划地引导、推动罗汉果产业的健康有序发展，重点开展罗汉果品牌建设、宣传。

（二）加强罗汉果产业联盟的合作，建立罗汉果综合产业研究院

"十三五"时期以来，广西加大对民族医药事业的支持力度，力求打造有地区特色的民族医药、保健品牌，将大健康产业培育成为新的经济增长点，提出应充分发挥广西中医药民族医药资源优势，推进民族医药新产品的研发，打造广西民族医药产品和企业品牌；同时注重功能型保健品的开发，形成健康食品产业体系。罗汉果产业属于大健康产业，从国家层面和广西层面，在财政、金融和科技支撑政策等6大方面应给罗汉果种植、加工业留有足够的空间和用武之地，给予政策倾斜，加大对罗汉果产业的支持。

加强政府对罗汉果产业的宏观调控，整合广西罗汉果产、学、研各行业的力量，充分发挥各自优势，建立罗汉果综合产业研究院。通过共同研究，解决罗汉果产业技术层面的共性问题，形成具有自主知识产权的产业标准、专利技术和专项技术，加速推动相关技术的产业化运用，并带动区域产业及上、下游行业技术升级，提高产业的整体技术水平。贯彻落实国家自主创新战略，实现协同创新合作，共赢共荣。发展罗汉果产业与国家乡村振兴战略相结合，切实增加农民收入，制定产业发展规划，出台产业扶持政策，营造产业发展的良好环境。引导资本、人才、技术等要素向产业创新聚集，推动产业健康、快速发展，将罗汉果产业打造成为广西继蔗糖产业后的第二个"甜蜜产业"。

罗汉果综合产业研究院是罗汉果产业创新发展的智库，是政府决策的参谋，是罗汉果产业发展的技术源泉，是技术成果转化的孵化器，是罗汉果产品研发的基地。产业研究院的运作模式可以为政府领导，企业投资建立和管理，科研院所为技术依托，柔性引进各级高端人才。研究院近期可着重从以下方向攻克罗汉果产业发展的关键技术。

1. 加强罗汉果种质资源保护，开展罗汉果全基因组测序

由于罗汉果栖息地环境破坏和人为过度开发，罗汉果野生种质资源已经大大萎缩甚至濒临枯竭，许多优良野生类型和栽培品种几近灭绝，如长滩果、拉江果、冬瓜汉

罗汉果
全产业链关键技术研究与应用

等。建议以永福、龙胜等罗汉果资源丰富、遗传多样性水平较高的区域为核心，建立罗汉果自然保护区。收集罗汉果各地野生居群种质资源和野生类型、栽培品种，选择适宜的地点，采取科学管理技术措施，建立罗汉果种质资源保育基地。利用组织培养和分子生物学等技术方法，建立罗汉果种子、外植体和 DNA 种质资源库。尽快开展罗汉果全基因组测序工作。目前已经探索了罗汉果低覆盖度的基因组 Survey 测序，对罗汉果基因组的大小及复杂程度作出了评价。建议在此基础上，加快对罗汉果基因组序列进行系统研究，全面获得该物种的基因组和重要功能基因的序列信息，阐述该物种的进化史，了解该物种生长发育和适应环境的分子机制，最终目的是培育出符合产业发展的优良品种。

2. 针对不同市场利用途径，创新培育罗汉果各类优良品种

开发野生资源，桂北地区有着良好的自然生态环境，有许多罗汉果优良野生株分布。应进行广西桂北地区资源普查，对发现野生优良单株（包括抗病性、抗虫害、抗逆性强的砧木）进行引种或者杂交育种；对现有的优良品种或高皂苷含量品种进行鉴定、评比、提纯、复壮，从中筛选出优良品种用于推广生产。通过优株选择、杂交育种、多倍体育种、航天育种以及转基因育种等多种育种方法，培育高产优质、抗性好、适应性强、种植管理成本低的罗汉果新品种，有目的地优化罗汉果品种的区域、季节布局，提高罗汉果产量和品质，延长罗汉果鲜果上市时间。

现阶段市面上罗汉果主要利用途径是干果药用、干果茶饮、鲜果提取。药典要求罗汉果干果才能药用，罗汉果在烘干过程中容易出现裂果、破果的现象，因此如果以烘干果为目的要求开发罗汉果的新品种皮要厚实一些，果型要大且好看一些。但如果罗汉果用来提取甜苷，高含量品种可以大大降低甜苷的成本价格，那么甜苷含量就是品种选育的主要标准。因此针对用途我们可以开发药用型、烘干型、提取型等罗汉果新品种。再者，由于罗汉果的极高甜度、罗汉果中特别的不良风味及罗汉果蛋白酶的影响，使其无法成为一种鲜食或即食果品走向市场。长期以来，即食或鲜食罗汉果新品种的开发也缺乏创新突破，因此，开发具有甜度较低、软籽、富囊等特征的罗汉果新品种，创造一种适宜即食的创新型罗汉果新品种，也是罗汉果产业发展的要求。

3. 建立良种培育基地

建立根据市场需要、着眼长远的罗汉果选、育种研究系统，以满足产业发展需要。建立健全良种苗繁育组织体系和制度，做到种苗繁殖制度化，种苗生产专业化，种苗质量标准化。按照中药材生产质量管理规范建立优质、高效罗汉果栽培种植基地。

4. 创新种植模式及其配套技术，降低原料种植成本

目前罗汉果种植多为个体经营，缺乏科学规划，存在盲目跟风扩种、生产标准不统一等现象，在未能进一步开拓市场的情况下，罗汉果的销量难以打开，低廉的原产品价格打击了农户生产的积极性，限制了产业规模的扩大。另外，罗汉果种植缺乏有效监管，未实现标准化作业，与预期目标存在差异。这些问题直接导致了罗汉果的产业优势无法充分转化为经济优势。未来应规范种植模式，罗汉果种植企业可以与下游企业签订订单合同，合理估计产品需求，避免盲目生产，同时提升种植的集约化程度，统一技术标准，逐步打造成为机械化、标准化、规模化生产示范基地。不断探索罗汉果在不同地域的种植栽培技术、栽培模式，探索罗汉果在丘陵、平原等地域的种植技术，罗汉果熟地轮种技术，探索罗汉果与粮食作物、中药材套种等生态种植技术，推广罗汉果篱架、宽行窄距和一种两收等高产栽培技术。

5. 加大对罗汉果制品的药用功能研究、全值利用研究和创新产品开发

罗汉果含有许多兼具药用价值和营养价值，既能治病又能强身健体的化学成分，特别是罗汉果甜苷，既是天然甜味剂，又对多种病症具有治疗作用。药理初步研究证明，罗汉果提取物在镇咳、祛痰、平喘、泻下、保肝降转氨酶、调节消化道运动、增强免疫、降血脂、降血压、防龋、抗癌防癌等方面作用明显，无任何副作用。但现在罗汉果制品（包括干果产品）集中宣传的功能仅为镇咳祛痰，没有进一步挖掘其他功能特性。利用罗汉果的抗癌、抗氧化、保肝、增强免疫力等功效，可创新研制癌症化学保护、抗衰老、护肝和防治心脏病的保健食品和药品。另外，罗汉果生产过程中除果实外尚有大量罗汉果根、茎、叶、籽等副产物。罗汉果块根中富含多糖、淀粉、三萜酸苷等成分；茎叶中含黄酮类成分；罗汉果籽中含角鲨烯成分。罗汉果根、茎、叶都含有人体所需的有效物质和营养成分，成熟罗汉果中还含有高活性的蛋白酶，可用于食品、护肤品及医药产品，但现阶段我们利用的还仅仅是其果实，因此开展罗汉果整体全值利用研究意义重大。对罗汉果全植物的各成分进行深入药理药效活性、体内代谢及作用机理进行全面系统的研究，可充分利用罗汉果这一优势资源，促使罗汉果产业的发展壮大。

6. 结合桂林国际旅游业和养生产业，加强宣传，创品牌效应

罗汉果发展与享有"桂林山水甲天下"桂林旅游业和永福的"中国长寿之乡"世界养生产业相结合，相互衬托，同生共长，创桂林罗汉果品牌效应。着力加强桂林罗汉果的品牌建设，如在政府或行业统一协调下，采用"母子品牌"的布局，汇聚不同

罗汉果
全产业链关键技术研究与应用

厂商的品牌，共同打造"桂林罗汉果"，并加强母品牌的品质提升与标准制定，推动各个厂商的规模化生产、生态化经营和标准化管理，执行较为统一的相关标准，如农业投入品使用、农产品分等分级等，用高标准引领高质量，通过高质量打造"桂林罗汉果"的品牌价值。推动品牌拓展国内外市场，通过各类农产品展销会、博览会、电商平台等渠道，加强桂林罗汉果品牌效应宣传，将罗汉果产业打造成为"桂林名片"乃至"广西名片"。

通过"企业＋合作社＋基地＋农户"和"企业＋基地＋农户"等模式，进行统一供苗、统一田间生产管理、统一病虫害综合防控、统一标准采收和回购，使罗汉果产业链源头可控，保证罗汉果的产量和品质。

参考文献

陈燕蓉, 张娜, 陆艳, 等, 2024. 基于文献分析的罗汉果产业技术研究进展. 广西科学, 31（1）: 9-16.
魏小琴, 雷枭, 何汶静, 2020. 罗汉果全球产地生态适宜性分析. 贵州农业科学, 48（1）: 119-124.

第二章

罗汉果的化学成分、药理作用及临床应用

罗汉果的化学成分十分丰富。其中,皂苷是其主要的生物活性成分,占罗汉果干果重量的1%～3%,代表性甜味皂苷罗汉果苷Ⅴ（mogroside Ⅴ）含量为0.5%～1.5%。除了皂苷成分,罗汉果还含有30%左右的总糖,2%的多糖,10%左右的蛋白质,2%的总黄酮如罗汉果黄素、山柰苷等。此外,还有川芎嗪、3-羧基川芎嗪、1-乙酰基-β-咔啉、氨基酸、厚朴酚、山橘脂酸等小分子化合物及维生素、氨基酸、挥发油、无机元素等营养成分。化学成分的多样性也赋予了罗汉果镇咳平喘、祛痰、抗炎、抗氧化、免疫调节、降血糖等多种药理活性。本章主要从罗汉果果实的化学成分、药理活性与机制以及代谢特征等方面进行概述。

第二章 罗汉果的化学成分、药理作用及临床应用

第一节 罗汉果的化学成分研究

一、皂苷成分

（一）皂苷的化学结构

1974年，学者CHI-HANG LEE首次提取出罗汉果三萜皂苷，但未见发表其化学结构。随后日本德岛文理大学竹本常松等（1983）对香港市售的罗汉果进行一系列的化学成分研究，首先分离得到了罗汉果苷Ⅳ、Ⅴ、Ⅵ，并用化学和光谱方法鉴定了它们的苷元结构为葫芦烷型的四环三萜——罗汉果醇［mogrol，10α-cucurbit-5-ene-3β, 11α, 24（R）, 25-tetraol］。其中，罗汉果苷Ⅴ（mogroside Ⅴ）的结构为罗汉果醇 –3-O-［β-D- 吡喃葡萄糖基（1-6）–β-D- 吡喃葡萄糖苷］-24-O-{［β-D- 吡喃葡萄糖基（1-2）］–［β-D- 吡喃葡萄糖基（1-6）］–β-D- 吡喃葡萄糖苷}（mogrol-3-O-［β-D-glucopyranosyl（1-6）–β-D-glucopyranoside］-24-O-{［β-D-glucopyranosyl（1-2）］–［β-D-glucopyranosyl（1-6）］–β-D-glucopyranoside}），此后一系列的罗汉果苷被分离与鉴定出来。三萜皂苷被认为是罗汉果果实的主要活性成分，Zheng（2007）和Li（2006）等检测到其含量在鲜果中约1.19%，干果中约3.82%。目前，从罗汉果果实中共分离到65种三萜（Wu，2022；黄四新，2019；Niu，2017；Si，1996）（图2-1，表2-1），结构差异主要是苷元C-7、C-11和C-25位点上基团的变化。大多数罗汉果三萜皂苷的C-11位为α-OH，只有一种被鉴定为β-OH，命名为11-epimogroside Ⅴ。罗汉果三萜皂苷的糖基部分主要为β构型的葡萄糖基（glucose，Glc），仅有grosmomoside Ⅰ含有一个半乳糖基（galactose，Gal），罗汉果苷Ⅳ E（mogroside Ⅳ E）和罗汉果苷Ⅴ A_1（mogroside Ⅴ A_1）各含有一个α构型葡萄糖基。根据苷元上连接的葡萄糖基数量，罗汉果三萜皂苷可分为一糖苷至六糖苷。Zhou等（2016）利用LC-MS

罗汉果
全产业链关键技术研究与应用

鉴定出罗汉果中 57 个三萜类化合物，包括一些已知罗汉果三萜皂苷的异构体，说明罗汉果中还存在新的皂苷成分，但结构还需进一步确定。

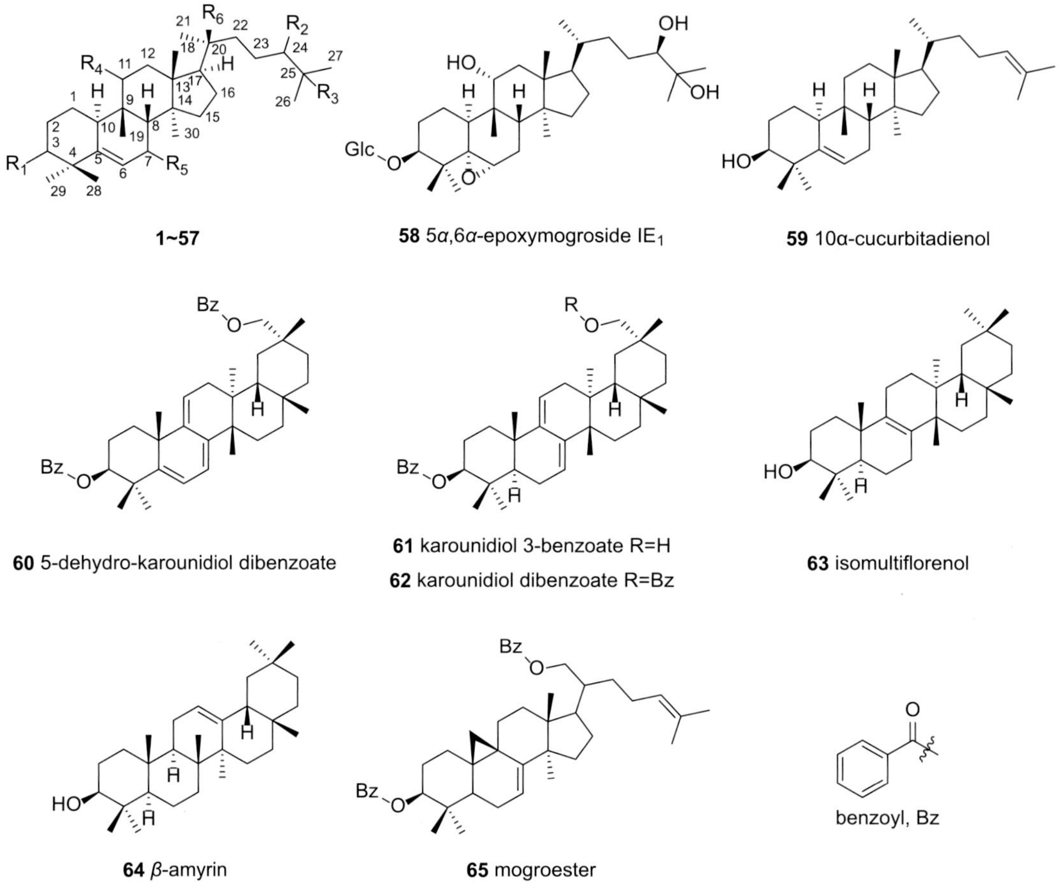

图 2-1 罗汉果三萜皂苷的化学结构

第二章 罗汉果的化学成分、药理作用及临床应用

表 2-1 罗汉果三萜皂苷化合物

序号	化合物	R_1	R_2	R_3	R_4	R_5	R_6	分子式	来源
1	mogrol	β-OH	β-OH	OH	α-OH	H_2	H	$C_{30}H_{52}O_4$	果实
2	25-methoxymogrol	β-OH	β-OH	OCH_3	α-OH	H_2	H	$C_{31}H_{54}O_4$	果实
3	3α-hydroxymogrol	α-OH	β-OH	OH	α-OH	H_2	H	$C_{30}H_{52}O_4$	果实
4	mogroside Ⅰ A_1	β-OH	β-O-Glc	OH	α-OH	H_2	H	$C_{36}H_{62}O_9$	果实
5	mogroside Ⅰ E_1	β-O-Glc	β-OH	OH	α-OH	H_2	H	$C_{36}H_{62}O_9$	果实
6	mogroside Ⅱ A	β-OH	β-O-Glc$\overset{2}{-}$Glc	OH	α-OH	H_2	H	$C_{42}H_{72}O_{14}$	果实
7	mogroside Ⅱ A_1	β-OH	β-O-Glc$\overset{6}{-}$Glc	OH	α-OH	H_2	H	$C_{42}H_{72}O_{14}$	果实
8	mogroside Ⅱ A_2	β-O-Glc$\overset{6}{-}$Glc	β-OH	OH	α-OH	H_2	H	$C_{42}H_{72}O_{14}$	水解产物
9	mogroside Ⅱ B	β-O-Glc	β-OH	O-Glc	α-OH	H_2	H	$C_{42}H_{72}O_{14}$	果实
10	mogroside Ⅱ E	β-O-Glc	β-O-Glc	OH	α-OH	H_2	H	$C_{42}H_{72}O_{14}$	果实
11	mogroside Ⅲ	β-O-Glc	β-O-Glc$\overset{6}{-}$Glc	OH	α-OH	H_2	H	$C_{48}H_{82}O_{19}$	果实
12	mogroside Ⅲ A_1	β-OH	β-O-Glc$\overset{6}{-}$Glc$\overset{2}{-}$Glc	OH	α-OH	H_2	H	$C_{48}H_{82}O_{19}$	果实
13	mogroside Ⅲ A_2	β-O-Glc$\overset{6}{-}$Glc	β-O-Glc$\overset{2}{-}$Glc	OH	α-OH	H_2	H	$C_{48}H_{82}O_{19}$	果实
14	mogroside Ⅲ E	β-O-Glc	β-O-Glc$\overset{2}{-}$Glc	OH	α-OH	H_2	H	$C_{48}H_{82}O_{19}$	果实
15	mogroside Ⅳ	β-O-Glc$\overset{6}{-}$Glc	β-O-Glc$\overset{2}{-}$Glc	OH	α-OH	H_2	H	$C_{54}H_{92}O_{24}$	果实
16	mogroside Ⅳ A	β-O-Glc$\overset{6}{-}$Glc	β-O-Glc$\overset{6}{-}$Glc	OH	α-OH	H_2	H	$C_{54}H_{92}O_{24}$	果实

续表

序号	化合物	R_1	R_2	R_3	R_4	R_5	R_6	分子式	来源
17	mogroside IV E	β–O–Glc$\overset{6}{-}$Glc	β–O–Glc$\overset{2}{-}$Glc	OH	α–OH	H_2	H	$C_{54}H_{92}O_{24}$	果实
18	siamenoside I	β–O–Glc	β–O–Glc$\overset{6}{-}$Glc$\overset{2}{\underset{}{|}}$Glc	OH	α–OH	H_2	H	$C_{54}H_{92}O_{24}$	果实
19	grosmomoside I	β–O–Glc	β–O–Glc$\overset{6}{-}$Glc$\overset{2}{\underset{}{|}}$Glc	OH	α–OH	H_2	H	$C_{54}H_{92}O_{24}$	果实
20	mogroside V	β–O–Glc$\overset{6}{-}$Glc	β–O–Glc$\overset{6}{-}$Glc$\overset{2}{\underset{}{|}}$Glc	OH	α–OH	H_2	H	$C_{60}H_{102}O_{29}$	果实
21	mogroside V A_1	β–O–Glc$\overset{6}{-}$Glc	β–O–Glc$\overset{6}{-}$Glc$\overset{2}{\underset{}{|}}$Glc	OH	α–OH	H_2	H	$C_{60}H_{102}O_{29}$	果实
22	mogroside VI	β–O–Glc$\overset{6}{-}$Glc$\overset{2}{\underset{}{|}}$Glc	β–O–Glc$\overset{6}{-}$Glc$\overset{2}{\underset{}{|}}$Glc	OH	α–OH	H_2	H	$C_{66}H_{112}O_{34}$	果实
23	mogroside VI A	β–O–Glc$\overset{6}{-}$Glc$\overset{6}{-}$Glc	β–O–Glc$\overset{6}{-}$Glc$\overset{2}{\underset{}{|}}$Glc	OH	α–OH	H_2	H	$C_{66}H_{112}O_{34}$	果实
24	mogroside VI B	β–O–Glc$\overset{6}{-}$Glc$\overset{2}{\underset{}{|}}$Glc	β–O–Glc$\overset{6}{-}$Glc$\overset{6}{-}$Glc	OH	α–OH	H_2	H	$C_{66}H_{112}O_{34}$	果实
25	neomogroside	β–O–Glc$\overset{6}{-}$Glc$\overset{2}{\underset{}{|}}$Glc	β–O–Glc$\overset{6}{-}$Glc	OH	α–OH	H_2	H	$C_{66}H_{112}O_{34}$	鲜果
26	isomogroside IV A	β–O–Glc$\overset{4}{-}$Glc	β–O–Glc$\overset{6}{-}$Glc	OH	α–OH	H_2	H	$C_{54}H_{92}O_{24}$	果实
27	isomogroside IV E	β–O–Glc$\overset{4}{-}$Glc	β–O–Glc$\overset{6}{-}$Glc	OH	α–OH	H_2	H	$C_{54}H_{92}O_{24}$	果实
28	isomogroside V	β–O–Glc$\overset{4}{-}$Glc	β–O–Glc$\overset{6}{-}$Glc$\overset{2}{\underset{}{|}}$Glc	OH	α–OH	H_2	H	$C_{60}H_{102}O_{29}$	果实
29	7-oxomogroside II E	β–O–Glc	β–O–Glc	OH	α–OH	=O	H	$C_{42}H_{70}O_{15}$	果实
30	7-oxomogroside III E	β–O–Glc	β–O–Glc$\overset{2}{-}$Glc	OH	α–OH	=O	H	$C_{48}H_{80}O_{20}$	果实
31	7-oxomogroside IV	β–O–Glc$\overset{6}{-}$Glc	β–O–Glc$\overset{2}{-}$Glc	OH	α–OH	=O	H	$C_{54}H_{90}O_{25}$	果实

续表

序号	化合物	R_1	R_2	R_3	R_4	R_5	R_6	分子式	来源
32	7-oxomogroside Ⅴ	β-O-Glc$\xrightarrow{6}$Glc	β-O-Glc$\xrightarrow{6}$Glc $\downarrow 2$ Glc	OH	α-OH	=O	H	$C_{60}H_{100}O_{30}$	果实
33	7β-methoxy-mogroside Ⅴ	β-O-Glc$\xrightarrow{6}$Glc	β-O-Glc$\xrightarrow{6}$Glc $\downarrow 2$ Glc	OH	α-OH	β-OCH$_3$	H	$C_{61}H_{104}O_{30}$	果实
34	11-oxomogrol	β-OH	β-OH	OH	=O	H$_2$	H	$C_{30}H_{50}O_4$	水解产物
35	11-oxomogroside ⅠA$_1$	β-OH	β-O-Glc	OH	=O	H$_2$	H	$C_{36}H_{60}O_9$	果实
36	11-oxomogroside ⅠE$_1$	β-O-Glc	β-OH	OH	=O	H$_2$	H	$C_{36}H_{60}O_9$	果实
37	11-oxomogroside ⅡA$_1$	β-O-Glc	β-O-Glc$\xrightarrow{6}$Glc	OH	=O	H$_2$	H	$C_{42}H_{70}O_{14}$	果实
38	11-oxomogroside ⅡE	β-O-Glc$\xrightarrow{6}$Glc	β-O-Glc	OH	=O	H$_2$	H	$C_{42}H_{70}O_{14}$	未成熟果
39	11-oxomogroside Ⅲ	β-O-Glc	β-O-Glc$\xrightarrow{6}$Glc	OH	=O	H$_2$	H	$C_{48}H_{80}O_{19}$	未成熟果
40	11-oxomogroside ⅢA$_1$	β-O-Glc$\xrightarrow{6}$Glc	β-O-Glc	OH	=O	H$_2$	H	$C_{48}H_{80}O_{19}$	果实
41	11-oxomogroside ⅢE	β-O-Glc$\xrightarrow{6}$Glc	β-O-Glc$\xrightarrow{6}$Glc	OH	=O	H$_2$	H	$C_{48}H_{80}O_{19}$	果实
42	11-oxomogroside Ⅳ	β-O-Glc$\xrightarrow{6}$Glc	β-O-Glc$\xrightarrow{6}$Glc $\downarrow 2$ Glc	OH	=O	H$_2$	H	$C_{54}H_{90}O_{24}$	果实
43	11-oxomogroside ⅣA	β-O-Glc$\xrightarrow{6}$Glc $\downarrow 2$ Glc	β-O-Glc$\xrightarrow{6}$Glc	OH	=O	H$_2$	H	$C_{54}H_{90}O_{24}$	果实
44	11-oxo-siamenoside Ⅰ	β-O-Glc	β-O-Glc$\xrightarrow{6}$Glc $\downarrow 2$ Glc	OH	=O	H	H	$C_{54}H_{90}O_{24}$	果实
45	11-oxomogroside Ⅴ	β-O-Glc$\xrightarrow{6}$Glc	β-O-Glc$\xrightarrow{6}$Glc $\downarrow 2$ Glc	OH	=O	H$_2$	H	$C_{60}H_{100}O_{29}$	果实
46	11-oxomogroside Ⅵ	β-O-Glc$\xrightarrow{6}$Glc $\downarrow 2$ Glc	β-O-Glc$\xrightarrow{6}$Glc $\downarrow 2$ Glc	OH	=O	H$_2$	H	$C_{66}H_{110}O_{34}$	果实

续表

序号	化合物	R_1	R_2	R_3	R_4	R_5	R_6	分子式	来源
47	11-oxoisomogroside V	β-O-Glc-^{4}Glc	β-O-Glc-^{6}Glc$\overset{2}{\vert}$Glc	OH	=O	H	H	$C_{60}H_{100}O_{29}$	果实
48	25-methoxy-11-oxomogrol	β-OH	β-OH	OCH_3	=O	H	H	$C_{31}H_{52}O_4$	果实
49	20-hydroxy-11-oxomogroside ⅠA₁	β-OH	β-O-Glc	OH	=O	H_2	OH	$C_{36}H_{62}O_{10}$	未成熟果
50	11-deoxymogroside Ⅲ	β-O-Glc	β-O-Glc-^{6}Glc	OH	H_2	H_2	H	$C_{48}H_{82}O_{18}$	果实
51	11-deoxymogroside V	β-O-Glc-^{6}Glc	β-O-Glc-^{6}Glc$\overset{2}{\vert}$Glc	OH	H_2	H_2	H	$C_{60}H_{102}O_{28}$	果实
52	11-deoxyisomogroside V	β-O-Glc-^{4}Glc	β-O-Glc-^{6}Glc$\overset{2}{\vert}$Glc	OH	H_2	H_2	H	$C_{60}H_{102}O_{28}$	果实
53	11-deoxymogroside Ⅵ	β-O-Glc-^{6}Glc	β-O-Glc-^{6}Glc$\overset{2}{\vert}$Glc	OH	H_2	H_2	H	$C_{66}H_{112}O_{33}$	果实
54	11-epimogroside V	β-O-Glc-^{6}Glc	β-O-Glc-^{6}Glc$\overset{2}{\vert}$Glc	OH	β-OH	H_2	H	$C_{60}H_{102}O_{29}$	果实
55	25-dehydroxy-24-oxomogrol	β-OH	=O	H	α-OH	H_2	H	$C_{30}H_{50}O_3$	果实
56	3-hydroxy-25-dehydroxy-24-oxomogrol	α-OH	=O	H	α-OH	H_2	H	$C_{30}H_{50}O_3$	果实
57	bryogenin	β-OH	=O	H	=O	H_2	H	$C_{30}H_{48}O_3$	果实

（二）皂苷结构与甜度的关系

多数罗汉果三萜皂苷具有共同的罗汉果醇苷元母核，连接 1～6 个葡萄糖糖基单元，表现出无味、苦味或甜味的味觉差异。罗汉果苷的甜度取决于苷元上葡萄糖糖基的数量、连接位置，及 C-11 位的基团等。一般地，随着糖基数量的增加，罗汉果苷由无味变苦味，再逐渐变甜，如罗汉果苷ⅠA$_1$（mogroside ⅠA$_1$）、罗汉果苷ⅡE（mogroside ⅡE）、罗汉果苷Ⅲ（mogroside Ⅲ）的葡萄糖糖基数量少于 4，呈无味或苦味，而连接 4～5 个葡萄糖糖基单元的罗汉果苷Ⅳ（mogroside Ⅳ）、赛门苷Ⅰ（siamenoside Ⅰ）、罗汉果苷Ⅴ等呈甜味。研究发现，11 位为 α-OH 的罗汉果苷味道甜，而 11 位羰基化的皂苷甜度降低，例如罗汉果苷Ⅴ的甜度约是蔗糖的 300 倍，而 11- 氧罗汉果苷Ⅴ（11-oxomogroside Ⅴ）却仅有 84 倍（表 2-2）。此外，葡萄糖基的连接方式影响甜度，例如，含有 4 个葡萄糖基单元的赛门苷Ⅰ的甜度高于具有 5 个糖基的罗汉果苷Ⅴ；而 C-24 上两个糖基单元连接方式不同的罗汉果苷ⅢE（mogroside ⅢE）与罗汉果苷Ⅲ分别呈现甜味和无味。其他含量较低的皂苷成分的甜度还未有相关研究。赛门苷Ⅰ是目前发现最甜的成分，但其在天然果实中的含量远远低于罗汉果苷Ⅴ，因此罗汉果苷Ⅴ是商业化应用的主要成分。羊学荣等（2015）利用 β- 葡聚糖酶水解罗汉果苷Ⅴ转化成赛门苷Ⅰ，这或许是另一条开发途径。

表 2-2 罗汉果苷结构与甜度的关系

化合物	与 5% 蔗糖溶液相比的甜度特性
mogrol	苦味
mogroside ⅠA$_1$	苦味
mogroside ⅠE$_1$	苦味
mogroside ⅡA	苦味
mogroside ⅡA$_1$	苦味
mogroside ⅡA$_2$	苦味
mogroside ⅡE	苦味
mogroside Ⅲ	有点苦味
mogroside ⅢA$_1$	有点苦味

续表

化合物	与 5% 蔗糖溶液相比的甜度特性
mogroside III A$_2$	有点苦味
mogroside III E	甜味
mogroside IV	392 倍
mogroside IV A	甜味
mogroside IV E	甜味
siamenoside I	563 倍
mogroside V	300 倍
mogroside VI	甜度低于罗汉果苷V
20-hydroxy-11-oxomogroside I A$_1$	无味
11-oxomogroside I A$_1$	无味
11-oxomogroside II E	苦味
11-oxomogroside III	无味
11-deoxymogroside III	无味
11-oxomogroside IV A	甜味
11-oxomogroside V	84 倍

二、黄酮成分

罗汉果果实中报道的黄酮类化合物较少，文献中仅报道了 5 种（图 2-2，表 2-3）。斯建勇等（1994）从新鲜罗汉果中分离得到两个黄酮苷（flavonol glycosides）化合物，分别为山柰酚 -3,7-α-L- 二鼠李糖苷（kaempferol-3,7-α-L-dirhamnopyranoside），以及山柰酚 -3-O-α-L- 鼠李糖 -7-O-［β-D- 吡喃葡萄糖基（1-2）-α-L- 鼠李糖苷］（kaempferol-3-O-α-L-rhamnopyranoside-7- O-β-D-glucopyranosyl-（2-1）-α-L-rhamnopyranoside），命名为罗汉果黄素（grosvenorine）。杨秀伟等（2008）从罗汉果中分离得到山柰酚（kaempferol）和山柰酚 -7-O-α-L- 鼠李糖苷（kaempferol-7-O-α-L-rhamnopyranoside）。Wang 等（2016）从罗汉果粗提物中分离得到 afzelin。

图 2-2 罗汉果黄酮类化合物结构

表 2-3 罗汉果黄酮类化合物

序号	化合物	R_1	R_2	R_3	来源
1	kaempferol	H	H	H	花、叶、果
2	kaempferol-7-O-α-L-rhamnopyranoside	H	Rha	H	花、茎、叶、果
3	grosvenorine	Rha	Rha$\overset{2}{-}$Glc	H	花、叶、果
4	kaempferitrin (kaempferol-3,7-α-L-dirhamnopyranoside)	Rha	Rha	H	叶、果
5	afzelin	Rha	H	H	茎、叶、果

三、多糖组分

先后有学者从罗汉果干果、鲜果、果皮中提取分离罗汉果多糖（表2-4），这些多糖组分的分子量、单糖组成及比例、单糖连接方式等都有一定差异，表明多糖的理化特性与提取方法、原料来源等有很大相关性。张巧玲等（2024）采用水提醇沉的方法从罗汉果干果中提取分离粗多糖SGP，进一步经Cellulose DE-52和Sephadex G-200柱分离纯化获得均一多糖组分SGP-C2和SGP-D1。SGP-C2和SGP-D1是由葡萄糖醛酸、鼠李糖、半乳糖醛酸、葡萄糖、半乳糖、阿拉伯糖组成的杂多糖，其单糖摩尔比分别为0.78∶1.84∶26.57∶1.31∶0.49∶0.06和1.37∶2.00∶20.79∶0.61∶0.12∶0.25，相对分子质量分别为5.0×10^5 Da和7.6×10^5 Da。结构分析表明，SGP-C2主链结构为→4)-α-D-GalpA-(1→和→4)-α-D-GalpAMe-(1→，而SGP-D1主链结构为→4)-α-D-GalpA-(1→。李俊等（2008，2007）从罗汉果鲜果中得到两个均一多糖，SGPS1具有吡喃糖环和呋喃糖环，SGPS2中含有氨基糖和糖醛酸。朱永明等（2021，2020）分别以干燥的罗汉果果皮和果实为原料，得到多糖PSGP和SGP。Gong等（2022，2021）从罗汉果中分离得到葡聚糖SGP-1和酸性多糖SGP-1-1，并由SGP-1

获得硫酸化多糖 S-SGP 及乙酰化多糖 Ac-SGP。

表 2-4 罗汉果多糖的结构特征

来源	命名	纯化方法	分子量/Da	单糖组成（摩尔比）	连接方式
干果	SGP-C2	Sephadex G200	5.00×10^5	GlcA : Rha : GalA : Glc : Gal : Ara（0.78 : 1.84 : 26.57 : 1.31 : 0.49 : 0.06）	→4)-α-D-GalpA-（1→和→4)-α-D-GalpAMe-（1→
干果	SGP-D1	Sephadex G200	7.60×10^5	GlcA : Rha : GalA : Glc : Gal : Ara（1.37 : 2.00 : 20.79 : 0.61 : 0.12 : 0.25）	→4)-α-D-GalpA-（1→
鲜果	SGPS1	DEAE-52 Sephadex G200	4.30×10^5	Glc : Gal : Xyl : Ara : Rha : GlcA（39.53 : 9.07 : 1.4 : 2.3 : 1 : 2.46）	→4)-Glcp-（1→、→3)Galp（1→
鲜果	SGPS2	DEAE-52 Sephadex G200	6.50×10^5	Rha : GlcA（8.24 : 0.99）	→2,4)-Rhap-（1→和→4)Rhap（1→
干果	SGP	Sephadex G200 和超滤	1.93×10^6	Ara : Man : Glc : Gal : GlcA : GalA（1 : 1.92 : 3.98 : 7.63 : 1.85 : 7.34）	→4)-Galp-（1→
果皮	PSGP	Sephadex G200 和透析	3.07×10^6	Ara : Gal : Glc : GalA（1.00 : 1.84 : 6.70 : 2.17）	→4)-Galp-（1→和→4)-Glcp-（1→
干果	SGP-1-1	DEAE-52 Sephadex G200	1.90×10^4	Ara : Rib : GalA : Gal : Man : Glc（1.00 : 1.72 : 2.24 : 3.64 : 3.89 : 22.77）	—
干果	SGP-1	DEAE-52 Sephadex G200	3.30×10^4	Glc	→4)-Glcp-（1→、→6)-Glcp-（1→、→4,6)-Glcp-（1→和 Glcp-（1→
SGP-1 硫酸化	S-SGP	—	1.34×10^4	Glc	—
SGP-1 乙酰化	Ac-SGP	—	5.36×10^4	Glc	—

四、其他类有机小分子成分

黄锡山等（2007）分离了罗汉果果实中的中等极性及小极性成分，得到 17 个化合物：川芎哚、3-羧基川芎哚、1-乙酰基-β-咔啉、环-（亮氨酸-脯氨酸）、环-（丙氨酸-脯氨酸）、环-（亮氨酸-异亮氨酸）、环-（亮氨酸-缬氨酸）、厚朴酚、山橘

第二章 罗汉果的化学成分、药理作用及临床应用

脂酸、β-谷甾醇、β-胡萝卜苷、5-羟基麦芽酚、香草酸、双[5-甲酰基糠基]醚、5-羟甲基糠酸、琥珀酸、焦谷氨酸。斯建勇等（1994）从鲜罗汉果分离得到1个苯丙素类化合物去氢二聚松柏醇-4-O-β-D-葡萄糖苷（图2-3）。

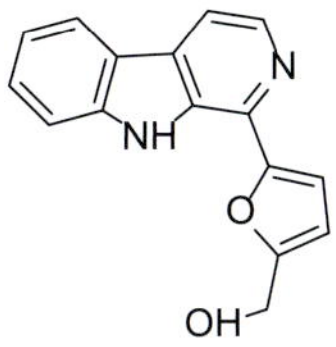

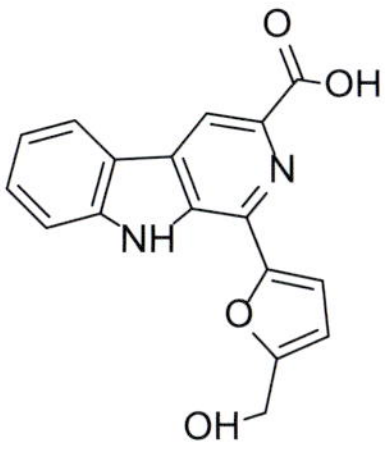

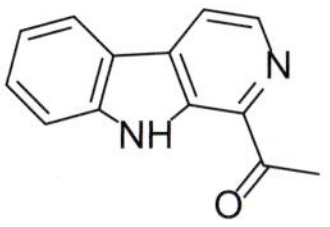

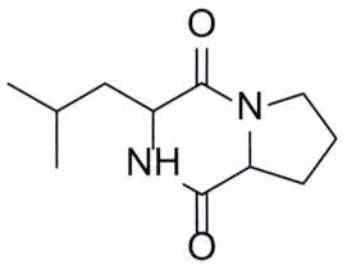

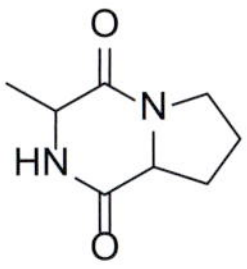

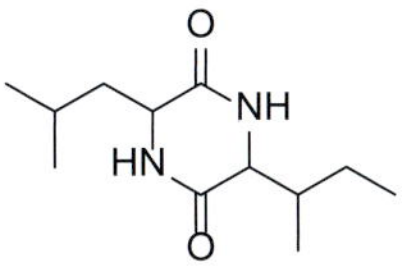

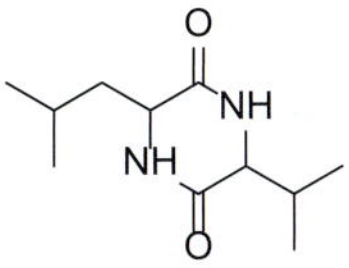

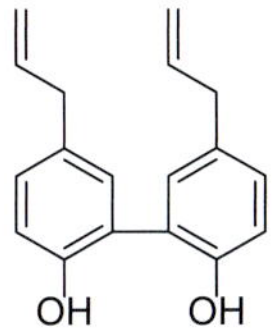

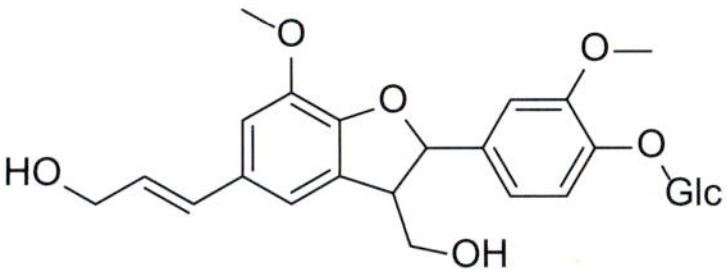

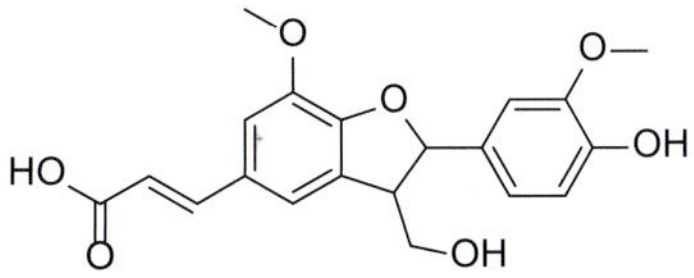

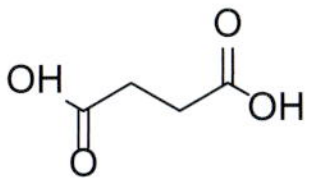

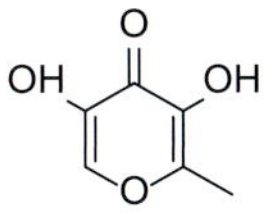

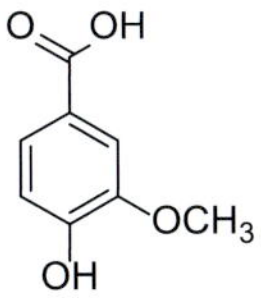

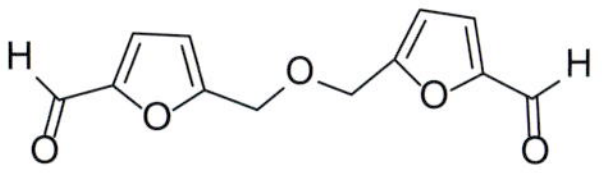

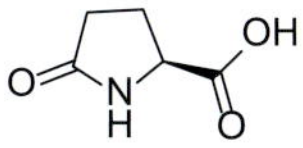

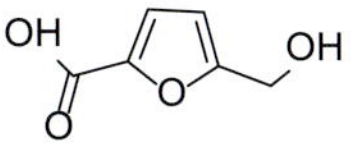

图2-3 罗汉果果实中其他类化合物结构

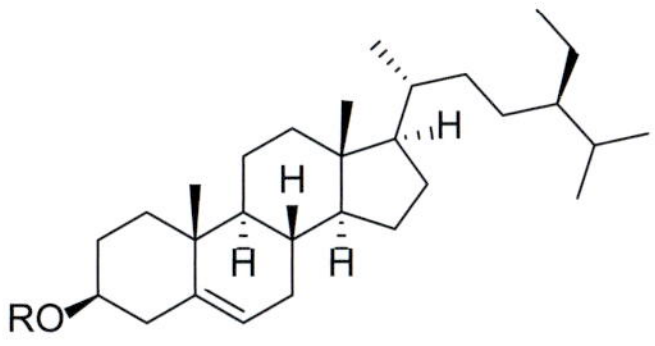

五、营养成分

罗汉果中含有丰富的营养成分,如 D-甘露醇、蛋白质、氨基酸、维生素等。徐位坤等(1990,1986,1985)从新鲜的罗汉果果实中分离得到非糖甜味成分 D-甘露醇(D-mannitol);凯氏定氮法检测发现罗汉果鲜果和干果中的蛋白质含量分别为 8.67%~13.35% 和 7.1%~7.8%;干果水解产物中含有 18 种氨基酸,包括 8 种人体必需氨基酸(表 2-5)。此外,徐位坤等(1981)报道,罗汉果果实含有丰富的维生素 C,鲜果和干果中的维生素 C 含量分别为 339~461 mg/100 g 和 24.6~38.7 mg/100 g。Hu 等(2024)对新鲜和干燥罗汉果的化学成分进行比较分析,结果发现:新鲜和干燥的罗汉果挥发物主要以烷烃、烯烃、有机酸和醛类为主,分别占新鲜和干燥罗汉果挥发性成分的 93.62% 和 87.64%,含量最高的是正十六酸(新鲜果含量为 31.73%,干燥果含量为 37.49%);经热风干燥后,干果中的烷烃、烯烃、酯类和醇类的含量分别增加了 5.76%、2.68%、2.35% 和 2.96%,醛类含量下降了 13.94%,维生素 C 和蛋白质含量分别显著降低了 100.0% 和 46.31%。

表 2-5 罗汉果水解产物的氨基酸种类及含量

单位:mg/100 g

氨基酸种类	品种			
	长滩果	拉江果	青皮果	野生果
1. 缬氨酸 Val	555	525	560	536
2. 亮氨酸 Leu	526	505	567	486
3. 异亮氨酸 Ile	439	401	431	420
4. 苯丙氨酸 Phe	349	355	395	365
5. 苏氨酸 Thr	309	285	328	313
6. 赖氨酸 Lys	147	169	177	179
7. 组氨酸 His	101	119	153	115
8. 蛋氨酸 Met	62.7	75.0	83.0	65.2
9. 天冬氨酸 Asp	939	1 031	962	1 125
10. 谷氨酸 Glu	1 110	1 059	1 133	1 082

续表

氨基酸种类	品种			
	长滩果	拉江果	青皮果	野生果
11. 精氨酸 Arg	478	590	710	646
12. 丙氨酸 Ala	575	499	668	538
13. 甘氨酸 Gly	465	440	512	446
14. 丝氨酸 Ser	466	412	484	445
15. 脯氨酸 Pro	402	278	249	430
16. 酪氨酸 Tyr	271	241	275	267
17. 胱氨酸（Cys）$_2$	121	112	120	106
18. γ- 氨基丁酸 γ-Abut	35.6	15.9	—	25.3

六、矿物质元素

无机元素是中药疗效的关键基础之一，它们对蛋白质、酶和激素等生物分子的活性有重要调节作用，并能与活性成分协同增强疗效。与此同时，中药中重金属含量超标也是威胁中药安全的主要因素之一。而 2020 版《中国药典》中未对罗汉果的重金属含量有明确规定，《药用植物及制剂进出口绿色行业标准》中药重金属一般限量标准：总量 20 mg/kg，As ≤ 2.0 mg/kg，Pb ≤ 5.0 mg/kg，Cd ≤ 0.3 mg/kg，Cu ≤ 20 mg/kg；美国国家卫生基金会 / 美国国家标准协会（NSF/ANSI）的膳食补充剂标准（NSF/ANSI 173—2010）规定：膳食补充剂原材料重金属限量指标 Cr ≤ 2.0 mg/kg。广西植物研究所李典鹏课题组采用 ICP-MS 以及火焰分光光度法对不同产区以及不同年份采集的罗汉果果实所含的无机元素进行了测定（表 2-6），研究结果与 Huang（2021）、潘巧灵（2018）、秦愫妮（2017）等人相近（表 2-6、表 2-7）。罗汉果中常量元素中以 K 含量最高，并且含有丰富的 Ca 和 Mg；微量元素中以 Fe、Mn 和 Al 的含量为高，分别是 23.187～37.778 μg/g、13.280～15.393 μg/g 和 2.448～17.785 μg/g。对于桂林同一产地不同年份的差异较大元素为 K、Ca、B 和 Al，而不同产地的罗汉果元素含量差异较大为 Ca、Mg、B、Cu、Fe、Se、Zn、Al 和 Cr，贵州产地的 Cr 元素含量较高，但也小于 2.0 mg/kg。2006 年李斐等（2006）利用原子吸收光谱法测定了不同产地罗汉果中重金属铜和镉的含量：广西临桂、融安、永福、龙胜罗汉果中铜的含量远远低于药典标准，为 0.4～0.7 μg/g；临桂罗汉果中镉的含量却超标，为 0.33 μg/g，其他三个产地镉的含量也都在 0.20～0.26 μg/g（2005 年版药典中规定的重金属铜镉的限量标准为：铜 ≤ 20.0 μg/g，镉 ≤ 0.30 μg/g）。

此外，莫利书等（2008）采用密闭增压微波酸消解方式处理罗汉果试样，通过电感耦合等离子体光谱法测定罗汉果试样的微量元素，研究表明，Al 和 Fe 两种元素在果壳中的含量比在果肉中的高，其他元素在果壳中的含量比在果肉中低（表 2-8）。曾其国等（2015）检测并分析了广西龙胜县罗汉果主产区 4 个地层岩石 – 土 – 罗汉果系统中 Cu、Zn、Mo、B、Se 等 5 种微量元素的分布与迁聚特征（表 2-9）。

第二章 罗汉果的化学成分、药理作用及临床应用

表 2-6 不同产地的罗汉果果实中无机元素含量

广西植物研究所李典鹏课题组测定值

元素	2021 桂林 (N=54) Mean/(μg/g)	RSD/%	2022 桂林 (N=18) Mean/(μg/g)	RSD/%	2022 柳州 (N=15) Mean/(μg/g)	RSD/%	2022 湖南 (N=6) Mean/(μg/g)	RSD/%	2022 贵州 (N=33) Mean/(μg/g)	RSD/%	2022 江西 (N=26) Mean/(μg/g)	RSD/%	文献测定值范围
K	13 591.239	10.76	20 324.696	27.59	11 873.754	10.61	17 675.487	24.58	13 446.196	14.45	17 631.276	19.78	9 900～35 330.09
Ca	279.567	27.81	411.667	33.75	403.776	20.33	390.478	9.97	408.493	50.04	374.810	39.66	373.44～872.20
Mg	814.777	17.65	719.476	19.12	804.078	19.00	660.611	31.89	828.753	20.47	743.315	19.64	549.96～1 152.8
Cd	0.003	80.59	0.011	89.56	0.022	57.18	0.015	88.52	0.015	96.81	0.021	61.87	0～1.18
B	4.726	50.62	25.787	68.70	8.412	63.31	25.563	44.11	9.487	70.07	13.733	82.41	6.7～13.1
Ba	1.652	71.13	1.697	50.08	4.239	36.22	2.544	31.96	2.025	66.37	3.989	84.98	0.8～4.3
Cu	6.398	25.94	11.808	39.91	7.927	14.56	10.118	24.55	9.039	31.00	10.477	29.88	0.15～42.5
Fe	23.187	48.32	28.520	23.16	37.778	70.50	30.745	19.84	26.606	22.40	34.117	40.03	20.0～182.06
Mn	13.786	82.76	13.782	36.80	15.393	46.04	13.461	22.17	13.280	37.38	15.293	40.90	6.41～50.37
Ni	0.808	94.38	1.570	73.74	0.853	70.05	1.495	38.70	0.777	79.11	1.622	45.66	1.2～10.61
Se	2.267	53.05	1.310	31.43	1.577	39.11	1.267	22.61	1.075	32.28	0.686	33.39	0.006～0.19
Zn	9.320	38.65	11.734	56.80	18.597	47.84	10.113	19.59	12.103	35.73	12.795	50.93	1.29～53.96
Sr	1.474	76.06	3.269	71.24	2.393	43.79	2.337	37.33	2.844	47.46	3.656	43.20	0.5～2.7
Tl	0.004	96.20	0.005	50.65	0.006	98.23	0.004	62.53	0.009	87.37	0.018	69.68	Nd
Ti	3.046	25.96	4.862	26.19	4.260	16.14	5.493	25.99	4.361	41.42	6.146	51.44	0.3～1.8

47

续表

元素	2021 桂林（N=54）		2022 桂林（N=18）		2022 柳州（N=15）		2022 湖南（N=6）		2022 贵州（N=33）		2022 江西（N=26）		文献测定值范围
	Mean/(μg/g)	RSD/%	Mean/(μg/g)	RSD/%	Mean/(μg/g)	RSD/%	Mean/(μg/g)	RSD/%	Mean/(μg/g)	RSD/%	Mean/(μg/g)	RSD/%	
Co	0.104	87.49	0.101	55.31	0.163	88.41	0.097	62.16	0.049	59.66	0.281	64.42	0～0.149
As	0.052	83.91	0.018	83.38	0.078	32.44	0.019	63.95	0.048	49.59	0.040	77.38	0.0002～0.14
Li	0.206	57.97	0.016	66.15	0.152	41.40	0.025	77.67	0.069	86.20	0.131	93.84	0.019
Be	0.001	64.94	0.001	54.28	0.001	52.10	0.002	53.37	0.002	66.12	0.005	76.97	0.01
Al	2.448	66.52	9.893	52.70	17.785	64.06	9.123	47.87	9.327	81.15	16.368	71.86	7.45～28.0
Cr	0.508	48.05	0.564	42.83	0.907	60.55	0.244	49.55	1.041	68.93	0.260	84.21	0～0.53
Ga	0.007	27.53	0.006	27.37	0.009	33.26	0.007	42.28	0.006	28.05	0.013	50.02	Nd
Sn	0.043	61.77	0.056	34.68	0.165	37.97	0.046	56.30	0.083	40.72	0.061	54.12	0.024～0.1818
Sb	0.164	80.02	0.033	73.83	1.338	42.55	0.028	71.15	0.236	92.51	0.097	43.79	Nd
Pb	0.171	77.82	0.541	75.31	1.538	67.90	0.335	29.47	0.508	41.57	1.119	88.61	0.002～3.89
Bi	0.035	3.25	0.015	84.32	0.038	10.93	0.038	37.55	0.033	24.59	0.030	63.44	Nd
Na	Nd												6.0～283.95
P	Nd												725～2645.3

注：Nd 为未检测到。

第二章 罗汉果的化学成分、药理作用及临床应用

表 2-7 罗汉果果实中其他元素含量

元素	含量	稀土元素	含量 /（μg/g）	稀土元素	含量 /（μg/g）
S	1 562.6 ~ 1 600	Th	0.012	Tb	0.009
Mo	0.001 ~ 0.435 5	Y	0.024	Dy	0.068
F	0.93	La	0.11	Ho	0.017
I	1.00	Ce	0.12	Er	0.033
Si	645	Pr	0.11	Tm	0.017
Rb	26.8	Nd	0.025	Yb	0.041
Cs	0.072	Sm	0.019	Lu	0.029
Ag	0.008	Eu	0.035	Tb	0.009
Hg	0 ~ 0.005	Gd	Nd	Dy	0.068

表 2-8 罗汉果果实不同部位的元素含量

元素	果壳		果瓤	
	样品测定值 /（μg/g）	RSD/%	样品测定值 /（μg/g）	RSD/%
Al	11.4	7.51	7.45	9.81
Cd	1.15	0.96	1.18	1.24
Cu	7.8	0.85	11.6	2.12
Fe	41.7	5.22	37.8	6.71
Mg	635	0.27	1 060	0.82
Mn	14.8	0.51	26.1	0.84
P	725	0.2	1 920	0.91
Pb	2.15	4.33	1.95	1.16
Zn	11.7	0.33	17.7	0.87

表 2-9 罗汉果各部位微量元素含量

单位：μg/g

地层		微量元素				
		Cu	Mo	Zn	B	Se
震旦系	根	28.4	0.19	31.8	9.58	0.08
	茎	24.2	0.21	40.1	9.48	0.042
	叶	14.1	0.13	56.9	7.76	0.098
	果	0.15	0.001	1.64	0.29	0.007
	总量	66.85	0.531	130.44	27.11	0.227
寒武系清溪组	根	61.4	0.65	86.4	12.7	0.15
	茎	17.2	0.14	141.0	10.3	0.067
	叶	13.3	0.11	67.9	19.1	0.22
	果	0.45	0.006	1.34	0.47	0.007
	总量	92.35	0.906	296.64	42.57	0.444
下元古界上板溪群	根	29.7	0.3	27.4	13.1	0.13
	茎	14.8	0.4	15.4	12.7	0.058
	叶	8.34	0.16	46.6	20.1	0.11
	果	0.18	0.01	1.29	1.06	0.006
	总量	53.02	0.87	90.69	46.96	0.304
白垩系	根	26.8	0.088	24.3	12.2	0.027
	茎	30.3	0.23	60.7	13.3	0.057
	叶	14.5	0.25	51.4	13.1	0.24
	果	0.89	0.023	2.54	0.88	0.007
	总量	72.49	0.591	138.94	39.48	0.331

第二章　罗汉果的化学成分、药理作用及临床应用

第二节　罗汉果的功效及作用机制研究

罗汉果性凉味甘，入肺经和大肠经，有润肺止咳、凉血、润肠通便的作用，临床用于治疗肺结核、急／慢性气管炎等疾病，以单味或复方配伍形成系列止咳利咽药物。新冠疫情期间，广西中医药管理局发布的《广西壮族自治区新冠病毒感染中医药防治方案（试行第五版）》中，罗汉果－陈皮饮被选作预防茶饮方。现代药理学研究表明罗汉果有抗氧化、抗衰老、降血糖、降脂、预防神经退行性疾病、抗肿瘤、免疫调节及抗肝纤维化等功效。

一、罗汉果缓解肺部疾病

（一）缓解过敏性哮喘

哮喘，尤其是过敏性哮喘，是一种慢性炎症性气道疾病。在动物实验中，罗汉果对哮喘显示出显著的疗效，与其传统的药用特性，如清热解毒、润喉化痰相吻合。Sung 等（2019）研究发现，在卵清蛋白诱导（OVA）的小鼠哮喘模型中，罗汉果提取物改善了 OVA 驱动的气道高反应性、血清 IgE 的产生以及肺和气管的组织病理学变化，减少了肺和支气管肺泡灌洗液（BALF）中的细胞总数、淋巴细胞、中性粒细胞、单核细胞和嗜酸性粒细胞的总数、肺中 CD4+/CD69+ T 细胞的绝对数量，以及肺和 BALF 的 CD4+/CD8+ T 细胞、CD11b+/Gr-1+ 粒细胞的绝对数量，并抑制了 OVA 诱导的肺中 IL-13、TARC、MUC5AC、TNF-α 和 IL-17 表达的增加。而罗汉果苷 V 治疗可以显著减少哮喘小鼠肺部的炎症浸润，降低小鼠 BALF 中 IL-4、IL-5 和 IL-13 的水平以及 OVA 特异性 IgE 和 IgG1 的血清水平，降低哮喘小鼠肺部 IL-17A、IL-23 和 RORγt 的 mRNA 水平（Song，2019）。

（二）减轻肺纤维化

肺纤维化是一种慢性间质性肺病，发展至晚期可引起咳嗽、呼吸困难甚至呼吸衰竭。而特发性肺纤维化的肺组织学和/或胸部高分辨率CT特征性表现为普通型间质性肺炎，病因不清，其诊断后的平均生存期仅2～3年，死亡率高于大多数肿瘤，被称为一种"类肿瘤疾病"。Tao等（2017）报道了罗汉果苷ⅢE的治疗减轻小鼠肺纤维化，表现为髓过氧化物酶活性、胶原沉积和病理评分的降低，并显著抑制了纤维化标志物如α-SMA、collagenⅠ、TGF-β信号和MMP-9/TIMP-1的表达，阻断TGF-β或LPS诱导的肺常驻成纤维细胞向肌成纤维细胞样细胞的转变。Liu等（2021）发现苷元罗汉果醇可通过抑制肺部炎症和细胞外基质沉积，显著抑制一些重要的纤维化标志物的表达，改善在博莱霉素诱导的小鼠肺纤维，保护机制与激活AMPK和调节TGF-β1信号通路有关。Ding等（2022）研究表明苷元11-氧化-罗汉果醇能够激活AMPK介导的氧化应激，并与Sirt1和NOX4的信号串扰，抑制肺泡上皮细胞间质转化，减轻肺纤维化。

（三）缓解急、慢性肺炎

流行病学和毒理学研究表明，PM 2.5接触与心脏损伤和肺组织功能障碍有关，且怀孕期间接触PM 2.5对后代的肺组织有害。Li等（2021）研究发现妊娠大鼠暴露于低剂量PM 2.5会诱导后代幼鼠肺部炎症，而在孕期接受罗汉果苷提取物干预的雌鼠，其后代肺组织的炎症水平显著降低，多组学分析表明Pla2g2d是潜在治疗靶点。基于LC-MS的药理学和代谢组学研究，Liu等（2021）发现罗汉果苷V通过调节维生素B_6代谢、牛磺酸和次牛磺酸代谢、组氨酸代谢、抗坏血酸和醛固酮代谢、柠檬酸循环、戊糖和葡萄糖醛酸的相互转化来缓解OVA诱导的肺部炎症。Han等（2024）研究表明，罗汉果苷V缓解了OVA诱导的哮喘小鼠的肺部炎症，抑制TNF-α、IL-1β、IL-2、IL-6和NO的释放，并且降低p-P65/P65、COX-2和iNOS的蛋白表达；通过miRNA-seq和mRNA-seq联合分析发现，miR-21-5p是罗汉果苷V炎症抑制作用的重要miRNA，认为罗汉果苷V抑制肺部炎症反应的机制是通过影响miR-21-5p/SPRY1轴，下调miR-21-5p和上调SPRY1。

急性肺损伤（ALI），是一种以肺部炎症、气血屏障功能障碍和低氧血症为特征的疾病，严重者发展为急性呼吸窘迫综合征（ARDS），导致机体不可逆的呼吸功能衰竭

第二章 罗汉果的化学成分、药理作用及临床应用

和威胁生命安全的多器官功能障碍。ALI/ARDS 可由多种因素诱发，肺部或全身的炎症级联反应是其主要发病机制。罗汉果苷及其次级代谢产物能够有效缓解 ALI。在脂多糖（LPS）诱导的急性肺损伤小鼠模型中，Shi 等（2014）报道了罗汉果苷 V 能够减少炎症细胞向肺组织的浸润，阻断 NF-κB 信号通路，减少炎症细胞因子，从而改善肺损伤。罗汉果苷 Ⅲ E 治疗剂量依赖性地抑制了 LPS 攻击诱导的肺组织中的肺水肿、促炎介质的释放和较高的 MPO 活性，增加 AMPK 的磷酸化，并抑制 TLR4、MyD88 的过表达，同时抑制了 LPS 攻击小鼠肺组织中 MAPKs 和 NF-κB 信号传导的激活，并在 LPS 处理的巨噬细胞中获得了类似的抗炎作用（Tao，2017）。

二、罗汉果治疗代谢性疾病

（一）缓解糖尿病及其并发症

糖尿病是一种由胰岛素绝对或相对分泌不足以及利用障碍引发，以高血糖为标志的慢性疾病，全球范围内的发病率和患病率均呈上升趋势。研究发现，罗汉果具有抗糖尿病特性，能有效降低糖尿病小鼠的血糖、血脂和胆固醇水平。例如，Suzuki 等（2007）研究发现，罗汉果提取物可以改善 OGTT 中的胰岛素响应，在空腹状态下促进胰腺中胰岛素积累、改善肾功能以及增强肝脏和血浆中的抗氧化系统功能，对自发性糖尿病 GK 大鼠表现出抗糖尿病作用。Ban 等（2020）报道了苷元罗汉果醇与酸奶制成的罗汉果醇-半抗原酸奶可激活 AMPK 信号传导，并增加肝脏葡萄糖-6-磷酸酶水平，改善 T2DM 小鼠的血脂水平、呼吸交换率和卡路里水平。Zhang 等（2021）构建了链脲佐菌素诱导的大鼠 Ⅱ 型糖尿病（T2DM）模型，发现罗汉果低糖苷（含 1-3 糖基残基）显著降低大鼠空腹血糖水平，改善胰岛素抵抗，同时显著降低血脂水平，增加血清 GLP-1 水平，并显著改善 T2DM 鼠肠道菌群紊乱。Qin 等（2024）发现，罗汉果苷提取物在高脂联合链脲佐菌素诱导的 T2DM 小鼠模型中，能降低小鼠空腹血糖，改善 OGTT 中的糖耐量并降低胰岛素抵抗指数，提高肝脏丙酮酸激酶和已糖激酶活性而改善糖代谢；并且降低糖尿病小鼠血浆内毒素和炎症因子 TNF-α、IL-6、MCP-1 水平；16s rDNA 分析发现，罗汉果苷提取物还降低了糖尿病小鼠肠道中 Firmicutes 及 Proteobacteria 的相对丰度，增加了 Bacteroidetes 的相对丰度，改善肠道屏障功能。

糖尿病肾病是糖尿病的常见并发症。Gong 等（2021）提取的罗汉果多糖（SGP-1-1）可抑制 TLR4/NF-κB 通路，并降低炎症因子水平来调节糖尿病肾病小鼠炎症反应，还能增加 SOD 活性同时降低 MDA 水平。怀孕与胰岛素抵抗和高胰岛素血症的风险有关，大约有 10% 孕妇患上妊娠期糖尿病，其中 3%～5% 会发生妊娠后糖尿病。Zou 等（2018）的研究表明，罗汉果苷Ⅲ E 可有效改善糖尿病小鼠妊娠期糖尿病，降低炎症因子表达，增强 AMPK 激活，从而缓解妊娠期糖尿病症状。

（二）缓解饮食诱导的肥胖与脂肪肝

肥胖是不健康的饮食与生活方式带来的公共健康问题，极易诱发代谢紊乱，造成内脏脂肪积累与肝脏损伤，被世界卫生组织认定为影响健康的第五大危险因素。与肥胖相关的非酒精性脂肪肝（NAFLD）是一种常见的慢性肝病，通常会发展为更严重的肝脏疾病，甚至肝细胞癌。罗汉果苷对高脂肪饮食引起的肥胖和非酒精性脂肪肝具有潜在的治疗作用。

Zhang 等（2018）报道了罗汉果提取物通过提高肝脏中 AMPK 的磷酸化水平来增强脂肪代谢，显著降低肥胖小鼠的体重和肝脏重量，减少肝脏中的脂肪积累。罗汉果苷 V 显著改善高脂饮食喂养的小鼠的肝脂肪变性，剂量依赖性地逆转小鼠肝脏中 PPAR-c、SREBP-1 和 FASN 蛋白表达的增加，同时提高 PPAR-α、CPT-1A 蛋白表达和 atgl、hsl、ppara、cpt1a 的 mRNA 表达，从而提高脂肪分解和脂肪酸氧化（Li，2020）。LÜ 等（2022）报道了罗汉果甜苷提取物通过诱导白色组织脂肪的棕色化，降低脂肪组织巨噬细胞浸润，下调代谢调节因子 Leptin 及炎症因子 MCP-1 和 TNF-α 的表达，改善高脂饮食诱导的小鼠肥胖和胰岛素抵抗。长期以茶饮方式食用罗汉果提取物或高含量罗汉果苷 V 可降低高脂高糖饮食小鼠的体重增加和体脂含量，通过调节肝脏 ACC1、FAS 和 LDL-R 的 mRNA 水平降低血清与肝脏脂质蓄积，并提高血清 GSH-Px 和 SOD 活性，下调肝脏组织炎症因子 IL-6、TNF-α 水平，改善结肠屏障损伤；同时，罗汉果提取物的干预调控小鼠肠道菌群的多样性与组成，提取物的摄入显著富集了肠道益生菌 *Alloprevotella*、*Bifidobacterium* 等（Song，2025）。

三、罗汉果的抗氧化活性

活性氧（ROS）在细胞生理活动中具有广泛的意义，表现出双重作用。适量的活性氧可以杀灭入侵病原体、有促进伤口愈合和修复的作用，但过量的 ROS 又会破坏氧化还原稳态，导致氧化应激，触发系列生物学过程，进而导致炎症反应而诱发疾病。

第二章　罗汉果的化学成分、药理作用及临床应用

因此，抑制过量ROS生成及消除自由基以缓解氧化应激反应可以防御炎症侵害。

罗汉果苷表现出较好的抗氧化活性。Chen等（2007）研究发现，罗汉果苷对活性氧（O_2^-、H_2O_2和·OH）和DNA氧化损伤具有显著的抑制作用，且11-氧化罗汉果苷Ⅴ对O_2^-和H_2O_2的清除作用高于罗汉果苷Ⅴ，而罗汉果苷Ⅴ在清除·OH方面更有效。Qi等（2008）的研究发现，罗汉果苷对羟基自由基的清除尤为有效，可减少红细胞溶血，抑制肝细胞线粒体MDA的产生，防止大鼠肝组织脂质过氧化，减轻Fe^{2+}和H_2O_2引起的过氧化损伤，其中罗汉果苷Ⅴ最有效。Mo等（2021）报道了罗汉果苷Ⅴ特异性降低H_2O_2处理的皮肤成纤维细胞中的ROS和MDA，增加SOD、GSH-Px和CAT活性。

此外，罗汉果的其他成分同样具有抗氧化活性。Zhu等（2020）制备的罗汉果多糖SGP在体外具有抗氧化作用，特别是对DPPH自由基的清除。PC12细胞抗氧化实验表明，SGP以剂量依赖的方式减少受氧化损伤PC12细胞中的ROS，显著降低H_2O_2诱导的凋亡和坏死细胞百分比。朱永明等（2021）分离得到的罗汉果果皮多糖PSGP能够清除DPPH、ABTS、超氧阴离子和羟自由基，并显著抑制H_2O_2氧化的PC12细胞内的活性氧（ROS）生成。Gong等（2022）发现罗汉果纯化多糖SGP-1-1通过参与TLR4/NF-κB通路抑制炎症反应，刺激SOD的产生，减少细胞因子（IL-6、TNF-α）和MDA的产生，缓解糖尿病肾病小鼠不良症状，提示罗汉果多糖通过发挥抗氧化作用协同抑制炎症的生物活性。李浩雨等（2023）研究发现，罗汉果总黄酮通过提高慢性睡眠剥夺小鼠大脑和血清中抗氧化酶活性及相关基因的表达，降低MDA和炎症因子含量，缓解小鼠氧化应激损伤及炎症反应，表明罗汉果黄酮具有抗炎与抗氧化的潜在活性。

四、罗汉果的其他功效

（一）缓解神经退行性疾病

阿尔茨海默病和帕金森病是最常见的神经退行性疾病，阿尔茨海默病引起认知障碍和记忆缺陷，帕金森病（PD）主要影响运动控制。罗汉果提取物及皂苷在这些疾病的预防和治疗中表现出良好的功效。

Chen等（2019）报道了苷元罗汉果醇可以显著减轻$Aβ_{1-42}$诱导的小鼠记忆损伤，抑制$Aβ_{1-42}$引起的海马小胶质细胞过度激活，并防止凋亡反应，减少促炎细胞因子的产生。Ju 等（2020）研究了罗汉果苷 V 及代谢产物 11- 氧化罗汉果醇对 MK-801 治疗引起的神经元损伤的保护作用，行为实验结果表明，罗汉果苷 V 干预可以预防 MK-801 诱导的 PPI 缺陷和社交退缩，改善内侧前额叶皮层中 MK-801 的细胞和神经化学反应。通过人工肠道微生物群代谢物分析发现，代谢产物 11- 氧化罗汉果醇通过促进神经突起生长、抑制细胞凋亡和 $[Ca^{2+}]_i$ 释放的机制防止了 MK-801 诱导的神经元损伤。

Luo 等（2022）发现，罗汉果苷 V 能穿过血脑屏障，以剂量依赖的方式减少活性氧过量产生，恢复线粒体功能，增加氧气消耗和 ATP 产生，改善暴露于鱼藤酮导致的帕金森病啮齿动物运动缺陷，并保留小鼠黑质中的多巴胺能神经元，是一种非常有前景的治疗 PD 相关线粒体功能障碍的候选药物。Tang 等（2024）研究结果表明，罗汉果苷 V 及罗汉果醇的预处理显著提高了暴露于 MPP+ 的 SH-SY5Y 细胞的细胞存活率，证明了其对神经毒性的有效保护作用；在 MPTP 小鼠模型中，低剂量罗汉果苷 V 和高剂量的罗汉果醇显著增强了小鼠运动协调能力，并抑制黑质致密部多巴胺能神经元的损失；黑质的代谢组学分析表明，罗汉果苷 V 和罗汉果醇影响了 160 种不同的代谢物，并调节了 PD 中中断的关键途径，为对抗神经退行性疾病提供了一种全面的方法。

（二）抗癌作用

癌症严重威胁人类健康和生活质量，其特征是细胞死亡失控和细胞复制不受控制。体内和体外研究表明罗汉果及其组分对多种肿瘤细胞具有显著的抑制增殖活性，表现出抗肿瘤潜能。

Takasaki（2003）、Ukiya（2002）、Akihisa（2007）等利用体内、体外试验研究了多种罗汉果苷抑制 Epstein-Barr 病毒早期抗原的能力，发现其抑制能力与葡萄糖残基的数目成反比；并且罗汉果苷 V 能够显著的延迟由 7,12- 二甲基苯并蒽和 12- 十四烷酰佛波醇 -13- 乙酸酯诱导的小鼠皮肤癌发生，并降低癌细胞的数量，其效果优于已知的癌症化学预防试剂甘草甜素。Li 等（2022）报道了罗汉果醇显著抑制非小细胞肺癌细胞如 A549、H1299、H1975 和 SK-MES-1 细胞的增殖和迁移，通过激活 AMPK 信号，诱导自噬细胞死亡和自噬依赖性细胞凋亡，并激活 p53 诱导肿瘤细胞周期停滞和凋亡，显著抑制 A549 荷瘤小鼠的肿瘤组织生长。

（三）缓解结肠炎

溃疡性结肠炎（UC）是一种病因尚不明确的，特发于直肠和结肠的慢性非特异性

第二章　罗汉果的化学成分、药理作用及临床应用

肠病，严重危害患者的身心健康。临床表现为持续或反复发作的腹痛、腹泻、消瘦、黏液血便等。

在葡聚糖硫酸钠（DSS）诱导的小鼠 UC 模型中，罗汉果醇可通过激活 AMPK 和 NF-κB 信号通路，明显减轻小鼠结肠病理性损伤，抑制炎性细胞浸润，改善结肠黏膜 NLRP3 炎性小体的异常表达，缓解小鼠症状（Liang，2021）；罗汉果苷 V 能够改善 UC 小鼠的健康状况，抑制结肠组织促炎因子的表达，并通过 MAPK-NF-κB/AP-1 和 AMPK-PI3K/AKT/mTOR 通路在溃疡性结肠炎中发挥抗炎作用（Zhang，2021）。Tan 等（2024）的研究表明，罗汉果苷 V 可能通过抑制 ERS 凋亡途径的激活来治疗 DSS 诱导的小鼠 UC，表现为 DAI 评分降低、结肠长度增加、结肠组织学评分降低、促炎细胞因子水平降低以及肠道通透性降低。

（四）免疫调节

免疫低下即免疫力下降，是指因过度疲劳、疾病、药物及不健康生活方式等因素导致的机体免疫系统功能下降。现代社会环境，加上"新冠"病毒的影响，免疫低下人群的数量正快速增长，寻求高效且安全的免疫增强剂，激活机体免疫力以提高抗病能力，是减少药物使用、实现健康生活的关键。

Qi 等（2006）发现，罗汉果提取物通过上调 CD4+ T 淋巴细胞亚群和 CD4/CD8 比值，改变细胞内细胞因子谱，调节四氧嘧啶诱导的小鼠免疫失衡。最近的研究发现，日常茶饮方式食用罗汉果总提取物可以通过影响血清（IgA、IgG）和脾脏（ACP、LDH、IL-6）中多种免疫因子水平达到提高小鼠免疫力的功效；提取物的摄入影响肠道菌群的多样性和组成，富集免疫相关菌如 *Alloprevotella*、*Bifidobacterium_Pseudolongum*、*Lactobacillus* 和 *Bacteroides_Sartorii*，降低有害菌的丰度，表明罗汉果的摄入可通过调节肠道菌群结构增强小鼠免疫力（Song，2025）。

植物源多糖具有良好的免疫调控活性。李俊等（2008）制得的酸性罗汉果鲜果多糖 SPGS1 能明显增加小鼠免疫器官指数、小鼠腹腔巨噬细胞吞噬指数，在特异性免疫和非特异性免疫方面都发挥作用。张海泉等（2019）报道了罗汉果多糖 SGP 显著增强 T 淋巴细胞增殖能力，明显增加廓清指数、吞噬指数，并减轻免疫抑制小鼠脾脏的病理损伤。Zhang 等（2024）的研究表明，罗汉果果胶多糖 SGP 及其均一组分 SGP-C2 和 SGP-D1 具有较强的促进 RAW264.7 细胞增殖和吞噬活性，能够促进 RAW264.7 细胞分泌 TNF-α 与 IL-6，具有突出的免疫调节作用；改善环磷酰胺所致的小鼠胸腺指数下降，减轻脾脏、结肠组织损伤，增加血清中 IgA、IgG 及 IgM 含量，提高 SOD 和 GSH-Px 活性，并改善肠道菌群的失衡，特别是增加 Muribaculaceae_norank、*Alloprevotella*、*Bacteroides* 的相对丰度，降低有害菌的相对丰度。

（五）缓解肝损伤

肝纤维化是肝硬化的前兆，与肠道屏障受损和细菌产物暴露有关。罗汉果苷能够缓解小鼠急性、免疫性肝损伤，降低血清中 ALT 与 AST 活性，升高 SOD 活性、降低 MDA 含量，并显著减轻肝组织病理变化程度（肖刚，2008）；减轻 CCL_4 诱导的 Wistar 大鼠肝纤维化，减轻大鼠肝组织病理损伤，降低肝脏Ⅳ型胶原、Ⅲ型前胶原氨基端肽水平并抑制 TGF-β1 表达（肖刚，2012）。龙颖等（2015）发现，罗汉果苷提取物的大鼠含药血清能抑制体外培养的 HSC-T6 肝星状细胞增殖，促进细胞外基质 HA 和 LN 的降解，阻滞细胞周期，诱导星状细胞发生凋亡。Cao 等（2018）研究表明，罗汉果苷Ⅳ E 显著减少 CCL_4 诱导肝损伤模型中的炎症、细胞因子释放和髓过氧化物酶活性，恢复了肝功能，这与其调节 TLR4 相关信号传导有关。何晓璇等（2024）最近的研究认为，罗汉果苷提取物能抑制体外培养的 HSC-T6 肝星状细胞增殖，降低 α-SMA 的蛋白表达，通过调控 TGF-β1/Smads 信号通路抑制肝星状细胞活化。罗汉果功效及作用机制见表 2-10。

表2-10 罗汉果功效及作用机制

功效	来源	模型	结果	作用机制
缓解肺部疾病	罗汉果苷V	OVA诱导BALB/c小鼠肺炎	IgE、TNF-α、IL-5、p-NF-κB和NF-κB水平下降	NF-κB，JAK-STAT抗炎通路
	提取物、罗汉果苷V	OVA诱导BALB/c小鼠过敏性哮喘	（1）IL-5、IL-13、IL-17、IgE水平下降；（2）肝脏氧化应激损伤降低	核黄素代谢和谷胱甘肽代谢通路
	皂苷提取物	PM 2.5诱导SD大鼠肺炎	（1）肺组织炎症浸润下降；（2）炎症介质Pla2g2d及其代谢产物LysoPCs和花生四烯酸mRNA水平降低	Pla2g2d潜在靶点
	提取物	OVA诱导BALB/c小鼠哮喘	（1）肺和BAL中淋巴细胞、中性粒细胞、单核细胞和嗜酸性粒细胞的总数下降；（2）肺组织CD4+/CD69+ T细胞下降；（3）IL-4、IL-5、IL-13、IFN-γ水平下降	Th2和Th17细胞因子的抑制，及Th1细胞因子的增加
	罗汉果苷V	HSC-T6细胞OVA诱导昆明小鼠肺炎	（1）Th2细胞因子上调降低；（2）SOD、CAT和GSH-Px活性增强；（3）IL-17A、IL-23 mRNA表达水平下降	NF-κB抗炎通路
	罗汉果苷ⅢE	LPS诱导C57BL/6小鼠急性肺损伤	（1）肺水肿下降；（2）IL-1β、IL-6、TNF-α和HMGB1因子水平降低；（3）肺组织中MPO活性升高	TLR4/MAPK/NF-κB炎症通路
	罗汉果苷ⅢE	博来霉素诱导C57BL/6小鼠肺纤维化	（1）肺纤维化降低；（2）TGF-β、α-SMA、胶原Ⅰ的表达降低；（3）MMP-9/TIMP的比例升高；（4）PLFs中成纤维细胞活化和胶原生成减少	TLR4/MyD88-MAPK信号抑制肺部炎症细胞外基质沉积
	罗汉果苷V	OVA诱导BALB/c小鼠肺炎	维生素B6代谢、牛磺酸和次牛磺酸代谢、组氨酸代谢、皮肤和葡萄糖醛酸相互转化、抗坏血酸和醛糖酸循环受到调节	调节新陈代谢
	罗汉果苷V	OVA诱导BALB/c小鼠肺炎	（1）抑制TNF-α、IL-1β、IL-2、IL-6和NO的释放；（2）降低p-P65、COX-2和iNOS的蛋白表达	通过下调miR-21-5p和上调SPRY1
	罗汉果醇	博来霉素诱导C57BL/6小鼠肺纤维化	肺组织病理学、炎症浸润和胶原沉积特征变化的改善	调节TGF-β1和AMPK介导的信号通路

续表

功效	来源	模型	结果	作用机制
缓解肺部疾病	11-氧化罗汉果醇	博来霉素诱导C57BL/6小鼠肺纤维化	(1)改善组织病理学特征性结构变化，胶原蛋白沉积增加以及小鼠存活率和体重下降；(2)降低TGF-β1、p-Smad2/3、α-SMA、COL-Ⅰ和NOX4的表达，提高Sirt1和p-AMPK的表达	AMPK激活，TGF-β1/Smad2/3信号通路调控
缓解代谢性疾病	提取物	STZ诱导Wistar大鼠2型糖尿病	(1)体重、食物摄入量、饮水量、吸交换率与热量水平下降；(2)呼血脂水平降低；(3)肝脏PEPCK和G6 Pase蛋白水平降低	激活肝脏AMPK信号通路
	皂苷提取物	高脂和STZ联合诱导C57BL/6小鼠2型糖尿病	(1)空腹血糖、糖化血清蛋白降低；(2)胰岛素敏感性与脂质代谢增强	胰岛素抵抗减弱，肝AMPK信号通路的激活
	罗汉果苷Ⅴ	STZ诱导SD大鼠2型糖尿病	(1)葡萄糖代谢与胰岛素敏感性上升；(2)磷脂酰肌醇-3激酶、葡萄糖转运蛋白2型及糖原合成升高；(3)磷酸化胰岛素受体底物-1和糖原合成激酶-3β表达降低	通过PI3K/Akt途径缓解IR并增加糖原合成
	罗汉果苷ⅢE	C57BL/KsJ+/+与C57 BL/KsJdb/+ (db/+)小鼠	(1)血糖、胰岛素水时下降；(2)子代出生时体重降低，胎儿存活率提高以及AMPK激活活性增强	AMPK激活，G6Pase表达调控
	皂苷提取物、低糖苷	高脂和STZ联合诱导SD大鼠2型糖尿病	(1)肠道菌F/B比下降；Elusimicrobium丰度上升；Desulfovibrio与Escherichia Shigella丰度下调；(2)SCFA浓度提高；脱氧胆酸和1β-羟基胆酸含量下降	肠道微生物群及代谢产物SCFAS调控
	罗汉果苷ⅡE	高脂和STZ联合诱导SD大鼠2型糖尿病	(1)FBG、TC、TG、LDL下调，HDL水平升高；(2)乳酸脱氢酶(LDH2)、肌酸磷酸激酶(CKMB)和肌酸激酶水平提高；(3)IL-1、IL-6、TNF-α水平降低；active-caspase-3、8、9、12、Bax、Cyt-C表达下调；Bcl-2表达上调	抑制同型半胱氨酸诱导的细胞凋亡

第二章　罗汉果的化学成分、药理作用及临床应用

续表

功效	来源	模型	结果	作用机制
缓解代谢性疾病	罗汉果多糖（SGP-1-1）	高脂高糖饮食诱导昆明小鼠糖尿病肾病	（1）小鼠体重、空腹血糖值；（2）代谢稳定性上升；（3）免疫细胞和释放炎症因子（IL-6和IL-1β）升高	抗氧化与抗炎
	罗汉果提取物	高脂和STZ联合诱导KM小鼠Ⅱ型糖尿病	（1）降低小鼠空腹血糖，提高丙酮酸激酶和己糖激酶活性；（2）降低血浆内毒素和炎症因子TNF-α、IL-6、MCP-1水平；（3）减少糖尿病小鼠肠道中厚壁菌门和变形菌门，增加拟杆菌门的相对丰度	调节肠道菌群，改善肠道黏膜屏障
	高含量罗汉果苷V提取物	高脂饮食诱导C57BL/6小鼠肥胖	（1）预防体重增加、胰岛素抵抗和脂肪堆积；（2）脂肪组织中瘦素、MCP-1、TNF-α、CPT-1A及AMPK磷酸化蛋白水平下降；（3）Lactobacillus、Lachnospiraceae、Christensenellaceae丰度上升	抗炎，肠道菌群调节
	罗汉果提取物	高脂饮食诱导C57BL/6小鼠肥胖	（1）降低体脂含量，减轻肝脏脂质蓄积，减少症结肠屏障损伤；（2）富集肠道菌Alloprevotella、Bifidobacterium等	肠道菌群调控
	罗汉果苷V	C57BL/6小鼠高脂饮食诱导脂肪肝	（1）下调血清NEFA、TG和T-CHO及肝脏TG水平；（2）提高肝脏PPAR-α、CPT-1A及AMPK磷酸化蛋白水平	调节脂代谢
	皂苷提取物	NIH小鼠高脂饮食诱导脂肪肝	（1）降低肝脏指数；（2）降低肝脏脂质积累，缓解肝脏损伤；（3）提高肝脏p-AMPK表达水平	上调p62表达，促进AMPK磷酸化和增强抗氧化防御
抗氧化活性	罗汉果苷V	H_2O_2诱导细胞MSFs细胞氧化损伤	（1）ROS和MDA水平下降；（2）SOD、GSH-Px和CAT活性提高	调控氧化应激
	酸性多糖SGP	H_2O_2-PC12氧化损伤	（1）DPPH、ABTS自由基清除；（2）显著降低凋亡细胞百分比	
	罗汉果提取物	体外BSA葡萄糖糖基化模型	DPPH、ABTS自由基清除	

续表

功效	来源	模型	结果	作用机制
抗氧化活性	罗汉果提取物	四氧嘧啶诱导Balb/c小鼠糖尿病	（1）羟基自由基与超氧化物阴离子捕获；（2）提高肝脏中SOD、GSH-Px活性，降低MDA水平	调节氧化张力
	罗汉果苷V、11-氧化苷V	自由基清除实验	（1）羟基自由基、超氧化物阴离子、过氧化氢捕获、抑制DNA损伤	
	多糖SGPs	体外模拟唾液胃肠消化	DPPH、ABTS、羟基自由基清除	
抗炎活性	罗汉果苷V	DSS-诱导ICR小鼠溃疡性结肠炎	（1）缓解UC小鼠体重减轻，食物摄入减少，DAI值降低，腹泻和便血症状；（2）缓解结肠、肝脏与脾脏损伤；（3）降低结肠iNOS、IL-1β、TNF-α、IL-6与COX-2蛋白表达	MAPK-NF-κB/AP-1以及AMPK-PI3K/Akt/mTOR通路调控
	罗汉果醇	DSS-诱导C57BL/6小鼠溃疡性结肠炎	（1）缓解UC小鼠体重减轻，食物摄入减少，DAI值降低，腹泻和便血症状；（2）下调结肠IL-7水平，上调IL-10水平；（3）上调结肠occludin和ZO-1的mRNA表达水平	AMPK-NLRP3-NF-κB通路调控
	皂苷提取物	（1）LPS诱导RAW264.7细胞炎症模型（2）12-O-十四烷酰佛波-13-乙酸酯诱导CD-1小鼠耳水肿模型	（1）下调RAW 264.7细胞炎症基因iNOS、COX-2和IL-6的表达，上调PARP1、BCL2l1、TRP53和MAPK9等炎症保护基因的表达；（2）下调小鼠耳组织COX-2和IL-6以及上调PARP1、BCL2l1、TRP53、MAPK9和PPARδ基因表达	
神经保护	罗汉果苷V	鱼藤酮诱导C57BL/6小鼠帕金森病	（1）缓解多巴胺能神经元损伤；（2）上调TH阳性黑质神经元和TH蛋白的表达	提高SOD2相关SIRT3活性
	罗汉果醇	Aβ$_{1-42}$诱导ICR小鼠神经炎症	（1）减轻Aβ$_{1-42}$诱导的记忆损伤；（2）抑制小胶质细胞过度激活，并防止海马调亡反应；（3）减少促炎细胞因子水平	大脑抗炎和抗凋亡作用
	罗汉果苷V、11-氧化罗汉果醇	MK801诱导的C57BL/6小鼠神经元损伤	（1）缓解MK801诱导的野生型小鼠行为缺陷；（2）改变CamK2α和Calbindin蛋白的表达	AKT/mTOR通路调控

第二章 罗汉果的化学成分、药理作用及临床应用

续表

功效	来源	模型	结果	作用机制
抗肿瘤	罗汉果苷 V	BALB/c 裸鼠 PANC-1 异种移植模型	(1) 肿瘤体积和重量下降;(2) 肿瘤细胞增殖标志物 Ki-67 和 PCNA 下调;(3) 促进异种移植物瘤中胰腺癌症细胞的凋亡	STAT3 通路调控
	罗汉果醇	BALB/c 裸鼠 A549 异种移植模型	肿瘤体积和重量下降;对荷瘤小鼠心脏功能无破坏	AMPK 与 P53 通路激活
	罗汉果苷 IV E	BALB/c 裸鼠 HT29 或 Hep-2 异种移植模型	(1) 肿瘤体积和重量下降;(2) 小鼠异种移植物中的凋亡体数量显著增加	p53 激活和 p-ERK1/2、MMP-9 抑制诱导细胞凋亡
	皂苷提取物	四氧嘧啶诱导 Balb/c 小鼠糖尿病	(1) 减轻胰岛的早期临床症状、生化异常和病理损伤;(2) 上调 CD4+T 淋巴细胞亚群和 CD4/CD8 比值;(3) 脾淋巴细胞中 IFN-γ、TNF-α 水平提高	改善细胞免疫功能和 T 细胞失衡
免疫调节	罗汉果提取物	C57BL/6 正常小鼠;CTX 诱导 C57BL/6 免疫抑制	(1) 提高血清 SOD 活性,提高血清 IgA 与 IgG 水平,及脾脏 ACP 与 LDH 活性;(2) 调控肠道菌群多样性与组成	肠道菌群调节
	多糖 SGP	BALB/c 小鼠	(1) 提高小鼠脾脏与胸腺指数;(2) 提高脾脏与胸腺组织 NO 水平与 SOD 活性;(3) 低剂量抑制胸腺 IL-2 分泌,高剂量抑制胸腺 IL-1 生成	
	干果粗多糖 SGP	CTX 诱导昆明小鼠免疫抑制	(1) 提高脾脏、胸腺指数;(2) 增强 T 淋巴细胞增殖能力;(3) 提高血清指数和吞噬指数;(4) 提高血清 IgG、IgM、IL-2、IL-4、IL-6、TNF-α 含量;(5) 缓解脾脏组织损伤	促进固有免疫、细胞免疫、体液免疫
	多糖 SGP1	昆明小鼠	(1) 增加胸腺指数和脾指数;(2) 增加腹腔巨噬细胞吞噬鸡红细胞百分率和吞噬指数;(3) 提高血清溶血素水平;(4) 增加胸腺、脾脏指数和淋巴细胞转化率	调节细胞免疫、体液免疫和非特异性免疫
	罗汉果胶多糖 SGP	CTX 诱导 C57BL/6 小鼠免疫抑制	(1) 增加小鼠胸腺指数,改善脾脏与结肠损伤;(2) 提高血清 IgA、IgG、IgM 水平;(3) 提高血清 SOD、GSH-Px 活性;(4) 调节小鼠肠道菌群结构	肠道菌群调控

续表

功效	来源	模型	结果	作用机制
肝脏保护	罗汉果苷IV E	CCL₄诱导C57BL/6小鼠肝纤维化	(1)减少肝组织炎症浸润,促炎细胞因子释放和MPO活性;(2)降低肝纤维化标志物I型胶原、缺氧诱导因子-1α的表达	TLR4/HIF-1α通路调节
	罗汉果苷V	CCL₄诱导Wistar大鼠肝纤维化	(1)降低肝脏IV型胶原、III型前胶原氨基端肽,减轻肝组织病理损伤程度;(2)抑制肝组织中TGF-β1表达	
	皂苷提取物的大鼠含药血清	体外肝星状细胞HSC-T6增殖模型	(1)抑制星状细胞增殖;(2)降低α-SMA、TGF-β1、Smad2、Smad3、Smad7的蛋白表达,并降低TGF-β1和Smad的mRNA表达水平	调控TGF-β1/Smads信号通路,抑制肝星状细胞活化
			(1)抑制星状细胞增殖;(2)减少细胞分泌HA和LN,抑制Col-I、TGF-β1及TIMP-1的mRNA表达;(3)阻滞细胞周期,诱导细胞凋亡	阻滞细胞周期,诱导凋亡

第二章　罗汉果的化学成分、药理作用及临床应用

第三节　罗汉果苷体内吸收、代谢与分布研究

药物代谢动力学是研究药物在体内吸收、分布、代谢、排泄的动态规律的一门学科。中药药物代谢动力学是以中医药基本理论为指导，用药物代谢动力学的方法对中药及天然药物中的有效成分、组分、单味药或复方制剂在体内的变化过程进行研究的一门集多学科知识于一体的新兴交叉学科。开展中药药物代谢动力学研究可为天然药物作用机制研究、活性筛选和临床用药提供指导，为药物质量评价提供科学数据，为中药传统理论增添现代科学内涵。罗汉果苷作为罗汉果中含量较高的特有成分，是其主要药效物质。罗汉果苷Ⅴ在成熟果实中含量最高，干重可达1.9%，而赛门苷Ⅰ为罗汉果苷中甜度最高的成分。为了探明罗汉果苷代谢与分布特点，李典鹏研究团队（2015）针对罗汉果苷开展了系列研究工作，检测鉴定出了包含异构化、糖苷化、去糖苷化、脱氧化、脱氢化、羟基化以及甲基化等7种类型代谢产物一百多种，并通过半定量检测各代谢产物在各生物组织中的相对含量，发现罗汉果苷及其代谢产物在胃、肠分布最为广泛，肝、肾次之，同时在心、肺、脾等也有所分布。在各生物器官组织分布的罗汉果苷及其代谢产物中，以各罗汉果苷给药原型及其罗汉果苷ⅡE、ⅠE等次级皂苷、罗汉果醇及二羟基罗汉果醇等代谢产物分布最广，显示出了相关成分与机体组织器官的良好亲和性，这些分布最广的成分可能是罗汉果苷代谢产物的关键药效成分。本节着重对罗汉果苷Ⅴ、赛门苷Ⅰ、罗汉果苷Ⅲ和罗汉果苷ⅢE的体内外代谢与分布研究进行总结。

一、罗汉果苷Ⅴ的代谢研究

罗汉果苷Ⅴ作为罗汉果苷的主要成分，甜度高，热量小，现已作为甜味剂被广泛应用于代糖领域。为了阐明罗汉果苷Ⅴ在体内外的生物转化过程和代谢产物类型，李典鹏研究团队（2015）开展了罗汉果苷Ⅴ在人肠道细菌离体培养系统、大鼠肝脏

9000 g 上清（肝 S9）培养系统和大鼠体内的代谢研究工作。通过 HPLC-ESI-IT-TOF-MS^n 技术方法鉴定出 77 种新代谢物（表 2-11）。其中，在人体肠道菌群离体培养系统中共鉴定出 14 种，在肝脏 S9 培养系统中共鉴定出 4 种，在粪便中鉴定出 58 种，在尿液中鉴定出 29 种，在血浆中鉴定出 14 种，在心脏中鉴定出 34 种，在肝脏中鉴定出 33 种，在脾脏中鉴定出 39 种，在肺中鉴定出 39 种，在肾脏中鉴定出 42 种，在胃中鉴定出 45 种，在小肠中鉴定出 51 种。罗汉果苷 V 在体内的代谢产物主要包括去糖基化、羟基化、脱氢化、异构化、糖基化和甲基化等衍生产物，并且不均匀地分布在心、肝、肺等各脏器组织中，其中罗汉果苷 II E 在心、肝、脾和肺中含量丰富，提示其可能参与了罗汉果苷 V 的体内生物活性过程。此外，赛门苷 I、罗汉果苷 IV E、罗汉果苷 I A1、罗汉果苷 I E1 和罗汉果醇等代谢产物也被认为参与了罗汉果苷 V 的体内生物活性过程。罗汉果苷 V 在体外人工胃液里则主要发生去糖苷化反应及轻度脱氢和羟基化反应，在人肠道菌群中主要发生糖苷化和异构化反应，而在肝 S9 体系中以糖苷化、轻度脱氢和羟基化反应为主。李晓波团队（2018）比较了罗汉果苷 V 在健康和 2 型糖尿病 T2D 模型大鼠体内的代谢谱，从健康和糖尿病模型大鼠中分别检测到 23 种和 26 种代谢物，并且 T2D 大鼠血浆样本中的代谢产物含量远远大于健康大鼠血浆样本，而尿液样本中的代谢物峰面积则明显小于健康大鼠的。

二、赛门苷 I 代谢研究

赛门苷 I 作为罗汉果苷中已知最甜的化学成分，其相对甜度（0.01% 溶液）为 5% 蔗糖的 563 倍，比罗汉果苷 V 还要高，同时赛门苷 I 还具有抑制麦芽糖酶和抗肿瘤等多种生物活性。在赛门苷 I 代谢与分布研究中，李典鹏团队（2016）同样采用 HPLC-ESI-IT-TOF-MS^n 技术方法对其在大鼠体内的代谢产物进行分析和鉴定，共检测鉴定出去糖基化、羟基化、脱氢化、脱氧化、异构化和糖基化等产物类型的 86 种代谢物（表 2-12）。该研究同样证实了赛门苷 I 及其代谢产物主要分布于肠、胃、肾和脑等组织器官当中，检测到的代谢产物总数依次为胃（22）、肠（20）、脑（15）、肾（14）、肝（7）、脾（7）、肺（4）、心（2），并首次在脑组织中检测到有罗汉果苷的分布，说明罗汉果苷可以突破血脑屏障，具有开发相应产品的潜力。该研究同时还揭示了罗汉果苷 IV A、罗汉果苷 IV E、罗汉果苷 III、罗汉果苷 II E、罗汉果苷 I A1、罗汉果苷 I E1、罗汉果苷 III E 和罗汉果醇可能为赛门苷 I 的主要活性代谢产物。有意思的是，在赛门苷

第二章 罗汉果的化学成分、药理作用及临床应用

Ⅰ研究中，罗汉果苷ⅢE除了没有在肌肉组织中检测到外，在所有组织器官中都有所分布，显示出了其极强的组织亲和力。研究人员还根据赛门苷Ⅰ的代谢产物类型和分布情况，推测赛门苷Ⅰ的体内代谢过程可能为赛门苷Ⅰ经口服后，通过胃液、肠液、肠道酶或肠道微生物群降解为次级苷及罗汉果醇或脱氢罗汉果苷。然后，罗汉果醇或脱氢罗汉果苷穿过肠黏膜进入肝脏，在那里进行广泛的氧化代谢反应，形成大量的羟化和/或脱氢代谢产物（图2-4）。这些极性氧化代谢物可大量转运到胆汁，然后直接进入粪便，只有少量进入全身循环分布到不同器官，最终排出粪便或（和）尿液。

三、罗汉果苷Ⅲ及其同分异构体代谢研究

在众多罗汉果苷中，罗汉果苷Ⅲ作为罗汉果未熟果实中的主要皂苷成分之一，可通过有效抑制肠道麦芽糖酶活性，控制大鼠单次口服麦芽糖后的血糖浓度升高。同时，罗汉果苷ⅢE作为罗汉果苷Ⅲ的同分异构体，是赛门苷Ⅰ分布最广泛的代谢物，具有抗炎、减轻妊娠糖尿病症状、抗急性肺损伤和肺纤维化等生物活性。罗汉果苷Ⅲ和罗汉果苷ⅢE在结构上差异较小，前者在24位碳上的基团为［6-O-(β-D-glucopyranosyl)-β-D-glucopyranosyl］，而后者对应的基团是［2-O-(β-D-glucopyranosyl)-β-D-glucopyranosyl］。在上述罗汉果苷Ⅴ和赛门苷Ⅰ的代谢研究中，不同的罗汉果苷的体内代谢过程之间表现出了较大差异性。因此，为了阐明罗汉果苷结构差异和药物酶对其体内代谢的影响，李典鹏团队（2023）采用HPLC-DAD-ESI-IT-TOF-MS^{n}技术对罗汉果苷Ⅲ和罗汉果苷ⅢE在正常大鼠和药物酶诱导大鼠体内的代谢物进行初步鉴定和半定量研究。在正常大鼠口服罗汉果苷Ⅲ、正常大鼠口服罗汉果苷ⅢE、药物代谢酶诱导大鼠口服罗汉果苷Ⅲ和药物代谢酶诱导大鼠口服罗汉果苷ⅢE实验组中分别鉴定出76种、78种、96种和121种罗汉果苷代谢物（表2-13）。这些不同实验组大鼠之间的代谢物差异表明，微小的结构差异可以导致罗汉果的代谢物出现显著差异；不同个体间的药物代谢酶差异性同样显著影响罗汉果苷的体内代谢过程。此外，杨秀伟团队（2007）还采用了人肠内细菌与罗汉果苷Ⅲ在厌氧条件、37℃共温孵培养的方法对其结构进行生物转化研究，通过硅胶柱色谱技术分离、纯化生物转化产物，并应用红外光谱、核磁共振波谱和质谱等技术方法确定生物转化产物的结构。该研究结果表明罗汉果苷Ⅲ可由人肠内细菌依次脱去3位和24位碳上的葡萄糖基，转化产生罗汉果苷ⅡA1和罗汉果醇。

罗汉果 全产业链关键技术研究与应用

表 2-11 体内外检测到罗汉果苷 V 原型及代谢物情况

Class (No.)	No.	Formula	Reaction	A	B	C	D	E	F	G	H	I	J	K	L
(1) mogroside V	VM0	$C_{60}H_{102}O_{29}$		▲	▲	▲	▲	▲	▲	▲	▲	▲	▲	▲	▲
(2) mogroside VI isomer (4)	VM1–VM4	$C_{66}H_{112}O_{34}$	+Glc	▲	▲	–	–	–	–	–	–	–	–	–	–
(3) mogroside V isomer (2)	VM5–VM6	$C_{60}H_{102}O_{29}$	isomerization	▲	–	–	–	–	–	–	–	–	–	–	–
(4) mogroside IV isomer (6)			–Glc												
siamenoside I	VM7	$C_{54}H_{92}O_{24}$		▲	–	▲	▲	▲	▲	▲	▲	▲	▲	▲	▲
mogroside IV E	VM8	$C_{54}H_{92}O_{24}$		▲	–	–	–	–	–	▲	▲	▲	▲	▲	▲
	VM9–VM12	$C_{54}H_{92}O_{24}$		▲	–	▲	–	–	–	–	–	–	–	–	–
(5) mogroside III isomer (4)			–2Glc												
mogroside III E	VM13	$C_{48}H_{82}O_{19}$		▲	–	▲	▲	▲	▲	▲	▲	▲	▲	▲	▲
mogroside III A1	VM14	$C_{48}H_{82}O_{19}$		▲	–	▲	▲	–	–	▲	▲	▲	▲	▲	▲
	VM15–VM16	$C_{48}H_{82}O_{19}$		▲	–	▲	▲	–	–	–	–	–	–	–	–
(6) Mogroside II isomer (5)			–3Glc												
mogroside II E	VM17	$C_{42}H_{72}O_{14}$		–	–	▲	▲	▲	▲	▲	▲	▲	▲	▲	▲
	VM18	$C_{42}H_{72}O_{14}$		–	–	–	–	–	–	–	–	–	–	–	▲
	VM19	$C_{42}H_{72}O_{14}$		–	–	▲	–	–	–	–	–	▲	–	–	▲
mogroside II A2	VM20	$C_{42}H_{72}O_{14}$		–	–	▲	▲	–	–	–	–	▲	▲	▲	▲
mogroside II A	VM21	$C_{42}H_{72}O_{14}$		–	–	▲	▲	–	▲	–	–	▲	▲	▲	▲

续表

Class (No.)	No.	Formula	Reaction	A	B	C	D	E	F	G	H	I	J	K	L
(7) hydroxylated Mogroside II isomer (2)	VM22–VM23	$C_{42}H_{72}O_{15}$	–3Glc+O	–	–	–	–	–	▲	▲	▲	▲	–	–	–
(8) dehydrogenated Mogroside II isomer (2)			–3Glc–2H	–	–	–	–	–	▲	▲	▲	–	–	–	▲
11-oxomogroside II E	VM24	$C_{42}H_{70}O_{14}$		–	–	–	–	–	▲	▲	▲	▲	–	–	▲
	VM25	$C_{42}H_{70}O_{14}$		–	–	–	–	–	▲	▲	▲	▲	–	–	▲
(9) hydroxylated dehydrogenated mogroside II isomer (2)	VM26–VM27	$C_{42}H_{70}O_{15}$	–3Glc+O–2H	–	–	–	–	–	▲	▲	▲	–	–	–	–
(10) mogroside I isomer (2)			–4Glc	–	–	▲	▲	–	▲	▲	–	–	–	–	–
mogroside I A1	VM28	$C_{36}H_{62}O_{9}$		–	▲	▲	–	–	–	–	–	–	–	–	–
mogroside I E1	VM29	$C_{36}H_{62}O_{9}$		–	▲	▲	–	–	–	▲	–	–	–	–	–
(11) methyl mogroside I isomer (1)	VM30	$C_{37}H_{64}O_{9}$	–4Glc+CH3	–	–	–	–	–	–	–	–	–	–	–	▲
(13) dehydrogenated mogrol (1)	VM32	$C_{30}H_{50}O_{4}$	–5Glc–2H	–	–	▲	–	–	▲	▲	▲	▲	▲	▲	▲
(14) dihydroxylated Mogrols (4)	VM33–VM36	$C_{30}H_{52}O_{6}$	–5Glc+2O	–	–	▲	–	–	▲	▲	–	▲	▲	▲	▲
(15) dehydrogenated dihydroxylated mogrol (6)	VM37–VM42	$C_{30}H_{50}O_{6}$	–5Glc+2O–2H	–	–	▲	–	▲	▲	▲	▲	▲	▲	▲	▲
(16) trihydroxylated mogrol (12)	VM43–VM48	$C_{30}H_{52}O_{7}$	–5Glc+3O	–	–	▲	–	▲	▲	▲	▲	▲	▲	▲	▲
(17) dehydrogenated trihydroxylated mogrol (10)	VM55–VM64	$C_{30}H_{50}O_{7}$	–5Glc+3O–2H	–	–	▲	–	▲	▲	▲	–	▲	▲	▲	▲
(18) tetrahydroxylated mogrol (7)	VM65–VM71	$C_{30}H_{52}O_{8}$	–5Glc+4O	–	–	▲	–	▲	▲	▲	–	▲	▲	▲	▲
(19) dehydrogenated tetrahydroxylated mogrols (6)	VM72–VM77	$C_{30}H_{50}O_{8}$	–5Glc+4O–2H	–	–	▲	–	–	▲	▲	–	▲	▲	▲	▲

A: HIB; B: Rat S9; C: Faeces; D: Urine; E: Plasma; F: Heart; G: Liver; H: Spleen; I: Lung; J: Kidney; K: Stomach; L: Intestine

表2-12 赛门苷 I 在大鼠体内代谢物情况

Class (No.)	No.	Formula	Reactions	A	B	C	D	E	F	G	H	I	J	K
(1) mogroside Ⅳ isomer (4)														
siamenoside I	IM1	$C_{54}H_{92}O_{24}$	-/isomerization	▲	▲	–	–	–	–	▲	▲	▲	–	▲
mogroside Ⅳ E	IM2	$C_{54}H_{92}O_{24}$		▲	▲	–	–	–	–	▲	▲	▲	–	▲
	IM3–IM4	$C_{54}H_{92}O_{24}$		▲	▲	▲	–	–	–	▲	▲	▲	–	▲
(2) mogroside Ⅴ isomer (2)	IM5–IM6	$C_{60}H_{102}O_{29}$	+Glc	▲	▲	–	–	–	–	▲	▲	▲	–	–
(3) dehydrogenated mogroside Ⅳ isomer (1)	IM7	$C_{54}H_{90}O_{24}$	–2H	▲	▲	–	–	–	–	▲	▲	▲	–	–
(4) deoxygenated mogroside Ⅳ isomer ( )	IM8	$C_{54}H_{92}O_{23}$	–O	▲	▲	–	–	–	–	–	–	–	–	–
(5) mogroside Ⅲ isomer (5)														
mogroside Ⅲ	IM9	$C_{48}H_{82}O_{19}$	–Glc	▲	▲	–	–	–	–	▲	▲	▲	–	–
mogroside Ⅲ E	IM10	$C_{48}H_{82}O_{19}$		▲	▲	–	–	–	–	▲	▲	▲	–	–
mogroside Ⅲ A1	IM11	$C_{48}H_{82}O_{19}$		▲	▲	–	–	–	–	–	–	–	–	–
	IM12–IM13	$C_{48}H_{82}O_{19}$		▲	▲	▲	–	–	–	▲	▲	▲	–	▲
(6) dehydrogenated mogroside Ⅲ isomer (1)	IM14	$C_{48}H_{80}O_{19}$	–Glc, –2H	▲	▲	–	–	–	–	▲	▲	▲	–	–
(7) deoxygenated mogroside Ⅲ isomer (1)	IM15	$C_{48}H_{82}O_{18}$	–Glc, –O	▲	▲	▲	–	▲	▲	▲	▲	▲	–	▲
(8) mogroside Ⅱ isomer (5)														
mogroside Ⅱ E	IM16	$C_{42}H_{72}O_{14}$	–2Glc	▲	▲	–	–	–	–	▲	▲	▲	▲	–
mogroside Ⅱ isomer	IM17	$C_{42}H_{72}O_{14}$		▲	▲	–	–	–	–	–	–	–	–	–
mogroside Ⅱ A2	IM18	$C_{42}H_{72}O_{14}$		▲	▲	–	–	–	–	–	▲	▲	–	–
	IM19–IM20	$C_{42}H_{72}O_{14}$		▲	▲	–	–	–	–	▲	▲	▲	▲	▲
(9) dehydrogenated mogroside Ⅱ isomer (2)														
11-oxomogroside Ⅱ E	IM21	$C_{42}H_{70}O_{14}$	–2Glc, –2H	▲	–	–	–	–	▲	–	–	–	▲	–

续表

Class (No.)	No.	Formula	Reactions	A	B	C	D	E	F	G	H	I	J	K
(10) deoxygenated mogroside Ⅱ isomer	IM22	$C_{42}H_{70}O_{14}$	−2Glc, −O	▲	−	−	−	−	−	−	−	−	−	−
(11) dehydrogenated deoxygenated mogroside Ⅱ isomer	IM23	$C_{42}H_{72}O_{13}$	−2Glc, −O	▲	−	−	−	−	−	−	▲	−	−	−
(12) mogroside Ⅰ isomer (4)	IM24	$C_{42}H_{70}O_{13}$	−2Glc, −2H, −O	−	−	−	−	−	−	−	−	−	▲	▲
mogroside Ⅰ A1	IM25	$C_{36}H_{62}O_9$	−3Glc	▲	−	−	−	−	−	−	−	−	▲	▲
mogroside Ⅰ E1	IM26	$C_{36}H_{62}O_9$		▲	−	−	−	−	▲	−	−	▲	▲	−
(13) dehydrogenated mogroside Ⅰ isomer (2)	IM27–IM28	$C_{36}H_{60}O_9$	−3Glc, −2H	▲	−	−	−	−	−	−	−	−	−	−
(14) mogrol isomer (2)	IM29	$C_{30}H_{52}O_4$	−4Glc	▲	−	−	−	−	−	−	▲	▲	−	−
mogrol	IM30	$C_{30}H_{52}O_4$		▲	−	−	−	−	−	−	▲	▲	−	−
(15) dehydrogenated mogrol (2)	IM31–IM32	$C_{30}H_{50}O_4$	−4Glc, −2H	▲	−	−	−	−	−	−	−	−	▲	−
(16) dihydroxylated mogrol (4)	IM33–IM36	$C_{30}H_{52}O_6$	−4Glc, +2O	▲	−	−	−	▲	−	−	−	−	−	−
(17) dehydrogenated dihydroxylated mogrol (6)	IM37–IM42	$C_{30}H_{50}O_6$	−4Glc, −2H, +2O	▲	−	−	−	−	−	−	−	−	−	−
(18) trihydroxylated mogrol (9)	IM43–IM51	$C_{30}H_{52}O_7$	−4Glc, +3O	▲	−	−	−	−	−	−	−	−	−	▲
(19) dehydrogenated trihydroxylated mogrol (11)	IM52–IM62	$C_{30}H_{50}O_7$	−4Glc, −2H, +3O	▲	−	−	−	−	−	−	−	−	−	−
(20) didehydrogenated trihydroxylated mogrol (4)	IM63–IM66	$C_{30}H_{48}O_7$	−4Glc, −4H, +3O	▲	−	−	−	−	−	−	−	−	−	−
(21) tetrahydroxylated mogrol (5)	IM67–IM71	$C_{30}H_{52}O_8$	−4Glc, +4O	▲	−	−	−	−	−	−	−	−	−	▲
(22) dehydrogenated tetrahydroxylated mogrol (7)	IM72–IM78	$C_{30}H_{50}O_8$	−4Glc, +4O, −2H	▲	−	−	−	−	−	−	−	−	−	−
(23) didehydrogenated tetrahydroxylated mogrol (7)	IM79–IM85	$C_{30}H_{48}O_8$	−4Glc, +4O, −4H	▲	−	−	−	−	−	−	−	−	−	▲
(24) dehydrogenated pentahydroxylated mogrol (2)	IM86–IM87	$C_{30}H_{48}O_9$	−4Glc, +5O, −4H	▲	−	−	−	−	−	−	−	−	−	−

A: Faeces; B: Urine; C: Plasma; D: Heart; E: Liver; F: Spleen; G: Lung; H: Kidney; I: Stomach; J: Intestine; K: Brain

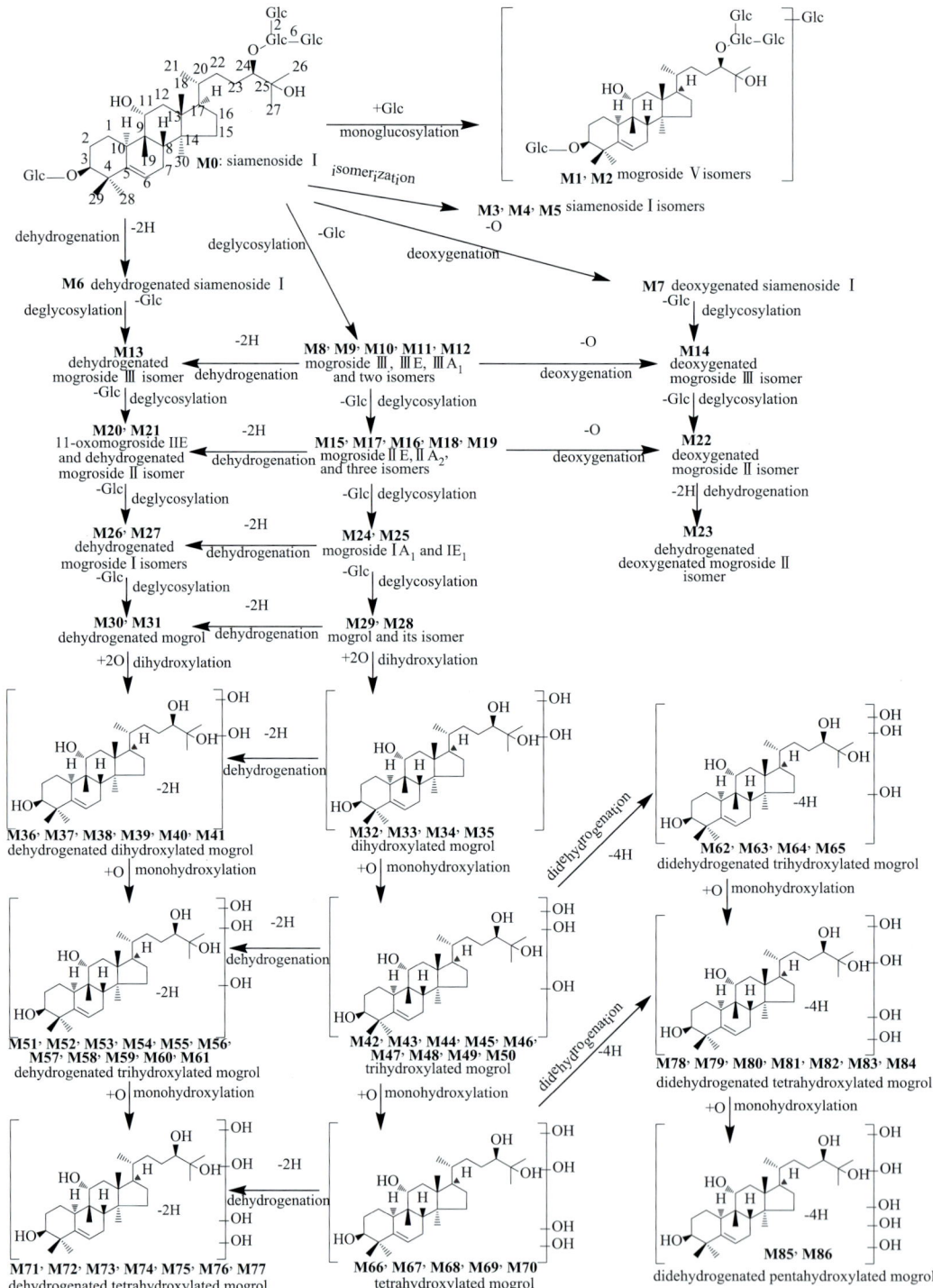

图 2-4 赛门苷 I 在大鼠中的可能代谢途径

表 2-13　罗汉果苷Ⅲ与皂苷Ⅲ E 在正常与肝药酶诱导代谢大鼠体内的代谢产物情况

Class (No.)	No.	Formula	Reactions	A	B	C	D
(1) mogroside Ⅲ isomer (5)							
mogroside Ⅲ	M1	$C_{48}H_{82}O_{19}$	–/isomerization	◂	◂	◂	◂
mogroside Ⅲ E	M2	$C_{48}H_{82}O_{19}$		◂	◂	◂	◂
	M3	$C_{48}H_{82}O_{19}$		–	–	◂	–
	M4	$C_{48}H_{82}O_{19}$		–	–	◂	–
	M5	$C_{48}H_{82}O_{19}$		–	◂	–	–
(2) dehydrogenated mogroside Ⅲ isomer (4)			$-2H$				
11-O-mogroside Ⅲ	M6	$C_{48}H_{80}O_{19}$		–	–	◂	◂
	M7	$C_{48}H_{80}O_{19}$		–	–	–	◂
	M8	$C_{48}H_{80}O_{19}$		–	–	◂	◂
	M9	$C_{48}H_{80}O_{19}$		–	–	–	◂
(3) mogroside Ⅳ isomer (5)			+Glc				
siamenoside Ⅰ	M10	$C_{54}H_{92}O_{24}$		–	–	◂	◂
	M11	$C_{54}H_{92}O_{24}$		–	–	◂	◂
mogroside Ⅳ A	M12	$C_{54}H_{92}O_{24}$		–	–	–	◂
	M13	$C_{54}H_{92}O_{24}$		–	–	–	◂
mogroside Ⅳ E	M14	$C_{54}H_{92}O_{24}$		◂	◂	◂	◂
(4) mogroside Ⅱ methylpentoside (2)			–Glc, +$C_6H_{10}O_4$				
	M15–M16	$C_{48}H_{82}O_{18}$		◂	◂	◂	–

续表

Class (No.)	No.	Formula	Reactions	A	B	C	D
(5) mogroside II isomer (4)							
mogroside II E	M17	$C_{42}H_{72}O_{14}$	−Glc	◄	◄	◄	◄
	M18	$C_{42}H_{72}O_{14}$		◄	−	◄	−
mogroside II A	M19	$C_{42}H_{72}O_{14}$		◄	◄	−	◄
	M20	$C_{42}H_{72}O_{14}$		◄	−	◄	−
(6) dehydrogenated mogroside II isomer (1)							
11-O-mogroside II E	M21	$C_{42}H_{70}O_{14}$	−Glc, −2H	◄	◄	◄	◄
(7) mogroside I methylpentoside (1)	M22	$C_{42}H_{72}O_{13}$	−2Glc, +$C_6H_{10}O_4$	◄	◄	◄	◄
(8) mogroside I isomer (2)							
mogroside I A1	M23	$C_{36}H_{62}O_9$	−2Glc	◄	◄	◄	◄
mogroside I E	M24	$C_{36}H_{62}O_9$		◄	◄	◄	−
(9) dehydrogenated mogroside I isomer (1)	M25	$C_{36}H_{60}O_9$	−2Glc, −2H	◄	−	−	−
(10) mogrol isomer (2)							
	M26	$C_{30}H_{52}O_4$	−3Glc	◄	−	−	◄
mogrol	M27	$C_{30}H_{52}O_4$		◄	◄	◄	◄
(11) dehydrogenated mogrol (1)	M28	$C_{30}H_{50}O_4$	−3Glc, −2H	◄	◄	◄	◄
(12) hydroxylated mogrol (4)	M29–M32	$C_{30}H_{52}O_5$	−3Glc, +O	◄	◄	◄	◄
(13) dehydrogenated hydroxylated mogrol (3)	M33–M35	$C_{30}H_{50}O_5$	−3Glc, +O, −2H	−	−	−	◄
(14) didehydrogenated hydroxylated mogrol (1)	M36	$C_{30}H_{48}O_5$	−3Glc, +O, −4H	−	−	−	◄

第二章　罗汉果的化学成分、药理作用及临床应用

续表

Class（No.）	No.	Formula	Reactions	A	B	C	D
（15）dihydroxylated mogrol（4）	M37–M40	$C_{30}H_{52}O_6$	–3Glc, +2O	▲	▲	▲	▲
（16）dehydrogenated dihydroxylated mogrol（11）	M41–M51	$C_{30}H_{50}O_6$	–3Glc, +2O, –2H	▲	▲	▲	▲
（17）didehydrogenated dihydroxylated mogrol（5）	M52–M57	$C_{30}H_{48}O_6$	–3Glc, +2O, –4H	▲	▲	▲	▲
（18）tridehydrogenated dihydroxylated mogrol（1）	M57	$C_{30}H_{46}O_6$	–3Glc, +2O, –6H	▲	▲	▲	▲
（19）trihydroxylated mogrol（10）	M58–M67	$C_{30}H_{52}O_7$	–3Glc, +3O	▲	▲	▲	▲
（20）dehydrogenated trihydroxylated mogrol（9）	M68–M76	$C_{30}H_{50}O_7$	–3Glc, +3O, –2H	▲	▲	▲	▲
（21）didehydrogenated trihydroxylated mogrol（4）	M77–M80	$C_{30}H_{48}O_7$	–3Glc, +3O, –4H	▲	▲	▲	▲
（22）tetrahydroxylated mogrol（8）	M81–M88	$C_{30}H_{52}O_8$	–3Glc, +4O	▲	▲	▲	▲
（23）dehydrogenated tetrahydroxylated mogrol（9）	M89–M97	$C_{30}H_{50}O_8$	–3Glc, +4O, –2H	▲	–	▲	▲
（24）didehydrogenated tetrahydroxylated mogrol（2）	M98–M99	$C_{30}H_{48}O_8$	–3Glc, +4O, –4H	–	–	▲	▲
（25）dehydrogenated pentahydroxylated mogrol（6）	M100–M105	$C_{30}H_{50}O_9$	–3Glc, +5O, –2H	–	–	▲	▲
（26）didehydrogenated pentahydroxylated mogrol（2）	M106–M107	$C_{30}H_{48}O_9$	–3Glc, +5O, –4H	–	–	–	▲
（27）tridehydrogenated pentahydroxylated mogrol（1）	M108	$C_{30}H_{46}O_9$	–3Glc, +5O, –6H	–	–	–	▲
（28）methylated dihydroxylated mogrol（6）	M109–M114	$C_{31}H_{54}O_6$	–3Glc, +2O, +CH_2	▲	▲	▲	▲
（29）methylated dehydrogenated dihydroxylated mogrol（5）	M115–M119	$C_{31}H_{52}O_6$	–3Glc, +2O, +CH_2, –2H	–	–	–	▲
（30）methylated trihydroxylated mogrol（5）	M120–M124	$C_{31}H_{54}O_7$	–3Glc, +3O, +CH_2	–	–	–	▲
（31）methylated dehydrogenated trihydroxylated mogrol（6）	M125–M130	$C_{31}H_{52}O_7$	–3Glc, +3O, +CH_2, –2H	–	–	–	▲
Sum				76	78	96	121

注：A. 罗汉果苷Ⅲ正常代谢组，B. 罗汉果苷Ⅲ肝药酶诱导代谢组，C. 罗汉果苷ⅢE正常代谢组，D. 罗汉果苷ⅢE肝药酶诱导代谢组。

在罗汉果苷体内外代谢与分布研究中，李典鹏团队等（2015）利用高分辨率液相质谱联用技术开展系列罗汉果苷体内外代谢与分布实验，完整阐明了罗汉果苷体内外代谢途径与特点。通过结合体内外罗汉果代谢产物化学结构特点可以发现，罗汉果苷的生物转化过程是系统性的。首先罗汉果苷在胃液等酸性环境叠加肠道菌群的作用下发生去糖苷化作用，获得系列次级皂苷乃至罗汉果醇产物，并叠加肝 S9 等药物代谢酶完成糖苷化、异构化、羟基化和甲基化等生物转化作用，获得罗汉果苷系列糖苷化、异构化、羟基化和甲基化等种类丰富的代谢产物。各罗汉果苷之间的代谢产物数量与种类不同也同时说明，罗汉果苷结构间对代谢过程也产生一定的影响作用。值得注意的是，罗汉果苷次级皂苷、罗汉果醇及二羟基罗汉果醇等氧化产物广泛分布表明，与其他成分相比，这些成分与动物器官组织具有良好的亲和力。结合罗汉果苷Ⅳ E，罗汉果苷Ⅱ E 和罗汉果苷Ⅰ A 等成分具有较好的生物活性作用，相关成分可能是罗汉果苷在生物体内发挥药理活性的关键所在。

综上所述，罗汉果苷的化学结构差异、肠道菌群的丰富程度及肝药酶活性大小直接影响到罗汉果苷代谢生物转化过程的快慢与程度，从而间接影响到罗汉果苷在动物体内的吸收种类与含量，最终可能造成罗汉果苷在机体内的药效作用产生差异。这些差异是否是罗汉果苷在不同身体机能个体中发挥药效作用的科学内涵有待深入研究。

第二章 罗汉果的化学成分、药理作用及临床应用

第四节 罗汉果醇衍生物的制备与活性研究

天然产物因其生物多样性、化学多样性和类药性的特点，一直以来都是先导化合物发现的重要来源，更是药物研发最重要的化合物库。但以天然活性分子直接成药的几率比较小，大部分天然活性分子需要经过结构优化达到提升活性、改善药代动力学特点、降低毒副作用等目的后开发为临床药品。罗汉果醇是罗汉果苷Ⅴ的苷元，也是皂苷体内代谢的主要入血成分。现代药理学研究发现其具有抗癌、抗炎、降脂、神经保护等多种生物活性，是天然的活性先导化合物。因此，对罗汉果醇（苷元）进行结构修饰以提高活性和成药性，可为基于罗汉果的化药开发提供物质基础和理论支撑。

一、罗汉果醇的结构修饰

（一）罗汉果醇的官能基团转换

在化学结构上，罗汉果醇的 C_3 位连接 β 构型羟基，C_{11} 位连接 α 构型羟基，C_{24} 与 C_{25} 位呈邻羟基，C_5 与 C_6 呈环内双键，都有望作为结构修饰的活性基团和衍生化反应位点。图 2-5 展示了罗汉果醇官能基团转换的反应路线，分别得到侧链羰基、羧基、胺基、羟基化产物 M-CHO、M-COOH、M-NH$_2$、M-OH，及 C_3 位羟基氧化产物 3-O-mogrol、C_{11} 位羟基氧化产物 11-O-mogrol 以及双氧化产物 Di-O-mogrol。

（二）侧链的修饰

在天然产物中杂化含有杂原子的功能基团通常是一种有效的结构优化策略。杂原子可以充当氢键受体或给体，强烈地影响分子与目标物的相互作用，如喹啉、吲哚、酯基、胺基等，已作为重要的药效团在药物的开发中得到广泛的研究。M-CHO 的醛基作为有机反应中的活性基团，可直接参与 Friedlandler、Fischer、Hantzsch、Pictet-

Spengler 等化学反应制备氮杂环衍生物，也可进一步转化为中间体 M–NH$_2$、M–OH、M–COOH 再进行结构修饰。如图 2-6 所示，基于 M–CHO 共得到 22 个胺基衍生物、9 个芳香酰腙衍生物、8 个吲哚衍生物、3 个仲醇衍生物、3 个二氢吡啶衍生物、2 个四氢咔啉及 6 个喹啉衍生物。图 2-7 所示基于 M–NH$_2$ 得到 4 个酰胺衍生物、3 个脲类衍生物及 3 个氨基甲酸酯衍生物。图 2-8 所示基于 M–OH 得到 4 个三唑环衍生物。图 2-9 所示基于 M–COOH 得到 7 个酯类衍生物、6 个酰胺衍生物及 5 个脲类衍生物。

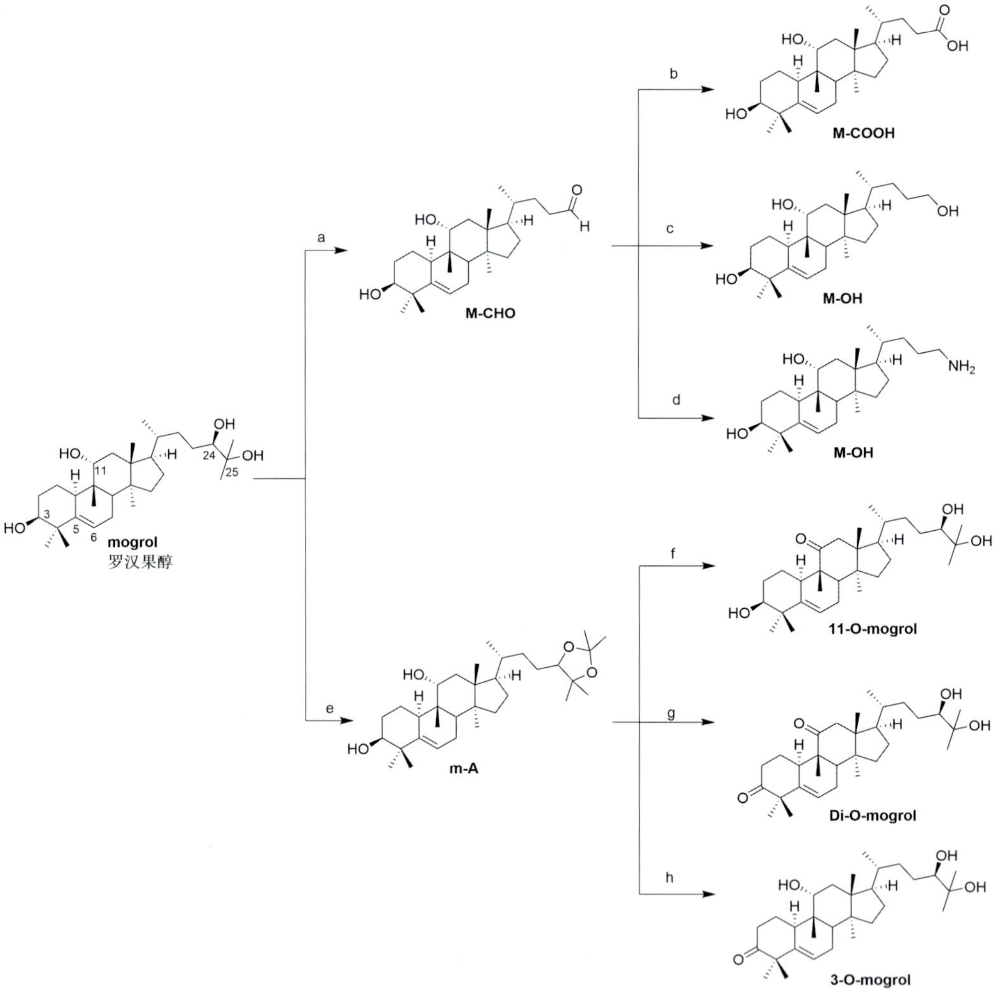

Reagents and conditions. (a) NaIO$_4$, acetone/H$_2$O, 60 ℃. (b) NaClO$_2$, NaH$_2$PO$_4$·2H$_2$O, 2-methyl-2-butene, tBuOH/H$_2$O, rt. (c) NaBH$_4$, TNF, rt. (d) i: I$_2$/NH$_3$·H$_2$O, CH$_3$OH; ii: LiAlH$_4$, TNF, N$_2$. (e) p-toluenesulfonic acid hydrate, dry acetone, 2,2-dimethoxypropane, N$_2$, rt. (f) i: PCC, DCM, rt; ii: HCl, EtOH, rt. (g) i: excess PCC, DCM, rt; ii: HCl, EtOH, rt. (h) i: AC$_2$O, DCC/DMAP, DCM, rt; ii: PCC, DCM, rt; iii: NaOH, EtOH, then HCl, rt.

图 2-5 罗汉果醇的官能基团转化

第二章 罗汉果的化学成分、药理作用及临床应用

C1: $R_3=R_4=H$
C2: $R_4=CH_3, R_3=H$;
C3: $R_4=F, R_3=H$
C4: $R_4=Cl, R_3=H$
C5: $R_4=CH(CH_3)_2, R_3=H$
C6: $R_4=H, R_3=CH_3$
C7: $R_4=H, R_3=F$
C8: $R_4=H, R_3=Cl$

D1-D3: $R_5={}^iPr;\ {}^nBu;\ cyclohexyl$
E1-E3: $R_6=$ Me; Et; 3-propenyl
F1-F2: $R_7=$ H; OMe

G1: $X=C, R_8=R_9=H$
G2: $X=N, R_8=/, R_9=H$
G3: $X=C, R_8=H, R_9=Cl$
G4: $X=C, R_8=Cl, R_9=H$
G5: $X=C, R_8=H, R_9=Br$
G6: $X=C, R_8=Br, R_9=H$

Reagents and conditions. (a) R_1NH_2, $NaBH(OAc)_3$, CH_3OH. (b) hydrazide, EtOH, reflux. (c) aromatic hydrazine, HCl/EtOH, N_2, reflux. (d) grignard reagent, TNF, N_2. (e) acetoacetate/25% amomonia water, EtOH, reflux. (f) tryptamine/TFA, DCM, -78℃. (g) o-amino aromatic aldehyde, NaOH, EtOH, N_2, 78℃.

图 2-6 基于 M-CHO 的侧链修饰

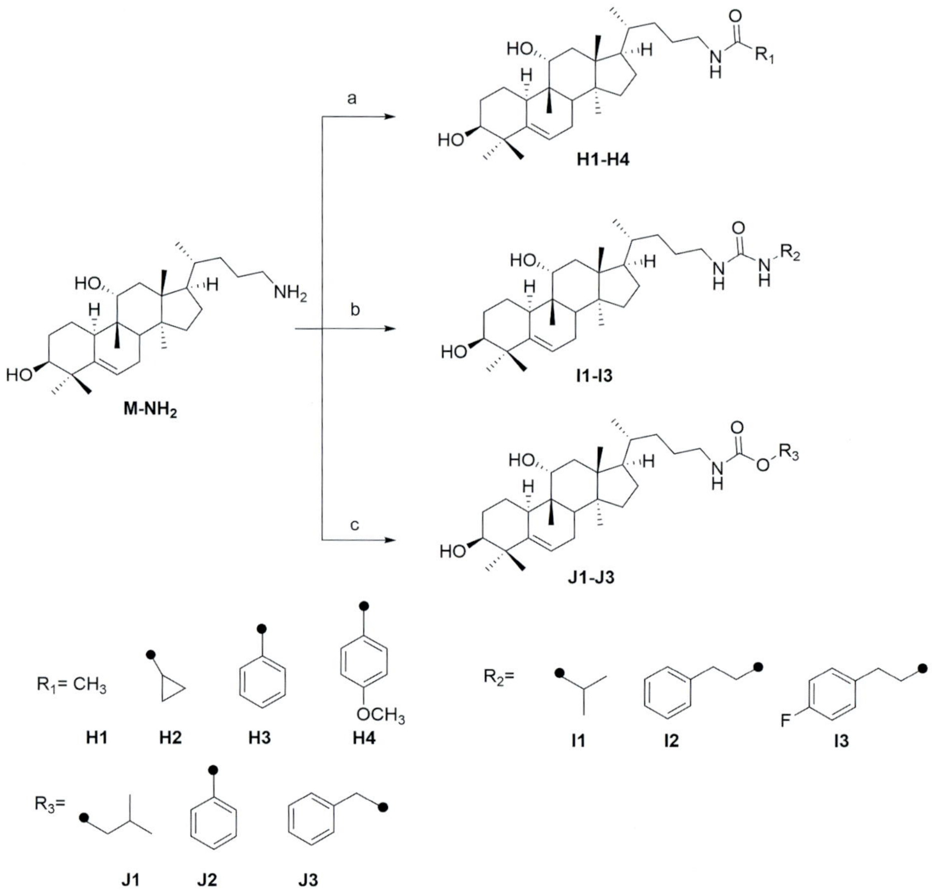

Reagents and conditions. (a) R$_1$COCl, pyridine, rt. (b) i: 4-nitrophenyl chlorofomate, DCM rt; ii: R$_2$NH$_2$, Et$_3$N/DCM, rt. (c) R$_3$OCOCl, Et$_3$N/DCM, rt.

图 2-7 基于 M-NH$_2$ 的侧链修饰

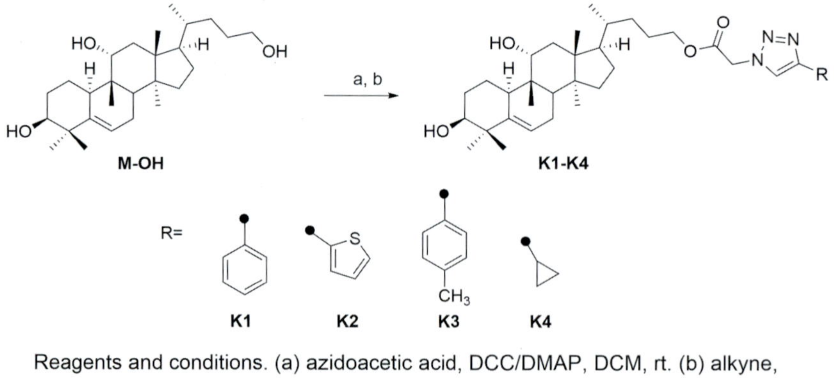

Reagents and conditions. (a) azidoacetic acid, DCC/DMAP, DCM, rt. (b) alkyne, CuSO$_4$·5H$_2$O, sodium ascorbate, tBuOH/H$_2$O, 50 ℃.

图 2-8 基于 M-OH 的侧链修饰

第二章 罗汉果的化学成分、药理作用及临床应用

Reagents and conditions. (a) R$_1$X, K$_2$CO$_3$, DMF, rt. (b) amine, PyBOP, Et$_3$N/DCM, rt. (c) DPPA, Et$_3$N/toluene, reflux. (d) amine, ethyl acetate, rt. (e) i: AC$_2$O, DCC/DMAP, DCM, rt; ii: HCl, EtOH, rt. (f) i: NaIO$_4$, acetone/H$_2$O, 60 ℃; ii: NaClO$_2$, NaH$_2$PO$_4$·2H$_2$O, 2-methyl-2-butene, tBuOH/H$_2$O, rt. (g) i: SOCl$_2$, DCM; ii: amine, Et$_3$N/DCM; iii: NaOH, MeOH, rt.

图 2–9 基于 M–COOH 的侧链修饰

(三) C3 与 C11 位羟基修饰

羟基的酯化是天然产物结构修饰中最直接有效的方法。酯基的引入能够对水溶性、毒性和极性作出调整。同时，可以通过发生酯化反应的羧酸引入芳香基团或杂环。罗汉果醇母核上包含 2 个羟基，分别位于 C_3 与 C_{11} 位上。从空间上考量，C_{11} 位上羟基的空间位阻更小，反应活性更高，因此 C_{11} 位羟基的酯化反应能够直接进行。而要得到 C_3 位酯化产物则需要将 C_{11} 位的羟基首先进行氧化或化学保护，再进行酯化反应。1,2,3- 三唑基团在酸、碱及氧化还原条件下具有较高的化学稳定性及代谢稳定性，有助于改善药物在体内的药代动力学性质。在药物分子设计上，三唑基团不仅可以作为连接基团插入药物分子，也是酰胺基团的非经典生物电子等排体，可以用来替代先导化合物中的酰胺基、脲类、胍基等多种芳杂环。三唑基团本身具备较合适的偶极矩，并且氮原子作为氢键受体，有利于与生物体内靶标周围的氨基酸形成强的氢键作用、疏水作用、或 π-π 堆积作用。如图 2-10 所示，中间体 m-A 的 C_{11} 位羟基直接发生酯化反应得到 8 个酯化衍生物，并通过 Click 反应得到 6 个酯键连接的 1,2,3- 三氮唑衍生物；中间体 m-C 通过酯化及 Click 反应得到 11-O-mogrol 的 8 个 C_3 位羟基修饰产物。

(四) A 环的修饰

罗汉果醇母核羟基被氧化后分别得到中间体 3-O-mogrol 和 Di-O-mogrol。C_3 位点上酮羰基的存在使 A 环的结构修饰有更多可能。以往的研究表明，通过酮羰基引入 α、β- 不饱和酮骨架不仅提高了三萜前体的生物活性，更能增强分子与靶点蛋白的结合能力；而吲哚、喹啉等作为合成药物或天然活性分子中的活性骨架，其与三萜的杂化可显著增强前体化合物的活性。如图 2-11 所示，3-O-mogrol 的酮羰基与芳香醛反应得到 5 个 α、β- 不饱和酮衍生物，与芳香肼发生 Fischer 反应得到 4 个 A 环稠和吲哚的衍生物，通过 Friedlandler 反应得到 4 个 A 环稠和喹啉环的衍生物。同样地，以 Di-O-mogrol 为前体，可制备衍生物 V1-V4，W1-W4 和 X1-X6。

第二章 罗汉果的化学成分、药理作用及临床应用

Reagents and conditions. (a) carboxylic acid, DCC/DMAP, DCM, rt. (b) alkyne, $CuSO_4 \cdot 5H_2O$, sodium ascorbate, tBuOH/H_2O, 50 ℃. (c) HCl, EtOH, rt. (d) PCC, DCM, rt.

图 2-10 C_{11} 与 C_3 位羟基修饰

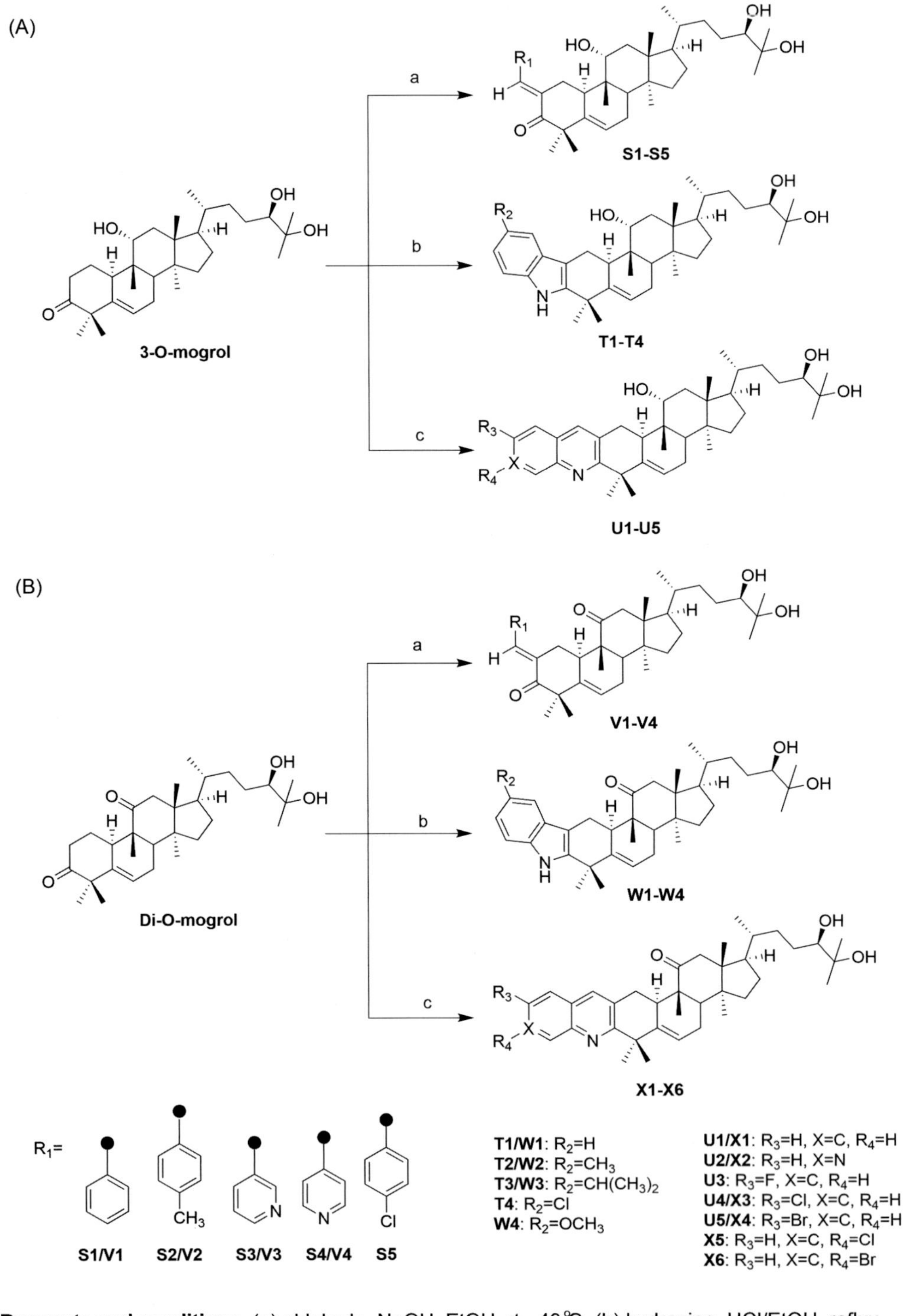
(A)
3-O-mogrol
a
b
c
S1-S5
T1-T4
U1-U5
(B)
Di-O-mogrol
V1-V4
W1-W4
X1-X6
R1=
S1/V1
S2/V2
S3/V3
S4/V4
S5
T1/W1: R2=H
T2/W2: R2=CH3
T3/W3: R2=CH(CH3)2
T4: R2=Cl
W4: R2=OCH3
U1/X1: R3=H, X=C, R4=H
U2/X2: R3=H, X=N
U3: R3=F, X=C, R4=H
U4/X3: R3=Cl, X=C, R4=H
U5/X4: R3=Br, X=C, R4=H
X5: R3=H, X=C, R4=Cl
X6: R3=H, X=C, R4=Br

Reagents and conditions. (a) aldehyde, NaOH, EtOH, rt - 40℃. (b) hydrazine, HCl/EtOH, reflux, N_2. (c) *o*-amine aromatic aldehyde, NaOH, EtOH, reflux.

图 2–11　罗汉果醇的 A 环修饰

第二章 罗汉果的化学成分、药理作用及临床应用

（五）双位点修饰

中间体 M–COOH 通过氧化反应得到含有酮羰基的 M–COOH–2，而罗汉果醇经 C_{11} 和 C_{24} 位氧化得到 11–O–M–CHO，进而实现双位点的结构修饰，得到 7 个衍生物（图 2–12）。

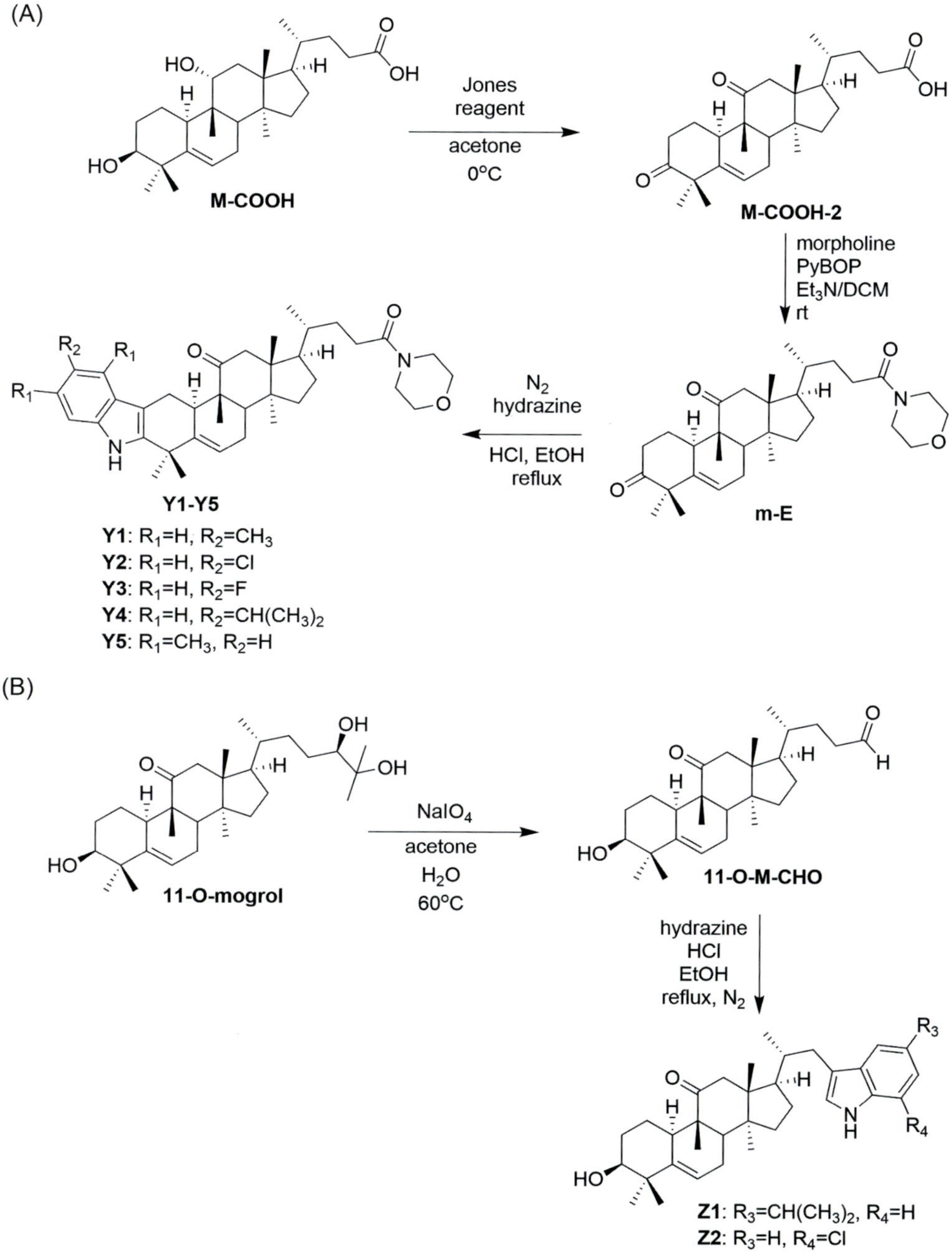

图 2–12 罗汉果醇的双位点修饰

二、罗汉果醇及衍生物的生物活性评价

（一）AMPK 直接激活活性

AMPK（Adenosine monophosphate-activated protein kinase）在调节糖脂代谢、维持全身能量平衡中发挥重要作用。AMPK 激活后可抑制葡萄糖磷酸酶和磷酸烯醇式丙酮酸羧化酶基因的表达，从而抑制糖异生途径，降低体内血糖水平，已成为代谢性疾病特别是 2 型糖尿病和代谢综合征的潜在治疗靶点。罗汉果醇在 HepG2 细胞中表现出较强的 AMPK 激活作用，而酶活性筛选表明罗汉果醇对 AMPK α2β1γ1 有激活作用，EC_{50} 为 3.0 μM，可能是罗汉果甜苷抗糖尿病作用的原因。表 2-14 展示了罗汉果醇及其部分衍生物的 AMPK 激动活性。其中，衍生物 A3 和 A4 的活性最高。构效分析表明，罗汉果醇侧链 C_{24} 位引入胺有利于增强活性，而酰胺、脲和氨基酸甲酸酯类基团不利于活性的增强。

表 2-14 罗汉果醇及其衍生物 AMPK 激活活性评价

化合物	EC_{50}（μM）	fold[a]	化合物	EC_{50}（μM）	fold[a]
A1	7.4 ± 0.4	1.7	A18	0.5 ± 0.10	2.4
A2	5.0 ± 0.45	1.6	A19	inactive	/
A3	0.15 ± 0.08	1.5	A20	1.6 ± 0.12	2.3
A4	0.14 ± 0.6	1.3	A21	0.7 ± 0.13	2.6
A5	1.4 ± 0.13	3.1	A22	0.5 ± 0.13	2.0
A6	4.1 ± 0.34	1.3	H1	1.3 ± 0.3	1.6
A7	3.5 ± 0.44	1.6	H2	3.2 ± 0.6	1.5
A8	0.5 ± 0.13	1.4	H3	4.6 ± 0.5	1.6
A9	1.4 ± 0.11	1.3	H4	2.6 ± 0.6	1.9
A10	4.7 ± 0.44	1.4	I1	2.1 ± 0.2	3.1
A11	1.5 ± 0.11	2.7	I2	10.0 ± 0.6	2.0
A12	4.7 ± 0.54	2.0	I3	9.8 ± 0.7	1.6
A13	0.7 ± 0.14	2.6	J1	12.6 ± 2.8	3.1

续表

化合物	EC_{50} (μM)	fold[a]	化合物	EC_{50} (μM)	fold[a]
A14	0.6 ± 0.10	1.5	J2	1.7 ± 0.3	2.0
A15	0.2 ± 0.05	2.0	J3	inactive	/
A16	2.0 ± 0.14	2.3	A-769662[b]	0.0217 ± 0.0004	6.7
A17	4.7 ± 0.34	1.4	AMP[b]	1.4 ± 0.1	3.2

[a]Defined as activation fold relative to negative control. [b]Positive control.

（二）抗癌活性

在体外实验中，罗汉果醇具有显著的抗肿瘤作用，能够选择性抑制 A549 细胞的增殖、侵袭、迁移。转录组学表明，罗汉果醇抑制 A549 细胞与 AKT/mTOR 信号通路密切相关。在体内实验中，罗汉果醇对荷瘤小鼠有明显的治疗作用。表 2-15 所示为罗汉果醇及部分衍生物的体外抗肺癌活性评价结果。其中，衍生物 O6 对 A549 细胞的增殖抑制活性最强，而 S5 对 NCI-H460 细胞的增殖抑制活性最强，并对 A549 细胞也表现出较高的抑制活性。活性筛选结果表明：罗汉果醇 C_{11} 位羟基修饰产物对肿瘤细胞的抑制活性最高，特别是三氮唑环的引入大大提高了前体对 A549 细胞的抑制能力；C_3 位点上羟基修饰产物同样对活性提升大有裨益，且 C_3 羟基修饰较 C_{11} 羟基修饰对 NCI-H460 细胞表现出更低的 IC_{50} 值，效果接近 5-Fu；A 环结构修饰产物在活性表现上 α，β-不饱和酮＞喹啉环＞吲哚环；C_{24} 位的修饰对罗汉果醇抗肺癌活性的提升潜力有限，且吲哚、喹啉及三氮唑环的影响程度相当。

表 2-15 罗汉果醇及其衍生物对肺癌细胞的抑制活性

化合物	A549 IC_{50} (μM)[a]	NCI-H460 IC_{50} (μM)[a]	化合物	A549 IC_{50} (μM)[a]	NCI-H460 IC_{50} (μM)[a]
罗汉果醇	27.78 ± 0.98	> 100	S1	10.65 ± 0.43	15.99 ± 0.57
G1	19.24 ± 1.19	24.61 ± 4.34	S2	9.91 ± 1.17	13.67 ± 0.83
G2	18.21 ± 0.05	> 30	S3	11.07 ± 0.28	11.06 ± 0.39
K1	22.53 ± 1.27	> 30	S4	11.57 ± 1.08	15.02 ± 0.74
K2	26.11 ± 3.61	> 30	S5	8.26 ± 0.47	9.94 ± 0.37
K3	23.84 ± 0.99	> 30	T1	16.42 ± 3.55	18.33 ± 1.33

续表

化合物	A549 IC$_{50}$(μM)[a]	NCI-H460 IC$_{50}$(μM)[a]	化合物	A549 IC$_{50}$(μM)[a]	NCI-H460 IC$_{50}$(μM)[a]
K4	17.68 ± 0.15	> 30	T2	22.62 ± 0.36	31.52 ± 1.57
O1	6.75 ± 0.41	> 30	T3	25.38 ± 0.99	24.98 ± 4.17
O2	6.27 ± 0.05	> 30	T4	> 30	23.13 ± 1.36
O3	5.96 ± 0.87	> 30	U1	17.19 ± 0.65	18.94 ± 0.64
O4	19.83 ± 0.97	> 30	U2	> 30	23.36 ± 0.36
O5	5.79 ± 0.06	> 30	U3	7.55 ± 2.14	16.27 ± 0.52
O6	4.47 ± 0.23	> 30	U4	8.22 ± 0.97	19.00 ± 0.93
P1	24.56 ± 0.87	> 30	U5	8.99 ± 0.35	> 30
P2	14.72 ± 1.64	22.52 ± 0.12	V1	16.13 ± 0.35	32.54 ± 1.88
P3	11.2 ± 0.39	14.87 ± 1.99	V2	22.13 ± 0.34	24.34 ± 1.51
P4	10.47 ± 2.18	19.92 ± 0.40	V3	12.55 ± 0.33	16.53 ± 0.35
P5	18.05 ± 2.3	> 30	V4	11.09 ± 0.24	15.69 ± 0.78
P6	12.57 ± 0.22	> 30	W1	27.85 ± 2.48	> 30
P7	11.02 ± 1.03	> 30	W2	16.54 ± 1.98	> 30
P8	13.66 ± 0.46	20.04 ± 3.01	W3	22.19 ± 3.29	> 30
Q1	7.19 ± 0.15	> 30	W4	21.87 ± 2.15	> 30
Q2	10.32 ± 0.54	> 30	X1	13.78 ± 0.32	17.13 ± 0.53
Q3	10.88 ± 0.66	10.59 ± 1.55	X2	14.34 ± 0.01	18.32 ± 0.22
Q4	19.64 ± 1.53	25.30 ± 0.2	X3	12.94 ± 0.17	> 30
R3	15.77 ± 0.41	> 30	X4	13.05 ± 0.79	> 30
R4	22.71 ± 0.82	> 30	5-Fu[b]	1.65	7.03

[a]Cells were treated for 72 h. [b]Positive control.

（三）抗炎活性

在小鼠模型中，罗汉果醇显著缓解葡聚糖硫酸钠（DSS）诱导的溃疡性结肠炎以及博来霉素诱导的肺纤维化，揭示了罗汉果醇的体内抗炎活性。在脂多糖（LPS）诱

第二章 罗汉果的化学成分、药理作用及临床应用

导的RAW264.7细胞模型中，罗汉果醇的部分衍生物表现出较前体分子更低的细胞毒性和更强的一氧化氮（NO）生成抑制能力，具有显著的抗炎活性。表2-16所示为罗汉果醇及其部分衍生物对RAW264.7细胞的抗炎活性评价。其中，衍生物C1-C5和W1-W4在10 μM浓度下对NO生成的抑制率大于50%，显著高于罗汉果醇。构效分析发现：多数侧链修饰的衍生物能够降低罗汉果醇前体对RAW264.7的细胞毒性，对NO的抑制活性也高于罗汉果醇，而吲哚环的引入对活性提高效果更强；对于A环修饰的衍生物，吲哚环的稠和同样增强了其抗炎活性，且C_{11}位羰基的存在更有利。

表2-16 罗汉果醇及其衍生物抗炎活性评价

单位：%

化合物	细胞活力[a]	NO抑制率[a]	化合物	细胞活力[a]	NO抑制率[a]
罗汉果醇	93.0±0.50	17.4±0.70	N5	80.2±3.84	—
B1	101.3±6.40	34.7±1.22	S1	91.3±1.06	—
B2	107.4±9.18	27.3±1.19	S2	88.3±1.89	—
B3	110.3±4.06	46.6±1.42	S3	91.5±3.61	—
B4	107.2±6.13	43.1±1.48	S4	89.7±4.35	—
B5	109.7±6.41	39.8±1.86	S5	85.2±0.29	—
B6	109.0±2.68	39.2±1.58	T1	81.5±3.16	—
B7	86.6±7.90	—	T2	93.9±3.56	45.1±7.9
B8	91.3±4.01	—	T3	87.5±1.56	—
B9	102.1±3.65	42.1±0.64	T4	85.9±0.41	—
C1	97.3±1.91	55.3±3.07	U1	72.3±4.46	—
C2	101.0±1.91	67.8±0.19	U2	80.8±1.67	—
C3	105.8±3.26	66.5±0.28	U3	80.1±2.16	—
C4	102.5±2.48	66.5±0.56	U4	86.9±1.21	—
C5	105.2±4.35	72.1±0.51	U5	88.9±1.80	—
C6	114.7±5.44	41.6±0.88	V1	90.2±2.65	—
C7	103.0±3.32	25.4±1.89	V2	89.8±0.99	—
C8	104.1±7.43	45.4±2.61	V3	86.1±1.31	—

续表

化合物	细胞活力 [a]	NO 抑制率 [a]	化合物	细胞活力 [a]	NO 抑制率 [a]
L1	117.9 ± 5.08	26.1 ± 3.71	V4	85.7 ± 1.15	—
L2	109.1 ± 2.19	37.2 ± 0.56	W1	100.6 ± 4.95	78.8 ± 3.7
L3	109.1 ± 2.02	45.6 ± 1.49	W2	96.64 ± 4.49	56.6 ± 7.7
L4	107.9 ± 2.71	40.3 ± 1.05	W3	107.7 ± 4.73	57.4 ± 0.74
L5	94.3 ± 4.87	—	W4	97.1 ± 2.06	78.8 ± 3.7
L6	107.3 ± 3.26	46.7 ± 0.47	Y1	98.5 ± 1.53	22.5 ± 1.25
L7	94.4 ± 9.78	—	Y2	98.8 ± 8.01	24.9 ± 1.50
M1	90.2 ± 3.87	—	Y3	107.5 ± 1.90	30.4 ± 2.32
M2	116.2 ± 0.46	38.5 ± 1.14	Y4	113.6 ± 4.04	12.8 ± 2.13
M3	98.0 ± 4.26	35.4 ± 1.58	Y5	101.5 ± 7.42	39.6 ± 1.85
M4	96.5 ± 2.70	27.8 ± 1.45	Z1	104.6 ± 5.62	38.2 ± 2.61
M5	95.6 ± 0.93	39.6 ± 2.40	Z2	62.4 ± 2.11	—
M6	95.6 ± 2.82	33.5 ± 3.31	M-COOH	90.2 ± 1.11	—
N1	87.8 ± 3.27	—	M-COOH-2	91.4 ± 2.76	—
N2	96.3 ± 3.41	36.7 ± 2.67	m-E	98.5 ± 2.79	6.96 ± 2.26
N3	89.9 ± 3.21	—	parthenolide [b]	—	91.9 ± 2.92
N4	99.1 ± 3.45	49.4 ± 2.94			

[a] 10 μM for mogrol and derivatives; [b] Positive control at 5 μM; — not test.

三、罗汉果醇及衍生物作用机制研究

（一）抗肺癌作用机制

在体外实验中，罗汉果醇主要通过抑制细胞增殖、侵袭、诱导细胞凋亡来抑制肺癌细胞 A549、H1299、H1975 和 SK-MES-1 的发生和发展。转录组学揭示罗汉果醇体外抑制 A549 细胞与 AKT/mTOR 信号通路相关。在荷瘤小鼠模型中，罗汉果醇暴露显著降低了荷瘤裸鼠的肿瘤体积和重量，而对体重和心脏功能没有明显影响。进一步的分子机制研究发现，罗汉果醇通过激活 AMPK 信号通路诱导肺癌细胞过度自噬和自噬

第二章 罗汉果的化学成分、药理作用及临床应用

性细胞死亡,并通过激活 p53 通路诱导细胞周期阻滞和细胞凋亡,从而在体内外有效抑制肺癌细胞。

信号转导和转录激活因子 3(signal transducer and activator of transcription 3,STAT3)是具有信号转导和转录活化双重功能的转录因子,在肿瘤的发生和发展及化疗耐药中发挥重要的作用。超过 50% 的非小细胞肺癌组织中存在 STAT3 的过度激活,靶向抑制 STAT3 的激活逐渐成为一个有潜力的肺癌治疗点。罗汉果醇衍生物 O6 与 Q1 显著抑制 STAT3 的磷酸化,上调下游周期蛋白 P21 的表达,从而诱导 A549 细胞凋亡和细胞周期阻滞。

(二)抗炎作用机制

在细胞模型中,罗汉果醇及衍生物显著降低炎症因子的水平,并在脑、肺和结肠等不同器官的各种体内研究中也观察到了罗汉果醇的抗炎活性,其抗炎机制涉及多条信号通路与靶点蛋白。表 2-17 所示为罗汉果醇及衍生物体外、体内抗炎作用机制研究。

表 2-17 罗汉果醇及衍生物体内/体外抗炎机制研究

化合物	模型	结果	信号通路
罗汉果醇	LPS-induced THP-1 cells	IL-1β↓,IL-18↓	AMPK/NLRP3
	LPS-induced ALI(male C57BL/6 mice)	TNF-α↓,IL-6↓,IL-1β↓,IL-18↓,MPO↓,lung wet/dry ratio↓	AMPK/NLRP3
	Bleomycin-induced PF(male C57BL/6 mice)	inflammatory infiltration↓,lung damages↓,α-SMA↓,Col I↓,Vimentin↓,E-cadherin↑,LOXL2↑,NOX4↓,p-Smad2/3↓	TGF-β1/AMPK-
	DSS-UC(female C57BL/6 mice)	IL-10↑,IL-17↓,IL-1β↓,occludin↑,ZO-1↑,DAI↓,colonic damage↓	AMPK/NF-κB
	Aβ$_{1-42}$-induced MR(male ICR mice)	memory impairment↓,TNF-α↓,IL-6↓,IL-1β↓,Bcl-2/Bax↑,cleaved-caspase3/pro-caspase-3↓	NF-κB
	LPS-induced MR(male ICR mice)	memory impairment↓,Iba1-positive cells↓,TNF-α↓,IL-6↓,IL-1β↓	NF-κB

续表

化合物	模型	结果	信号通路
W4	LPS-induced RAW 264.7 cells	NO↓, TNF-α↓, IL-6↓	iNOS/NF-κB
C5	LPS-induced RAW 264.7 cells	NO↓, TNF-α↓, IL-6↓	TLR4/NF-κB/iNOS

LPS：lipopolysaccharide. ALI：acute lung injury. PF：pulmonary fibrosis. DSS：dextran sodium sulphate. UC：ulcerative colitis. MR：memory impairment. DAI：disease activity index. ↑：significantly up-regulated. ↓：significantly down-regulated.

第二章 罗汉果的化学成分、药理作用及临床应用

第五节 罗汉果的临床应用

一、罗汉果临床应用的理论文献

罗汉果［*Siraitia grosvenorii*（swingle）C. Jeffrey］，又名光果木鳖、拉汗果、假苦瓜。清光绪十一年（1885年）广西永宁志（即广西永福县）就有罗汉果作药的记载。清光绪三十一年（1905年）广西临桂县县志记述："罗汉果，大如柿，椭圆中空，味甜性凉，治痨嗽"。古今医药界都认为罗汉果性甘、凉，无毒，归脾、肺二经，有清热解暑、化痰止咳、凉血舒胃、清肺润肠和生津止渴等功效。据《广西中药志》载：罗汉果"止咳清热、凉血润肠、治咳嗽、血燥、胃热便秘等症。"《岭南采药录》也称："罗汉果味甘，理痰火咳嗽，和猪精肉煎汤食之，将其鲜品捣烂取汁兑茶饮之疗咽喉炎、百日咳"。《中华人民共和国药典》载：罗汉果"性甘、凉，归肺、大肠经"，"清热润肺，滑肠通便。用于肺火燥咳，肠燥便秘。"《中药大辞典》称罗汉果"味甘，性凉，无毒"。"入肺、脾二经，止咳清热，凉血润肠。治咳嗽，血燥胃热便秘等"。

二、罗汉果中医临床应用

罗汉果果实营养价值很高，干果总糖含量25.17%～38.31%，鲜果还含有丰富的维生素C、蛋白质和氨基酸等。果实性凉味甘，无毒，有清热解毒、化痰止咳、凉血舒胃、清肺润肠和生津止渴等功能，是我国的传统中药。可治疗肥胖病、糖尿病、支气管炎、扁桃体炎、咽喉炎、急性胃炎、哮喘等，同时，也是制作饮料和调料佳品。它还可以替代甘草矫味，因而在许多中药的配方中常用罗汉果果实配伍。如用罗汉果果实15 g和百合9 g加水煎服，对老年久咳有一定的疗效；用罗汉果果实、百部、天冬、杏仁和桑皮各15 g煎水服，对治疗气管炎有疗效；用罗汉果果实15 g、百合12 g、侧柏 6 g、陈皮 3 g 和麻黄 3 g 加水煎服，是治疗小儿百日咳的常用有效方药（也有报道：罗汉果 1 个，鱼腥草 30 g，浙贝母 10 g，水煎服，可有效缓解百日咳引起的阵发性咳嗽）；罗汉果果实 2 个去壳，蒸 15 分钟，连汤服，每日 3 次，对治疗咳痨有疗效；罗汉果 1 个，鱼腥草 50 g，白茅根 15 g，紫苏梗 15 g，桑白皮 15 g，百合 50 g，野菊花 15 g，板蓝根 15 g，甘草 15 g 煎水服用可治久咳；罗汉果果实 2 个，取果肉、种子（打碎），水煎服，每日睡前 1 次，对老年性便秘有疗效；罗汉果果实 2 个，打碎，加适量水煎，等凉后慢慢咽服，每日上下午各 1 次，对急慢性咽喉炎及失音有疗效。

目前，以罗汉果为主要原料制成的中成药有罗汉果咽喉片、止咳定喘片、罗汉果止咳冲剂、罗汉果止咳露等。罗汉果咽喉片是根据中医理论组成的以罗汉果为主的中药复方制剂，临床上用来治疗慢性咽炎。止咳定喘片是由隔山香、罗汉果和虎刺等组成的中药复方，其中隔山香、罗汉果为主要成分，具有止咳祛痰、消炎定喘的作用，适用于支气管哮喘、哮喘性支气管炎等疾病。罗汉果止咳冲剂、罗汉果止咳露为以罗汉果为主制成的颗粒剂和水剂，临床用来治疗咳嗽、百日咳、哮喘、急慢性咽喉炎等。

临床上采用罗汉果辅助治疗的研究具体报道如下。

（一）咽炎与扁桃体炎

咽炎与扁桃体炎是临床多发病症，其发病率较高，加上自身身体素质降低和不良的作息与生活习惯等，就会导致咽炎与扁桃体炎的发生，对患者的生活质量以及身体健康影响较大。且咽炎与扁桃体炎均为病毒病菌侵袭所致，属于慢性疾病，治疗中存在一定的难度。吉林油田总医院新立采油厂卫生所探究扁桃体炎、咽炎患者应用罗汉果进行治疗的临床效果与特征，结果显示，治疗的有效率分别为 82.50% 与 80.43%，扁桃体炎患者与咽炎患者通过罗汉果治疗后，扁桃体炎患者的疼痛、脓肿消失率为 85.00% 与 80.00%，而咽炎咽部不适、吞咽障碍等缓解率为 78.26% 与 82.61%。

（二）慢性咽炎

慢性咽炎为咽黏膜、黏膜下及淋巴组织的慢性炎症。弥漫性咽部炎症常为上呼吸道慢性炎症的一部分；局限性咽部炎症则多为咽淋巴组织炎症。本病在临床中常见，病程长，症状容易反复发作。据报道，吉林省中医中药研究院和长春中医学院开展罗汉果咽喉片治疗 121 例慢性咽炎患者的临床研究，结果表明：罗汉果咽喉片在改善咽喉干疼、灼热感、多言后加重、口渴等症状的同时，对咽部充血和咽黏膜干燥、淋巴

第二章　罗汉果的化学成分、药理作用及临床应用

滤泡增生等体征有明显的改善作用，且对末梢血白细胞有降低作用，临床观察总有效率为97.5%，未出现任何毒副作用。

（三）咽喉部并发症

气管插管全麻术后咽喉部疼痛和声音嘶哑是常见的并发症，表现为咽喉疼痛、声音嘶哑、吞咽痛，使患者舒适度下降，不仅给病人躯体带来不适，而且对精神、心理等方面也会产生不同程度的影响。广西壮族自治区贵港市人民医院采用罗汉果煎剂口服给药的方式减轻全麻术后咽喉部并发症状，结果表明：气管插管全身麻醉术后6 h开始服用罗汉果煎剂，能有效减轻患者术后咽喉疼痛、声音嘶哑、咽喉部肿胀、咳嗽咳痰等咽喉部并发症，且无不良反应发生，值得临床推广应用。

（四）预防肺部感染

类风湿性关节炎（RA）是一种自身免疫性疾病，具有较高的发病率及致残率。目前，临床尚不明确病因及无特效疗法，临床多为探索性及对症性治疗。糖皮质激素是治疗RA重要药物，能够有效缓解临床症状与控制炎症，但若长期使用，存在不良反应，如肺部感染（不少见）等。因此，为降低患者死亡率，提高其生存质量，对预防肺部感染至关重要。中国人民解放军联勤保障部队九二三医院中医风湿科探讨罗汉果生姜茶预防类风湿关节炎患者服用糖皮质激素并发肺部感染的效果，结果表明：罗汉果生姜茶在糖皮质激素治疗RA中，能够降低炎症因子水平（白细胞计数、血清CRP、降钙素原水平等），避免肺部感染的发生，值得应用和推荐。

（五）提高胃肠减压患者鼻咽部舒适度

留置胃管行胃肠减压术是部分胃肠道手术后、肠梗阻保守治疗、术后腹胀等患者重要的治疗方式。但留置胃管是一种侵入性操作，由于胃肠减压期间禁饮禁食、胃管对鼻咽部的压迫及摩擦、胃管橡胶气味的刺激，患者出现口干、口臭、恶心呕吐、主动排痰困难、咽喉部疼痛、声音嘶哑、鼻黏膜溃疡及出血等不适。为了提高胃肠减压患者鼻咽部舒适度、降低意外脱管率，贵港市人民医院在常规护理的基础上给予患者含服及鼻咽部滴注罗汉果煎剂，观察其临床效果：术后72 h，观察组患者的口干症状改善总有效率为95.71%，明显高于对照组的70.00%，差异有统计学意义（$P < 0.05$）。结果表明：含服及鼻咽部滴注罗汉果煎剂能提高胃肠减压患者鼻咽部舒适度，降低置

管并发症及意外脱管率,有临床推广应用价值。

另据试验表明,罗汉果的叶对金黄色葡萄球菌、白色葡萄球菌、卡他双球菌等均有较好的抑制作用。民间常用鲜叶以火烘热、搓软后外擦皮癣,或捣烂外敷治各种痈肿疮疖也有良效。罗汉果的块根也可作农药和疮科用药。

三、罗汉果相关药品批文分析

(一)罗汉果药品注册企业所在地区位分析

通过国家药品监督管理局网站可查到通用名中含"罗汉果"的药品 95 条批文,其中处于罗汉果主产区的相关企业在全国总占比中占有 84.2%,注册在广西壮族自治区生产罗汉果相关药品的生产企业占比 66.3%,广东省占比 7.3%、贵州省占比 4.2%、江西省占比 3.1%、湖南省占比 3.1%、企业所在地在非主产区的相关企业占比 15.8%。

(二)罗汉果药品相同产品名称批文数量分析

从 95 条罗汉果药品相同名称产品批号数量来看,市面上大多数的罗汉果药品,主要以复方罗汉果止咳颗粒为主,共 41 条(占比 43.1%),接近占罗汉果药品批文数量的 1/2,罗汉果止咳糖浆 27 条(占比 28.4%),罗汉果玉竹颗粒 10 条(占比 10.5%),罗汉果止咳胶囊 5 条(占比 5.2%)。

(三)罗汉果相关产品药品剂型分析

95 条罗汉果相关药品产品中,剂型以颗粒剂为主,共 54 条(占比 56.8%),糖浆剂 28 条(占比 29.4%),胶囊剂 5 条(占比 5.2%),片剂 4 条(占比 4.2%),茶剂 3 条(占比 3.1%),煎膏剂 1 条(占比 1%)。可看出市场剂型占有率最高的剂型是颗粒剂,其次是糖浆剂和胶囊剂、片剂、茶剂,煎膏剂批文数量较少。

(四)罗汉果药品主治功能分析

在淘宝、拼多多、天猫线上商城找到的 55 款罗汉果药品中,16 款(占比 29%)罗汉果药品主治功能是祛痰止咳,用于感冒咳嗽用药;14 款(占比 26%)罗汉果药品主治功能祛痰止咳,用于感冒咳嗽及支气管炎;10 款(占比 18%)罗汉果药品,有养阴润肺,止咳生津功效,用于肺燥咳嗽,咽喉干痛;另 10 款(占比 18%)罗汉果药品有

第二章 罗汉果的化学成分、药理作用及临床应用

清热解肺,镇咳去痰功效,用于肺热肺燥咳嗽;剩余 5 款(占比 9%)罗汉果药品有清热化痰、润肺止咳功效,用于咳嗽痰黄,咯痰不畅。从以上分析,罗汉果的临床药用部位主要为呼吸道,都有止咳、祛痰、润肺的作用。

四、罗汉果相关保健食品分析

(一)罗汉果相关保健产品注册所在地

在国家市场监督管理局注册制保健食品数据库中检索到罗汉果相关保健食品批文 81 个,各省拥有罗汉果保健食品批文企业分布占比如下:广东省 18.5%、北京市 17.3%、广西壮族自治区 16.0%、江西省 11.1%、浙江省 6.2%、四川省 4.9%、湖南省 4.9%、贵州省 3.7%、山东省 3.7%、其余若干 13.8%。

(二)罗汉果相关保健食品剂型

在保健食品数据库中检索的 81 条罗汉果相关保健食品中,占比最高的是片剂数量 28、占比 34.5%,其次是胶囊剂数量 12、占比 14.5%,茶剂数量 11、占比 13.5%,糖剂数量 9、占比 11.1%,胶囊剂、茶剂、糖剂的数量占比非常接近,在未来会有比较大的市场竞争,接下来是酒剂占比 4.9%,膏剂占比 3.7%,口服剂占比 3.7%。

(三)罗汉果相关产品功能分析

经检索京东、淘宝、拼多多网上商城调研,合计 157 款罗汉果相关产品,其中包含药品、保健食品、普通食品,对于 157 款产品进行分析,罗汉果相关产品的主要疗效或保健功效都趋向于:清热化痰、润肺止咳,主要用于感冒咳嗽。总的来说,罗汉果已上市的相关产品,对人体产生效果作用为:对上呼吸道进行保护和修复。

五、罗汉果相关产品市场前景及研发市场建议

近年来,在国家不断加大推动中医药相关产业的发展,人们日益重视养生大背景下,中药相关产品得到人们的青睐,罗汉果呈现药品、保健食品、普通食品多向发展趋势。现代医学认为罗汉果对支气管炎、高血压等疾病有显著疗效,还能预防冠心病、血管硬化、肥胖等。罗汉果剂型相关产品经过近几十年发展得到不断的完善,拓宽至

罗汉果
全产业链关键技术研究与应用

颗粒剂、胶囊剂、糖浆剂、片剂、茶剂、半固体制剂等十几种剂型，人们自主选择的机会得到大幅提升。罗汉果市场普及率、市场占有率不断增加，刺激着罗汉果相关产品的发展。

罗汉果的作用部位主要是呼吸系统部分，主打清热化痰、润肺止咳等功效，可把罗汉果制作成含片或者喷雾剂。但市面上，罗汉果同质化、低端化的产品较多，在产品研发方面，创新是第一要义，也是不断前进的推力，不断加大对罗汉果的研发，定点定向发展，打破常规才能赢得市场。罗汉果干燥后更易于保存，技术也相对成熟，且罗汉果具有润喉润肺的功能，找到合适的茶叶相结合，市场定位清楚，可制成果茶，容易开扩市场。

在市场相关方面，可加大市场宣传力度，制定合理宣传策略，在短视频平台、新闻版页或报纸上，也可在相关公众号上适当宣传或举办相关讲座，加强罗汉果中医药知识普及，让人们清楚地认识到罗汉果的功效，保健食品剂型的罗汉果产品，除了药店还可进入超市、市场及一些个体商户进行宣传推广，加大罗汉果产品市场普及率。

第二章 罗汉果的化学成分、药理作用及临床应用

参考文献

符毓夏，王磊，李典鹏，2016. 罗汉果醇抗肿瘤活性及其作用机制研究. 广西植物，(36)：1369–1375.

何晓璇，肖刚，罗陈亮，等，2024. 基于 TGF-β1/Smads 信号通路探讨罗汉果甜苷抗肝纤维化的机制. 中国临床药学杂志，(33)：370–375.

黄四新，周先丽，牟俊飞，等，2019. 罗汉果甜苷ⅡA 的分离鉴定含量测定及其降糖抗氧化活性研究. 广西师范大学学报（自然科学版），37(3)：132–141.

黄锡山，2007. 罗汉果化学成分的研究，桂林：广西师范大学.

李斐，王承南，周莹，等，2006. 罗汉果中重金属铜和镉的含量分析与评价. 微量元素与健康研究，(6)：30–31, 34.

李浩雨，徐兴军，李雪涵，等，2023. 罗汉果总黄酮对慢性睡眠剥夺小鼠抗氧化能力及炎症反应的影响. 动物营养学报，(35)：4668–4677.

李俊，黄艳，何星存，等，2008. 罗汉果多糖的结构研究. 食品工业科技，(8)：169–172.

李俊，黄艳，廖日权，等，2008. 罗汉果多糖对小鼠免疫功能的影响. 中国药理学通报，(24)：1237–1240.

李俊，张艳军，黄锡山，等，2007. 两种罗汉果多糖的 IR 及 ~(13)CNMR 分析. 化学世界，(2)：81–82, 85.

龙颖，王巍，田慧，等，2015. 罗汉果甜苷含药血清干扰肝星状细胞周期、凋亡的实验研究. 中成药，(37)：1576–1579.

莫利书，潘雪珍，王益林，等，2008. 高压微波消解 –ICP-AES 测定罗汉果中的微量元素. 广西科学，15(4)：408–410.

潘巧灵，姜波，李欢欢，等，2018. 微波消解 – 原子吸收法测定 4 种广西特色清肺药材中 14 种金属含量. 现代园艺，(19)：41–43.

秦愫妮，黄俊杰，全洗强，等，2017. ICP-OES/ICP-MS 法测定罗汉果中 46 种元素. 食品工业科技，38(18)：242–246.

肖刚，陈壮，黎为能，等，2012. 罗汉果甜苷对四氯化碳诱导的肝纤维化大鼠的保护作用. 山东医药，(52)：19–20, 24, 105.

肖刚，王勤，2008. 罗汉果甜苷对小鼠实验性肝损伤保护作用的研究. 中国药房，(3)：163–165.

徐位坤，孟丽珊，1981. 罗汉果营养成分的测定. 广西植物，(2)：50–51.

徐位坤，孟丽珊，1985. 野生罗汉果蛋白质成分的研究. 广西植物，(3)：304–306.

徐位坤，孟丽珊，1986. 罗汉果蛋白质的含量测定. 广西植物，(4)：295–296.

徐位坤，孟丽珊，李仲瑶，1990. 罗汉果中甘露醇的分离和鉴定. 广西植物，(3)：254–255.

羊学荣，卢凤来，王磊，等，2015. 酶水解百分之五十罗汉果皂苷Ⅴ方法学研究. 广西植物，35(6)：812–816, 898.

杨秀伟，张建业，徐嵬，2007. 罗汉果皂苷Ⅲ的人肠内细菌生物转化. 北京大学学报（医学版），6：657–

662.

杨秀伟，张建业，钱忠明，2008. 罗汉果中新的天然皂苷. 中草药，(6): 810–814.

曾其国，任迎虹，何瑜，等，2015. 罗汉果产区岩石－土－罗汉果微量元素分布与迁聚特征研究. 四川师范大学学报(自然科学版), 38 (3): 428–432.

张海全，黄勤英，郑广进，等，2019. 罗汉果多糖对环磷酰胺所致的免疫抑制小鼠免疫功能的影响. 广西植物，(39): 1573–1582.

张巧铃，蒋小华，张洁，等，2025. 罗汉果干果多糖的分离纯化、结构表征及其体外免疫调节活性. 食品科学，46(4):10–20. http://kns.cnki.net/kcms/detail/11.2206.TS.20240129.1835.012.html.

朱永明，2021. 罗汉果果皮多糖的提取、结构及抗氧化活性研究. 天津：天津科技大学.

Akihisa T, Hayakawa Y, Tokuda H, et al., 2007.Cucurbitane glycosides from the fruits of *Siraitia grosvenorii* and their inhibitory effects on Epstein–Barr virus activation. J Nat Prod, (70):783–788.

Ban Q F, Cheng J J, Sun X M, et al., 2020. Effect of feeding type 2 diabetes mellitus rats with synbiotic yogurt sweetened with monk fruit extract on serum lipid levels and hepatic AMPK (5'adenosine monophosphate–activated protein kinase) signaling pathway. Food Funct, (11): 7696–7706.

Cao F, Zhang Y, Li W, et al., 2018. Mogroside IVE attenuates experimental liver fibrosis in mice and inhibits HSC activation through downregulating TLR4–mediated pathways. Int Immunopharmacol, (55): 183–192.

Chen G, Liu C, Meng G, et al., 2019. Neuroprotective effect of mogrol against $A\beta_{1-42}$ –induced memory impairment neuroinflammation and apoptosis in mice. J Pharm Pharmacol, (71): 869–877.

Chen W J, Wang J, Qi X Y, et al., 2007. The antioxidant activities of natural sweeteners, mogrosides, from fruits of *Siraitia grosvenorii*. Int J Food Sci Nutr, (58): 548–556.

Chen X, Zhuang J, Liu J, et al., 2011. Potential AMPK activators of cucurbitane triterpenoids from *Siraitia grosvenorii* Swingle. Bioorg Med Chem, (19): 5776–5781.

Ding Y, Wang L, Liu B, et al., 2022. Bryodulcosigenin attenuates bleomycin–induced pulmonary fibrosis via inhibiting AMPK–mediated mesenchymal epithelial transition and oxidative stress. Phytother Res, (36): 3911–3923.

Gong P, Cui D D, Guo Y X, et al., 2021. A novel polysaccharide obtained from *Siraitia grosvenorii* alleviates inflammatory responses in a diabetic nephropathy mouse model via the TLR4–NF-kappa B pathway. Food Funct, (12): 9054–9065.

Gong P, Guo Y, Chen X, et al., 2022. Structural characteristics, antioxidant and hypoglycemic activities of polysaccharide from *Siraitia grosvenorii*. Molecules, (27): 4192.

Han M, Liu H, Liu G, et al., 2024. Mogroside V alleviates inflammation response by modulating miR–21–5P/SPRY1 axis. Food Funct, 15: 1909–1922.

Hu X D, Hou Y L, Liu S T, et al., 2024. Comparative analysis of volatile compounds and functional

第二章 罗汉果的化学成分、药理作用及临床应用

components in fresh and dried monk fruit (*Siraitia grosvenorii*). Microchemical, (196): 109649.

Huang X P, Lei L, Lei S X, et al., 2021. Traceability of the geographical origin of *Siraitia grosvenorii* based on multielement contents coupled with chemometric techniques. Sci Rep, 11(1): 21150.

Ju P, Ding W, Chen J, et al., 2020. The protective effects of Mogroside V and its metabolite 11-oxo-mogrol of intestinal microbiota against MK801-induced neuronal damages. Psychopharmacol Berl, (237): 1011-1026.

Lee C, 1975. Intense sweetener from Lo Han Kuo (*Momordica grosvenori*). Experientia, 31(5): 533-534.

Li H B, Zhang M, Wang Y, 2006. Colorimetric determination of triterpenoid saponin in luohanguo. Food Sci, (27): 171-173.

Li H, Liu L, Chen H Y, et al., 2022. Mogrol suppresses lung cancer cell growth by activating AMPK-dependent autophagic death and inducing p53-dependent cell cycle arrest and apoptosis. Toxicol Appl Pharmacol, (444): 116037.

Li L, Zheng W, Wang Can, et al, 2020. Mogroside V protects against hepatic steatosis in mice on a high-fat diet and LO2 cells treated with free fatty acids via AMPK activation, Evidence-based Complementary and Alternative Medicine, (2020): 7826874.

Li N, Song J R, Li D P, 2022. Synthesis and antiproliferative activity of ester derivatives of mogrol through JAK2/STAT3 pathway. Chem Biodiversity, (19): e202100742.

Li R S, Peng X W, Wu Y L, 2021. Exposure to PM2.5 during pregnancy causes lung inflammation in the offspring: Mechanism of action of mogrosides. Ecotox Environ Safe, (228):112955.

Liang H, Cheng R, Wang J, et al., 2021. Mogrol, an aglycone of mogrosides, attenuates ulcerative colitis by promoting AMPK activation. Phytomedicine, (81): 153427.

Liu B, He R, Xiong R, et al, 2022. Effect and mechanism of mogrol on lipopolysaccharide-induced acute lung injury. Chin J Emerg Med, (31): 777-782.

Liu B, Yang J, Hao J, et al, 2021. Natural product mogrol attenuates bleomycin-induced pulmonary fibrosis development through promoting AMPK activation. J Funct Foods, (77): 104280.

Liu C, Zeng Y, Dai L H, et al., 2015 Mogrol represents a novel leukemia therapeutic via ERK and STAT3 inhibition. Am J Cancer Res, (5): 1308-1318.

Liu Y S, Wang J, Guan X, 2021. Mogroside V reduce OVA-induced pulmonary inflammation based on lung and serum metabolomics. Phytomedicine, (91): 153682.

Lü K, Song X, Zhang P, et al., 2022. Effects of *Siraitia grosvenorii* extracts on high fat diet-induced obese mice: a comparison with artificial sweetener aspartame. Food Sci Hum Well, (11): 865-873.

Luo H, Peng C, Xu X, et al., 2022. The protective effects of mogroside V against neuronal damages by attenuating mitochondrial dysfunction via upregulating Sirtuin3. Mol Neurobiol, (59): 2068-2084.

Mo Q, Fu H, Zhao D, et al., 2021. Protective effects of mogroside V on oxidative stress induced by H_2O_2 in skin fibroblasts. Drug Des Devel Ther，(15): 4901–4909.

Niu B, Ke C Q, Li B H, et al., 2017. Cucurbitane glucosides from the crude extract of *Siraitia grosvenorii* with moderate effects on pgc–1α promoter activity. J Nat Prod，(80): 1428–1435.

Qi X Y, Chen W J, Zhang L Q, et al., 2008. Mogrosides extract from *Siraitia grosvenori* scavenges free radicals in vitro and lowers oxidative stress，serum glucose，and lipid levels in alloxan–induced diabetic mice. Nutr Res，(28): 278–284.

Qi X, Chen W, Liu L, et al., 2006. Effect of a *Siraitia grosvenori* extract containing mogrosides on the cellular immune system of type 1 diabetes mellitus mice. Mol Nutr Food Res，(50): 732–738.

Qin T, Li Y, Wu Y, et al., 2024. Mogroside alleviates diabetes mellitus and modulates intestinal microflora in Type 2 diabetic mice. Biol Pharm Bull，(47): 1043–1053.

Shi D，Zheng M，Wang Y et al., 2014. Protective effects and mechanisms of mogroside V on LPS–induced acute lung injury in mice. Pharm Biol，(52): 729–734.

Si J Y，Chen D H，Chang Q，et al., 1994. Isolation and structure determination of flavonol glycosides from the fresh fruits of *Siraitia grosvenorii*. Acta Pharm. Sin B，(29): 158–160.

Si J Y，Chen D H，Chang Q，et al., 1996. Isolation and determination of cucurbitane–glycosides from fresh fruits of *Siraitia grosvenorii*. Acta Bot Sin，38 (6): 489–494.

Song J L，Qian B，Pan C，et al., 2019. Protective activity of mogroside V against ovalbumin - induced experimental allergic asthma in Kunming mice. J Food Biochem，43: e12973.

Song J R，Li N，Li D P，2021. Synthesis and anti–proliferation activity of mogrol derivatives bearing quinoline and triazole moieties. Bioorg Med Chem Lett，(42): 128090.

Song J R，Li N，Wei Y L，et al., 2022. Design and synthesis of mogrol derivatives modified on a ring with anti–inflammatory and anti–proliferative activities. Bioorg Med Chem Lett，(74): 128924.

Song J R，Wei Y L，Jiang X H，et al., 2024. Synthesis and anti–inflammatory activity of mogrol derivatives modified at C24 site. Fitoterapia，(176): 106005.

Song J，Wei Y，Jiang X，et al., 2024. Daily consumption of *Siraitia grosvenorii* alleviated lipid accumulation and colon barrier injury via modulation of gut microbiota in high–fat diet C57BL/6 mice. Food Sci Hum Well．https://doi.org/10.26599/FSHW.2024.9250241.

Song J, Wei Y, Lu F, et al., 2025. Health benefits of monk fruit under traditional dietary patterns: perspective on immunity and gut microbiota modulatory functions. Plant Foods Hum Nutr, (80). https://doi.org/10.1007/s11130–024–01260–0.

Sung Y Y，Kim S H，Yuk H J，et al., 2019. *Siraitia grosvenorii* residual extract attenuates ovalbumin–induced lung inflammation by down–regulating IL–4，IL–5，IL–13，IL–17，and MUC5AC expression in mice. Phytomedicine，(61): 152835.

Suzuki Y，Tomoda M，Murata Y，et al, 2007. Antidiabetic effect of long–term supplementation with *Siraitia*

第二章 罗汉果的化学成分、药理作用及临床应用

grosvenorii on the spontaneously diabetic Goto–Kakizaki rat. Br J Nutr,(97):770–775.

Takasakia M, Konoshima T, Murata Y, et al., 2003. Anticarcinogenic activity of natural sweeteners, cucurbitane glycosides, from *Momordica grosvenori*, Cancer Letters,(198): 37–42.

Takemoto T, Arihara S, Nakajima T, et al., 1983. Studies on the constituents of fructus momordicae i, ii, iii. Shoyakugaku Zasshi,(103): 1155–1166.

Tan Y R, Shen S Y, Li X Y, et al., 2024. Mogroside V reduced the excessive endoplasmic reticulum stress and mitigated the Ulcerative colitis induced by dextran sulfate sodium in mice. J Transl Med,(22): 488.

Tang Q, Qiu R, Guo M, et al., 2024. Mogroside V and mogrol: unveiling the neuroprotective and metabolic regulatory roles of *Siraitia grosvenorii* in Parkinson's disease. Front Pharmacol,(15): 1413520.

Tao L, Cao F, Xu G, et al., 2017. Mogroside IIIE attenuates LPS-induced acute lung injury in mice partly through regulation of the TLR4/MAPK/NF-κB axis via AMPK activation. Phytother Res,(31): 1097–1106.

Tao L, Yang J, Cao F, et al., 2017. Mogroside IIIE, a novel anti-Fibrotic compound, reduces pulmonary fibrosis through Toll-like receptor 4 pathways. J Pharmacol Exp Ther,(361): 268–279.

Ukiya M, Akihisa T, Tokuda H, et al., 2002. Inhibitory effects of cucurbitane glycosides and other triterpenoids from the fruit of Momordica grosvenori on Epstein–barr virus early antigen induced by tumor promoter 12-O-tetradecanoylphorbol-13-acetate. J Agric Food Chem,(50): 6710–6715.

Wang H, Meng G L, Zhang C T, et al., 2020. Mogrol attenuates lipopolysaccharide (LPS)-induced memory impairment and neuroinflammatory responses in mice. J Asian Nat Prod Res,(22): 864–878.

Wang J, Liu J, Xie Z, et al., 2020. Design, synthesis and biological evaluation of mogrol derivatives as a novel class of AMPK α2β1γ1 activators. Bioorg Med Chem Lett,(30): 126790.

Wang L, Li L, Fu Y, et al., 2019. Separation, synthesis, and cytotoxicity of a series of mogrol derivatives. J Asian Nat Prod Res,(22): 663–677.

Wang M Y, Xing S H, Luu T, et al., 2016. The gastrointestinal tract metabolism and pharmacological activities of grosvenorine, a major and characteristic flavonoid in the fruits of *Siraitia grosvenorii*. Chem Biodiversity, 12: 1652–1664.

Wu J J, Jian Y Q, Wang H Z, 2022. A review of the phytochemistry and pharmacology of the fruit of *Siraitia grosvenorii* (Swingle): A traditional Chinese medicinal food. Molecules, 27(19): 6618.

Xu F, Li D P, Huang Z C, et al., 2015. Exploring in vitro, in vivo metabolism of mogroside V and distribution of its metabolites in rats by HPLC-ESI-IT-TOF-MS^n. J Pharmaceut Biomed,(115): 418–430.

Yang X, Xu F, Li D P, et al., 2016. Metabolites of siamenoside I and their distributions in Rats. Molecules, (21):176.

Yang X, Xu F, Lu F, et al., 2023. Metabolism of two mogroside isomers, mogroside III and mogroside

IIIE, in normal and drug-metabolizing enzyme-induced rats. J Agric Food Chem, (71): 20735-20750.

Zhang X, Song Y, Ding Y, et al., 2018. Effects of mogrosides on high-fat-diet-induced obesity and nonalcoholic fatty liver disease in mice. Molecules, (23): 1894.

Zhang Y L, Peng Y, Zhao L J, et al., 2021. Regulating the gut microbiota and SCFAs in the faeces of T2DM rats should be one of antidiabetic mechanisms of mogrosides in the fruits of *Siraitia grosvenorii*. J. Ethnopharmacol, (274): 114033.

Zheng Y B, Yu J, Liu J M, 2007. Determination of total saponin content in the fresh fruit of *Siraitia grosvenorii*. In Proceedings of the Annual Meeting Proceedings of Sweetener Professional Board, Production and Application of Food Additives Industry Associate, London, UK.

Zhou G, Wang M, Li Y, et al., 2016. Comprehensive analysis of 61 characteristic constituents from Siraitiae fructus using ultrahigh-pressure liquid chromatography with time-of-flight mass spectrometry. J Pharm Biomed Anal, (125): 1-14.

Zhou G, Zhang Y, Li Y, et al., 2018. The metabolism of a natural product mogroside V, in healthy and type 2 diabetic rats. J Chromatogr B, (1079): 25-33.

Zhou Y, Hu Z, Ye F, et al., 2021. Mogroside V exerts anti-inflammatory effect via MAPK-NF-κB/AP-1 and AMPK-PI3K/Akt/mTOR pathways in ulcerative colitis. J Func Foods, (87): 104807.

Zhu Y M, Pan L C, Zhang L J, et al., 2020. Chemical structure and antioxidant activity of a polysaccharide from *Siraitia grosvenorii*. Int J Biol Macromol, (165): 1900-1910.

Zou C, Zhang Q, Zhang S, et al., 2018. Mogroside IIIE attenuates gestational diabetes mellitus through activating of AMPK signaling pathway in mice. J Pharmacol Sci, (138): 161-166.

第三章

罗汉果分子生物学研究及应用

第一节　罗汉果甜苷类成分合成途径及关键基因研究

一、罗汉果甜苷类成分的积累及合成途径研究

（一）罗汉果甜苷类成分积累规律

罗汉果中主要苷类化学成分为葫芦烷型四环三萜皂苷，包括罗汉果苷ⅠA、罗汉果苷ⅡE、罗汉果苷Ⅲ、罗汉果苷Ⅳ、赛门苷Ⅰ、罗汉果苷Ⅴ、罗汉果苷Ⅵ以及多种11-O苷和同分异构体等，它们拥有相同的苷元结构——罗汉果醇（Li et al., 2005）。由于这些三萜皂苷苷元结构上C-3和C-24位连接的糖基数目不同，它们的甜味程度不同。罗汉果苷ⅡE味苦，罗汉果苷Ⅲ无味，罗汉果苷Ⅳ、赛门苷Ⅰ、罗汉果苷Ⅴ、罗汉果苷Ⅵ等味甜，其中罗汉果苷Ⅴ甜度约为5%，是蔗糖的400倍，而赛门苷Ⅰ甜度约为5%蔗糖的500倍（Li et al., 2007；熊绵靖等，2011）。罗汉果苷Ⅳ、赛门苷Ⅰ、罗汉果苷Ⅴ、罗汉果苷Ⅵ等这些具有甜味的罗汉果苷被称为罗汉果甜苷。

在罗汉果生长发育的不同时期，主要含有的苷类成分类型也不同。在未成熟的幼嫩果实中主要积累苦味或无味的苷ⅡE和无味的苷Ⅲ，而在成熟果实中主成分为苷Ⅴ，表现出极强的甜味。具高强度甜味的苷Ⅴ等高糖苷是以低糖苷为前体物质逐步转化而成。李典鹏等（2007）利用薄层色谱方法对不同日龄的罗汉果苷类成分进行检测，发现授粉后5 d开始出现苷类成分，30 d以前的嫩果主要以苦味物质罗汉果苷ⅡE的形式存在，到30 d时开始出现罗汉果苷Ⅲ，并于55 d达到罗汉果苷Ⅲ的最高峰，此时有罗汉果苷Ⅳ的出现，在70 d时达到罗汉果苷Ⅳ的最高峰，并伴有罗汉果苷Ⅴ的生成，在85 d以后罗汉果苷Ⅴ为罗汉果果实的主要甜味成分。莫长明等（2014）深入研究罗汉果果实发育过程中甜苷成分的动态变化，检测不同发育时期罗汉果果实中甜苷的代

第三章 罗汉果分子生物学研究及应用

谢规律，发现 10～50 d 的果实中，罗汉果苷ⅡE 含量持续下降，罗汉果苷Ⅲ含量逐渐积累，罗汉果苷Ⅳ和罗汉果苷Ⅴ在 50 d 果实中开始出现，标志着果实甜苷合成进入新的阶段。而 50 d 以后的果实中先是罗汉果苷ⅡE 减少直至消失，随后罗汉果苷Ⅲ和罗汉果苷Ⅳ也逐渐降低至无，最后仅有罗汉果苷Ⅴ成分。在 50～70 d，果实中罗汉果苷Ⅴ的含量急剧上升，含量加倍。

（二）罗汉果甜苷类成分合成途径

罗汉果苷来自甲羟戊酸途径（Mevalonate Pathway，MVA）或甲基赤藓醇磷酸途径（Methylerythritol Phosphate Pathway，MEP）或脱氧木酮糖-5-磷酸途径（2-C-methyl-D-erythritol-4-phosphate pathway，DOXP）代谢合成途径（Jia Z et al.，2009；Vranová E et al.，2013）。3-羟基-3-甲基戊二酸单酰辅酶 A 还原酶（3-hydroxy-3-methylglutaryl coenzyme-A reductase，HMGR）催化 3-羟基-3-甲基戊二酸单酰辅酶 A（HMG-CoA）合成甲羟戊酸（MVA）（蒙姣荣等，2011），并在鲨烯合酶（SQS）多步催化下合成角鲨烯。之后，以角鲨烯为起始前体，经过一系列精密调控的催化步骤，最终生成多种结构的罗汉果甜苷（图 3-1）。

1. 前体物质的转化与罗汉果醇骨架的形成

（1）初始氧化与环化。角鲨烯在鲨烯环氧酶（SgSQE）的催化作用下，首先经历氧化反应生成 2,3-氧化鲨烯，随后进一步环化形成 2,3; 22,23-二环氧鲨烯。这一步骤标志着罗汉果甜苷合成途径的正式启动（Spanova M et al.，2011）。

（2）环阿屯醇合酶介导的环化。2,3; 22,23-二环氧鲨烯在环阿屯醇合酶（SgCS）的催化下，经历复杂的环化反应，生成 24,25-环氧葫芦二烯醇。此步骤是罗汉果醇骨架形成的关键环节之一（Chappell J，1995）。

（3）环氧水解与羟基化。随后，24,25-环氧葫芦二烯醇在环氧水解酶（SgEPH）的作用下发生水解反应，生成 24,25-二羟基葫芦二烯醇。该中间产物进而在细胞色素 P450 酶（如 SgCYP102801）的催化下，于 C-11、C-24 和 C-25 位引入羟基，最终形成罗汉果醇——罗汉果甜苷的基本骨架分子（Shibuya M et al.，2004）。

2. 罗汉果醇的糖基化与高糖苷的形成

（1）初步糖基化。罗汉果醇在 UDP-葡萄糖基转移酶（UDPG，如 SgUGT720-269-1）的催化下，首先在 C-3 或 C-24 位发生糖基化反应，添加一个葡萄糖基，生成低糖苷罗汉果苷ⅠA 或罗汉果苷ⅠE。随后，该低糖苷在 UDPG 作用下，于 C-3 或 C-24 位再添加一个葡萄糖基，转化为低糖苷罗汉果苷ⅡE。

（2）支链糖基化与高糖苷的形成。C-3和C-24位进一步在支链UDPG（如SgUGT94-289-1/2/3）的催化下，经历多步糖基化修饰，加上不同数量的糖基从而生成不同类型的罗汉果苷。

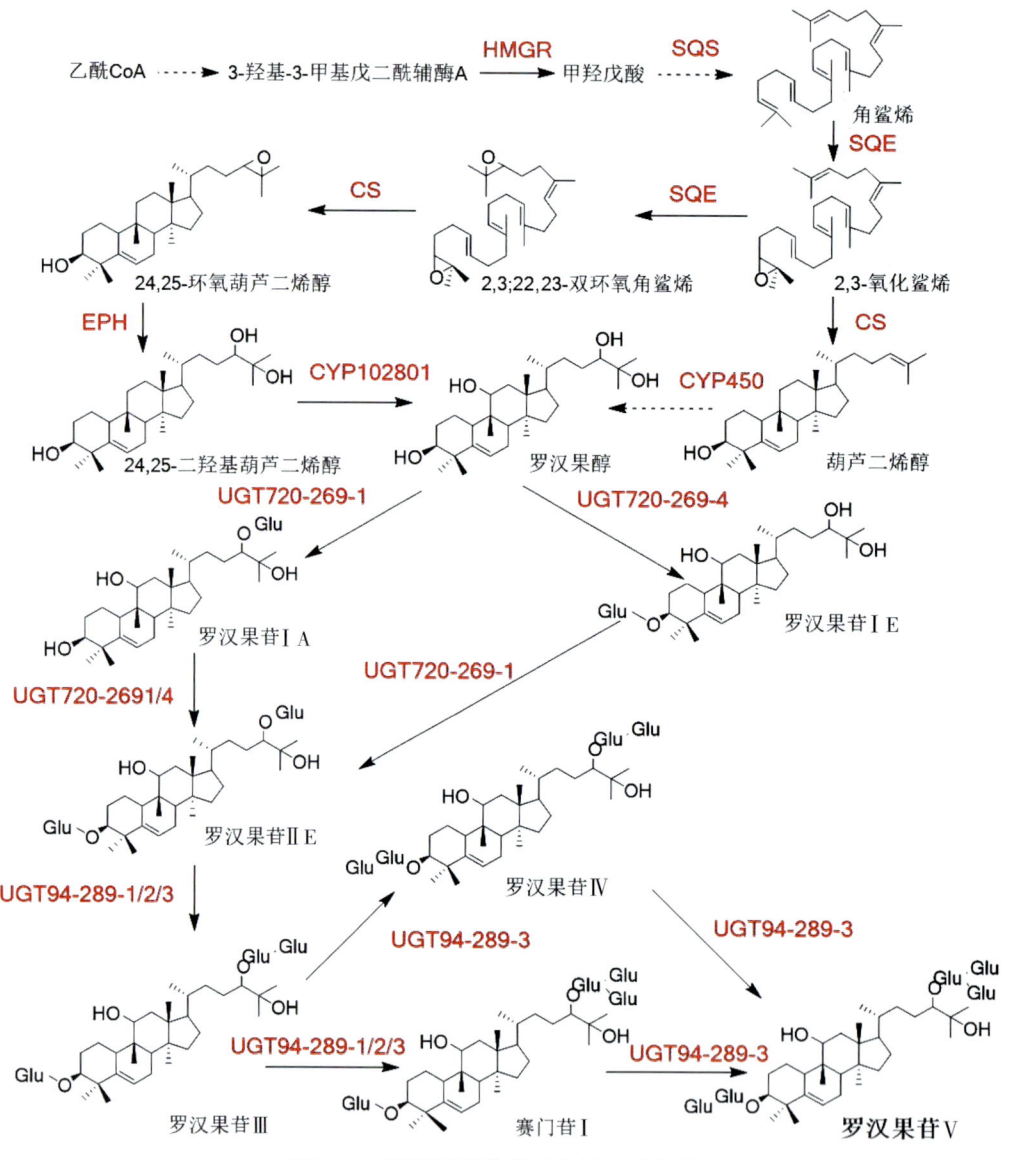

图3-1 罗汉果甜苷类成分的合成途径

3. 替代途径与多样性生成

值得注意的是，除了上述主流途径外，还存在替代途径，如2,3-氧化鲨烯可直接经 CS 催化形成葫芦二烯醇，进而在 CYP450 酶的作用下引入羟基形成罗汉果醇。随后，通过 UGT 酶的不同作用模式，在 C-3 和 C-24 位添加不同数量的葡萄糖基，生成多种类型的罗汉果甜苷，丰富了罗汉果甜苷的结构多样性和功能特性（Itkin M et al., 2016）。

二、罗汉果甜苷类成分合成关键酶基因的发掘、克隆及功能验证

（一）罗汉果甜苷类成分合成关键酶基因的发掘

罗汉果甜苷类成分的化学研究已广泛开展，进一步对罗汉果甜苷类成分合成相关酶基因克隆、结构分析及功能验证，确定罗汉果甜苷类成分合成关键酶基因，是遗传转化培育罗汉果甜苷Ⅴ高含量品种和通过微生物发酵合成罗汉果苷Ⅴ的必要基础。

马小军课题组进行了甜苷Ⅴ合成途径的解析及相关酶基因的发掘及克隆，推测甜苷Ⅴ的生物合成是先经异戊二烯途径，经 2,3- 氧化鲨烯环化酶作用，使 2,3- 氧化鲨烯先环化形成葫芦烷型三萜骨架，该骨架经细胞色素 P450 依赖性单加氧酶、糖基转移酶等化学修饰获得（Tang et al., 2011）。

唐其等（2010）通过对 3 d、50 d、70 d 果实转录组高通量测序数据进行分析后发现，与罗汉果苷Ⅴ代谢合成相关的 Unigene 有 60 条，涉及 MEP 途径、MVA 途径以及共同代谢途径的共 20 种相关基因（表 3-1），几乎包括了罗汉果苷Ⅴ代谢合成途径中所有的已知基因。另外，唐其（2010）还发现了 80 个细胞色素 P450 基因（*Cytochrome P450*）、12 个 NADH 脱氢酶基因（*NADH Dehydrogenase*）、72 个糖基转移酶（基因 *Glycosyltransferase*）和 90 个葡萄糖基转移酶基因（*Glucosyltransferase*）的 Unigene。这些结构基因的 Unigene 为罗汉果苷Ⅴ代谢合成基因的全长克隆和全面调控提供了重要的基因序列信息资源（马小军等，2024）。

表 3-1　罗汉果甜苷Ⅴ合成途径中已知基因的 Unigene 数目

基因名称	Unigene 数目 / 条	酶编号
1-deoxy-D-xylulose-5-phosphate synthase (DXS)	11	[EC:2.2.1.7]
1-deoxy-D-xylulose-5-phosphate reductoisomerase (DXR)	4	[EC:1.1.1.267]
2-C-methyl-D-erythritol 4-phosphate cytidylyltransferase (MCT)	1	[EC:2.7.7.60]
4-diphosphocytidyl-2-C-methyl-D-erythritol kinase (CMK)	2	[EC:2.7.1.148]
2-C-methyl-D-erythritol 2,4-cyclodiphosphate synthase (MCS)	2	[EC:4.6.1.12]

续表

基因名称	Unigene 数目/条	酶编号
4-hydroxy-3-methylbut-2-enyl diphosphate synthase (HDS)	1	[EC:1.17.7.1]
4-hydroxy-3-methylbut-2-enyl diphosphate reductase (HDR/IDS)	1	[EC:1.17.1.2]
acetyl-CoA acetyltransferase (AACT)	5	[EC:2.3.1.9]
hydroxymethylglutaryl-CoA synthase (HMGS)	1	[EC:2.3.3.10]
3-hydroxy-3-methylglutaryl-coenzyme A reductase (HMGR)	3	[EC:1.1.1.34]
mevalonate kinase (MK)	4	[EC:2.7.1.36]
phosphomevalonate kinase (PMK)	3	[EC:2.7.4.2]
diphosphomevalonate decarboxylase (MVD)	2	[EC:4.1.1.33]
isopentenyl-diphosphate delta-isomerase (IPI)	5	[EC:5.3.3.2]
geranyl diphosphate synthase (GPS)	1	[EC:2.5.1.1]
farnesyl diphosphate synthase (FPS)	2	[EC:2.5.1.10]
hexaprenyl pyrophosphate synthetase (HPS)	1	[EC:2.5.1.33]
geranylgeranyl pyrophosphate synthetase (GGPS)	1	[EC:2.5.1.29]
squalene synthetase (SQS)	3	[EC:2.5.1.21]
squalene epoxidase (SQE)	1	[EC:1.14.99.7]
cycloartenol synthase (CAS)	5	[EC:5.4.99.8]
cucurbitadienol synthase (CS)	1	
共计	60	

对罗汉果甜苷类代谢合成途径涉及的基因，在各个表达谱之间表达水平进行统计后发现，*SgAACT*、*SgMVD*、*SgCMK*、*SgHDS*、*SgSQS* 基因表达量在 3 个表达谱两两之间比较中无显著变化，其余 16 个基因都有各自的变化规律。自授粉后 3～50 d 的发育阶段，*SgDXS*、*SgDXR*、*SgMCS*、*SgIDS* 基因表达下调，其余 12 个基因表达上调。进入 50～70 d 的成熟阶段，*SgHMGR*、*SgMCS*、*SgIDS*、*SgIPI*、*SgGPS*、*SgFPS*、*SgCAS* 转为下调，其余 9 个基因表达上调。从幼果初期（授粉后 3 d）至接近成熟（70 d）的整个发育过程中，基因表达的总体动态显示，除 *SgDXR*、*SgMCS*、*SgIDS*、*SgIPI-I* 基因呈现下调外，其余基因均上调。其中 *SgSQE* 和 *SgCS* 两个基因的变化最为显著，70 d

与 3 d 果实相比，表达量分别提高了 8.89 倍和 9.69 倍。*SgSQE* 是从角鲨烯环化形成三萜的关键酶，*SgCS* 也是代谢合成罗汉果醇结构的重要基因，它们的大量表达促进了罗汉果醇的形成，从而为罗汉果苷 V 的显著积累提供了必要的母核。在整个发育周期中，*SgHMGS*、*SgMK*、*SgPMK*、*SgMCT*、*SgSQE*、*SgCS* 基因均呈上调表达。

下面以细胞色素 P450 基因（*SgCYP*）、糖基转移酶基因（*SgUGT*）为例详细说明罗汉果甜苷类成分合成关键酶基因的筛选方法。

1. 候选 *SgCYP* 基因的筛选

唐其等（2010）通过对不同发育阶段罗汉果果实的转录组进行深度测序分析，得到 80 条 *Cytochrome P450*（*SgCYP*）基因 Unigene。由于 *SgCS* 和 *SgSQE* 基因的表达与罗汉果苷 V 的积累变化规律一致，因此选用 *SgCS* 和 *SgSQE* 基因作为筛选的对照。在 80 条 *SgCYP* 基因 Unigene 中，仅有 17 条存在差异表达。进一步分析 Unigene 的表达模式，发现只有 4 条 Unigene 与 *SgSQE*、*SgCS* 基因的表达水平接近一致。因此，推测这 4 条 Unigene 可能是与罗汉果醇合成相关的候选 *SgCYP* 基因，分别是 *SgCYP6*（Unigene 23541）、*SgCYP7*（Unigene 24189）、*SgCYP8*（Unigene 26598）和 *SgCYP16*（Unigene 43109）。这些候选 *SgCYP* 基因功能需进一步鉴定确定。

2. 候选 *SgUGT* 基因的筛选

唐其等（2010）在转录组测序结果中得到 72 条 *Glycosyltransferase*（*GT*）基因 Unigene 和 90 条 *UDP-Glucosyltransferase*（*UGT*）基因 Unigene，两者统称为糖基转移酶。由于罗汉果苷 V 是以葡萄糖作为糖基供体，因此推测催化这一过程的特定糖基转移酶应属于 UGT 家族。针对这 90 条 *SgUGT* 基因 Unigene，在三个不同发育阶段的果实基因表达谱中进行了差异表达分析，结果显示仅有 16 条 *SgUGT* 基因 Unigene 存在表达量变化。进一步筛选发现，只有 6 条 Unigene 表达量变化规律与 *SgSQE*、*SgCS* 基因接近一致，因此这 6 条 Unigene 可能是与罗汉果苷 V 代谢合成相关的候选 *SgUGT* 基因，分别是 *SgUGT1*（Unigene 13633）、*SgUGT2*（Unigene 15400）、*SgUGT7*（Unigene 35056）、*SgUGT10*（Unigene 38974）、*SgUGT14*（Unigene 4016）、*SgUGT15*（Unigene 8672）。这些候选 *SgUGTs* 基因功能也需进一步鉴定确定。

随着罗汉果转录组中大量基因信息的公开，国内外研究者逐步展开罗汉果甜苷类成分合成关键酶基因的克隆和功能研究，特别是罗汉果全基因组测序的完成，罗汉果的功能基因组学研究取得了飞速发展，罗汉果苷 V 代谢合成途径已完全被解析。以色列学者 Itkin 等（2016）根据罗汉果转录组和基因组数据，筛选得到 *SgSQE* 基因 5 个，

SgCS 基因 1 个，*SgEPH* 基因 8 个，*SgCYP* 基因 191 个，*SgUGT* 基因 131 个。

（二）罗汉果甜苷类成分合成关键酶基因的克隆

转录组测序筛选出候选基因以后，后续研究就是对目标基因进行全长克隆。转录组测序中得到的数据极多，而比对上目的基因的可能有几条甚至是几十条 Unigene，此时需要在 NCBI 进行 BLASTX 或者 BLASTN 同源性比对，然后有选择性地挑取序列最长、最有代表性的 Unigene 进行基因全长克隆。

罗汉果苷 V 代谢合成途径涉及上游代谢合成前体物质的 MVA、MEP 途径和下游骨架合成共同途径、目标产物特异分支途径。罗汉果苷 V 代谢合成涉及① MVA 途径 6 种基因：*AACT*、*HMGS*、*HMGR*、*MK*、*PMK*、*MVD*；② MEP 途径 7 种基因：*DXS*、*DXR*、*MCT*、*CMK*、*MCS*、*HDS*、*IDS*；③共同途径 6 种基因：*IPI*、*GPS*、*FPS*、*SQS*、*SQE*、*CAS*；④特异分支途径 4 种基因：*EPH*、*CS*、*CYP*、*UGT*，等共计 23 种基因。唐其对罗汉果苷 V 代谢合成途径基因相关的 61 条 Unigene 进行分析，克隆了上述 4 个途径中 18 种 31 个基因的全长和 2 种 2 个基因的部分片段（表 3-2），包括 MVA 途径全部 7 种基因全长（赵欢等，2015），MEP 途径 *SgDXS*、*SgMCT*、*SgHDS*、*SgIDS* 共 4 种基因全长以及 *SgMCS* 基因的 3′ 端，共同途径 *SgIPI*、*SgGPS*、*SgFPS*、*SgSQS*、*SgCAS* 共 5 种基因全长以及 *SgSQE* 基因的 5′ 端（Dai et al., 2015；赵欢，2018），特异分支途径 *SgCS*、*SgCYP*、*SgUGT* 共 3 种 16 个基因全长（Zhao et al., 2017；邢爱佳，2013；莫长明，2015）。这些全长基因及基因片段经过同源性比对和保守结构域搜索能初步鉴定为相应目标基因，是开展下一步罗汉果苷 V 代谢合成基因功能验证实验工作的重要基础。

表 3-2　罗汉果苷 V 代谢合成途径相关基因全长克隆统计

合成途径	基因名称	基因全长（bp）	ORF 长度（bp）	NCBI 登录号
MVA 途径	*SgAACT*	1 580	1 224	HQ128554
	SgHMGS	1 889	1 398	HQ128555
	SgHMGR	1 926	1 749	HQ128556
	SgMK	1 638	1 167	HQ128557
	SgPMK	1 758	1 503	HQ128558
	SgMDC	1 842	1 257	HQ128559

续表

合成途径	基因名称	基因全长（bp）	ORF 长度（bp）	NCBI 登录号
MEP 途径	SgDXS	2 579	2 160	HQ141617
	SgDXR	—	—	—
	SgMCT	1 338	912	HQ128560
	SgCMK	—	—	—
	SgMCS	831（3'）	—	—
	SgHDS	2 760	2 223	HQ141618
	SgIDS	1 882	1 413	HQ128561
共有途径	SgIPI	1 127	840	HQ128562
	SgGPS	1 788	1 272	HQ128563
	SgFPS	1 378	1 029	HQ128564
	SgSQS	1 997	1 254	HQ128565
	SgSQE	2 376/1 759/1 710（5'）	—	—
	SgCAS	2 473	2 298	HQ128566
特异分支途径	SgCS	2 802	2 280	HQ128567
	SgCYP450-1	1 938	1 509	HQ128577
	SgCYP450-2	1 737	1 440	HQ128568
	SgCYP450-3	2 069	1 560	HQ128569
	SgCYP450-4	1 677	1 422	HQ128570
	SgCYP450-5	1 610	1 422	HQ128571
	SgCYP450-6	1 939	1 602	HQ259627
	SgUGT-1	1 959	1 365	HQ259620
	SgUGT-2	1 722	1 440	HQ259621
	SgUGT-3	1 681	1 482	HQ259622
	SgUGT-4	1 726	1 344	HQ259623
	SgUGT-5	1 747	1 446	HQ259626
	SgUGT-6	1 828	1 446	HQ259624
	SgUGT-7	1 850	1 482	HQ259625
	SgUGT-8	1 875	1 485	HQ128572
	SgUGT-9	1 804	1 107	HQ128573

（三）罗汉果甜苷类成分合成关键酶基因的功能验证

在甜苷类成分生物合成途径密切相关的功能基因验证方面，*SgHMGR*、*SgSQS*、*SgSQE*、*SgCS*、*SgCAS*、*SgUGT* 基因已实现在大肠埃希菌中原核表达或者酵母真核表达验证。Zhang 等（2016）发现了一个 *SgCYP* 基因 *SgCYP87D18*，它催化葫芦二烯醇 C-11 位连续的两步氧化，分别合成 11-羟基葫芦二烯醇和 11-氧-葫芦二烯醇。赵欢等（2018）筛选到了 2 个可参与 SgCYP 催化反应的基因 *SgCPR1* 和 *SgCPR2*，并且均显示了良好的催化活性。Dai 等（2015）发现一个糖基转移酶基因 *SgUGT74AC1*，它表达的蛋白对罗汉果醇具有特异性，能使其 C-3 位的羟基被糖基化，从而合成罗汉果苷ⅠE。以色列学者 Itkin 等（2016）进行了约 200 个候选基因的蛋白表达分析，完成了罗汉果苷Ⅴ代谢合成途径中 1 个 *SgCS*、3 个 *SgEPH*、2 个 *SgCYP* 及 11 个 *SgUGT* 基因功能的验证。该研究发现，葫芦二烯醇合成酶既可以催化底物 2,3-环氧化角鲨烯生成葫芦二烯醇，又能以 2,3; 22,23-双环氧化角鲨烯为底物合成 24,25-环氧葫芦二烯醇。此外，该研究实现了在酿酒酵母中进行罗汉果苷骨架罗汉果醇的合成；并以罗汉果醇为底物，利用大肠埃希菌进行糖基转移酶活性筛选，找到了负责初期糖基化的糖基转移酶 SgUGT720-269-1，该酶可以将罗汉果醇连续糖基化生成罗汉果苷ⅡE，而糖基转移酶 SgUGT94-289-3 负责后期的糖基化形成罗汉果苷Ⅴ。

下面以 *SgCYP*、*SgUGT* 基因为例详细说明罗汉果甜苷类成分合成关键酶基因的验证方法。

1. *SgCYP* 基因功能验证

赵欢等（2018）从不同发育期果实转录组测序分析结果中发现，3 d、50 d 和 70 d 的果实样品转录组中有 149 条 Unigene 注释为 *SgCYP* 基因，其中 9 条 Unigene 与 *SgCS* 基因有共表达模式；授粉当天、1 d、3 d、15 d 和 30 d 的果实样品转录组中有 171 条 Unigene 注释为 *SgCYP* 基因，其中 10 条 Unigene 与 *SgCS* 基因有共表达模式。将所有候选的 *SgCYP* 基因 Unigene 经过 BLAST 比对，去除重复的 Unigene，最终得到 5 条候选 *SgCYP* 基因 Unigene。

将候选 *SgCYP* 基因 Unigene 与酵母质粒表达载体 pEsc-Trp 重组，构建到受 Gal10 启动子驱动的酵母质粒表达载体 pEsc-Trp 上，遗传转化到酵母中验证其功能。将 pEsc-Trp-SgCYPs 分别导入到高产葫芦二烯醇的底盘菌中，在半乳糖诱导下表达目标基因蛋白。GC-MS 检测结果显示，仅含 pEsc-Trp-SgCYP16 和 pEsc-Trp-SgASO 重组质粒2个菌株检测到新生成产物，然而产物峰非常低，受基线干扰，加之缺少产物的标准品来比较，无法确定产物的性质。故采取了两种措施来优化酵母表达的条件，一是将菌液的量由50 mL提高到100 mL，二是将诱导时间延长，在半乳糖诱导培养基中每隔12 h补充一次半乳糖（5 mL 20%半乳糖/50 mL菌液），持续诱导至48 h。之后将GC-MS的检测时间由22 min延长至27 min。检测发现，SgCYP16和SgASO催化的产物峰有了大幅度提高，其中表达有SgCYP16的酵母菌株培养物出现了2个产物峰，质谱显示有碎片离子与葫芦二烯醇一致，推测这2个产物是由SgCYP16催化葫芦二烯醇的产物。

2. *SgUGT*基因功能验证

赵欢等（2018）从上述转录组测序结果中，并通过RACE获得8条全长序列，其中6条已提交到GenBank数据库中，分别为*SgUGT1*（HQ259620.1）、*SgUGT2*（HQ259621.1）、*SgUGT3*（HQ259622.1）、*SgUGT4*（HQ259623.1）、*SgUGT6*（HQ259626.1）、*SgUGT7*（HQ259625.1），*SgUGT5*和*SgUGT9*序列尚未提交GenBank。将8条*SgUGT*基因Unigene构建到受Gal10启动子驱动的酵母质粒表达载体pEsc-Trp上，遗传转化到酵母中验证其功能。在半乳糖诱导下表达UGT蛋白。分别以罗汉果醇和罗汉果苷ⅡA、罗汉果苷Ⅲ、罗汉果苷Ⅳ、塞门苷Ⅰ、罗汉果苷Ⅴ作为底物进行体外酶促反应实验。GC-MS检测结果显示，只有*SgUGT1*能够催化底物苷元生成罗汉果苷ⅠA。

三、罗汉果甜苷类成分合成相关转录因子研究

（一）植物常见转录因子家族

基因发挥生物学功能需要经历一个从转录表达到翻译修饰的过程，其在不同组织或细胞中的表达差异是由多层次水平表达调控机制所决定，包括DNA或是染色质水平上的调控、转录水平上的调控、转录后水平的调控和翻译水平上的调控（杨致荣，2004）。其中转录水平上的调控是最主要的基因表达调控方式之一。转录水平上的调控包括转录起始、延伸、终止等过程。原核生物借助操纵子进行转录水平上的调控，真核生物转录则受到与结构基因相距一定距离的特异的顺式作用元件的影响，比如启动子、增强子和沉默子等。此外，真核基因转录还需要相应的反式作用因子作用，通过顺式作用元件与反式作用因子的相互作用来实现基因表达的时空性。反式作用因子主要是一些调控蛋白例如转录因子，不具有基因的特异性，可参与到RNA聚合酶的亚

基，基因转录的起始与终止，以及一些特异性调控。

转录因子（transcription factor，TF）又被称为反式作用因子，可以直接或者间接与目的基因启动子区域中顺式作用元件发生特异性相互作用，从而对基因转录的起始进行调控的一类DNA结合蛋白（段乐鹏等，2021）。转录因子一般包含通用转录因子和特异转录因子。通用转录因子也称为基本转录因子，即RNA聚合酶介导基因转录时必需的一类辅助蛋白，可帮助聚合酶与启动子结合并起始转录。个别基因的转录需要特异转录因子，有的起转录激活作用，有的则起转录抑制作用。转录激活因子一般是与增强子结合蛋白，而多数的转录抑制因子是沉默子结合蛋白。此外还有一些不依赖DNA而起作用的，如通过蛋白与蛋白之间的互作来间接干预基因的表达水平。通常大多数转录因子一般包括4个功能结构域：DNA结合域（DNA Binding Domain）、转录调控区（Transcription Regulation Domain）、核定位信号区（Nuclear Location Signal）以及寡聚化位点（Oligomerization site）。其中，DNA结合域主要有锌指motif、碱性螺旋－环－螺旋（bHLH）、碱性亮氨酸拉链（bZIP）等结构域，转录调控区主要用于调控目的基因的转录活性，包含转录激活域（Activation Domain）和转录抑制域（Repression Domain）。转录激活域主要有酸性激活结构域、谷氨酰胺富含结构域、脯氨酸富含结构域等。核定位信号区是一段富含精氨酸和赖氨酸的区域，可以引导转录因子定位到细胞核发挥作用。寡聚化位点是不同转录因子间发生相互作用的功能域，氨基酸序列保守，可与DNA结合域相连形成一定的空间结构，转录因子的寡聚化位点的空间构象差异形成了转录机制的多样性。大量报道证明，*MYB*、*bHLH*、*AP2/ERF*和*WRKY*等转录因子家族在植物生长发育和非生物胁迫条件下发挥重要作用。

bHLH（碱性螺旋－环－螺旋）转录因子家族在植物生命活动中扮演了至关重要的角色。该家族成员具有独特的结构特征，包括一个碱性DNA结合区和一个螺旋－环－螺旋区，这种结构使*bHLH*能够特异性地识别并结合下游靶基因启动子区的顺式作用元件，从而调控基因的表达（安昌等，2023）。在分类上，*bHLH*转录因子依据其组织分布、二聚化能力和DNA结合特性等被分为多个亚家族。随着基因组学和生物信息学的发展，越来越多的*bHLH*转录因子在不同植物中被鉴定，并根据其进化关系进行分类，揭示了*bHLH*家族成员的多样性和复杂性。功能方面，*bHLH*转录因子在植物的生长发育、非生物胁迫响应及次生代谢产物合成中均发挥重要作用。它们参与调控种子萌发、花器官发育、侧根生长等关键过程，确保植物的正常生长和发育。同时，*bHLH*转录因子还能够响应干旱、盐胁迫、低温等逆境信号，通过调控相关基因的

表达提高植物的抗逆性。此外，*bHLH* 在黄酮类、萜类、生物碱类等次生代谢产物的生物合成中也扮演关键角色，这些次生代谢产物对于药用植物的品质和药效至关重要。以丹参为例，*bHLH* 转录因子参与调控丹参酮等次生代谢产物的合成，如 *SmbHLH59* 和 *SmbHLH10* 分别通过激活和抑制相关基因表达，影响丹参酮的生物合成（李林，2021）。在黄花蒿中，*bHLH* 转录因子如 *AabHLH1* 和 *AaPIF3* 被证实能正向调控青蒿素的生物合成（Ji et al., 2014; Zhang et al., 2019），通过结合青蒿素合成途径中关键酶基因的启动子，促进青蒿素的积累。

MYB 转录因子家族是植物中最大的转录因子家族之一，以其特有的 *MYB* 结构域而闻名。*MYB* 结构域由 1～3 个串联的 R 重复序列组成，每个 R 重复约 52 个氨基酸，能够编码形成螺旋-转角-螺旋结构，与 DNA 大沟结合。根据 R 重复的数量，*MYB* 转录因子被分为 *R1-MYB*、*R2R3-MYB*、*R1R2R3-MYB* 和 *4R-MYB* 四大类，其中 *R2R3-MYB* 在植物中最为丰富。*MYB* 转录因子在药用植物次生代谢调控中发挥着重要作用。以苦荞麦为例，*FtMYB23* 基因通过促进黄酮合成途径早期关键酶基因的表达，提高了原花青素的合成与积累。同样，在黄芩中，过表达 *SbMYB2*、*SbMYB7* 和 *SbMYB8* 基因显著增加了芦丁、绿原酸等黄酮类化合物的含量，提高了转基因烟草的抗胁迫能力。这些研究表明，*MYB* 转录因子通过调控次生代谢相关基因的表达，直接影响药用植物活性成分的积累，从而改善其药用品质。

WRKY 转录因子家族以其特殊的 *WRKYGQK* 七肽保守序列而得名，是植物中另一类重要的转录调控因子。*WRKY* 转录因子包含一段约 60 个氨基酸的 DNA 结合域，其 N 端为 WRKYGQK 序列，C 端则含有 Cys2His2 或 Cys2HisCys 型锌指结构，能够与靶基因启动子中的 W-box 结合，调控基因表达。*WRKY* 转录因子在药用植物次生代谢调控中同样扮演着关键角色。以丹参为例，研究表明，*WRKY* 转录因子如 *SmWRKY2* 通过结合丹参酮生物合成途径中关键酶基因的启动子，正向调控丹参酮的合成（Deng C et al., 2019）。在黄花蒿中，*AaWRKY1* 基因通过上调青蒿素合成途径中的 *ADS* 和 *CYP71AV1* 基因表达，显著提高了青蒿素的含量（Jiang W et al., 2016）。此外，*WRKY* 转录因子还参与响应植物的非生物胁迫，如干旱、高盐等，通过调控逆境相关基因的表达，提高药用植物的抗逆性，从而间接影响其次生代谢产物的积累。

AP2/ERF 转录因子家族是植物中最大的转录因子家族之一，其成员均含有一个或多个高度保守的 *AP2* 结构域，该结构域由 60～70 个氨基酸组成，具有典型的螺旋-转角-螺旋结构，通过与 DNA 特异性结合，调节靶基因的表达。根据 *AP2* 结构

域的数量和特征序列，*AP2/ERF* 家族被分为五个亚家族：*AP2*、*ERF*、*DREB*、*RAV* 和 *Soloist*。其中，*AP2* 亚家族成员具有两个 *AP2* 结构域，在调控植物生长发育方面具有重要作用；*ERF* 和 *DREB* 亚家族成员则仅含有一个 *AP2* 结构域，分别参与植物的生物胁迫和非生物胁迫响应；*RAV* 亚家族成员则同时具有 *AP2* 和 *B3* 两个 DNA 结合结构域；*Soloist* 亚家族成员则具有特殊的基因结构和类似 *AP2* 结构域。在药用植物中，*AP2/ERF* 转录因子家族同样发挥着重要的调控作用（吴素瑞，2016）。例如，在青蒿中，*AaERF1* 和 *AaERF2* 转录因子通过正向调控青蒿素合成途径中的关键酶基因 *ADS* 和 *CYP71AV1* 的表达，显著提高了青蒿素的产量（Tan H et al.，2015）。此外，红豆杉中的 *TcDREB* 转录因子通过结合萜类代谢途径相关基因的启动子，调控紫杉醇的合成（Dai Y L et al.，2009）。这些研究表明，*AP2/ERF* 转录因子通过精确调控药用植物次生代谢途径中关键酶基因的表达，对药用植物活性成分的积累具有重要作用。

（二）罗汉果转录因子研究概况

唐其（2010）使用高通量测序技术对罗汉果不同生长时期的果实进行转录组和表达谱测序，分析注释获得了 406 条转录因子。Xia 等通过对罗汉果基因组进行测序拼接，获得了 467.1M 大小的基因组，共计 21 731 条编码蛋白基因。通过该基因组数据比对分析发现，罗汉果基因组中转录因子分为 55 个家族，共计 1 502 条，其中 *bHLH*、*ERF* 和 *MYB* 三个家族均超过百条，分别为 163 条、124 条和 114 条（表 3-3），占据总转录因子数的 26.7%。

表 3-3 罗汉果基因组中已注释的转录因子数量分布

转录因子家族	数目/条	转录因子家族	数目/条	转录因子家族	数目/条	转录因子家族	数目/条	转录因子家族	数目/条
bHLH	163	C3H	43	G2-like	54	NF-YB	10	RAV	4
ERF	124	GRAS	41	ARR-B	17	YABBY	10	BBR-BPC	3
MYB	114	Dof	38	GeBP	16	NF-YA	9	BES1	3
C2H2	89	B3	36	ZF-HD	16	NF-YC	9	BIL	3
bZIP	74	NAC	64	ARF	15	WOX	8	Whirly	3
WRKY	74	Trihelix	27	CO-like	15	CAMTA	7	HB-PHD	2
Mikc-Mads	31	HSF	25	TALE	15	GRF	6	NZZ/SPL	2
MYB-related	60	GATA	23	FAR1	13	CPP	5	SAP	2

续表

转录因子家族	数目/条	转录因子家族	数目/条	转录因子家族	数目/条	转录因子家族	数目/条	转录因子家族	数目/条
M-Type-Mads	19	TCP	23	SRS	13	Nin-like	5	LFY	1
HD-ZIP	47	AP2	22	LBD	47	E2F-/DP	4	S1Fa-like	1
HB-Other	12	SBP	20	DBB	10	LSD	4	STAT	1

张凯伦（2016）采用了多种实验材料和方法来深入挖掘罗汉果果实中转录因子的功能和调控机制。实验材料主要包括授粉后 3 d、50 d、70 d 以及经过茉莉酸甲酯（Methyl jasmonate，MeJA）处理的罗汉果果实样品，具体步骤如下。①转录组高通量测序数据进行分析，对 3 d、50 d 和 70 d 罗汉果果实中的转录因子表达谱进行分析，发现共有 119 个转录因子 Unigene 在任意两个发育阶段存在表达差异。其中，*bHLH*、*WRKY* 和 *MYB* 类转录因子在数量上占据优势。特别地，在 70 d 与 3 d、50 d 与 3 d 的比较组中，共发现有 33 个转录因子 Unigene 显著上调表达，其中包括 12 个 *bHLH* 转录因子 Unigene。基于表达谱分析结果，选择了 6 个在 50 d 与 3 d、70 d 与 3 d 发育阶段均显著上调表达的 *bHLH* 转录因子 Unigene（*bHLH014*、*bHLH025*、*bHLH061*、*bHLH071*、*bHLH093*、*bHLH096*）作为候选基因。②利用荧光定量 PCR 技术，对经 MeJA 处理后的罗汉果果实中 6 个候选 *bHLH* 转录因子 Unigene 的表达量进行了测定。结果显示，*bHLH014*、*bHLH025*、*bHLH093* 和 *bHLH096* 的表达量在 MeJA 处理后显著上调，特别是 *bHLH093* 和 *bHLH096* 的表达量增加约 10 倍。这些结果表明，这四个 *bHLH* 转录因子 Unigene 很可能在甜苷合成途径中发挥重要调控作用。

石宏武（2020）在上述研究的基础上，从调控 *SgCS* 基因的转录因子入手，克隆 *SgCS* 启动子序列，采用酵母单杂交筛选获得调控 *SgCS* 表达的候选转录因子，最后对候选转录因子进行了功能鉴定，并对转录因子与 *SgCS* 启动子互作进行了探究。具体步骤如下。

（1）罗汉果 *SgCS* 高表达的 cDNA 质粒文库建立：以 MeJA、水杨酸（Salicylic acid，SA）、脱落酸（Abscisic acid，ABA）、赤霉素（Gibberellic acid，GA）4 种激素混合处理罗汉果叶片短暂提升葫芦二烯醇的积累，显著提高了 *SgCS* 基因的表达量。利用处理后的叶片材料，成功构建了高质量的 cDNA 质粒文库，库容大于 1.5×10^6 cfu，满足酵母单杂交筛选需求。

（2）罗汉果 *SgCS* 启动子克隆及功能分析：采用染色体步移法克隆了 1 258 bp 的

SgCS 启动子序列，并预测了其中存在的多种顺式作用元件，包括光响应元件、激素响应元件等。通过不同长度 5' 端缺失片段的瞬时转化烟草叶片实验，发现启动子 –128 bp 到 –228 bp、–279 bp 到 –384 bp 和 –679 bp 到 –879 bp 片段具有较强的启动子功能。

（3）与 *SgCS* 启动子互作的转录因子的筛选分析：以 *SgCS* 启动子的 –260 ～ –386 bp 片段为诱饵，通过酵母单杂交技术筛选 *SgCS* 高表达的 cDNA 质粒文库，共获得 297 个阳性单克隆。经过 PCR 扩增和测序分析，最终确定了 4 条序列与 NCBI 数据库中的转录因子相匹配，分别属于 *AP2/ERF*、*GATA*、*MYB* 和 *bHLH* 家族，命名为 *SgERF*1B、*SgGATA*8、*SgMYB*1、*SgbHLH*92a 和 *SgbHLH*92b（图 3–2）。

（4）候选转录因子克隆：克隆了 *SgERF*1B、*SgGATA*8、*SgMYB*1、*SgbHLH*92a 和 *SgbHLH*92b 5 个候选转录因子基因的全长序列，并通过测序验证无误。

（5）候选转录因子不同组织的表达：qPCR 结果显示，5 个候选转录因子在罗汉果的不同组织中均有表达，其中 *SgERF1B*、*SgGATA8*、*SgbHLH*92a 和 *SgbHLH*92b 在果实中表达丰度高，*SgMYB*1 在叶和果中表达丰度高。

（6）生物信息学预测分析：通过生物信息学分析，发现 5 个候选转录因子均含有各自家族保守的结构域，且在不同物种间具有较高的同源性。进化树分析表明，这些转录因子与葫芦科其他物种中的同源基因聚类在一起。

（7）候选转录因子酵母单杂交回复验证：酵母单杂交回复验证实验表明，5 个候选转录因子在 120 mM 3-AT SD/-Leu/-Trp/-His 培养基上均能与诱饵序列发生互作，进

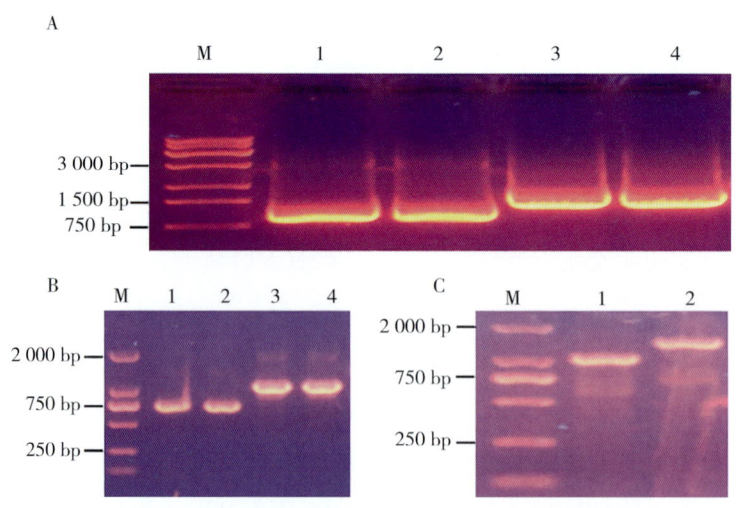

图 3–2　PCR 克隆及验证候选转录因子基因蛋白表达载体

A：PCR 克隆转录因子基因全长片段，1-2：*SgERF1B*，3-4：*SgGATA8*；B：PCR 验证基因重组蛋白表达质粒载体，1-2：pET28a（+）-*SgERF1B*，3-4：pET28a（+）-*SgGATA8*；C：PCR 验证原核表达菌 BL21（DE3）转化，1：转化 *SgERF1B* 菌株，2：转化 *SgGATA8* 菌株。

一步在 150 mM 3-AT 浓度下验证发现 Sg*ERF*1B 和 SgGATA8 与诱饵序列互作强度较高（图 3-3）。

（8）候选转录因子亚细胞定位：亚细胞定位实验显示，五个候选转录因子均定位于细胞核区域，符合其作为转录因子的特性。

（9）候选转录因子基因沉默与过表达：通过 VIGS 系统和 pCAMBIA1391 过表达载体在罗汉果幼果上进行瞬时转化实验，结果表明 Sg*ERF*1B 和 SgGATA8 对 *SgCS* 基因表达具有正向调控作用，而 Sg*MYB*1 可能参与下游甜苷的生物合成过程。Sg*bHLH*92a 和 Sg*bHLH*92b 对 *SgCS* 表达和甜苷积累的影响较小。

（10）候选转录因子原核表达与 EMSA 验证成功诱导表达了带 His 标签的 SgERF1B-His 和 SgGATA8-His 蛋白，并通过 EMSA 实验验证了 Sg*ERF*1B 与 *SgCS* 启动子上的 CGGCGGCGGC 顺式元件互作，以及 SgGATA8 与 GGTGATC 顺式元件的互作（图 3-4）。尽管 GGTGATC 顺式元件与 SgGATA8 互作的特异性不强，但实验结果表明了两者之间存在相互作用。

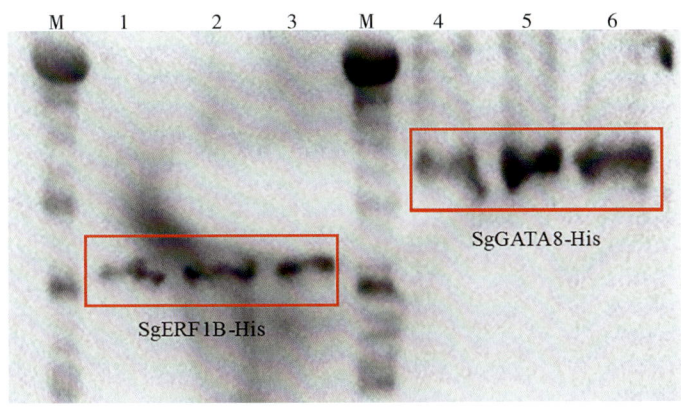

图 3-3　Western blot 检测 SgERF1B-His 和 SgGATA8-His

注：M 为蛋白分子量 Marker，1～3 为带 His 标签 SgERF1B 蛋白，4～6 为带 His 标签 SgGATA8 蛋白。

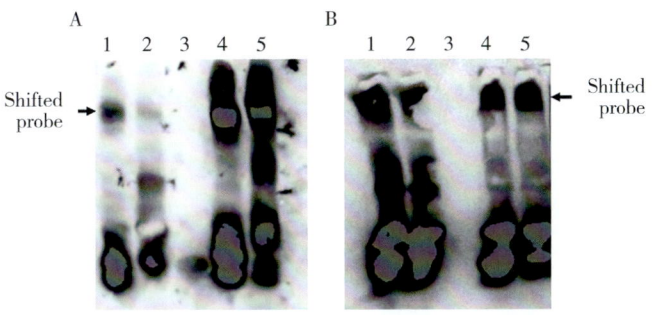

图 3-4　EMSA 检测 SgERF1B 和 SgGATA8 与探针互作

第二节　罗汉果遗传转化与细胞培养

一、罗汉果遗传转化体系建立及转基因植株培养

（一）植物遗传转化技术

植物遗传转化技术也称植物转基因技术，是应用DNA重组技术，有目的地将外源基因或DNA片段通过生物、物理或化学等手段导入受体植物基因组中，并使其在后代植株中得以稳定遗传和表达的一门技术。

植物遗传转化技术具有如下优点。

①高效性。遗传转化技术能够在基因水平上实现遗传物质的重组，快速获得具有特定性状的转基因植株。

②广泛应用性。该技术适用于多种植物，包括经济作物、模式植物和药用植物等。

③遗传稳定性。外源基因能够在转基因植株中稳定遗传给后代。

植物遗传转化方法主要包括载体介导法、直接转化法和种质系统介导法三大类。

①载体介导法。如农杆菌介导法，利用农杆菌的自然感染机制将外源基因导入植物细胞。

②直接转化法。包括基因枪法、电激法、PEG介导法等，通过物理或化学手段直接将外源基因导入植物细胞。

③种质系统介导法。如花粉管通道法，利用植物生殖过程中的自然通道将外源基因导入受精卵细胞。

近年来遗传转化技术逐渐应用于药用植物领域的研究（张云罗等，2024），主要应用于以下几个方面。

①品种改良。通过导入抗病、抗虫、抗逆等基因，提高药用植物的抗逆性和产量。

②基因沉默等功能验证。利用RNA干扰等技术沉默特定基因的表达，研究该基因在药用植物生长发育和次生代谢产物合成中的作用。

③代谢工程。通过调节关键酶基因的表达，提高药用植物次生代谢产物的含量。

（二）罗汉果组织培养再生

罗汉果产业面临品种退化、病虫害严重、有效成分含量低问题，急需进行品种改良更新。然而，受携带优异基因遗传种质资源稀少限制，传统育种方法进行品种遗传改良工作逐渐进入技术瓶颈。基因工程育种有望成为打破瓶颈，加速罗汉果优良品种培育的新途径。基因工程育种技术主要由植物组织培养再生和外源基因遗传转化两部分技术组成。

曾雯雯等（2015）以罗汉果雌株组培苗真叶为外植体，优化了叶片离体再生体系。罗汉果无菌苗壮苗采用的培养基为MS+蔗糖25 g/L+琼脂5 g/L+活性炭0.5 g/L+6-苄基腺嘌呤（6-Benzylaminopurine，6-BA）0.3 mg/L+吲哚丁酸（Indole-3-butyric acid，IBA）0.05 mg/L（pH值=6），株高可达7.67 cm，新增叶片数为4.90张/株，最大叶面积可达8.00 cm^2（图3-5和图3-6）。叶片诱导培养基为MS+蔗糖25 g/L+琼脂5 g/L+噻苯隆（Thidiazuron，TDZ）0.7 mg/L和IBA 0.2 mg/L（pH值=6），出愈时间为12.7 d，出愈率可达89.43%，诱导出的愈伤组织大小为0.73 cm；愈伤组织诱导芽分化培养基为MS+蔗糖25 g/L+琼脂5 g/L+6-BA 0.5 mg/L（pH值=6），分化率可达73.33%，平均芽数4.11个/块。

图3-5 组培苗壮苗期

图3-6 叶片的脱菌与选择培养期

(三)*SgCS* 基因的遗传转化研究

通过根癌农杆菌的介导将 *SgCS* 基因过表达载体转入罗汉果中,筛选得到遗传转化中最佳的卡那霉素(Kanamycin,kan)浓度为 10 mg/L;叶片遗传转化的最佳 Cef 抑菌浓度为 300 mg/L;愈伤组织遗传转化的最佳 Cef 抑菌浓度为 600 mg/L。叶片遗传转化研究中,正交试验结果的最优组合为叶片最佳预培养时间为 1 d,最适农杆菌菌液浓度为 $OD_{600}=0.5$,最适侵染时间为 5 min,最佳共培养时间为 3 d。用延迟筛选的方式筛选抗性再生苗,经 PCR 鉴定抗性苗 224 株,获得了 3 株转 *CS* 基因过表达载体的阳性植株,总转化率为 1.34%(图 3-7 至图 3-9)。愈伤组织遗传转化中未检测到阳性植株。但根据除转化率外的其他指标结果选出了较优组合为预培养 2 d,菌液浓度为 $OD_{400}=0.4$,侵染时间为 15 min,共培养时间为 1 d,该组合条件仅可作为比较性的参考依据。罗汉果遗传转化相关实验为罗汉果品种选育提供了亲本材料,同时也为罗汉果转基因育种的研究提供了科学依据。

图 3-7　叶片的脱菌与选择培养期

图 3-8　转化苗

图 3-9 转化苗移栽

二、罗汉果悬浮细胞培养

（一）植物悬浮细胞培养

植物悬浮细胞培养是一种将植物细胞或小的细胞聚集体在液体培养基中，通过不断搅动或摇动进行培养的组织培养系统。这种非贴壁依赖性的培养方式允许细胞在培养基中保持良好的分散状态，有利于细胞均匀接触营养成分和氧气，从而促进细胞生长和代谢。植物悬浮细胞通常来自植物的愈伤组织、器官或幼嫩植株，通过物理或化学方法分离获得（李晓蕙等，2006）。

植物悬浮细胞培养的优点如下。

（1）快速生长和高效生产，与传统整株植物培养相比，植物悬浮细胞具有生长迅速、重复性好、易于控制等优点。这使得它们能够在短时间内积累大量目标代谢产物，提高生产效率。

（2）减少环境影响，植物悬浮细胞培养不受地区、季节、土壤及有害生物的影响，可以在人工精确控制的环境条件下进行，从而保证了生产的一致性和稳定性。

（3）易于基因操作和遗传改良，通过基因工程手段，可以对悬浮细胞进行遗传操作，提高目标次生代谢产物的含量，满足特定需求。

（4）在资源保护方面，利用悬浮细胞技术可以保存濒危植物资源，避免过度开采野生资源对生态环境的破坏。

悬浮细胞培养技术在药用植物领域展现出巨大潜力（胡珊群等，2021），其应用方向如下。

（1）遗传多样性分析和转基因植物研究。悬浮细胞体系可用于遗传多样性分析，以及转基因植物的研究和开发。通过基因编辑和转化技术，可以筛选出具有优良性状的新品种，提高药用植物的抗病性和产量。

（2）生产药用活性成分。通过悬浮细胞培养技术，可以快速获得大量成熟植物细胞及其代谢产物，如人参皂苷（张丹等，2012）、紫杉醇（白贺，2020）等。这些成分在医药、保健品、农药及化妆品等领域具有广泛应用前景。

（3）代谢产物生物合成路径研究。利用悬浮细胞作为基础材料，可以深入研究植物代谢产物的生物合成路径，揭示其合成机制和调控因素，为新药研发提供理论支持（郭丹丹等，2016）。

（4）工业化生产。随着生物反应器和悬浮培养技术的不断优化，植物悬浮细胞培养有望实现规模化生产，满足市场对药用植物次生代谢产物的巨大需求。

（二）不同外植体来源的罗汉果悬浮细胞培养

现在与罗汉果的相关研究主要集中在罗汉果甜苷类成分的提取、组织培养和苗的快繁等方面。传统的罗汉果苗的繁殖主要是采用扦插的方式，但是这种方式存在费时的特点并会引起病毒性疾病感染，使品种的质量和产量有所下降。虽然罗汉果通过组培方式可以提高苗的快繁速率，但是其整个生长周期并没有缩短，果实和有效成分的获取依然受到季节和地域的影响。所以近年来一些学者对通过罗汉果细胞液体悬浮培养来获取罗汉果甜苷类成分的方式也做一些相关研究。迄今为止，利用组织培养技术可从罗汉果的茎段、中果皮、种胚培养中获得悬浮细胞，但不同研究者利用不同外植体培养愈伤后诱导悬浮细胞的成功率有较大差别。

1. 茎段的悬浮细胞培养

罗汉果茎段外植体的制备：李佳瑞（2017）取生长4周左右的无菌幼苗并将茎段剪成1 cm长的部分，接到含有B5培养基中进行愈伤组织的诱导。培养基的pH值为6.0左右，25℃条件下进行静置培养。注意茎段平放，使茎段两端的伤口充分接触到培养基。

罗汉果茎段愈伤组织的诱导：李佳瑞（2017）使用的培养基为B5基本培养基＋蔗糖3%＋肌醇100 mg/L＋琼脂4.6 g/L＋6-BA 0～1.0 mg/L＋萘乙酸（1-Naphthaleneacetic acid，NAA）0～0.4 mg/L或2,4-二氯苯氧乙酸（2,4-Dichlorophenoxyacetic acid，2,4-D）0～0.5 mg/L。茎段的出愈时间一般在5～7 d。愈伤组织首先在茎段两端的伤口处形

成，随后慢慢向两端延伸，直至整个茎段均形成愈伤组织。大多数愈伤组织多为白色海绵碎丝状的非胚性愈伤组织，只有少量被诱导出颜色鲜亮的胚性颗粒状愈伤组织，继代中生长不良。尽管尝试调整了激素配比，但仍未找到适合其生长的配方。

曾建红等（2012）使用的培养基为MS+蔗糖2.5%+琼脂4.0 g/L+6-BA 0.2 mg/L+NAA 0.04 mg/L，该培养基的初始pH值为5.8，选取连续继代3~5次的新鲜、松软易碎的黄白色愈伤组织。

罗汉果茎段悬浮细胞的培养。曾建红等（2012）将上一步得到的愈伤组织接种量300 g/L转接到培养基为MS+蔗糖2.0%~4.0%+6-BA 0.2~1.0 mg/L+NAA 0.02~0.10 mg/L的无菌三角瓶中，初始培养基pH值为5.0~6.5，置于120 r/min振荡培养箱25℃黑暗条件下悬浮培养24 h后静置，将上层培养基连同单细胞和小细胞团转移到无菌空三角瓶中继续振荡培养，3 d后采用同样的方法再转移一次，7 d后将悬浮细胞经40 μm筛网过滤后接种到新鲜培养基中继续振荡培养，达到一定体积后转移到大的三角瓶中，用同样的方法继续添加培养基振荡培养，直到达到一定数量的均一稳定的细胞悬浮培养液，细胞悬浮培养温度为（25±2）℃，光强为2 000 lx，光照时间为12 h/d。对细胞生长周期、生长速率动力学特征等进行考察，悬浮细胞培养的生长周期约为21 d，0~6 d为细胞的延滞期，7~21 d为对数期，稳定期较短，第22天进入衰亡期，在第21 d时细胞鲜、干重达到最大，分别为693.0 g/L、416.0 g/L，最大生长速率为0.040 g/（L·d）。

卢曦等（2011）在此基础上进一步考察了罗汉果悬浮培养细胞的生长和罗汉果甜苷积累的动力学特征。以罗汉果悬浮细胞干重和细胞鲜重为生长指标观察细胞的生长曲线，罗汉果细胞悬浮培养的生长周期约为21 d，0~6 d为延迟期，在此阶段细胞主要进行初生代谢，主要利用糖进行各种生理活动，如各种酶和蛋白的合成，为细胞的进一步分裂做准备。在延迟期培养物增重和次生代谢缓慢。7 d后进入对数生长期，在对数生长期7~21 d细胞分裂活跃，培养物增重迅速，细胞次生代谢迅速加快，在第21天时细胞生物量、罗汉果总苷和甜苷V的积累达到最大值，鲜重为693.0 g/L，干重为416.0 g/L，细胞最大生长速率为0.040 g/（L·d）；罗汉果总苷和甜苷V分别为8.11%、5.77%，积累速率分别为0.0328 g/（L·d）、0.0547 g/（L·d）。稳定期较短，第22天细胞生长量、细胞生长速率、细胞内罗汉果总苷和甜苷V的积累与生长速率均呈现下降趋势，表明罗汉果细胞内总苷和甜苷V的合成与生长曲线密切相关，罗汉果总苷和甜苷V的积累与细胞的生长同步。

2. 中果皮的悬浮细胞培养

罗汉果中果皮外植体的制备。①小心刮去罗汉果表面绒毛，不要伤到果肉。自来水流水冲洗 10 min。②无菌水洗净表面，转入超净台，70% 乙醇中浸泡 30 s，无菌水冲洗 3 遍。③1∶1 配制 84 消毒液，浸泡 10 min，中间旋转摇晃数次。④无菌水清洗 7～8 次。⑤果实转移到灭过菌的带滤纸平皿，吸干表面水分。⑥切开果实，分成 6 份左右，先整体去皮，再转移至另一个平皿，除去种子，切成 0.5 cm×0.5 cm 左右 6 小块。⑦接种到含有不同激素配比的 MS 培养基，初始 pH 值 =6 左右，25℃暗黑培养 20～30 d。

罗汉果中果皮愈伤组织的诱导。Partap 等（2022）使用的培养基为 MS+ 蔗糖 2.5%+ 琼脂 4.0 g/L+ 噻苯隆（TDZ）0.5 mg/L+ 毒莠定（picloram）2.5 mg/L，光周期为 16 h 光照，8 h 黑暗；相对湿度为 65%～70%，温度为（25±2）℃，光强度为 70 μmol/（$m^2 \cdot s$）。每周传代培养，选取新鲜、松软易碎的黄白色愈伤组织。

罗汉果中果皮悬浮细胞的培养。Partap 等（2022）使用无菌手术刀在滤纸上将 3.0 g 愈伤组织切成细小碎块。然后将愈伤组织接种到 80 mL 灭菌液体培养基的 250 mL 锥形瓶中，培养基配方为 MS+ 蔗糖 2.5%+TDZ 0.3 mg/L+IBA 0.3 mg/L，置于 150 r/min 振荡培养箱 25℃黑暗条件下悬浮培养直到形成单细胞或小细胞团悬浮液。之后使用无菌金属筛（孔径 =1.5 mm）将单细胞或小细胞团细胞与大细胞聚集体分离。之后，将单细胞或小细胞团细胞接种在液体培养基中，并在相同的培养条件下以 150 r/min 孵育 30 d。对细胞生长周期、生长速率动力学特征等进行考察，悬浮细胞培养的生长周期约为 30 d，在第 30 d 时细胞生物量、罗汉果总苷和甜苷 V 的积累达到最大值，鲜重达到的最大 GI 为 3.92，干重为 4.72。在第 9 天和第 15 天之间也观察到生物量的最大增加（鲜重 73.08 g/L 和干重 1.77 g/L）。在第 30 天，生物量产量最高（鲜重 184.58 g/L 和干重 58 g/L）。同时，在潜伏期第 24 天后观察到稳定期。

之后使用 UPLC-PDA-ESI-Q-TOF-MS 技术测定中果皮愈伤组织中罗汉果苷 V 为 2.96 mg/g、11- 氧代罗汉果苷 V 为 0.66 mg/g、赛门苷 I 为 0.26 mg/g、罗汉果苷 III E 为 0.08 mg/g（干重）。在源自中果皮愈伤组织的细胞悬浮液中测定罗汉果苷 V 为 1.76 mg/g、11- 氧代罗汉果苷 V 为 0.68 mg/g（干重）。

3. 种胚的悬浮细胞培养

罗汉果种胚外植体的制备步骤如下。①超净台中 70% 的乙醇浸泡 60 s，后无菌水冲洗 1～2 次，每次 3 min。②用含有 2.5% 有效氯的次氯酸钠溶液浸泡 20 min，中间

第三章　罗汉果分子生物学研究及应用

旋转摇晃数次。③消毒后剥去外部硬种壳，将种子剪出伤口放到含有不同梯度浓度激素的培养基中进行诱导。培养基的 pH 值为 6.0 左右，25℃的黑暗条件下静置培养。

罗汉果种胚愈伤组织的诱导：李佳瑞等使用的培养基为 B5 基本培养基 + 蔗糖 3%+ 肌醇 100 mg/L+PVP 2.0 g+ 琼脂 4.6 g/L+6-BA1.0 mg/L+NAA 0.5 mg/L+ 水解酪蛋白 100 mg/L，25～30 d 继代一次，选取连续继代 3～5 次的新鲜、松软易碎的黄白色愈伤组织。

罗汉果种胚悬浮细胞的培养：李佳瑞（2017）使用的培养基为 B5 基本培养基 + 蔗糖 3%+ 肌醇 100 mg/L+ 6-BA 1.0 mg/L + NAA 2.0 mg/L+ 脯氨酸 10 mg/L，培养基初始 pH 值为 5.0，装液量为 30%。进一步研究发现 500 mg/L 的苯丙氨酸可以提高细胞中甜苷 V 的含量，产量相比对照组提高了 25.6%。最终可实现 5L 反应器的悬浮放大培养，为采用罗汉果细胞大规模悬浮培养生产甜苷 V 奠定了基础。

（三）罗汉果悬浮细胞培养体系的优化

陈雨霞（2018）等在此基础上，考察了诱导子添加及盐胁迫对罗汉果悬浮细胞生长及甜苷 V 合成的影响。研究发现，单因素实验中苯丙氨酸（Phenylalanine，Phe）、MeJA、SA 三者诱导结果较优。正交试验发现，诱导子应该选择在第 6 天添加，且浓度为 MeJA 120 μmol/L+SA 40 mmol/L+Phe 100 μmol/L，甜苷 V 产量达到 0.83 mg/g（干重），是对照的 10 倍。因此，诱导子添加可以显著促进甜苷 V 的合成。

初始培养基中 K^+/Na^+ 比例变化对细胞的生长和生理响应有重要的影响。陈雨霞等研究发现，K^+/Na^+ 比为 15∶1 是罗汉果悬浮细胞的最优浓度比，K^+/Na^+ 比太高或者太低均不促进细胞生长和甜苷 V 生物合成。当 K^+/Na^+ 比为 15∶1 时，罗汉果悬浮细胞生长量最多，细胞干重达到 11.67 g/L，同时甜苷 V 产量最高，为 0.42 mg/g DCW，分别是对照的 2 倍和 1.4 倍；细胞内 K^+ 浓度、K^+/Na^+、$S(K, Na)$ 值均为最大，细胞利用 K^+ 效率最高，细胞生长速率最快；蔗糖代谢中间产物如苹果酸、甲酸、丙氨酸和支链氨基酸等有机酸和氨基酸代谢分析表明，其共同作用有可能减弱 TCA 循环代谢强度，但可以增强 EMP 途径和 MVA 途径代谢的强度，从而促进萜类化合物前体乙酰 CoA 向罗汉果甜苷 V 合成。

继续对罗汉果细胞悬浮培养工艺进行优化并进行反应器放大培养。通过对碳氮磷研究发现，从碳源（蔗糖，Sucrose）、氮源（硝酸铵，NH_4NO_3）、磷源（磷酸二氢钠，NaH_2PO_4）三类底物中筛选发现氮源为主要限制因素，且 NH_4NO_3 合适的添加范围为

$30 \sim 150$ mg/L，当 NH_4NO_3 浓度为 150 mg/L 时，细胞达到最大生物量和最高比生长速率，分别为 7.15 g/L 和 $0.0601/d^{-1}$。比较 5L 鼓泡式和 5L 机械式生物反应器试验可知，机械式反应器于第 21 天时细胞的生物量是初始接种量的 2.8 倍，鲜重达到了 140 g；而鼓泡式反应器中的细胞生物量鲜重只有 100 g/L，仅是初始的 2 倍。因此，机械式反应器更适合于罗汉果细胞的悬浮扩大培养，而鼓泡式反应器剪切力太小细胞易结团，影响传质。

第三章　罗汉果分子生物学研究及应用

第三节　罗汉果苷V合成相关分子标记研究及应用

一、罗汉果 RAPD 多态性分子标记研究及应用

（一）RAPD 分子标记技术及其在药用植物领域的应用概述

RAPD（Random Amplified Polymorphic DNA，随机扩增多态性 DNA）技术是一种基于 PCR（Polymerase Chain Reaction，聚合酶链式反应）的分子标记方法，由美国科学家 Williams 和 Welsh 于 1990 年分别独立提出。

RAPD 技术具有如下优点。①简便快捷：RAPD 基于 PCR 方法，易于实现自动化，且无须预先克隆标记或进行序列分析，可直接完成多态性 DNA 标记。②通用性强：RAPD 引物没有特异性，一套引物可用于不同生物基因组的分析，能够在不知道 DNA 序列的情况下检测 DNA 的多态性。③成本低廉：与常规的基因多态性分析技术相比，RAPD 技术操作简便、安全，无须专门设计扩增反应的引物，随机设计的 9~10 个碱基的脱氧核糖核苷酸序列均可使用。④灵敏度高：RAPD 技术能够快速、准确地分析大量群体的基因组 DNA 多态性，非常适合在基因组学研究中应用。

在药用植物领域，RAPD 技术已广泛应用于品种鉴定、系谱分析及进化关系研究等方面（张占平等，2024；王刚等，2019）。①品种鉴定：RAPD 技术通过检测不同药用植物基因组的多态性，可以快速准确地鉴定植物品种。例如，在中药材鉴定中，RAPD 技术已应用于人参、金银花等多种重要中药材的真伪鉴别，显著提高了鉴定效率和准确性（马小军等，1999；于燕莉等，2000）。②遗传多样性分析：利用 RAPD 技术可以分析药用植物种内和种间的遗传多态性，为种质资源的保护、遗传育种提供理论依据。研究表明，RAPD 技术能够揭示药用植物种群内部的遗传变异，为优良品种

的选育提供分子水平的数据支持。③进化关系研究：RAPD技术通过分析药用植物基因组的多态性，可以推断不同物种之间的进化关系。这对于了解药用植物的起源、分类及演化过程具有重要意义。④种质资源保护：在药用植物种质资源保护方面，RAPD技术可用于构建遗传指纹图谱，为种质资源的收集、保存和利用提供分子标记依据。通过RAPD分析，可以评估种质资源的遗传多样性水平，制订相应的保护措施。

（二）罗汉果RAPD多态性分子标记分析

1. 野生型罗汉果RAPD多态性

彭云滔（2005）的研究采用RAPD分子标记技术对广西和广东的7个野生罗汉果居群共130个个体进行了遗传多样性分析。实验材料采自广西永福、兴安、金秀、浦北、贺州以及广东乳源和肇庆等地的野生居群，通过CTAB法提取基因组DNA。研究共使用了15个RAPD引物进行扩增，结果共检测到111个位点，其中91个为多态性位点，多态性比率达82.0%。遗传多样性分析显示，不同居群的遗传多样性水平差异较大，永福和金秀居群的遗传多样性较高，而乳源和肇庆居群的遗传多样性较低。AMOVA分析表明，居群间的遗传分化显著（Gst=0.569），且居群间的遗传距离与地理距离之间呈正相关但不显著（r=0.369，P=0.115）。UPGMA聚类分析结果表明，130个个体按居群各自聚在一起，进一步证实了居群间存在较大的遗传分化。主成分分析也支持了UPGMA聚类结果，表明RAPD技术能有效揭示野生罗汉果的遗传结构。该研究认为，地理隔离和基因流受限可能是导致野生罗汉果居群间遗传分化的主要原因。

李媛（2006）的研究通过RAPD分子标记技术探讨了野生罗汉果种群的克隆结构和遗传多样性。实验材料采自广西三江县斗江乡的多个野生居群，通过CTAB法提取基因组DNA。研究共使用了15个RAPD引物对4个罗汉果种群的克隆结构进行了分析。遗传多样性分析结果显示，野生罗汉果种群内存在丰富的克隆多样性，且不同克隆间相互交错混生。UPGMA聚类分析和主成分分析进一步揭示了种群内的遗传结构和克隆分布格局。该研究认为，罗汉果的匍匐茎生长特性和生态位差异可能是导致克隆多样性的重要因素。

2. 栽培型罗汉果RAPD多态性

周俊亚（2005）的研究运用RAPD分子标记对62份雌株和13份雄株栽培罗汉果样品进行了遗传多样性分析。实验材料采自广西永福、临桂和融安县的多个栽培农户处，通过CTAB法提取基因组DNA。研究筛选了21个RAPD引物进行扩增，共扩增

第三章 罗汉果分子生物学研究及应用

出 130 条带,其中 92 条为多态性带,多态性比率为 70.77%。遗传多样性分析显示,主要栽培品种青皮果和红毛果的遗传多样性较低,而茶山果和冬瓜汉等品种的遗传多样性较高。UPGMA 聚类分析结果表明,青皮果、红毛果和爆棚籽各自聚为一支,而茶山果、冬瓜汉及雄株的样品则分散聚类。主成分分析与聚类分析结果一致,进一步证实了栽培罗汉果品种间的遗传差异。该研究建议通过良种选育和组织培养等方式提高主要栽培品种的遗传多样性,并利用野生优株进行杂交育种以培育新品种。

韦弟(2005)的研究利用 RAPD 和 AFLP 分子标记技术探讨了罗汉果性别的分子标记。实验材料包括广西多个地区的栽培罗汉果品种和野生居群,通过改良 SDS 法提取基因组 DNA。研究通过 RAPD 技术筛选到了与罗汉果性别连锁的分子标记,为罗汉果性别鉴定和早期性别筛选提供了科学依据。遗传多样性分析显示,不同性别罗汉果之间存在一定的遗传差异,这些差异可能与性别决定基因有关。该研究为罗汉果的性别调控和遗传改良提供了新的思路。

3. 野生型和栽培型罗汉果 RAPD 多态性比较

黄江(2004)的研究采用 RAPD 分子标记技术对 15 份罗汉果种质材料(包括 10 个栽培品种和 5 份野生种质)进行了遗传分析和鉴定。实验材料来源于广西永福、临桂等地的野生居群和栽培品种,通过改良 SDS 法提取基因组 DNA。研究筛选了 13 个 RAPD 引物进行扩增,共扩增出 130 条带,其中 84 条为多态性带,多态性比率为 65%。遗传多样性分析表明,圆果类栽培品种间亲缘关系较近,而长果类栽培品种与圆果类及部分野生种质亲缘关系较远。UPGMA 聚类分析结果显示,长果类品种与圆果类品种及野生种质分别聚为两大类群,进一步证实了它们之间的遗传差异。

综上所述,RAPD 分子标记技术在罗汉果遗传多样性研究中发挥了重要作用。通过 RAPD 分析,研究者能够揭示野生和栽培罗汉果种质间的遗传差异和亲缘关系,为种质资源的分类、鉴定和保护提供科学依据。野生罗汉果种群表现出较高的遗传多样性水平,而栽培品种则由于长期无性繁殖导致遗传多样性较低。

二、罗汉果 ISSR 多态性分子标记研究及应用

(一)ISSR 分子标记技术及其在药用植物领域的应用概述

ISSR(Inter-Simple Sequence Repeat)分子标记技术,即锚定简单重复序列标记技术,是一种基于微卫星 DNA(microsatellite DNA)的 PCR 扩增技术,由加拿大蒙特利

尔大学的 Zietkiewicz 等于 1994 年首次提出。

ISSR 分子标记技术结合了 RAPD（Random Amplified Polymorphic DNA）和 SSR（Simple Sequence Repeat）技术的优点，具有多种独特的优势如下。

（1）多态性丰富。ISSR 标记能够扩增出多个条带，提供了大量的基因组 DNA 信息，有助于揭示物种间的遗传差异和遗传多样性。

（2）操作简便、快速、高效。ISSR 技术无须烦琐的构建基因文库、杂交和同位素显示等步骤，实验周期短，成本低，适合大规模样本的快速分析。

（3）专一性强。采用较长的引物（17～24 bp），退火温度较高，增强了实验的专一性和可重复性。

（4）无须靶标序列信息。ISSR 标记不需要知道任何靶标序列的 SSR 背景信息，随机选择重复序列和锚定碱基，降低了技术难度和实验成本。

（5）无组织器官特异性。ISSR 技术无需活材料，适用于全基因组的无编码取样，拓宽了应用范围。

近年来，ISSR 分子标记技术在药用植物研究中的应用日益广泛，主要体现在以下几个方面。

（1）种质资源鉴定。ISSR 标记技术能够快速、准确地鉴定药用植物的种质资源，区分不同品种或居群间的遗传差异。例如，在丹参的种质资源鉴定中，通过 ISSR 分析能够揭示不同产地丹参的遗传多样性，为丹参的遗传改良和品种选育提供重要依据（陈谷等，2022）。

（2）进化与亲缘关系分析。利用 ISSR 标记技术可以分析药用植物的进化历程和亲缘关系，构建系统发育树，为物种分类和演化研究提供有力支持。在黄精属植物的研究中，ISSR 技术被用来分析不同物种间的亲缘关系，为黄精属植物的分类和系统发育研究提供了新的视角（石乃星等，2021）。

（3）遗传多样性与居群遗传结构检测。ISSR 标记技术能够反映药用植物的遗传多样性和居群遗传结构，对于评估物种的遗传资源现状、制定保护策略具有重要意义。例如，在红芪的遗传多样性研究中，通过 ISSR 分析揭示了不同居群间的遗传差异和遗传结构，为红芪资源的保护和利用提供了科学依据（强正泽，2016）。

（4）遗传作图与基因定位。ISSR 标记技术在药用植物的遗传作图和基因定位中也具有广泛应用。通过与其他分子标记技术的结合，可以构建高密度遗传连锁图谱，为基因克隆和功能研究奠定基础。

（5）分子标记辅助育种。ISSR 标记技术为药用植物的分子标记辅助育种提供了新的途径。通过筛选与优良性状紧密连锁的 ISSR 标记，可以实现目标性状的快速跟踪和选择，提高育种效率（马小军，2017）。

（二）罗汉果 ISSR 多态性分子标记分析

1. 野生型罗汉果 ISSR 多态性

彭云滔等（2005）的研究选取了广西和广东两省的 7 个野生居群，共 130 个个体作为实验材料。这些居群包括广西永福、兴安、金秀、浦北、贺州以及广东乳源和肇庆，覆盖了罗汉果的主要野生分布区。DNA 提取采用 CTAB 法，ISSR 引物设计参考加拿大哥伦比亚大学公布的第 9 套 ISSR 引物序列，通过引物筛选，最终选定 15 个扩增条带清晰、反应稳定的引物用于扩增分析。PCR 扩增程序优化后，产物在 1.5% 琼脂糖凝胶中电泳检测，数据采用 POPGENE 和 NTSYSpc 软件进行统计分析。

研究结果显示，15 条 ISSR 引物共扩增出 111 个位点，其中 91 个为多态性位点，多态位点百分率为 82.0%。Nei's 基因多样性指数（He）为 0.248，Shannon 信息多样性指数（I）为 0.354，表明野生罗汉果具有较高的遗传多样性水平。不同居群间的遗传多样性水平差异显著，永福居群和金秀居群的遗传多样性最高，而乳源居群和肇庆居群的遗传多样性最低。居群间的遗传分化程度较高（Gst=0.569），基因流较低（Nm=0.394），说明地理隔离限制了居群间的基因交流，从而导致了显著的遗传分化。

AMOVA 分析结果表明，遗传变异主要存在于居群间（57.4%），居群内的遗传变异仅占 42.6%。居群间的遗传距离与地理距离之间呈正相关，但相关性不显著（r=0.369，P=0.115）。这表明虽然地理隔离对基因交流有一定影响，但其他因素（如生境差异、人为干扰等）也可能在遗传分化中发挥作用。UPGMA 聚类分析结果显示，130 个个体按居群各自聚在一起，进一步验证了居群间存在显著的遗传分化。

2. 栽培型罗汉果 ISSR 多态性

周俊亚等（2005）的研究选取了 62 份雌株和 13 份雄株栽培罗汉果样品，共涉及青皮果、红毛果、爆棚籽、茶山果、冬瓜汉、马铃果、长滩果和拉江籽 8 个品种。DNA 提取、ISSR 引物筛选及 PCR 扩增方法同野生型。数据分析采用 NTSYS-pc 软件进行相似性系数计算、主成分分析（PCA）和 UPGMA 聚类分析。

结果发现，13 条 ISSR 引物共扩增出 88 条扩增带，其中 64 条为多态性带，多态条带比率为 72.73%。不同栽培品种间的遗传多样性差异显著，青皮果、红毛果和爆棚籽的品种内样品间相似性系数平均值分别为 0.958、0.952 和 0.988，表明这些主要栽培品种的遗传多样性很低。而茶山果和冬瓜汉则具有较高的遗传多样性，品种内样品间的相似性系数平均值分别为 0.879 和 0.829。雄株也表现出较高的遗传多样性。UPGMA 聚类分析结果显示，青皮果（除个别样品外）、红毛果（除个别样品外）和爆棚籽各自聚为一支，表明这些品种内样品间的遗传差异较小。茶山果、冬瓜汉及雄株的样品则没有聚类在一起，说明它们之间的遗传关系较为复杂。马铃果和长滩果样品分别与青皮果样品聚在一起，表明它们之间存在较近的遗传关系。

3. 野生型和栽培型罗汉果 ISSR 多态性比较

将野生型及栽培型的罗汉果 ISSR 多态性进行比较后发现，野生罗汉果的遗传多样性水平较高，但不同居群间存在显著差异。这种差异可能与居群大小、生境条件、地理隔离以及长期进化过程中的自然选择等因素有关。永福和金秀居群因其较大的个体数量和优越的生境条件，具有较高的遗传多样性水平，是保护和利用的重点。同时，居群间的遗传分化显著，基因流受阻，提示在野生罗汉果资源保护和利用过程中，需注重不同地区居群的遗传差异，避免遗传资源的流失。

栽培型罗汉果的遗传多样性显著低于野生型，这主要与繁殖方式有关。罗汉果主要采用压蔓繁殖，这种无性繁殖方式导致许多植株之间没有遗传差异，加速了品种的退化。青皮果、红毛果和爆棚籽作为主要栽培品种，其遗传多样性低的现状尤为突出。相比之下，茶山果和冬瓜汉等半野生或野生移栽品种则表现出较高的遗传多样性。此外，雄株在产地不分品种，其遗传多样性也相对较高。这些结果表明，在罗汉果栽培过程中，应注重遗传资源的保护和利用，采用多样化的繁殖方式，提高栽培品种的遗传多样性水平。

三、罗汉果 SNP 多态性分子标记研究及应用

（一）SNP 分子标记技术及其在药用植物领域的应用概述

单核苷酸多态性（Single Nucleotide Polymorphism，SNP）主要是指在基因组水平上，由单个核苷酸的变异（包括转换、颠换、插入和缺失等）而引起的 DNA 序列多态性，其为动植物可遗传的变异中最常见的一种，占所有已知多态性的 90% 以上。由于其高密度、高稳定性和易于自动化检测的特点，SNP 已成为遗传多样性分析、种质鉴定、关联分析和分子育种等领域的重要工具。

SNP 分子标记的优点如下。

第三章 罗汉果分子生物学研究及应用

（1）高密度。SNP在基因组中分布广泛，密度远高于其他分子标记，为遗传多样性分析和精细定位提供了可能。

（2）稳定性。SNP是由单个碱基的变异引起的，突变率低，遗传稳定性高，适用于长期遗传分析。

（3）易于自动化检测。随着芯片技术和高通量测序技术的发展，SNP检测过程实现了高度自动化，提高了检测效率和准确性。

（4）共显性遗传。SNP为共显性遗传标记，能够区分纯合子和杂合子，为遗传分析提供了更多信息。

随着药用植物功能基因多态性研究的深入，SNP标记也作为研究药用植物可遗传性状的一种极为重要的手段，SNP分子标记的应用主要体现在以下几个方面。

（1）种质资源鉴定与分类。通过SNP分子标记分析，可以揭示药用植物种质资源的遗传多样性，为种质鉴定和分类提供科学依据。例如，在罗汉果的研究中，利用SNP标记可以区分不同品系的遗传背景，为优良品种的选育提供指导。

（2）关联分析。结合表型数据和SNP标记，通过关联分析可以挖掘影响药用植物重要农艺性状和药效成分的基因位点。在罗汉果甜苷V含量的研究中，通过SNP关联分析发现了与甜苷V含量显著相关的基因位点，为分子育种提供了重要靶点。

（3）分子育种。基于SNP标记的分子育种技术，如基因编辑和分子标记辅助选择（MAS），可以加速药用植物新品种的培育进程。在罗汉果分子育种中，通过SNP标记筛选高甜苷V含量的基因型，结合遗传转化技术，可以培育出甜苷V含量更高的新品种。

（4）遗传图谱构建与QTL定位。利用SNP标记构建高密度遗传图谱，可以实现基因组的精细定位，为复杂农艺性状和药效成分的QTL（数量性状位点）定位提供基础。在罗汉果研究中，通过SNP遗传图谱的构建，成功定位了与甜苷V含量相关的QTL，为甜苷V生物合成途径的解析提供了重要信息。

（二）罗汉果SNP多态性分子标记分析

1. *SgCS* 基因的SNP多态性及其突变体酶学性质分析

乔晶（2019）对15个罗汉果品种 *SgCS* 基因的PCR产物进行测序、拼接，并与NCBI上传的外显子序列（GenBank accession number：HQ128567）进行比对后，发现该基因共存在16个外显子，15个内含子，外显子序列长度为2 280 bp。截取ORF后，对15个品种 *SgCS* 基因SNP位点进行了分析。经DNAMAN比对发现，15个品种中

SgCS 基因共存在 4 个 SNP 位点，无插入 / 缺失（InDels）现象。其中 84 号和 184 号位点为转换（A–G，C–T），而 618 和 1 962 两个位点则为颠换（A–T，A–C）。在所有 4 个 SNP 位点中，只有 148 位 SNP 位点引起了精氨酸（Arg，R）和半胱氨酸（Cys，C）之间的错义突变，其余 3 处均为同义突变。此外，通过与 GenBank 上传的序列信息比对发现，在 1 718 bp 处该 15 个品种 *SgCS* 基因均与上传 GenBank 的序列存在差异，且此处为错义突变（图 3-10）。因此，基于这 2 个错义突变共挖掘出 4 个 *SgCS* 的野生基因型——50R573L、50C573L、50R573Q 和 50C573Q（图 3-11）。

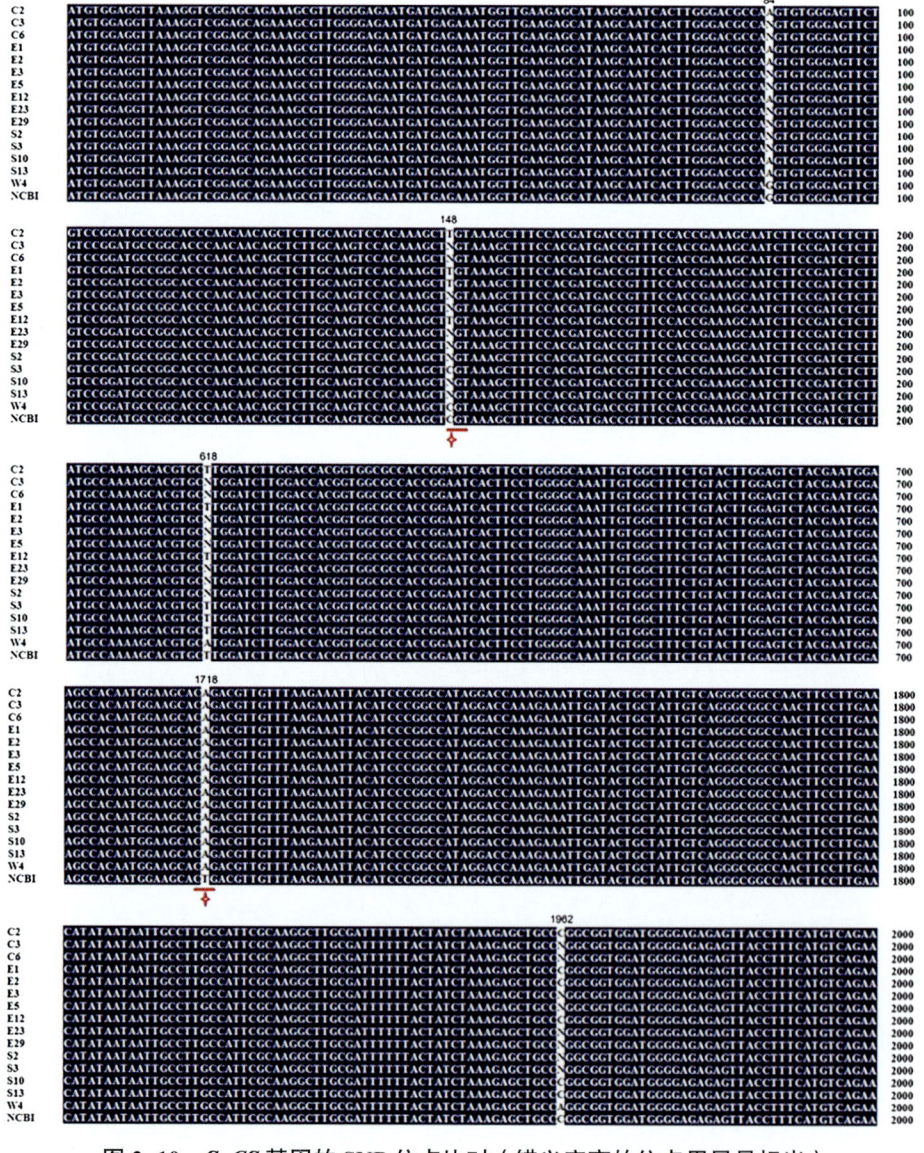

图 3-10　*SgCS* 基因的 SNP 位点比对（错义突变的位点用星号标出）

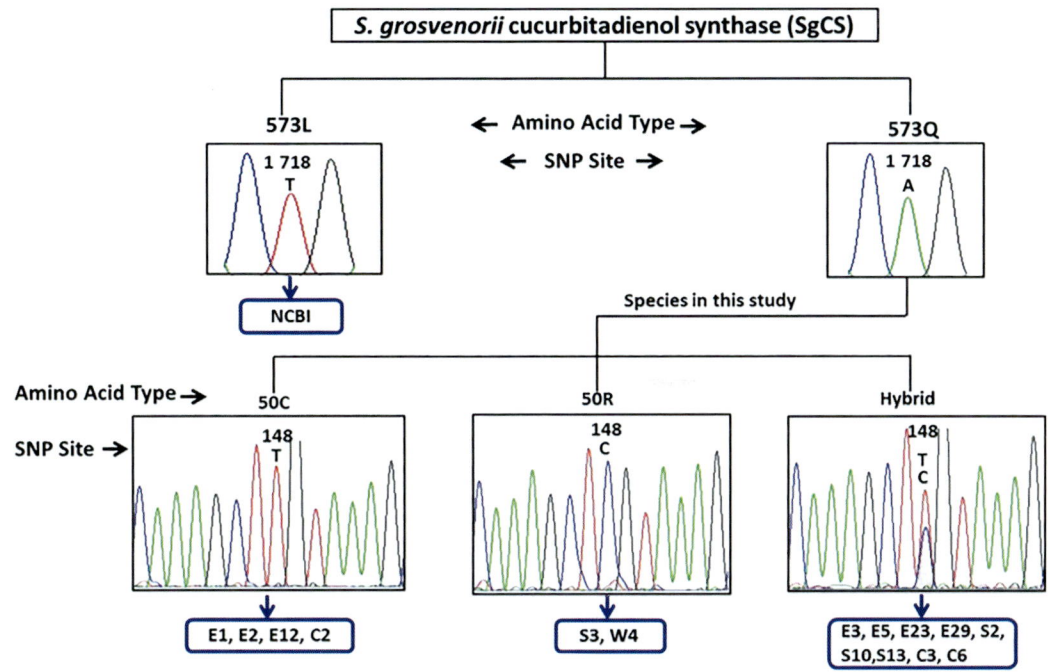

图 3-11　基于错义突变的 *SgCS* 野生基因型

注：基于两处错义突变共可以划分为 4 种野生基因型（50R573L、50C573L、50R573Q 和 50C573Q），50 和 573 表示氨基酸的序列位置，R、C、L 和 Q 分别代表该处的氨基酸——精氨酸 Arg、半胱氨酸 Cys、亮氨酸 Leu、谷氨酰胺 Gln。

之后通过 HPLC-MS/MS 和 GC-MS 对样品中 21 种罗汉果苷和 2 种前体物质角鲨烯、葫芦二烯醇进行了检测后发现，各成分含量在不同品系间差异巨大，分析认为若可以通过提高 *SgCS* 活性增加前体葫芦二烯醇的生产，则有可能产生更多的终产物罗汉果甜苷 V。然而用卡方检验分析 SNP 位点和含量进行关联性分析却并未找到相关性，推测与植物次生代谢时刻处于动态变化有关，单个化学成分的含量在植物中不仅取决于其合成酶的活性，还和下游以该成分为底物的酶相关。此外，如果可以通过提高 *SgCS* 酶活性增加前体葫芦二烯醇的生产，则有可能产生更多的罗汉果苷 V。

为了检测 *SgCS* 4 种野生基因型酶（50R573L、50C573L、50R573Q 和 50C573Q）的活性，在野生基因型 50R573L 的酵母密码子优化型的基础上，采用定点突变获得了 50C573L、50R573Q 和 50C573Q 其余 3 种野生基因型突变体。通过把 4 种野生基因型导入到酵母表达菌株，并建立了体外酶促反应的体系，体内体外共同证实了 4 种野生基因型的催化效率，并找到了一个活性相关位点。通过酵母体内葫芦二烯醇含量分析及体外动力学参数测定，发现 50R573L 显示出了最优的催化性质，此为各物种中目前为止获得的活性最高的野生型 CS 酶，酶活约为 10.24 nmol/（min·mg），并且随着温度和 pH 值的改变，酶活力大幅度下降。继而在 50R573L 的基础上，对 50 位进行定点饱和突变，发现 50W573L 基因型为活性下降最明显的突变体酶，约为原酶活性的 56%；而 50K573L 基因型则较野生优质基因型酶的活性增加了 33.5%，即约为野生型 50C573L 活性的 1.63 倍。此结果表明，50 号位点氨基酸的差异显著影响了酶的催化活性。

上述结果表明，罗汉果苷 V 含量仍具有进一步大幅提升可能，*SgCS* 基因在罗汉果苷 V 体内合成积累过程中发挥重要作用，而且其编码酶的多个活性位点已知，因此接下来可在优质种质基础上，通过基因编辑手段提高 *SgCS* 基因编码酶的催化活性，以期增加葫芦二烯醇的产量，提高低糖苷 M2、M3 和 M4 的合成量，最终获得高罗汉果苷 V 含量品种。此外，罗汉果也应该建立在拟南芥和水稻等模式植物广泛应用的化学诱变技术，建立罗汉果突变体库，可为罗汉果育种和基因功能鉴定提供理想材料。

2. *SgUGT94-289-3* 基因的突变体酶学性质分析

罗汉果糖基转移酶 SgUGT94-289-3 具有底物杂泛性、体外催化活性低等问题，阻碍了其在工业化生产中的应用。如何提供一种酶活性高、底物专一性高、可满足工业化生产罗汉果甜苷的糖基转移酶是本领域技术人员亟需解决的问题。因此，尝试构建 *SgUGT94-289-3* 变体以期提升催化效率。

构建 *SgUGT94-289-3* 突变体 G193E-G152T（蓝斐思等，2023）。以罗汉果糖基转移酶 *SgUGT94-289-3* 基因序列为模板，使用含点突变位点的引物 G193E-F 和 G193E-R 进行 PCR 扩增，将罗汉果糖基转移酶 SgUGT94-289-3 基因编码的第 193 位点的甘氨酸突变为谷氨酸。再以上述扩增产物为模板，使用含点突变位点的引物 G152T-F 和 G152T-R 进行 PCR 扩增，将基因编码的第 152 位的甘氨酸突变为苏氨酸，获得突变体基因。将所述突变体基因连接到 pET28a 载体，得到重组质粒；再将突变体 G193E-G152T 表达和纯化。催化反应 12 h 后发现，与 *SgUGT94-289-3* 生成产物罗汉果苷Ⅲ、ⅣA 和赛门苷Ⅰ的相对产率相比，突变体 G193E-G152T 产物相对产率分别为野生型的 2.8 倍、2.6 倍和 2.9 倍。

构建 *SgUGT94-289-3* 突变体 R192A（张燕玲等，2023）。以罗汉果糖基转移酶 *SgUGT94-289-3* 基因序列为模板，使用含点突变位点的引物 R192A-F 和 R192A-R 进行 PCR 扩增，将罗汉果糖基转移酶 *SgUGT94-289-3* 基因编码的第 192 位点的精氨酸突变为丙氨酸，获得突变体基因。将所述突变体基因连接到 pET28a 载体，得到重组质粒；再将突变体R192A表达和纯化。催化反应12 h后发现，与*SgUGT94-289-3*生成产物罗汉果苷V的相对产率相比，突变体R192A相对产率为野生型的5倍。

3. 基于全基因组重测序的罗汉果SNP多态性分析及其在遗传结构研究中的应用

赖柏玟（2023）收集了来自广西及周边地区的多个罗汉果自然种群和栽培品种的个体样本，共计约150个，样本涵盖了罗汉果的主要地理分布区域和遗传多样性水平。采用全基因组重测序技术，对每个样本的基因组DNA进行深度测序。

从全基因组重测序数据中过滤出140 089个高质量SNP，使用该数据对遗传结构进行研究发现，ADMIXTURE分析指出最佳K值为15时，各种群独立分开。NJ系统发育树和PCA结果一致，将罗汉果种群划分为四个谱系：西部谱系（JS、HJ、HP、YF、SJ）、南部谱系（JX、BB）、中部谱系（GPS、DX、RY）和东部谱系（NX、JLS、JPS、WGS、LS）。从全基因组数据中组装出160个叶绿体基因组，得到14个叶绿体单倍型。ML系统发育树与全基因组PCA和NJ树相似，但叶绿体单倍型树显示RY种群与东部谱系聚集，JX种群与西部谱系聚集，表明叶绿体基因组主要反映种子基因流。

进一步分析遗传分化程度后发现，基于全基因组数据，大多数种群间存在较大的遗传分化（92组Fst＞0.15），谱系间则为中等水平分化（0.05＜Fst＜0.15）。基于叶绿体单倍型数据，种群间遗传分化极大（Fst=0.990），变异主要存在于种群间（98.96%）。

基于全基因组SNP分析共检测到983 002个SNP用于遗传多样性分析，结果显示罗汉果整体遗传多样性较低，野生种群多样性高于栽培种群（π wild=4.446×10^{-4}，π cultivated=3.111×10^{-4}）。四个谱系里西部谱系遗传多样性最高（$\pi=4.199 \times 10^{-4}$），中部谱系最低（$\pi=3.723 \times 10^{-4}$）。原因可能是人为干扰和长期克隆繁殖可能导致了罗汉果遗传多样性的降低。

通过全基因组和叶绿体基因组的群体结构综合分析，明确指出栽培罗汉果的发源地位于广西东北部，并与西部谱系拥有共同的祖先遗传成分。鉴于这一发现，对全部罗汉果种群实施保护措施显得尤为迫切。建议将罗汉果划分为四个谱系作为独立的保护单元，应重点将栽培罗汉果起源所在的西部谱系及遗传多样性较高的东部谱系视为核心种质资源，实施就地保护与迁地保护双重策略。同时，针对种群数量稀少且种群间遗传分化显著的南部谱系和中部谱系，应优先考虑迁地保护，并结合科学管理手段，以确保这些珍贵遗传资源的有效保存与可持续利用。

参考文献

安昌,陆琳,沈梦千,等,2023.植物 bHLH 基因家族研究进展及在药用植物中的应用前景.生物技术通报,39(10):1-16.

白贺,2020.东北红豆杉细胞悬浮培养与紫杉醇提取分离技术研究.长春:吉林大学.

陈谷,2022.不同产地丹参的形态学及 ISSR、SSR 分子标记分析.成都:四川农业大学.

陈雨霞,2018.罗汉果细胞悬浮培养体系优化及甜苷 V 生物合成.上海:华东理工大学.

段乐鹏,谢丽琼,马艺沔,等,2021.转录因子对药用植物次生代谢的调控作用.中药材,(4):1002-1007.

郭丹丹,刘飞,涂燕华,等,2016.红花悬浮细胞体系的建立及其化学成分的 UPLC~Q~TOF/MS 分析.中草药,47(24):6.

胡珊群,梁汝黛,李彤,等,2021.药用植物悬浮细胞培养技术研究进展.种子科技,39(18):6.

黄江,蒋慧萍,陈廷速,2006.罗汉果不同种质亲缘关系的 RAPD 分析.福建果树,(1):15-17.

黄江,2004.利用 RAPD 分子标记对罗汉果(*Siraitia Grosvenorii*)种质资源的遗传分析和鉴定.南宁:广西大学.

赖柏玟,2023.基于全基因组重测序的罗汉果遗传结构和种群动态历史研究.桂林:广西师范大学.

蓝斐思,马小军,郭丽霞,等.罗汉果糖基转移酶突变体 G193E~G152T 及其构建方法与应用.CN 202310599494.

李典鹏,陈月圆,潘争红,等,2007.不同生长日龄罗汉果苷类成分变化研究.广西植物,24(6):546-549.

李佳瑞,2017.罗汉果细胞液体悬浮培养体系的建立及细胞超低温保藏方法的建立.上海:华东理工大学.

李林,2021.基于茉莉素信号介导的丹参转录因子 Sm*bHLH* 59、SmMYB97 和 SmWRKY14 的功能研究.西安:陕西师范大学.

李晓蕙,陈蕾,2006.植物细胞培养技术的发展与应用.安徽农学通报,12(5):74-75.

李媛,2006.野生罗汉果种群分布格局研究及克隆结构 RAPD 分析.桂林:广西师范大学.

卢曦,曾建红,申响宝,等,2011.罗汉果悬浮培养细胞的生长和罗汉果甜苷积累的动力学研究.中国实验方剂学杂志,17(15):235-237.

马小军,莫长明,2024.药用甜料植物罗汉果遗传资源的挖掘与创新.北京:人民卫生出版社.

马小军,汪小全,孙三省,等,1999.野生人参 RAPD 指纹的研究.药学学报,34(4):312-316.

马小军,莫长明,2017.药用植物分子育种展望.中国中药杂志,42(11):2021-2031.

蒙姣荣,陈本勇,黎起秦,等,2011.罗汉果法呢基焦磷酸合成酶基因的克隆及其序列分析.中草药,42(12):2512-2517.

莫长明,马小军,唐其,等,2015.罗汉果葡萄糖基转移酶基因 *SgUGT4* 的克隆及表达研究.园艺学报,

34(3):523-534.

莫长明, 王海英, 马小军, 等, 2014. 罗汉果甜苷V合成生理规律的研究. 华南农业大学学报, 35(1): 93-99.

彭云滔, 2005. 野生罗汉果遗传多样性的ISSR和RAPD分析. 桂林: 广西师范大学.

彭云滔, 唐绍清, 李伯林, 等, 2005. 野生罗汉果遗传多样性的ISSR分析. 生物多样性, 13(1):7.

强正泽, 2016. 基于ISSR标记技术的甘肃地产药材红芪的遗传多样性研究. 兰州: 甘肃中医药大学.

乔晶, 2019. 基于理性改造的罗汉果葫芦二烯醇合酶 (SgCS) 环化反应机理与催化特性研究. 北京: 中国医学科学院北京协和医学院.

石宏武, 2020. 罗汉果叶绿体基因组组装分析及葫芦二烯醇合酶基因转录因子研究. 北京: 中国医学科学院北京协和医学院.

石乃星, 文国松, 赵明富, 2021. 黄精属植物DNA分子鉴定技术应用研究进展. 植物遗传资源学报, 22(5):10.

唐其, 2010. 罗汉果转录组、表达谱的高通量测序及甜苷V生物合成关键酶的克隆. 北京: 中国医学科学院北京协和医学院.

王刚, 曹佩, 韦学敏, 等, 2019. 分子标记技术在药用植物种质资源研究中的应用. 中国现代中药, 21(11):10.

韦弟, 2005. 罗汉果 (*Siraitia Grosvenorii*) 性别的分子标记研究. 南宁: 广西大学.

吴素瑞, 高珂, 刘璇, 等, 2016. AP2/ERF转录因子调控药用植物活性成分生物合成的研究进展. 中草药 (9):1605-1613.

邢爱佳, 马小军, 莫长明, 等, 2013. 罗汉果葡萄糖基转移酶基因的克隆及原核表达. 园艺学报, 40(6):1195-1204.

熊绵靖, 唐其, 马小军, 2011. 罗汉果三萜皂苷生物合成规律研究探讨. 广东药学院学报, 27(5): 543-548.

杨致荣, 王兴春, 李西明, 等, 2004. 高等植物转录因子的研究进展. 遗传, 26(3): 403-408.

于燕莉, 石俊英, 2000. RAPD技术在金银花品种鉴定中的应用. 中药材, 23(11):678-679.

曾建红, 宋波, 戴平, 等, 2012. 罗汉果细胞悬浮培养体系的建立与优化. 中国实验方剂学杂志, 18(2):124-127.

曾雯雯, 2015. 罗汉果遗传转化体系的建立与CS基因的转化研究. 南宁: 广西大学.

张丹, 边贞贞, 杨广顺, 等, 2012. 人参悬浮细胞系的建立及生长特性研究. 北方园艺 (6): 99-102.

张凯伦, 2016. 茉莉酸甲酯对罗汉果甜苷生物合成途径的影响及罗汉果果实中 *bHLH* 转录因子的初步筛选. 北京: 中国医学科学院北京协和医学院.

张燕玲, 马小军, 蓝斐思, 等. 罗汉果糖基转移酶突变体R192A及其构建方法与应用. CN 202310599217.

张云罗, 吴迎梅, 刘义飞, 等, 2024. 药用植物遗传转化和基因编辑技术研究进展. 植物科学学报, 42(2):

242−253.

张占平，陆佳欣，徐娇，等，2024. 药用植物 DNA 条形码与分子标记技术的研究进展. 沈阳药科大学学报，41(5):653−661.

赵欢，2018. 罗汉果角鲨烯环氧酶基因的克隆及表达分析. 中国中药杂志，43(16):3255−3262.

赵欢，莫长明，唐其，等，2015. 罗汉果 *SgHMGR* 基因的克隆、分析及原核表达. 广西植物，(6):796−801.

周俊亚，2005. 栽培罗汉果遗传多样性的 ISSR，RAPD 和 AFLP 分析. 桂林：广西师范大学.

周俊亚，唐绍清，向悟生，等，2005. 栽培罗汉果遗传多样性的 ISSR 分析. 广西植物，25(5):7.

Chappell J，1995. The Biochemistry and Molecular Biology of Isoprenoid Metabolism. Plant Physiol，107(1):1−6.

Dai L，Liu C，Zhu Y，et al.，2015. Functional Characterization of Cucurbitadienol Synthase and Triterpene Glycosyltransferase Involved in Biosynthesis of Mogrosides from *Siraitia grosvenorii*. Plant Cell Physiol，56(6):1172−1182.

Dai Y L，Qin Q L，Dai D L，et al.，2009. Isolation and characterization of a novel cDNA encoding methyl jasmonate~responsive transcription factor TcAP2 from *Taxus cuspidata*. Biotechnol lett，31(11):1801−1809.

Deng C，Hao X，Shi M，et al.，2019. Tanshinone production could be increased by the expression of SmWRKY2 in *Salvia miltiorrhiza* hairy roots. Plant Sci，284:1−8.

Itkin M，Davidovich-Rikanati R，Cohen S，et al.，2016. The biosynthetic pathway of the nonsugar. high~intensity sweetener mogroside V from *Siraitia grosvenorii*. Proc Natl Acad Sci USA，113(47): E7619−E7628.

Ji YP，Xiao JW，Shen YL，et al.，2014. Cloning and characterization of Aa*bHLH* 1，a*bHLH* transcription factor that positively regulates artemisinin biosynthesis in *Artemisia annua*. Plant Cell Physiol，55(9):1592−1604.

Jia Z，Yang X，2009. A minor, Sweet cucurbitane glycoside from *Siraitia grosvenorii*. Nat Prod Commun，4(6):769−772.

Jiang W，Fu X，Pan Q，et al.，2016. Overexpression of AaWRKY1 Leads to an Enhanced Content of Artemisinin in *Artemisia annua*. Biomed Res Int，(4):1−9.

Kasai R，Nie R L，Nashi K，et al.，2014. Sweet Cucurbitane Glycosides from Fruits of *Siraitia siamensis* (chi-zi luo-han-guo)，a Chinese Folk Medicine. Agric Biol Chem，53(12):3347−3349.

Li D P，Ikeda T，Huang Y L，et al.，2007. Seasonal variation of mogrosides in Lo Han Kuo (*Siraitia grosvenorii*) fruits. J Nat Med，61(3):307−312.

Li H B，Zhang M，Wang Y，et al.，2005. Colorimetric Determination of Triterpenoid Saponin in Luohanguo. Food Science，27(6):171−173.

Luo X P，Li S J，Yao P F，et al.，2017. The jasmonate-ZIM domain protein FtJAZ2 interacts with the

R2R3-MYBtranscription factor FtMYB3 to affect anthocyanin biosynthesis in tartary buckwheat. Turk J Biol, (41):526-534.

Partap M, Kumar P, et al., 2022. Fruit derived callus and cell suspension culture as promising alternative sources for mogrosides production in *Siraitia grosvenorii* (Swingle) C. Jeffrey: a zero-caloric natural sweetener.J Food Compos Anal, 108:104450r.

Shibuya M, Adachi S, Ebizuka Y, 2004. Cucurbitadienol synthase, the first committed enzyme for cucurbitacin biosynthesis, is a distinct enzyme from cycloartenol synthase for phytosterol biosynthesis. Tetrahedron, 60(33):6995-7003.

Spanova M, Daum G, 2011. Squalene-biochemistry, molecular biology, process biotechnology, and applications. Eur J Lipid Sci Technol, 113(11):1299-1320.

Tan H, Xiao L, Gao S, et al, 2015. Trichome and artemisinin regulator 1 is required for trichome development and artemisinin biosynthesis in *Artemisia annua* L. Mol Plant, 8(9): 1396-1411.

Tang Q, Ma X J, Mo C M, et al., 2011. An efficient approach to finding *Siraitia grosvenorii* triterpene biosynthetic genes by RNA-seq and digital gene expression analysis. BMC Genomics, 12(1):343.

Vranová E, Coman D, Gruissem W, 2013. Network Analysis of the MVA and MEP Pathways for Isoprenoid Synthesis. Annu Rev Plant Biol, 64(1):463-476.

Zhang J S, Dai L H, Yang J G , et al., 2016. Oxidation of Cucurbitadienol Catalyzed by CYP87D18 in the Biosynthesis of Mogrosides from *Siraitia grosvenorii*. Plant Cell Physiol, 57(5):1000-1007.

Zhang QZ, Wu NY, Jian DQ, et al., 2019. Overexpression of AaPIF3promotes artemisinin production in *Artemisia annua*. Ind Crops Prod, 138: 111476.

Zhao H, Tang Q, Mo C, et al., 2017. Cloning and characterization of squalene synthase and cycloartenol synthase from *Siraitia grosvenorii*. Acta Pharm Sin B, 7(2):215-222.

Zhao H, Wang J, Tang Q, et al., 2018. Functional expression of two NADPH~cytochrome P450reductases from *Siraitia grosvenorii*. Int J Biol Macromol, 120:1515-1524.

第四章

罗汉果育种与种苗繁育

第一节　罗汉果种质资源

一、罗汉果种质资源地理分布

我国广西、广东、江西、湖南、贵州、海南、云南等省（自治区）分布着罗汉果资源，这些地区属于热带亚热带湿润气候，海拔 250～1 400 m，罗汉果资源分布不均匀，主要集中在广西境内。

罗汉果在广西的分布非常广泛，东起贺州市昭平县，南起防城港市，西至百色市凌云县，北至桂林市均有分布，其中桂林市的永福、临桂、龙胜为罗汉果起源中心，资源极为丰富。这三县位于广西的东北部、桂林西部，地处北纬 24°38′～26°17′、东经 109°37′～110°15′，属越城岭山脉的大南山、天平山，自东南向西北延伸于此，总面积 72.537 万 hm^2，山地面积约占 70%，县城年平均气温 18.1～19.2℃，1 月平均气温 7.8～8.4℃，7 月平均气温 26.7～28.7℃，绝对最高温度 39.5℃，最低温度 –4.8℃，年平均日照时数 1 237.3～1626.4 h，年平均降水量 1 500～2 002 mm，全年无霜期 308～314 d。此外，来宾市金秀瑶族自治县境内的大瑶山分布的野生资源也较多。

罗汉果在其他省份为零星分布，如广东的始兴、乳源、新丰、南雄、信宜、怀集、龙门、大埔、五华、和平、连山，江西的萍乡、庐山、武宁、星子、赣州、信丰、大余、龙南、全南、安福、永新、井冈山、宜丰、资溪，湖南的道县、宁远，贵州的德江、望谟、黄平、黎平、榕江，海南的东方、昌江、保亭，云南的蒙自、金平。

二、罗汉果种质资源收存与保护

随着国内外市场对甜苷需求量和干果的逐年增长，罗汉果种植面积发展迅速。青

第四章 罗汉果育种与种苗繁育

皮果品种具有适应性强、生长健壮、产量高等特点，在山地、丘陵和平地上均能种植，而被广泛种植。目前青皮果在栽培面积所占比例已达95%以上，少量为红毛果。而传统的野生优良罗汉果品种如长滩果、拉江果、冬瓜果等基本无人问津，加上野生资源得不到重视和保护，以致几乎绝迹。因此，目前罗汉果栽培品种单一，同质化日趋严重，部分优良性状退化或消失，随之产生的是遗传多样性的减少，将大大降低罗汉果抵御自然灾害的能力，病虫害、高温、水灾等自然灾害的暴发即会造成罗汉果产业的损失。

罗汉果已为近危（NT）等级，从事罗汉果研究的科研机构和企业均非常重视罗汉果种质资源的收存与保护。广西植物研究所、桂林市大地生物技术有限公司（吉福思子公司）收集了野生罗汉果、栽培罗汉果、人工诱变罗汉果等500余份种质资源，并开展了迁地保护研究，创新采用"防虫网+立架密植新技术+田间抚育管理+离体保存体系"建立罗汉果种质资源圃，获批为自治区级农业种质资源保护单位（图4-1），通过"科研院所+企业"合力形成"以保带用、以用促保"长效机制，为种质资源可持续收存、保护及良种选育奠定坚实的基础。

图4-1 广西植物研究所、桂林市大地生物技术有限公司获批为自治区级农业种质资源保护单位

遗传资源及相关传统知识获取与惠益分享简称ABS，是发展中国家缔约方为了推动《生物多样性公约》关于公平公正的分享因利用遗传资源产生惠益这一目标的实现而推动的磋商议题，其目的是规范生物勘探活动，防止"生物剽窃"行为，使生物产业发展所产生的利益能够惠及遗传资源原产国的生物多样性保护和可持续利用工作。为更好地履行《生物多样性公约》和《名古屋议定书》相关义务，在中国建立和实施ABS制度的法律和制度框架，以确保遗传资源及相关传统知识的使用者与持有者公平、

公正的惠益分享，从而为生物遗传资源及其相关传统知识的保护和可持续利用提供制度保障，防止生物多样性以及相关传统知识的丧失。联合国开发计划署、财政部、生态环境部等部门开发了 ABS 项目。广西作为国家 ABS 项目三个试点示范省（区）之一，分别在防城港市和桂林市设立了金花茶和罗汉果 ABS 项目示范点。其中吉福思公司在项目执行方面具有突出贡献，获得了联合国开发计划署驻华代表处、生态环境部对外合作与交流中心的表彰（图 4-2）。

图 4-2　吉福思公司获得联合国开发计划署驻华代表处、生态环境部对外合作与交流中心的表彰

三、罗汉果栽培品种及其性状特征

罗汉果在长期的系统进化过程中，由于自然的分化、杂交和选择，形成了极为丰富的野生类型，产生了许多的优良株系，广西植物研究所和桂林市有关部门在资源调查过程中发现并鉴定出的一些主要野生类型，如野长滩果、野拉江果、野冬瓜汉（冬瓜果）、野青皮果、野红毛果、野白毛果、古曼果、大油桐果、大罗汉果、地藕果、马铃果等。另外，在调查中还发现罗汉果存在两性植株。广西蒙山县曾从山上引回一野生植株，6～7年生，主蔓粗 1.5 cm，在第五侧蔓的二级侧蔓第 21 节上着生同时具有雌、雄花的花序，且雌花不经人工授粉而结实；果实近圆形，纵径 3.0 cm，横径 3.3 cm。虽然这一植株并无实际的经济价值，但它为罗汉果植物的进化演变研究提供了重要例证。再联系到罗汉果雌花有明显的 3 枚退化的雄蕊，可推测罗汉果原始植株的花应是两性花，在其长久的进化过程中逐渐演变为雌、雄异花同株，最后变成现在的雌、雄异株。所以这种两性植株的出现应该是一种返祖现象。2022 年，广西植物研究

所在罗汉果种苗调查中，再次发现了罗汉果单株种苗上同时存在雌花、雄花的现象。

罗汉果拥有300多年的栽培历史，长期栽培过程中形成了长滩果、拉江果、冬瓜果、青皮果、茶山果和红毛果等主要栽培品种。

（一）罗汉果主要栽培品种检索表

罗汉果的主要栽培品种按果实形状、果毛着生部位，分为长果形与圆果形两大类。果实为椭圆形、卵状椭圆形、长圆柱形的属长果类品种；而果实为圆形、扁圆形、梨状短圆形的属圆果类品种。检索如下：

1 果椭圆形、卵状椭圆形、梨形和长圆柱形。
  2 果椭圆形或卵状椭圆形，果面被稀柔毛，具脉纹9～10条 ………… 长滩果
  2 果椭圆形或梨形，果面密被锈色柔毛 ………………………………… 拉江果
  2 果长圆柱形，两端平截，果面被短柔毛，具六棱形 ………………… 冬瓜果
1 果圆形、梨状短圆形。
  2 果圆形，横径4.9～6.3 cm，子房、幼果被白色柔毛 ………………… 青皮果
  2 果圆形，横径3.6～4.6 cm，子房密被红色腺毛 ……………………… 茶山果
  2 果梨状短圆形，子房、幼果、嫩枝密被红色腺毛 …………………… 红毛果

（二）罗汉果主要栽培品种及其性状特征

1. 长滩果（图4-3）

因产于广西永福县龙江乡保安村的长滩（地名）而得名。植株长势中等，叶片心脏形，先端渐尖，长17～22 cm，宽12～19 cm，叶柄长5.5～8.0 cm，柄粗0.25～0.35 cm。花期7—10月。果实长椭圆形或卵状椭圆形，纵径6.96～7.91 cm，横径4.62～6.07 cm，鲜果重44.44～91.445 g，最大果重112 g，果皮细嫩，被稀柔毛，果面具9～10条明显细脉纹，果顶微凹。每100 g鲜果

图4-3 长滩果

含维生素 C 459.38 mg，蛋白质含量 8.67%，总糖含量 38.31%（其中葡萄糖和果糖含量分别为 15.19%、17.55%），可食用部分占全果 94.07%；种子长椭圆形，千粒重 127 g，种仁含油脂 27.76%。单株结果 20～40 个。长滩果风味特佳，为罗汉果栽培品种中品质最好的珍贵品种，但对生态环境和栽培技术要求严格，在不具备原产区适宜生态条件的新产区很难引种成功，因而栽培面积和产量逐年减少，在 20 世纪 70 年代尚占罗汉果生产总量 5% 左右，而现在已几乎无人种植，甚至纯正单株亦难觅踪迹，沦为濒危品种。所以利用原产区优越的自然条件和适宜的生态环境，收集尚存的母株资源加以扩大繁殖，建立起长滩果品种保存基地，已成为当务之急。

2. 拉江果（图 4-4）

拉江果又称拉江子，由长滩果实生苗经选育而成。叶片心脏形，长 16.0～18.0 cm，宽 8.0～13.0 cm，柄长 6.0～8.5 cm，柄粗 0.15～0.25 cm。花期 6—10 月。果实椭圆形、长圆形或梨形，横径 4.58～5.87 cm，纵径 6.11～7.16 cm，鲜果重 52.20～97.56 g，果表面密被锈色柔毛。每 100 g 鲜果中含维生素 C 381.82 mg，蛋白质含量 10.78%，总糖含量 25.17%（其中葡萄糖和果糖的含量分别为 5.71%、10.40%），可食用部分占全果 91.5%；种子椭圆形，千粒重 120 g，种仁油脂含量为 28.16%。本品种品质好，适应性较强，适宜山区与低丘陵区栽培。其果形变化复杂，其中长果类型的拉江果是值得进一步选育的，以稳定其优良性状。

图 4-4 拉江果

3. 冬瓜果（图 4-5）

植株生长健壮。叶片三角心脏形，长 14.5～25.5 cm，宽 9.8～16.5 cm，

图 4-5 冬瓜果

柄长 4.0～5.5 cm，柄粗 0.25～0.40 cm。花期 6—10 月。果实长圆柱形，两端平截，横径 5.10～6.19 cm，纵径 6.10～7.51 cm，鲜果重 71.6～85.0 g，果面密被短柔毛，具六棱。每 100 g 鲜果含维生素 C 478.72 mg，总糖含量 16.1%，可食用部分占全果 90.50%；种子瓜子形，千粒重 146 g。本品种高产优质，适应性强，分布广，但罗汉果苷 V 含量比青皮果低，因此目前仅有少量栽培，应积极推广，扩大种植。

4. 青皮果（图 4-6）

植株生长健壮。叶片心脏形，先端急尖，长 11.0～15.5 cm，宽 10.0～13.5 cm，叶柄长 3.5～6.0 cm，柄粗 0.30～0.45 cm。花期 6—10 月。果圆形，横径 4.9～6.3 cm，纵径 5.12～6.80 cm；鲜果重 59.44～97.72 g，果面由基部至颈部具脉纹，被细短白柔毛。每 100 g 鲜果含维生素 C 339.68 mg，蛋白质含量 9.68%，总糖含量为 26.76%（其中葡萄糖和果糖含量分别为 13.55%、10.20%），可食用部分占全果 90.55%；种子近圆形，千粒重 140 g，种仁油脂含量为 32.74%。青皮果品质次于长滩果、拉江果、冬瓜果三个品种，但结实早，产量高，适应性强，山区、低丘陵区或平地均能生长，因而在生产上栽培面积最广，20 世纪 70 年代约占罗汉果总产量 75%，目前所占的比例已达 95% 以上。

图 4-6　青皮果

5. 红毛果（图 4-7）

植株生长健壮。子房、幼果、嫩枝密被红色腺毛。果实梨状短圆形，横径 3.50～4.50 cm，纵径 3.50～5.20 cm，果面被短柔毛。红毛果高产，适应性强，味甜，果小，可用于加工制品和作为杂交育种的原始材料。

6. 茶山果

因半野生于油茶林中而得名。果实圆形，横径 3.60～4.55 cm，纵径

图 4-7　红毛果

3.70～4.55 cm，鲜果重37～62 g，每100 g鲜果中含维生素C 465.44 mg，总糖含量25.12%，可食用部分占全果83.8%，果味清甜，品质中上，但果小。茶山果适应性强，产量高，可用于加工制品和作为杂交育种的原始材料。

（三）罗汉果主要产业化品种及其性状特征

利用组织培养进行种苗繁殖是罗汉果良种快繁和提纯复壮的有效途径。该项技术结合优良单株选择或杂交等育种手段，培育出了许多组培无性系品种，并利用扦插技术规模化繁育种苗，从而使优良品种产业化，促进罗汉果规模化种植。以下选择当前市场主要的产业化品种进行介绍。

1. 大地系列品种

从青皮果中选育获得。在大田种植选优株，通过组培茎尖脱毒、提纯复壮等选育出来"大地"系列品种。"大地"系列品种根系发达，幼蔓浅红色，主蔓直径为6.58～7.17 mm。叶片呈长心形，基部平展不接触，叶片深绿色，长25.03 cm，宽17.2 cm，叶柄长6.16 cm，柄粗0.426 cm。花期自6月下旬至10月下旬，7月上旬、8月下旬为盛花期，花瓣为黄色，长32.2 mm，宽12.5 mm，初期花蕾的子房密被浅红色腺毛，后期花蕾子房红色腺毛少，子房横径6.0～7.6 mm，纵径14.0～16.4 mm。授粉后的第3天果实显著膨大，25～30 d果实定型，果皮颜色由红色变为深绿色。9月上旬果实开始成熟，果柄1.0～5.1 cm，果实椭圆形，果皮深绿色、纵纹清晰，被细短柔毛，果皮韧性强、不易破损，不裂果；果肉饱满，具香气，浓甜，罗汉果甜苷V含量高。"大地"系列品种具有适应性广、根系发达、长势健壮、现蕾稳定、开花集中、授粉成功率高、大果率高、产量高、罗汉果甜苷V含量高及抗病性强等优良特性。

2. 龙江1号

从冬瓜果中优选单株，利用航天育种技术，通过优良芽变单株、组培和扦插繁殖、提纯复壮，于2015年选育出的罗汉果新品种。同年11月取得广西壮族自治区农作物品种登记认证，登记证号为［（桂）登（药）2015015］，品种名称为龙江1号。该品种根系发达，吸肥水能力强，生长旺盛，叶片肥厚，主蔓粗壮，为1.2～2.0 cm，抗病性强，适应性强。生育期为190～220 d，定植后90～110 d可来籽点花授粉，单穗2～4个花籽，授粉后100～110 d果实成熟，成熟期推迟10～20 d。亩产果实12 000个以上，平均株产果实180个以上，具有良好的丰产性、稳产性。果形椭圆形，长宽比为7∶5.3，果表皮的茸毛多、细、短，果蒂和果脐之间有9～11条经线相连，绝大部

第四章 罗汉果育种与种苗繁育

分为10条。果实生长中期果皮为深青色,果肉为白色。果实成熟期果皮颜色为淡黄色、淡青色相间,果肉为淡黄色。果实总糖33.4 g/100 g,水浸出物50.4 g/100 g,粗纤维27.9 g/100 g,蛋白质13.9 g/100 g,碳水化合物41.6 g/100 g,热量1076 kJ/100 g,维生素C 395 mg/100 g,维生素E 0.69 mg/100 g,氨基酸总量11.91 g/100 g,罗汉果苷V 1.28 g/100 g,D-甘露醇0.20 g/100 g。

3. 伯林三号

从"伯林二号"青皮果中选育出的新株系,通过芽尖脱毒快繁并经定向培养、提纯复壮,于2003年选育出的罗汉果新株系。它秉承了"伯林二号"适应性广、根系发达、生长势强、耐肥耐旱、早结丰产、开花集中、授粉容易、成熟一致、大中果率高、内在品质好、种性稳定等优良特性,而且与"伯林二号"相比,植株抗逆性强,上棚早,来籽、开花授粉早,发生病害轻,生理性裂果少。

4. 永青一号

以龙江青皮果为母本、冬瓜果为父本进行杂交,经2005—2007年的单株优选、组培繁育而成的雌性无性系品种。叶片心形,先端急尖,长11.0~15.5 cm,宽10.0~13.5 cm,叶柄长3.5~6.0 cm,粗0.3~0.45 cm。花浅黄色,花瓣5枚。果实长矩圆形,整齐美观,大果和特大果(横径分别≥5.8 cm和≥6.4 cm)率高达73.48%,平均单果质量100 g。果皮青绿色,纵纹清晰。果实总皂苷、甜苷V、水浸出物、总糖和维生素C含量分别为8.84%、1.03%、37.9%、17.4%和3.02 mg/g。抗逆性、丰产性好,产量为每亩11 000个。在广西北部地区,4月中上旬定植,4月中下旬抽芽,5—6月营养生长,7—9月中旬现蕾和开花,7月中下旬为盛花期,10—11月果实分批成熟采收。果实生长期60~80 d。

5. 普丰青皮

以"青皮3号"为母本、"冬瓜果"为父本进行杂交,经过两年的单株优选、组培繁育而成的雌性无性系品种。叶片长心形,长13.17~17.42 cm,宽11.47~15.04 cm,叶柄长5.14~5.78 cm。子房浅绿色,被细短柔毛。花黄色,瓣5枚。幼果青绿色,成熟果横径5.63~5.82 cm,纵径6.57~7.13 cm,矩圆形。果皮淡青绿色,纵纹不清晰。果肉饱满,果柄长1.15~2.49 cm,果大,单果重82.37 g,内含物中总苷、甜苷V、水浸出物、总糖和水分含量分别为6.23%、1.29%、37.50%、20.40%和72.70%,单粒种子重0.14 g。与父、母本相比,"普丰青皮"果实大,甜苷V含量提高33%,果皮颜色浅,受阴雨和高温不良天气影响小,开花结果稳定,稳产丰产性好。

第二节 罗汉果育种

一、罗汉果染色体、花粉研究

1980年广西植物研究所邹琦丽等进行了染色体初步观察,得出罗汉果的染色体$x=12$〔Danlingtom(1953年)与庄伟建等(1997年)研究结果为$x=14$〕,而根据以前的文献,赤瓟属$x=9$、苦瓜属$x=11$或$x=14$,罗汉果与赤瓟属相差较远,与苦瓜属植物相近。1981年,邹琦丽继续对罗汉果、木鳖子、苦瓜、河南赤瓟四种植物的花粉进行了显微镜观察,结果如下。

(1)罗汉果,花粉球形,极面观3裂圆形,大小为55.6(48.7～60.2)μm×43.1(35.0～46.9)μm。具3孔沟,沟长,极区大,直径约14.4 μm。外壁外层与内层几乎相等,表面具细的蜂窝状雕纹。在扫描电子显微镜下观察,网呈立体图像,能观察到网的高度,网眼小。

(2)木鳖子〔*Momordica cochinchinensis*(Lour.)Spreng.〕,花粉近球形,极面观为3裂圆形,大小为82.7(81.7～98.3)μm×82.7(74.9～95.3)μm。具3孔沟,沟长,极区大,直径约为15.9 μm。外壁外层稍厚于内层,表面具细的网状雕纹。在扫描电子显微镜下可清晰地看到网眼内有小颗粒。

(3)苦瓜(*Momordica charantia* L.),花粉长球形至近球形,极面观为3裂圆形。大小为72.8(69.3～77.47)μm×66.2(56.0～73.5)μm。3孔沟,沟长,极区大,直径约为19.4 μm。外壁外层厚于内层,表面具网状雕纹,网眼稍大于罗汉果与木鳖子。在扫描电子显微镜下观察,可看到网眼高度比罗汉果与木鳖子高,网眼立体感强。

(4)河南赤瓟(新拟)(*Thladiantha honanensis* A.M. Luined.),花粉扁球形至近球形,极面观为3裂圆形,大小为54.6(49.0～59.5)μm×58.8(48.7～58.8)μm。具3

第四章　罗汉果育种与种苗繁育

孔沟，极区大，直径约为 17.2 μm。外壁外层厚于内层，从切面看外壁中基柱明显，表面具非常明显而大的网状雕纹，外壁轮廓呈波浪形。在扫描电子显微镜下可看到网的高度比其他三种高，并且网有褶皱，网脊明显粗大。

从花粉形态看，罗汉果的花粉与赤瓟属的花粉差别很大，而与苦瓜、木鳖子的花粉比较相似，只是花粉大小和网眼大小有差别。

二、罗汉果营养器官研究

邹琦丽（1981）对罗汉果、苦瓜、木鳖子的营养器官（叶片、叶柄、茎）进行解剖，比较它们的内部形态，差异如下。

（1）罗汉果不仅具有表皮毛，而且还有明显的腺毛，苦瓜中只发现多细胞表皮毛，木鳖子偶见腺毛。

（2）罗汉果叶海绵组织中没有钟乳体，而苦瓜和木鳖子叶的海绵组织中有明显的钟乳体。

（3）叶主脉维管束数目不同，排列方式不同，罗汉果有 5 个束，中间一个大束，两旁各 2 个小束；苦瓜只有一个束；木鳖子中间有一个大束，两旁各一个小束，共 3 个束。

（4）茎的结构也不同，木鳖子和苦瓜有棱，罗汉果没有明显的棱。

（5）木鳖子的茎髓已空，罗汉果与苦瓜有由等径薄壁细胞组成的髓。

因此，从外部形态看，罗汉果与苦瓜、木鳖子有差异，从内部结构来看，差异更大。

三、罗汉果大小孢子发生与雌雄配子体发育研究

20 世纪 90 年代后，张振珏等开展了罗汉果大小孢子发生与雌雄配子体发育的研究，取得如下结果。

（一）大孢子发生与雌配子体发育

罗汉果雌雄异株，雌花房下位，侧膜胎座。通常内珠被原基略突起，胚珠 90°弯曲时，在珠心表皮下 2～3 层细胞之内的珠心细胞分化成大孢子母细胞。由于珠心表

皮下细胞的不断平周分裂及少量垂周分裂，把大孢子母细胞逐渐推向胚珠深处。直至大孢子母细胞与珠心表皮间有十余层细胞时，大孢子母细胞进行减数分裂，先形成二分体，后形成四分体。四个大孢子线形排列，合点端的一个大孢子具功能，珠孔端三个大孢子均解体，此时内外珠被均已形成，胚珠已基本倒转，具功能大孢子长大，核经有丝分裂形成二核胚囊，核再次有丝分裂成四核胚，经第三次有丝分裂形成八核胚囊。后两极核融合形成 t 细胞。胚囊的发育属蓼型。

胚囊成熟时胚珠倒生，二层珠被，外珠被由 10 多层细胞组成，内珠被仅由数层细胞组成。由内、外珠被共同形成珠孔。胚囊珠孔端到珠心表皮间有 10 余层细胞相隔，属厚珠心。胚囊珠孔端有卵与两个助细胞构成的卵器。助细胞的核位于中部，其合点端具液泡，珠孔端具 PAS 强烈反应的丝状器。卵与助细胞呈"品"字形排列，卵较助细胞长，核位于近合点端，卵的合点端有小液泡。三个反足细胞位于胚合点端，细胞质明显可见。在大孢子发生过程中，有胼胝质壁的出现。大孢子母细胞时期无胼胝质，二分体时仅两细胞间的横壁具胼胝质，侧壁无胼胝质。四分体时仅四个细胞间的三道横壁具胼胝质，侧壁也全无胼胝质。

（二）小孢子发生与雄配子体发育

雄蕊原基突起后在表皮下可见两群分裂较盛的原始细胞，细胞较大，细胞核也较大。未见明显的孢原细胞。造孢细胞出现后其内出现液泡，液泡逐渐大，后波和消失，在这一过程中细胞大为增大。造孢细胞转变成小孢子母细胞。小孢子母细胞进入减数分裂时有胼胝质壁围绕。减数分裂为同时型。同一药室中各小孢子母细胞减数分裂是同步的。不同药室则有差异。小孢子四分体为四面体形，外包胼胝质。彼此分离后的初期小孢子具一个大而染色不鲜明的核。以后液泡出现，核被推向一边，即单核边期。单核靠边期的小孢子，核位于两个萌发孔之间，紧靠着壁，然后进行有丝分裂，产生营养细胞与生殖细胞，其间有壁隔开。以后液泡逐渐缩小，两核渐向花粉粒中部移动。开花时的花粉为二细胞型，花粉内无明显被泡。造孢细胞时期细胞内具少量淀粉，到小孢子母细胞阶段淀粉增多。小孢子四分体时及单核靠边期时也具小淀粉粒，开花时花粉粒中也具许多淀粉。

（三）花药壁的结构

药室壁在分化过程中表皮仅作垂周分裂，细胞扁长，长期含有淀粉，开花时仍存

第四章 罗汉果育种与种苗繁育

在，药室内壁仅一层，后期径向延长，细胞很大，上有条纹状的纤维状加厚。中层有 2~3 层，细胞扁长，在小孢子四分体时期含有多量淀粉。花药成熟时仍存在，近药室内壁的一层并增大。绒毡层细胞 1~3 层，有两种类型的细胞，内层的细胞体积较大，常具双核，而向花药外围的细胞略小。小孢子母细胞减数分裂接近完成时，绒毡层出现退化迹象。在小孢子后期和雄配子体阶段，绒毡层已渐解体，到开花时只留痕迹。绒毡层为腺质绒毡层，在整个发育过程中始终维持在原来位置。

（四）罗汉果大孢子发生及雌配子体发育与花部形态、胚珠变化的关系

为弄清罗汉果大孢子发生、雌配子体发育过程与花部形态特征、胚珠的关系，董志渊等运用石蜡切片法对罗汉果子房进行了显微观察。结果表明，罗汉果的胚珠倒生，双珠被，厚珠心，大孢子四分体呈线形排列，合点端一个大孢子分化为功能大孢子，成熟胚囊为蓼型。这与张振珏等的观察结果相同。

花蕾形态、胚珠变化与大孢子发生、雌配子体的发育时期具有一定相关性，当子房长度为 $7.0 \text{ mm} \leqslant L < 9.0 \text{ mm}$，珠心呈椭圆形时，约有 45.83% 的大孢子母细胞处于减数分裂时期。因此，依据罗汉果花部形态可有效确定大孢子发生与雌配子体发育的时期。为今后未减数雌配子诱导等实验取材提供依据。

四、罗汉果育种技术研究与应用

（一）常规育种

常规育种方法是育种工作中常用的传统育种技术方法，主要包括自然变异选择育种法和杂交育种法。自然变异选择育种法是在一个或若干个品种或群体中选择优良的自然变异，从而培育成新品种的方法，又分为个体选择育种法（系统育种法）和混合选择育种法。杂交育种法是通过有性杂交途径创造杂种群体的变异，经过选择培育出新品种的方法。我国的药用植物资源丰富，野外分布广泛，为自然变异选择育种提供了优越条件。对药用植物也可采用杂交育种，从分离的后代群体中人工进行选择，从而获得新品种。由于药用植物大部分资源来自野外收集，属于自然的混杂群体，其道地性、野生性以及优异单株较为丰富。在杂交后代和混杂群体中选育优良品种是主要的育种方式，安全有效也符合中药材的道地性。

在罗汉果的常规育种中，自组织培养技术取得突破以后，该项技术结合杂交和优

良单株选择的育种手段，培育出了多个性状优良的新品种，如"大地"系列品种，"伯林二号""伯林三号""普丰青皮""永青一号"等。但当前市场上绝大多数的罗汉果品种为青皮果或改良的优质青皮果品种，若在青皮果内部进一步优选优育已很难出现突破性创新品种，而且药用植物新品种的选育是一个长期而复杂的过程，特殊的生长周期导致选育周期繁琐，同时涉及基因、环境、管理等多方面因素，对产量的提高和品质的突破形成瓶颈制约，这就必需借助于其他育种手段以解决该问题，加快育种及种质创新的进程。

（二）多倍体育种

随着罗汉果甜味剂需求的增加，高甜苷含量是目前育种的主要目标。罗汉果甜苷 V 存在于果实的果肉和果皮中，果实内的种子不含甜苷，但含有大量种油等物质，种油使甜苷提取液混浊，增加了纯化的难度和生产成本。多倍体育种是加大植物遗传变异、改良作物品性的重要手段。多倍体植株与二倍体植株相比，具有形态上的巨大性，可大幅提高相应部位的产量，增强抗逆性，提高活性成分含量，其中三倍体植株还具有无籽的特性。随着组织培养技术的成熟与普及，在离体组织水平上使用秋水仙素诱导细胞内染色体加倍成为可能。在中医药国际化、现代化的今天，我国应用组织培养技术对黄芩、宁夏枸杞、百合、党参等药用植物进行多倍体育种，已获得成功并推广使用，产生了巨大的经济效益。

将多倍体育种技术运用于罗汉果新品种的研发，是克服原有品种缺陷的最佳途径。开发甜苷含量高于常规品种、整果利用率极高的多倍体无籽罗汉果，对于整个罗汉果产业具有里程碑意义。目前，无籽罗汉果主要通过秋水仙素诱导以及雄性多倍体来获得。

1. 秋水仙素诱导多倍体无籽罗汉果

张穗生（2002）在罗汉果多倍体诱导的研究中发现，结合组织培养手段，在子叶刚好张开时，用 0.2%～0.4% 秋水仙素溶液点滴实生幼苗的茎尖，每天滴一次，每次一滴，点滴 3 次、4 次，诱导效果较好，但诱变芽是嵌合体。在此基础上，莫海萍（2004）通过研究，利用组织培养诱导出罗汉果同源四倍体（$2n=4x=56$）。诱导材料通过顶芽切割和丛生芽技术诱导再生苗，可分离获得同源四倍体植株。在整体植株水平上的诱导中，添加 0.3% 琼脂于秋水仙素溶液中，配制成半固体状的琼脂制剂，然后点滴无菌实生苗的生长点，每天 1 滴，连续处理 4 d，发现 0.2% 秋水仙素处理 4 次或

第四章 罗汉果育种与种苗繁育

0.4%秋水仙素处理2次的诱导效果较好，诱变率分别为80%和90%。在茎尖离体诱导中，茎尖用300 mg/L秋水仙素处理10 d、500 mg/L秋水仙素处理7 d或10 d后，再切取长0.5～1.2 mm的微茎尖诱导丛生芽，效果较好，诱变率分别为60%、66.7%和73.3%。罗汉果同源四倍体试管苗的枝条粗壮，叶片增厚、变宽，叶基闭合，叶色深绿；叶片表皮毛变粗、变长，清晰可见；气孔增大，气孔密度比二倍体小，气孔保卫细胞增长，保卫细胞内叶绿体粒数增多。试管苗的形态特征可作为罗汉果多倍体形态学鉴定的可靠指标。莫海萍还通过田间试验对罗汉果同源四倍体的形态特征和生育特性进行初步研究，田间观察发现，罗汉果同源四倍体部分器官表现出巨大性：新梢粗壮；叶柄增粗，叶基闭合，叶片变宽、变厚，叶形指数变小，叶面粗糙，叶色深绿，幼叶上的表皮毛浓密；花蕾大，花色深，花瓣和子房明显大于二倍体。但四倍体植株生长缓慢，生长势比对照二倍体弱，上棚时间晚，分枝数少；生育期延迟1～2个月，育性下降，部分雄花出现无花粉败育现象，雌株结实率下降，果实变小、变短，果形指数变小，果皮增厚，不易开裂，种子数量减少。

之后多家科研单位和公司竞相开展了无籽罗汉果的研究，桂林亦元生现代生物技术有限公司蒋向军等自2005年开始无籽罗汉果的培育研究，于2007年获得了"亦元生无籽罗汉果"新品种登记证书[（桂）登（药）2007023号]，并与广西植物研究所经过多年的研究合作，2008年由广西植物研究所李锋等首次报道了三倍体无籽（少籽）罗汉果选育成功。该品种主要利用罗汉果已有优良品种和株系（二倍体），采用秋水仙素诱导体细胞染色体加倍或变温诱导2x雄配子等技术方法，结合组织培养，成功培育出罗汉果多倍体种质材料，其中三倍体无籽罗汉果、四倍体罗汉果表现出了极具开发利用前景的生物学性状及栽培学特性。多倍体罗汉果与二倍体罗汉果相比，植株在地径、株径、叶片、气孔、保卫细胞、花瓣、柱头、子房、果实等形态上表现出"巨大性"，均随倍性的增加而增大，这与莫海萍的研究结果相同；但"亦元生无籽罗汉果"表现出更良好的适应性和生长发育状况，抗逆性强，丰产稳定，生育期延长，上棚期、开花结实期均提早，具有良好的开花结实品性，不同倍性果实最佳采收时间是在授粉后的80 d，多为大中果以上，果实无籽或极少籽；且果型好，口感好，果皮韧性强，采收包装时不易破损，常温下存放时间长。多倍体与二倍体罗汉果果实生长和苷类成分积累动态基本一致。果实生长均可分为三个时期，即迅速生长期、缓慢生长期、停止生长期；苷类成分随日龄的增长，苷ⅡE、苷ⅢE依次出现和消失，成熟罗汉果以苷Ⅴ为主；苷类物质在植物体内的代谢是由苦味的苷ⅡE转化为苷Ⅲ，再转化为高甜度的苷Ⅴ的过程。多倍体罗汉果苷Ⅴ含量显著提高,特别是三倍体罗汉果还具有无籽的特性,制作各种产品时原料利用率高。

近年来,桂林亦元生现代生物技术有限公司再次选育出的高甜苷富硒无籽罗汉果新品种,整果利用率比有籽罗汉果增加45%以上,罗汉果苷Ⅴ含量达2.18%,比有籽罗汉果增加40%以上。邓卫利等(2016)对富硒无籽罗汉果、亦元生无籽罗汉果、速溶罗汉果饮品和普通罗汉果中主要营养成分进行对比分析研究,发现其均含有丰富的罗汉果总皂苷、罗汉果苷Ⅴ、蛋白质、氨基酸、维生素C等营养成分,以及钙、镁、钾、钠、铜、铁、锌、硒等人体必需微量元素或矿物质,而富硒无籽罗汉果中硒更为丰富。

2. 雄性多倍体(自然突变株)品系培育无籽罗汉果

该技术主要依赖天然败育的雄性突变株系的发现,然后利用败育基因杂交培育无籽果实。2005年广西药用植物园马小军课题组将伯林3号与雄性品种ND杂交,在其后代中出现一株花粉败育严重、花朵硕大的雄性突变单株(M036,"药园败雄1号")。随后,用此花粉与二倍体母本农院B6杂交,果实成熟后获取F_1三倍体种子,用F_1现蕾茎段作组培建立了无性系。2008年对该F_1单株品系群体进行杂交试验发现,雄性后代全部败育,雌性后代授予正常花粉果实均为无籽果实(F050,"药园无籽1号"),从而得到三倍体无籽新品种。同年"药园败雄1号"和"药园无籽1号"通过省种子管理部门组织的育种专家现场认证,2009年1月获广西壮族自治区农业厅颁发的"广西农作物品种登记证书"[(桂)登(药)2008029]、[(桂)登(药)2008030]。"药园无籽1号"植株健壮,主茎粗0.71~1.18 cm。叶片心形,叶片长12.26~21.57 cm、宽10.24~20.85 cm,深绿色,叶柄长4.20~6.91 cm。子房棒槌状,浅绿色。花朵5瓣、黄色。幼果卵形、青绿色。成熟果实短圆形,纵径5.65 cm,横径5.25 cm。果实短圆形,单果重58.86 g,果实青色,果柄长0.60~3.70 cm。果皮厚1.25 mm,无籽果率90%,平均每个果实有种子1.78粒,种子相对较小。果实肉质饱满、细腻,鲜果果肉重占果实重的62.35%。总苷、甜苷Ⅴ、水浸出物、总糖、葡萄糖、维生素C和水分含量分别为4.61%、1.64%、49.80%、35.50%、11.80%、2750.00 mg/kg和70.70%。生长势旺盛,每亩坐果9 000~13 000个。在广西南宁市,"药园无籽1号"4月中旬定植,4月下旬抽芽,5月至7月上旬为营养生长期,7月中旬现蕾,8月上旬开花,果实10月下旬至11月上旬分批成熟,果实发育期70~90 d。

付伟(2011)对罗汉果二倍体及四倍体遗传变异进行了研究,验证了突变株("药园败雄1号")为四倍体,其后代无籽罗汉果("药园无籽1号")为三倍体,它们之间基因组DNA的SRAP多态性较低,遗传差异较小,但罗汉果四倍体在抗逆性及光合能力方面更优于二倍体植株。罗宏对无籽罗汉果主要农艺性状及品质性状的遗传效应研究发现,无籽罗汉果比有籽罗汉果表现出更大的杂种优势,无籽、有籽罗汉果在选育高产品种时应高度关注果实纵径与横径,在选育高甜苷含量品种时,无籽罗汉果应高度关注单果重与果实横径,有籽罗汉果应高度关注单株产量、果形指数与果实硬度。莫长明等(2014)还分析了罗汉果无籽果实变小的原因,是其受精不良而胚败育,内源IAA和CTK、GA、SPDS合成严重缺乏,造成调控细胞分裂与膨大蛋白基因的表达受抑制,从而果肉细胞不能正常分裂与膨大所致。

(三)航天育种

空间诱变育种是将作物种子或诱变材料搭乘返回式卫星或高空气球送到太空,利用太空特殊的环境诱变作用,使种子产生变异,再返回地面培育作物新品种的育种新技术。空间诱变育种具有效率高、变异幅度大、育种周期短等优点,是获得新种质资源的有效途径之一。将航天育种技术应用于中药材品种的选育上,在一定程度上能够解决药材资源短缺、品质不佳的问题。

罗汉果航天育种始于2011年,种籽来源于永福县罗汉果研究所筛选的冬瓜果优良单株,该种籽搭载"神舟八号"飞船进入太空育种,2012年发芽后经大田种植选择芽变单株、株系比较试验、中试示范种植等过程,于2015年将罗汉果航天品种命名为"龙江1号"。"龙江1号"优点为多籽多花,高产稳产,丰产性好,商品率高,生长旺盛,适应性、抗逆性、抗病性强。

2016年广西植物研究所蒋水元课题组在开展罗汉果航天种子地面选育研究中,筛选出航天罗汉果优良无性系2个:航天早熟雌株(暂命名为"桂航1号")和航天优良雄株。向巧彦等(2017)利用ISSR分子标记研究空间诱导罗汉果DNA突变,结果表明部分航天种质已经产生了一定的遗传分化,具有与主栽品种相似的遗传背景,可能获得了有益突变。2018—2022年,黄夕洋(2018)和甘金佳等(2022)经连续多年观测,明确航天早熟雌株(暂命名为"桂航1号")具备现蕾和开花提早、开花到果实成熟天数缩短的早熟特性以及高甜苷含量的优势性状。

第三节 罗汉果种苗繁殖

罗汉果种苗繁殖方式包括有性繁殖（种子繁殖）和无性繁殖（嫁接繁殖、组培快繁、扦插繁殖），目前规模化、工厂化育苗主要采用组培快繁结合扦插繁殖的组合方式。

一、种子繁殖

罗汉果种子繁殖具有繁殖系数高，种源丰富，方法简易，成本低，可更新世代，提高生活力，便于远距离引种等优点，但苗期性别鉴定困难，植株变异性较大。

（一）种子选择与处理

为了保持苗木优良品质，减少变异，宜选择生长健壮、品质优良而丰产的单株作为采种的母株。在果皮转黄、果柄枯黄、果实充分成熟时，采摘无病虫害的果实供取种用。罗汉果种子无休眠期，随采随播或翌年春播均可。如果种子需保藏一段时间，可将果实置于室内通风处晾干，用麻袋或网孔袋装好，挂在凉爽处，如此处理的种子寿命可长达一年左右。另一种方法是将种子从果实中取出，清水洗净，晾干，混清洁河沙，置阴凉处，经常保持河沙湿润，可保存到次年春天播种。

（二）苗床的准备

苗床选择水源方便、排水良好、土质疏松的地块，最好是生荒地。选定后提早秋翻，清除草根杂物，打碎土块，在播种前一个多月，再翻耕土壤一次，使土壤日晒消毒，以减轻苗期受根结线虫危害。在播种时先将畦整好，起成宽 1.2 m、长度适宜的苗床。

（三）播种

秋播须在大棚、温室里进行才能越冬；春播在"清明"前后，旬温稳定在20℃以上时为播种适宜期。一般采用条播，播后用细土覆盖，再用稻草覆盖畦面，以减少水分蒸发，避免土壤板结，保证种子顺利出土。罗汉果种壳木质化，吸水较慢，一般不经处理的种子播后30～40 d才开始发芽。如果在播种前将种子破壳，经农用硫菌灵500倍稀释液消毒10 min，再用蒸馏水冲洗，之后将种仁置25～28℃恒温箱中催芽，5～7 d后种子开始发芽，出苗整齐，发芽率可提高8.1%左右，当子叶展开时将幼苗移植苗床。次年春待块茎长至3～5 cm时便可种植。

（四）苗期管理

罗汉果幼苗耐阴，怕强光暴晒，叶片易发生日烧，须搭半阴棚遮阴，才有利其生长发育。在幼苗生长期勤追有机肥或1%～2%尿素，同时注意地下害虫的防治，特别是大蟋蟀常咬断幼茎，要及时用毒饵诱杀。

二、嫁接繁殖

嫁接是罗汉果无性繁殖方法中的一种经济有效的快速繁殖方法，能保持母本的优良特性，可有计划地繁殖雌雄株，提早结果，提高优良品种的适应性；还可接换良种改造低产园，配置花期相遇的优良授粉品种，是罗汉果实现良种化和提高产量与品质的重要途径。

（一）砧木与接穗选择

1. 砧木

选择适应性强的实生或压蔓繁殖幼苗或成年植株的青皮果、红毛果和茶山果作砧木。砧木藤蔓粗度宜相近于或略大于接穗藤蔓，种薯无根结线虫感染，叶片无病毒病感染。

2. 接穗

宜选择经过选种鉴定、已经开花结果、高产优质的优良母株，或具有某种特殊经济性状，或抗性、芽眼饱满未萌动或刚萌动、叶片完好无病虫害、半木质化植株的藤蔓中部。

（二）嫁接时期

整个罗汉果旺盛生长时期都可以嫁接。一般露地栽培最适宜的嫁接时期为清明到立秋。宜选择无风、温暖的晴天或阴天嫁接，雨天或干燥的大风天和太阳直射炎热的中午不适宜嫁接。

（三）嫁接方法

适宜罗汉果嫁接的方法有多种。现介绍几种方法简易、取材容易、成活率高的嫁接方法供参考应用。各地可根据嫁接目的、繁殖材料情况、嫁接人员所擅长的嫁接方法，区别情况选择适合的嫁接方法。

1. 镶枝接

（1）采穗。采剪接穗最好在晴天或阴天，在清晨阳光照射尚未强烈的9—10时之前进行，这时候藤蔓会有充足的水分，有利于提高嫁接成活率。采剪宜用锋利的修枝剪或嫁接刀剪切适合嫁接的藤蔓，不能用手扯，以免损伤母株。采下的接穗要就地及时剪叶，每叶片留1/3，每条接穗留芽眼饱满、叶片完好的藤蔓中间3～10节剪断。每10条一扎，用湿润青苔覆盖和塑料袋包装保湿备用。

（2）削穗。以藤蔓节为中心，在芽的两侧用刀削去皮层，上下各长1.5 cm，两端削成楔形。

（3）剖砧。选择主蔓基部弯曲度与接穗相似的节位，用刀片对准节的中心自上而下纵切一刀，切口与接穗等长，其深度可根据接穗粗度确定，以接穗镶入、砧穗皮层能对准为宜。

（4）嫁接。将接穗形成层与砧木形成层对准（至少一边对准），贴紧，并将砧木切口附近的叶柄卷须切除，以便于绑扎。

（5）绑扎。根据砧木径粗的大小，用长25～30 cm、宽1 cm左右的塑料带，由下而上、一圈紧压一圈绑扎，所有接口要密封，但接芽要露出，绑扎不宜过紧或过松，以切口恰好密接、不留缝隙为宜。

2. 嵌合接

（1）采穗。同镶枝接。

（2）削穗。嵌合接采用单芽接穗。接芽切削方法，以节为中心，在芽的两侧用刀片削去皮层，上下各长1 cm左右，两端削成楔形，斜面根据接穗和砧木粗度，长

0.3～0.5 cm，切面不起毛。削好后，置于装有浅水的培养皿或盘中保湿备用。削好的接穗最好在半天内接完，放置时间过长影响嫁接成活率。

（3）剖砧。在母蔓基部离种蔓基头约10 cm，于弯曲度与所削接芽相适应的部位用嫁接刀或刀片，对准藤蔓中心自上而下纵切一刀，与接芽等长，切口要平直，一刀完成。

（4）嫁接。剖砧后及时用右手拿嫁接刀或刀片把砧木切口挑开，左手取接芽，先将接芽顶端斜插进砧木切口下方，然后将接穗由下往上推，把接芽镶入砧木切口；或将接芽下端斜插入砧木切口上方，然后将接芽由上而下推，把接芽镶入砧木切口，嵌入深度平砧木皮层，同时将砧木切口附近的叶柄卷须切除，以便绑扎。

（5）绑扎。塑料带由上而下、一圈紧压一圈地绑扎，其余方法同镶枝接。

3. 劈接

（1）采穗。同镶枝接。

（2）削穗。劈接的接穗可采用单芽、双芽或多芽，根据接穗充裕程度而定，接穗数量少、难于采集就采用单芽，接穗容易采、数量多可采用双芽或多芽嫁接。接芽削切方法，不论是单芽、双芽还是多芽均在接穗下端削成楔形，斜面长1～1.5 cm，切口要平直光滑，不起毛，一刀完面。削好的接芽放置在装有浅水的培养皿或瓷盘中保湿备用。

（3）剖砧。在母蔓基位10 cm左右，选取平直部位断砧，切口修平，对准中心纵切一刀，深度与接芽楔形切口等长。

（4）嫁接。剖砧后，一手持刀片稍微挑开砧木切口，一手拿接穗插入砧木切口，砧木、接穗粗度相同的可对准两边皮层，砧木、接穗粗细不一，可将接穗皮层靠砧木一边皮层插入。接穗楔形尖端要插到砧木切口底部，不留缝隙。

（5）绑扎。以左手大拇指和食指捏住砧木顶端固定好接穗并压着塑料绑带的一端，右手拿塑料带另一端在砧木顶端紧绕一圈固定好塑料带之后，左手拇指和食指顺势往下移，右手将塑料带由上而下一圈紧压一圈，将整个切口密封。

4. 腹接

腹接根据剖砧方法不同有纵切腹接和斜切腹接两种。

（1）采穗。同镶枝接。

（2）剖砧。在母蔓基部离种蔓10 cm左右，选平直部位，根据接穗切口的长度，斜切腹接即向下斜切，长1～1.5 cm，切口下方深度以削开皮层宽度与接芽宽度相近为宜；纵切腹接则对准砧木中心向下纵切一刀，长 1～1.5 cm，深度以将接芽楔形切口镶入为准，接近另一面皮层，但不切穿皮层为好。

（3）嫁接。斜切腹接，以左手稍弯曲砧木，使切口微开，右手迅速将接芽楔形尖端插入，如接穗与砧木粗细不一，接穗长侧芽的一边皮层对准砧木一边皮层；纵切腹接，一手用刀片挑开砧木切口，一手将接穗楔形一端由砧木切口上方斜插入，整个接穗楔形尖端完全嵌入砧木，深度平砧木皮层。

（4）绑扎。用塑料带自砧木切口上方由上而下，一圈紧压一圈密封切口，砧穗密接不留空隙。

（四）嫁接苗管理

嫁接苗的管理工作对接芽的愈合、萌发、抽生新梢和成苗率影响极大，必须做好以下管理工作：要扶绑好嫁接苗，接芽下方的藤蔓不要扭曲损伤。嫁接 7 d 内，遇干旱晴天要注意淋水保湿。嫁接 7～10 d，要注意检查接芽愈合情况，绑带如有下陷现象，要稍松开绑带，但不要解绑，防止接口开裂影响成活。嫁接 15～20 d，接芽开始萌发抽梢，要注意及时断砧或弯出下垂接芽上部砧木藤蔓，并抹除砧木上的萌芽，集中营养促使接芽抽生的新梢迅速生长，形成健壮的母蔓。

三、组培快繁

近年来，随着罗汉果组织培养研究的深入，罗汉果脱毒培养和病毒检测技术以及脱毒苗快速繁殖技术不断取得突破，罗汉果组培苗生产已进入工厂化阶段。罗汉果组培苗因具有种苗不带病毒、繁殖系数高、根系发达、生长旺盛、抗性较强、当年挂果、结果多和产量高等优势，且对丘陵、缓坡地、旱地、梯田等可用土地类型具有较广泛的适应性。因此，组培苗的推广应用，解决了困扰罗汉果种植发展的种苗脱毒难、种性退化快、适应区域狭小等问题，为优质罗汉果种质、种苗的来源提供了保障，从而有力地推动了罗汉果产业的发展。

组培苗的生产主要包括总则、植株（种源）选择、组培苗培育、种源保存、炼苗与移栽管理和组培苗质量等级要求等方面。

（一）总则

繁殖罗汉果组培苗，应在具备洁净、无菌、调光、控温、除湿条件的组培室进行；应选择性状优良、无病虫危害的健壮植株作为外植体，经灭菌、脱毒处理后才能进行诱导培养扩繁；增殖培养不超过 6 倍，继代培养不超过 12 代。培养基的激素浓度以增殖和生根培养时不产生丛生芽为准，确保种苗的遗传稳定性；瓶苗要移至温室大棚内炼苗，然后才能转至营养杯内培养；温室大棚应具备控制温度、光照、喷淋的条件，移栽所用的基质须经消毒灭菌、灭虫处理。所生产的组培苗应长势健壮，根系发达，经检验不带病虫害后才能供应市场。

（二）植株（种源）选择

在无检疫性病虫害的罗汉果原种苗圃、种源基地或果园内，于现蕾期，选择健壮、无病虫危害、性状优良且遗传稳定的罗汉果植株为采集对象。

（三）组培苗培育

1. 外植体采集

选择在晴天的 10 时以前采集外植体，并于头天下午及采集前 2 h，对选定好的植株用杀菌剂喷雾灭菌。在灭菌植株上采集已现蕾的嫩枝 20～30 cm，剪除部分叶子保留叶柄，整齐放入保鲜袋内封口，放置于有冰块或冰袋保温的容器中，材料与冰块之间用纸隔开，避免冻伤材料，并防止冰块融化水进入保鲜膜内。以最快的速度运回组培室进行消毒灭菌。

每份外植体材料挂好标签、做好记录。按株系记录品种名称、种植地点、海拔高度、田间环境概况、取材时间、取材人等，建立信息档案，必要时进行全株拍照，以便跟踪观察。

2. 外植体消毒灭菌

（1）茎段消毒灭菌。将外植体材料用流动自来水洗净 30 min，在超净工作台中用手术刀或手术剪把多余的叶子切去或剪去，再剪切成 2.5～5 cm 带腋芽或顶芽的茎段，按老嫩程度分别放入灭菌过的玻璃瓶内，每瓶材料不超过瓶子容积的 1/3，然后进行消毒灭菌。外植体表面消毒时间越长，污染率越低，但随着消毒时间的延长，也会增加对外植体内部结构的损伤。王小敏等（2014）用 75% 酒精预消毒 30 s、无菌水冲洗 3

次、10% 过氧化氢消毒 3 min 的茎段成活率为 76.7%；席培宇等（2023）用 0.05% 高锰酸钾溶液消毒 25 min、0.1% 升汞消毒 8 min、75% 酒精消毒 30 s 的茎段成活率提高为 81%；唐凝等用 75% 酒精消毒 30 s、无菌水冲洗 3～4 次、0.1% 升汞消毒 6 min 成活率达 85%。因此带腋芽茎段根据幼嫩程度适宜的振荡消毒时间为 6～8 min，带顶芽茎段振荡消毒时间可减少至 3 min，然后用无菌水冲洗 4 次以上。

（2）茎尖消毒灭菌。将茎尖取 0.5 cm 长剪下，放在另一灭菌好的无菌瓶中用 0.1% 升汞消毒 3 min，再用无菌水冲洗 4 次以上。

注意事项：消毒药液可加"吐温 –80"等表面活性剂，以加强消毒效果。在消毒和冲洗过程中要不断摇动。用升汞消毒时注意带上防护胶手套，手不能与升汞直接接触，以免对人体造成伤害。

3. 接种

（1）茎段接种。在超净工作台中，将消毒灭菌好的带芽茎段切成 1～2 cm 长，用镊子夹起斜植入瓶中的固体诱导培养基，腋芽朝上，尽量让腋芽刚好与培养基表面接触，拧紧瓶盖。

（2）茎尖接种。在超净工作台中，将消毒灭菌好的茎尖放在解剖镜上，用解剖刀进行剥离，切取 ≤ 0.2 mm 茎尖放入瓶中的固体诱导培养基表面，拧紧瓶盖。

注意瓶盖不可盖得太紧，以保持空气交换，接种后及时放入培养室进行暗培养。

4. 培养

目前罗汉果组织培养诱导通常选用的激素有 6-BA（N^6-苄基腺嘌呤）、IAA（吲哚乙酸）、NAA（萘乙酸）、IBA（吲哚丁酸）等长调节剂，分别复配成"外植体腋芽启动""增殖扩繁"和"生根"3 种培养基。20 世纪 80 年代林荣等人在罗汉果茎段离体培养研究中发现，BA 和 IBA 配合使用，对茎段形成芽有增效作用，通过继代培养能繁殖大量种苗，将嫩梢转入含有 1/2MS+NAA 0.2 mg/L+ 蔗糖或白糖 2%+ 琼脂 0.45%～0.5% 的培养基能生根形成完整小植株，试管苗成功地移栽田间并开花结果。在此之后，罗汉果组培快繁相关的培养技术和培养基配方得到不断的优化和提升。

（1）诱导培养。茎段和茎尖接种在诱导培养基（具体配方见下），接种材料按编号在培养瓶上做好标识，放入培养室暗培养 7 d 左右，当外植体材料长出无菌芽后每天光照 4～6 h，无菌芽长到相当高度时剪成带一个腋芽的茎段接种于继代培养基中，茎尖接种于诱导培养基中。在接种 3～7 d 后，清除真菌和细菌污染的芽体；待苗长出 3 片以上功能叶时，每天光照 8～10 h，并进行病毒检测，及时清除带病毒的芽体。茎尖

第四章　罗汉果育种与种苗繁育

长势太慢时，应及时变换配方诱导出芽。培养间温度白天保持在 24～28℃，夜间保持在 20～24℃。

诱导培养基（pH 值 5.8）配方：陈汉鑫采用 MS+6-BA 1.0 mg/L+NAA 1.0 mg/L+蔗糖 30 g/L+琼脂 6.0 g/L 的诱导率为 40%，刘健晖等研究发现诱导培养基配方为 MS+6-BA 1.0 mg/L+NAA 0.05 mg/L+蔗糖 30 g/L+琼脂 3.5 g/L 时诱导率可达 83.33%，之后席培宇通过添加 2.0 mg/L 丝瓜络提取物到 MS+蔗糖 25 g/L+琼脂 7.0 g/L+花宝 1 号 0.5 g/L 培养基中，将诱导率再次提高至 92%。Hongyu Lu 等（2011）认为最有效的芽诱导是在 MS+0.2 mg/L TDZ+6-BA 2.0 mg/L+IAA 0.5 mg/L 的培养基上进行。

（2）继代培养。在诱导培养的材料中，选取生长势旺盛的无菌芽，剪切成带腋芽或顶芽的茎段，用微型扦插法接入增殖培养基（具体配方见下），在暗室培养 5～7 d。待长出愈伤组织和芽长至 1～1.5 cm 时逐渐加强光照，每天开荧光灯照射 1～2 h，长至 2～3 cm 时每天光照 4～6 h，当材料达到所需高度时，每天光照 8～10 h，强度为 2 000 lx。培养室的温度白天保持在 24～28℃，夜间保持在 20～24℃。当苗势弱时应马上进行转接，并适当加大激素浓度。重复继代培养代数 < 20 代。

继代培养基（pH 值 5.8～6.0）配方：陈汉鑫（2015）和王小敏（2014）等人分别使用 2/3 改良 MS+IBA 0.5 mg/L+GA_3 0.3 mg/L+蔗糖 40 g/L+琼脂 6.0 g/L、MS+6-BA 1.0～1.5 mg/L+IBA 0.5 mg/L+蔗糖 30 g/L+琼脂 5.0 g/L 的培养基，发现均有利于罗汉果的增殖，增殖系数分别达 4.0 和 4.45。唐凝等（2022）发现激素组合 MS+6-BA 1.0 mg/L+IBA 0.4 mg/L+蔗糖 30 g/L+琼脂 7.0 g/L 的继代增殖培养基的增殖系数达 6.3，而付长亮等（2005）研究得到的最佳增殖培养基为 MS+BA 0.5 mg/L+IBA 0.1 mg/L+NAA 0.01 mg/L+蔗糖 40 mg/L+琼脂 8.0 g/L，培养 30 d 后增殖系数为 13.13。Taoju Lan 等（2009）添加 0.2 mg/L LFS（灵发素，N^9-angustose 腺嘌呤）在 MS+蔗糖 30 mg/L+琼脂 4.5 g/L 培养基中，可以提高罗汉果组培的生产效率，并可能有利于保持幼苗的遗传稳定性。Huabing Yan 等（2010）研究了临时浸泡系统（TIS，MS+BAP 0.1 mg/L+NAA 0.01 mg/L+蔗糖 30 mg/L）培养对罗汉果幼苗生长和质量的影响，发现 TIS 促进了罗汉果的生长和质量，显著提高增殖率、芽长、芽鲜重、芽干重以及总生物量，还减少了芽基部愈伤组织的形成，而且根系发达。同时，也可使用 MS+6-BA 0.5 mg/L+NAA 0.05 mg/L+蔗糖 30 g/L+琼脂 4.5 g/L 的配方来继代罗汉果种苗。

曾雯雯等（2015）研究表明，在继代过程中可使用头孢霉素抑制细菌污染，250～500 mg/L 为较适用的头孢霉素浓度范围，30 mg/L 为最佳浓度，连续两次继代，每次继代培养20 d，既能有效抑菌，又能保障组培苗的正常生长。

（3）生根培养。将继代培养好的材料，剪切成带腋芽或顶芽的茎段，用微型扦插法接入生根培养基，放入暗室培养5 d，清除污染苗，再培养3 d，待根系长出时移至培养架上摆放，根据苗的长势逐步加强光照，新芽长出1 cm时每天光照2～4 h，长至2 cm时每天光照6～8 h，直至叶绿茎粗。培养前期温度白天保持在30℃左右，新芽长出后，白天温度保持在28℃左右，夜间保持在20～24℃，以利根原基的形成。当苗高达≥3 cm时，逐步降低培养间温度至15℃，再把苗移至大棚炼苗。

生根培养基（pH值5.8～6.0）配方：1/2MS培养基常用于罗汉果生根培养，其中王小敏（2014）、陈汉鑫（2015）和Hongyu Lu（2011）等的研究结果发现，1/2MS+6-BA 1.0 mg/L+IBA 0.5 mg/L+蔗糖30 g/L+琼脂5.0 g/L、1/2改良MS+IBA 0.5 mg/L+活性炭0.1%+蔗糖20 g/L+琼脂6.0 g/L、1/2MS+NAA 0.5 mg/L或IBA 0.5 mg/L+蔗糖30 g/L均适宜罗汉果根的分化。唐凝等（2022）在筛选最佳生根培养基的同时，还统计了生根数量和生根率，发现1/2MS+IBA 0.5 mg/L+NAA 0.5 mg/L+蔗糖15 g/L+琼脂7.0 g/L配方下的生根数量为3～8条，生根率达86%。席培宇等（2023）筛选的最佳生根培养基为1/2MS+IBA 0.1 mg/L+NAA 0.1 mg/L+碳粉0.2 g/L+蔗糖25 g/L+琼脂7.0 g/L+花宝1号0.5 g/L+碳粉0.2 g/L，生根数量增加至5～9条，生根率高达93%。姚绍嫦等（2014）通过正交试验优选了罗汉果组培苗生根壮苗生产工艺，发现培养基和活性炭对组培苗生根壮苗产生显著影响，其影响程度为：培养基＞活性炭＞NAA＞蔗糖，较优的配方组合为1/2 MS+NAA 0.5 mg/L+蔗糖30 g/L+活性炭0.5 g/L。除了常用的1/2MS培养基，韦荣昌（2018）、刘健晖等（2014）研究发现，MS和B5培养基也可用于罗汉果生根，配方分别为MS+NAA 0.1 mg/L+IBA 0.15 mg/L+BA 0.07 mg/L+0.1 g/L活性炭+白糖30 g/L+琼脂4.5 g/L、B5+活性炭1.0 g/L+蔗糖30 g/L+琼脂5.0 g/L。莫淑媚等还发现罗汉果苗不定根的数量和粗度与Spm（精胺）浓度呈正相关，而长度则呈负相关。MS+LFS 0.2 mg/L+Spm 2.5 mg/L+蔗糖30 g/L+琼脂4.5 g/L处理组的效果最佳，与CK组对比，不定根数增加1.5倍，根粗增加1.0倍，最长根长度缩短50%。可见，Spm对LFS（灵发素）诱导罗汉果不定根的形成有显著的改善作用，使罗汉果组培苗的整个根系表现出"多、粗、短、壮"的特点。

此外，在罗汉果组培快繁研究中，Meijun Zhang等（2009）还利用1000 μmol/mol的二氧化碳浓度替代糖作为碳源，在无糖、无激素的MS培养基和100 μmol/（m²·s）光合光通量密度下生长的罗汉果幼苗，表现出根系发达、无愈伤组织，芽长得更好，

第四章　罗汉果育种与种苗繁育

叶绿素含量更高，电子传递率更高，离体成活率提高了 31%。Huabing Yan 等（2010）在开展罗汉果苗体外生根的研究中发现，从 MS+NAA 0.1 mg/L+ 蔗糖 30 mg/L+ 琼脂 4.0 g/L 培养的罗汉果苗中，取有两个节的插条在 100 mg/L NAA 中浸泡 1 min，插入珍珠岩基质中，于 25 ~ 30℃、80% ~ 90% 湿度的温室中培养，通过这种方法培育的植株在微扦插基部具有侧根，没有愈伤组织，像自然根系一样，根的长度、生根率和移植成活率也更高。Meghna Patial 等（2024a）则建议采用两阶段培养法进行罗汉果培养，先在 MS+BAP 5.0 μM+ 蔗糖 30 g/L+ 琼脂 8.0 g/L 的培养基中繁殖芽，再在 1/2 MS+IBA 8.75 μM+ 蔗糖 30 g/L+ 琼脂 8.0 g/L 的培养基中生根，之后在灭菌沙中进行了适应性培养，成活率达到 100%。Meghna Patial 等（2024b）还发现在 MS 培养基中添加柠檬酸盐和 CTAB 包裹的金纳米粒子（AuNPs），有利于罗汉果离体发育和繁殖，包括茎长、节数、单株根数，发现根长、叶数和卷须长度等。

（四）种源保存

用同一茎尖所产种苗扩繁，才能保持种性一致；育成的组培苗经试种成功后才能大面积推广。而初代培养需时过长，当年很难实现规模化生产，所以必须以头年采集的未经扩繁的、继代数为 1 ~ 2 代的外植体无菌苗作为种源保存到第二年使用。

1. 小筒培养法

用草炭、蛭石、珍珠岩各 1/3 拌匀，以 MS 1/5+NAA 0.1 mg/L 营养液喷淋，至湿度以抓起来成团不散为标准，装入培养杯中，经过高温灭菌冷却之后再把要保存的已生根种源接种在里面，让其缓慢生长，以减少保存代数，保持种源的遗传稳定性。

2. 低温保存法

利用低温把需要做种的品种放在温度较低和干燥的地方，使其在低温中处于休眠状态抑制其生长，等到需要扩繁时再把温度慢慢地提高，恢复到正常生长状态后再进行扩繁。

（五）炼苗与移栽管理

罗汉果组培苗应在温室大棚内炼苗，然后移栽至营养杯培养，根多苗壮后才能供应市场。

1. 大棚选址和设备

温室大棚应选择背风向阳、地势高、供排水良好、便于管理、交通方便、无任何污染的地方构建，采用透光性强、保温性好的塑料薄膜或 PC 阳光板作为覆盖材料，棚内应配套有喷淋、控温、调湿、遮阳、防虫网等设备。

2. 苗床搭建

苗床宽 1.2 m，高于地面 10 cm，各苗床之间应留有 0.3 m 宽的工作通道。苗床表面铺一层隔离物（煤渣、板材、地膜）将营养杯与地面隔开，避免苗床积水以及线虫危害。加温设施的管线放在隔离物下面，苗床每亩撒用 400 kg 石灰消毒。

3. 营养杯和基质

选取疏松、透气、透水、肥效好的泥土与有机肥按 7∶3 比例，充分拌匀成基质，保证土壤湿度在 60% 以下、不结块，或者购买商品化基质进行配比，装入营养杯，相互依靠整齐排放于苗床上，按照 GB 4285 规定的方法，对基质淋施杀菌剂、杀线虫剂。

陈汉鑫、席培宇等使用泥炭土∶珍珠岩 =10∶2、蛭石∶珍珠岩∶苔藓 =2∶1∶1 作为基质，移栽成活率可达 97.8%～100%。罗汉果无糖苗移栽炼苗的基质则按照全价育苗基质（纯草炭土型）∶珍珠岩∶碳化稻壳 =2∶1∶1 配比，可使育苗期罗汉果生长健壮，根系发达，而且在不同季节均适用，在冬季使用效果更加明显，添加碳化稻壳使基质疏松、透气、颜色变深，多吸收太阳热能，提高土温，更有利于根系生长。

4. 大棚灭菌

大棚密闭用熏蒸剂消毒处理。

5. 炼苗

当年 10 月至翌年 1 月期间，将组培瓶苗移进大棚，按一定距离摆放在大棚里进行为期 7～15 d 的炼苗，避免强烈阳光直晒，避免过高、过低温度的出现，让其逐步适应自然条件。移栽前 3 d 将瓶盖打开，用杀菌剂对小苗喷雾。防止小苗受细菌、真菌的危害而染病。移栽前 1 d 给瓶苗内淋入少许纯净水使培养基软化。

6. 移栽

用镊子夹住茎基部，从组培瓶中将苗取出放入水盆中，清洗干净根部黏附的培养基，按高度将种苗分等级分开，移至营养杯栽种，栽种不宜过深，以植株固定不倒、根不外露、根土密接为宜，淋透定根水。大棚用 70%～90% 遮阳网遮阴，避免光照过强灼伤幼苗，苗床用塑料薄膜搭成小拱棚，薄膜四周压实以保温、保湿。

7. 大棚育苗管理

（1）温度管理。棚内温度宜保持在 15～30℃，最低不低于 5℃。温度过高时启动降温设备,并将小拱棚开口通风,低温天气应加温。后期待小苗长出新芽和新根时,应去掉大棚遮阳网或小拱棚,让其适应外界气温变化。

(2)湿度管理。棚内空气相对湿度维持在60%～80%,发现基叶片较干时可进行适当的喷雾。定植后的7 d内苗床上的小拱棚保持密闭,此后可逐渐多开口通风或使用抽湿机降低湿度。后期揭开小棚使苗适应外部环境。

(3)光照管理。保持大棚薄膜的清洁,增加透光度。前期要盖遮阳网,避免阳光直射。在确保苗床温度的前提下,小拱棚中期要少揭多盖;后期待小苗长出新芽和新根后全部揭开小拱棚或去掉大棚遮阳网,延长光照时间,增加光照强度。

(4)水肥管理。营养杯土湿度应保持在60%～80%,当杯土干燥时,应及时喷淋水保湿。度过缓苗期后,当小苗长出新芽时,用叶面肥、稀土微肥交替喷淋,每隔7 d一次。无论人工、半自动喷灌都要求喷洒均匀,水滴成雾状,避免过大水滴击伤幼苗或冲走营养土。20 d左右后,待新根新叶长出后补充硼肥、钙肥、钾肥。应将死苗、病株及时剔除,及时补苗。

(六)组培苗质量等级要求

罗汉果组培苗是指罗汉果组培瓶装生根苗经过一定时间培养后,在设施大棚条件下,移栽入装有营养土(基质)的营养杯中,经培育而成并检验合格的、可供大田定植的种苗。罗汉果组培苗按要求分为一级、二级、三级3个等级,见表4-1。罗汉果组培快繁主要流程见图4-8。

表4-1 罗汉果组培苗等级的要求

项目	指标		
	一级	二级	三级
茎高度(cm)	8～10	5～8	3～5
叶片数(片)	6～8	4～5	3
继代数	≤20	≤20	≤20
变异株率(%)	≤2	≤3	≤5
品种纯度(%)	≥98	≥97	≥95
病毒情况	罗汉果花叶病病毒不得检出		

材料采集　　　　诱导培养　　　　生根培养　　　　组培苗出圃

茎段和茎尖接种　　　　继代培养　　　　组培苗移栽

图 4-8　罗汉果组培快繁主要流程

四、扦插繁殖

（一）育苗场地准备

1. 场地选择

在罗汉果适生地区域内，选择背风向阳、地形平坦、供排水良好、交通方便、土壤弱酸性至中性且疏松肥沃，前茬无严重根结线虫病、青枯病与病毒病等病害发生场地建造育苗大棚。

2. 大棚建造

根据地形和面积，因地制宜规划构建防虫网塑料大棚。防虫网型号采用 30～40 目防虫网，塑料大棚围裙需加装防虫网和棚顶外部安装 70% 的遮阳网。大棚朝向宜为南北向。

3. 土壤消毒

按 0.3～0.4 kg/m² 用量在棚内撒施生石灰等（包括但不限于氢氧化钙、石灰氮、原孢伦菌），然后将土壤深翻 30 cm，盖膜闷棚 7～10 d。

4. 整地作畦

畦宽 1.2 m，畦高 20～25 cm，畦间通道宽 30～40 cm。畦朝向与大棚相同。

5. 施入基肥

将 5～7.5 kg/m² 腐熟的有机肥、50～75 g/m² 过磷酸钙，结合整地作畦，充分与土壤混合。

第四章 罗汉果育种与种苗繁育

（二）采穗母本苗的培育

组培苗移栽20～30 d后长出新根、新芽，此时可将组培苗作为采穗苗培育。

1. 栽植时间

组培母本苗培育一般在5—9月完成。

2. 整形修剪

组培母本苗萌发新芽后，利用吊绳或竹竿引导直立向上生长，及时抹掉侧芽。

3. 肥水管理

适时淋水，保持土壤含水量为60%～80%；根据植株生长情况，每10～15 d施有机水肥、腐殖酸水溶性肥或复合肥液等1次，肥料浓度及用量视植株大小与长势强弱而定。

（三）扦插苗培育

当采穗母本苗主蔓高度达到30～50 cm时，可自基部保留1～2片健康叶片短截，短截的嫩枝作为插穗培育成为扦插苗。

1. 扦插苗培育时间

扦插扩繁宜在10—11月完成。

2. 苗床整理

将温室大棚内地面整平，划分苗床和步道，苗床宜为宽1.0～1.2 m，步道宽0.3～0.4 m。大棚苗床使用前用生石灰消毒，撒施，用量0.5 kg/m²。苗床上铺高密度防草布，起隔离及保温作用。保障排水畅通，做到内水不积，外水不淹。

3. 装填营养杯及消毒

使用商品育苗基质，扦插前淋透水，稍干后用敌克松消毒。

采用规格7 cm×7 cm或8 cm×8 cm的塑料薄膜营养杯育苗。装杯时，育苗基质装至离杯口约0.5 cm处。营养杯应装实，然后将营养杯整齐地摆放到苗床上，营养杯上口应平整一致，苗床四周用拉绳或围栏固定，避免营养杯倒伏影响苗生长。

扦插前3～5 d，以百菌清等杀菌剂和阿维菌素1 500～2 500倍液喷洒基质，每2 d喷1次，连喷2～3次。扦插前通风换气1～2 d，以防药害。

4. 插穗处理

自采穗苗基部保留1～2片健康叶剪断，采下的叶芽放置于具有保湿功能的容器中，容器放置冰块或冰袋保湿保温。

用剪刀将叶芽条剪成长 3～4 cm、带一芽一叶的插穗。插穗的上剪口离叶腋约 0.5 cm，插穗上的叶片视大小可裁掉 1/4～1/2。所有剪口要求平滑、不破皮、不劈裂。

5. 激素处理

剪好的插穗基部放入百菌清等杀菌剂中浸湿，立即取出沥水后，按以下扦插方法进行处理。

6. 扦插方法

采用单芽一叶一芽扦插法，先将激素溶液（配方如下）与生根泥混匀，再将插穗下端蘸配制好的生根泥，并将插穗插入育苗基质，插入深度以不能盖过基部的腋芽，最后浇一次透水。

激素配方：萘乙酸（NAA）500～1 000 mg/L 或生根粉（ABT）200 mg/L+ 萘乙酸（NAA）100 mg/L+ 吲哚丁酸（IBA）200 mg/L。

7. 扦插苗管理

（1）光照

育苗前期（1～8 d），对光照极为敏感，一般需要弱光条件。如果长时间的强光照苗插穗易萎蔫而死。在太阳光线强或温度高时隔 2 h 喷雾一次，减少蒸腾作用，中午避免 12:30—14:00 高温喷水且阴天减少喷水。移栽 10～12 d 后，开始慢慢长根长芽，需逐渐加强光线使出芽粗壮厚绿。

（2）温度、湿度

25℃为罗汉果组培苗插穗的最佳成活温度。育苗前期所需湿度较大，一般保持营养杯土壤湿度在 80%，空气湿度在 80%～85%。待苗长根长芽阶段（扦插 12 d 左右）土壤湿度可降至 60%，叶面无须过多喷雾。阴雨天尽量不喷雾，湿度太大则容易引发病害，应适当补水。

（3）水肥管理

扦插前期可喷施叶面肥促进生长。到育苗中期，90% 的苗均长根长芽后，可淋施充分腐熟的、浓度 10% 的菜籽麸。待完全长好根芽便逐渐加入化学肥料。幼龄苗以营养生长为主，施肥应选择以氮肥为主、磷肥和钾肥为辅的复合肥，其浓度控制在 0.1%～0.3%，并做到薄肥勤施，每隔 3～4 d 淋肥一次。到育苗后期（冬季），主要控制苗生长速度，促进小苗粗壮、叶片深绿，此阶段减少施用氮肥，增加磷肥、钾肥壮苗。

（四）出圃

第二年春季，当苗高 5～15 cm，芽粗壮，不定根达 3 条以上，展开的成熟叶达 3 片以上、健康无病虫害时即可出圃。出圃时，按苗等级整齐分装入规格统一、高出苗顶面 5 cm 以上的塑料筐。

（五）注意事项

目前市场上农户种植的罗汉果种苗基本都采用扦插苗，与组培苗相比，扦插苗具有繁殖成本低、种植成活率高、容易管理、植株粗壮且早结丰产等优点。但随之而来是大部分苗场采用无根扦插繁殖方式培育扦插苗，从而造成种性退化快，种苗有可能携带病毒等严重影响产量的问题。因此必须推广组培脱毒苗＋扦插苗的方式培育罗汉果健康种苗。

罗汉果健康种苗繁殖技术就是利用组织培养技术经过继代培养、生根培养、炼苗移栽培养成组培苗，经过检测无检疫性病害后再通过扦插方式扩大繁殖，且种苗的扦插代数需控制在 10 代之内，且培育出的种苗本身不携带病毒即为健康种苗。

（六）罗汉果扦插苗质量要求

为保证罗汉果扦插苗质量，根据个体差异，制定了相关分级标准，具体见表 4-2。罗汉果扦插苗与组培苗均分为一级、二级、三级 3 个等级，种苗出圃至少达到三级苗的要求。其中，罗汉果扦插苗在植株高度、病虫害情况提出了更高的要求，同时增加了叶片颜色、须根数量的要求。罗汉果扦插繁殖主要流程见图 4-9。

表 4-2 罗汉果扦插苗分级标准

项目	标准		
	一级	二级	三级
植株高度 /cm	10.0～15.0	8.0～10.0	5.0～8.0
叶片数 / 片	6.0～8.0	4.0～6.0	2.0～4.0
叶片颜色	浓绿或绿色	绿色	浅绿
须根 / 条	须根 ≥ 10.0	6.0 ≤ 须根 ≤ 9.0	3.0 ≤ 须根 ≤ 5.0
繁殖代数	≤ 20.0		

续表

项目	标准		
	一级	二级	三级
变异株率/%	≤ 2.0		
品种纯度/%	≥ 98.0	≥ 97.0	≥ 95.0
病虫害情况	罗汉果花叶病毒病、叶斑病、炭疽病、根结线虫等无病害检出或观察不到病害		

图 4-9　罗汉果扦插繁殖主要流程

五、罗汉果种苗（组培苗、扦插苗）病虫害防治技术

（一）病毒病

严禁病毒病发生、传染，一旦发现病株，须立即连根拔除、销毁。为预防病毒病的发生，要消灭蚜虫等传播媒介，定期或不定期喷施 2% 宁南霉素 500 倍液或 0.5% 香菇多糖水剂 250～300 倍液等。

（二）根结线虫病

可用线虫必克、淡紫拟青霉、福气多等生物杀线虫剂与有机肥混合，在施基肥时一并施用或兑水淋施。或选用 10% 噻唑磷颗粒剂等，在整地作畦时撒施并通过翻地混于土壤中或于线虫高发期在苗木行间开沟撒施并加土覆盖。

（三）炭疽病

在发病初期，可用70%甲基硫菌灵可湿性粉剂1 000～1 500倍溶液或75%线菌清可湿性粉剂600倍溶液或65%代森锌可湿性粉剂600倍液喷雾防治；或用25%咪鲜胺水剂800～1 000倍或70%代森联水分散颗剂+50%纯烯酰吗啉600～800倍防治。

（四）斑枯病

发病初期，可用45%噁霉灵·甲霜WP 800～1 000倍或咪鲜胺·锰盐或60%百泰可湿性粉剂1 500～2 000倍液喷雾防治。

（五）白粉病

发病初期可用70%甲基硫菌灵可湿性粉剂1 000倍溶液或15%三唑酮1 000～1 500倍液或75%百菌清可湿性粉剂500～800倍液喷雾防治。

（六）红蜘蛛

可用15%哒螨灵乳油2 000～2 500倍液，1.8%阿维菌素乳油3 000倍液，或3.3%阿维·联苯菊乳油1 000倍液，或22%阿维·哒螨灵可湿性粉剂4 000倍液，主要喷施叶背防治。

（七）蚜虫

可及时喷洒50%辟蚜雾超微可湿性粉剂2 000倍液或50%蚜松乳油1 000～1 500倍液或50%辛硫磷乳油2 000倍液或80%敌敌畏乳油1 000倍液。

参考文献

陈芳, 黄强, 董好胜, 等, 2024. 药用植物诱变育种研究进展. 现代中药研究与实践, 38(3):96-102.

陈汉鑫, 2015. 罗汉果组培苗生产体系的建立. 福建农业学报, 30 (3):253-257.

陈新华, 王念, 王勤, 2019. 罗汉果遗传育种研究进展. 湖北农业科学, 58(10): 9-12.

邓卫利, 苏尔进, 巫月霞, 等, 2016. 富硒无籽罗汉果主要营养成分分析研究. 大众科技, 18(7): 46-48.

董志渊, 马小军, 周光雄, 2013. 罗汉果大孢子发生及雌配子体发育与花部形态、胚珠变化的关系. 热带亚热带植物学报, 21(3):234-239.

付长亮, 马小军, 白隆华, 等, 2005. 罗汉果脱毒苗的快速繁殖研究. 中草药, 36(8):1225-1229.

付伟, 2011. 罗汉果二倍体及四倍体遗传变异研究. 北京：中国医学科学院北京协和医学院.

甘金佳, 毛玲莉, 蒋水元, 等, 2022. 罗汉果"桂航 1 号"无性系与主栽品系性状特征比较. 中药材, 45(7):1561-1565.

黄夕洋, 覃信梅, 李虹, 等, 2018. 罗汉果航天早熟突变体种质的生物学性状比较与应用. 北方园艺 (2):166-171.

黄雪妹, 李元元, 刘月, 等, 2024. 不同基质对罗汉果组培苗炼苗的影响. 智慧农业导刊, 4(17):34-38, 45.

李锋, 蒋向军, 蒋水元, 等, 2008. 无籽 (少籽) 罗汉果培育成功 (简报). 广西植物, 28(6):727.

李锋, 蒋水元, 李典鹏, 2010. 罗汉果栽培与化学研究. 南宁：广西科学技术出版社.

林荣, 王秀琴, 王润珍, 等, 1985. 罗汉果茎段离体培养研究. 广西植物, 5(3):273-277.

刘健晖, 陆静, 曹丽敏, 等, 2019. 不同活性炭对罗汉果快繁生根的影响. 中国南方果树, 48(1):56-58.

刘健晖, 周欢, 伍琴文, 等, 2014. 不同激素浓度对罗汉果愈伤组织诱导的影响. 安徽农学通报, 20 (7):29-30, 35.

罗宏, 2012. 无籽罗汉果主要农艺性状及品质性状的遗传效应研究. 南宁：广西大学.

马小军, 2015. 无籽罗汉果新品种"药园无籽 1 号". 农村百事通, (13):30.

莫长明, 付伟, 邢爱佳, 等, 2014. 罗汉果无籽果实变小的原因分析. 中药材, 37(2):183-187.

莫长明, 马小军, 白隆华, 等, 2014. 罗汉果无籽新品种药园无籽 1 号的选育. 中国果树, (1):12-13.

莫海萍, 2004. 利用组织培养诱导罗汉果同源四倍体. 桂林：广西师范大学.

莫淑媚, 周凤珏, 许鸿源, 等, 2015. 精胺 (Spm) 对灵发素 (LFS) 诱导罗汉果不定根形成的影响. 种子, 34 (11):11-13.

彭斌, 韦忠训, 毛振文, 等, 2023. 航天诱变罗汉果品种龙江 1 号的选育及实用栽培技术. 中国种业 (6):127-130.

唐凝, 朱晓琴, 韩霜, 等, 2022. 罗汉果茎段组培快繁技术研究. 东北农业科学, 47(2):38-41.

王小敏, 叶晓霞, 龙海桂, 2014. 罗汉果茎段快繁技术研究. 岳阳职业技术学院学报, 29(1): 69-72.

第四章 罗汉果育种与种苗繁育

韦荣昌,李锋,2018.罗汉果生产加工适宜技术.北京:中国医药科技出版社.

韦荣昌,唐美琼,韦莹,等,2018.罗汉果组培苗规范化生产技术规程.中国南方果树,47(6):125-129.

韦荣昌,韦莹,闫志刚,等,2019.罗汉果组培苗扦插繁殖技术研究.中国南方果树,48(3):76-79.

席培宇,郭玉琳,吴凤婵,等,2023.罗汉果茎段组织培养与植株再生体系的研究.贵州科学,41(6):1-5.

向巧彦,黄夕洋,李虹,等,2017.利用ISSR分子标记检测空间诱导罗汉果DNA突变.广西植物,37(5):581-586.

姚绍嫦,潘丽梅,白隆华,等,2014.正交试验优选罗汉果组培苗生根壮苗生产工艺.种子,33(5):118-120.

曾雯雯,韦鹏霄,马小军,等,2015.罗汉果组培苗继代过程中头孢霉素对细菌污染的抑制效应.中国南方果树,44(6):50-53.

张穗生,2002.罗汉果多倍体诱导的研究.桂林:广西师范大学.

张振珏,莫庭旭,钱南芬,1990.罗汉果大小孢子发生与雌雄配子体发育.植物学报,32(2):157-159.

邹琦丽,1981.苦瓜属(Momordica)三个种营养器官的比较解剖.广西植物,1(1):43-47.

邹琦丽,1981.罗汉果、木鳖子、苦瓜、河南赤爬等四种植物花粉的观察.广西植物,1(8):24-28.

邹琦丽,张碧玉,谢恩福,1980.罗汉果染色体的初步观察.广西植物,(2):24-25.

Hongyu Lu, Jingmei Liu, Haichao Zhang, et al., 2011. Regeneration of Lo Han Kuo (*Siraitia grosvenorii*) in vitro by Direct Organogenesis. Journal of Northeast Agricultural University (English Edition), 18(2):18-23.

Huabing Yan, Chunxiu Liang, Litao Yan, et al., 2010. In vitro and ex vitro rooting of *Siratia grosvenorii*, a traditional medicinal plant. Acta Physiol Plant, 32:115-120.

Huabing Yan, Chunxiu Liang, Yangrui Li, 2010. Improved growth and quality of *Siraitia grosvenorii* plantlets using a temporary immersion system. Plant Cell Tiss Organ Cult, 103:131-135.

Meghna Patial, Kiran Devi, Palak Sharma, et al., 2024. Development of robust in vitro propagation protocol and cyto-genetic fidelity assessment of *Siraitia grosvenorii* (monk fruit). Scientia Horticulturae, 331:1-10.

Meghna Patial, Vijayalakshmi Suryavanshi, Kiran Devi, et al., 2024. Morpho Physiological and Biochemical Response of Monk Fruit Plant to Charged Gold Nanoparticles Under In Vitro Conditions. Sugar Tech, 26(3):709-718.

Meijun Zhang, Duanduan Zhao, Zengqiang Ma, et al., 2009. Growth and Photosynthetic Capability of Momordica grosvenori Plantlets Grown Photoautotrophically in Response to Light Intensity. HortScience, 44(3):757-763.

Taoju Lan, Hong-yuan Xu, Bing He, et al., 2009. Effects of cytokinins on micropropagation of *Siraitia grosvenorii* Swingle C. Jeffrey, a sweetening plant. Sugar Tech, 11(3):311-314.

第五章

罗汉果种植关键技术

第一节　罗汉果种植园的建立

一、园地选择与规划

（一）园地选择

罗汉果种植园地的选择应遵循国家《中药材生产质量管理规范（试行）》要求，须远离含有三废的工矿企业以及垃圾场、医院和生活区，离交通干道垂直距离达 100 m 以上，并具备一定的隔离带。种植园环境应按照产地适宜性优化原则，因地制宜，合理布局，同时空气、灌溉水和土壤等环境质量应符合国家相应标准。

其中，无公害罗汉果生产的产地环境应符合无公害农产品生产质量安全控制技术规范 NY/T 2798.3—2015、土壤环境质量标准 GB 15618—2018、农田灌溉水质标准 GB 5084—2005、环境空气质量标准 GB/T 3095—2012 及国家地表水环境质量标准 GB 3838—2002 等要求，选择生态环境条件较好的区域，而且产地区域和灌溉上游无或不直接受工业"三废"、医疗废弃物、城镇生活等污染，避开公路的主干线、土壤重金属含量高等地区，不能选择冶炼工业（工厂）下风向 3 km 内，且空气环境质量应达到环境空气质量标准 GB 3095—2012 中一、二级标准值要求。

有机种植要求新开荒地要经过至少 12 个月的转换期，一年生农作物的转换期是播种前 24 个月，多年生作物是收获前 36 个月，在有机转换期间，完全按照有机产品标准要求进行管理。有机生产基地应远离城区、工矿区、交通主干线、工业污染源、生活垃圾场等。产地的环境质量应符合以下要求：土壤环境质量符合 GB 15618—2018、农田灌溉用水水质符合 GB 5084—2005 的规定、环境空气质量符合 GB/T 3095—2012 中二级标准和 GB 9137 的规定。同时基地必须取得为期二年 1 次有资质监测（检测）机构对产地环境质量进行的监测（检测）报告，或县级以上环境保护部门出具的证明性材料，以证明产地的环境质量状况符合 GB/T 19630《有机产品》规定的要求。在污染控制上，应采取措施防止常规农田的水渗透或漫入有机地块；应避免因施用外部来源的肥料造成禁用物质对有机生产的污染；常规农业系统中的设备在用于有机生产前，应采取清洁措施，避免常规产品混杂和禁用物质污染；在使用保护性的建筑覆盖物、塑料薄膜、防虫网时，不应使用聚氯类产品，宜选择聚乙烯、聚丙烯或聚碳酸酯类产品，并且使用后应从土壤中清除，不应焚烧。在水土保持和生物多样性保护上，应采取措施防止水土流失、土壤沙化和盐碱化；应充分考虑土壤和水资源的可持续利用；应采取措施保护天敌及其栖息地；应充分利用作物秸秆，不应焚烧处理，除非因控制病虫害的需要。

种植区适宜的气候条件应参照其主产区气候状况：亚热带气候区，气候凉爽多湿，年降雨量为 1 900～2 600 mm，年平均温度 16.4～19.2℃，最热（7月）月平均气温在 26.5～28.3℃，最冷（1月）月平均气温在 7.8～8.4℃，年平均日照在 1 412～1 700 h，年平均空气相对湿度在 75%～84%，4月温度能稳定在 15℃以上，7—8月平均温度在 28℃以下，短时最高温度不超过 38℃，10月温度不低于 15℃；多雾露与散射光，每天光照 8 h 为宜，6—8月日照充足；年降水量 1 800 mm 左右。

种植园适宜的生境条件为：海拔以 200～800 m 为宜，海拔超过 1 000 m 时，种植的前期、后期温度明显偏低，对罗汉果生长不利。背风向阳的东南坡向的缓坡地较好，坡度太大时，土壤保水保肥能力差，易受旱害，田间管理困难；坡向如朝西北方向时，光照时间不够，形成花芽分化难，后期易受风害。土壤多为红、黄壤土，pH 值在 5.5 左右；排灌方便、土层深厚肥沃、腐殖质丰富、疏松湿润、通气性良好、保水保肥能力强的土地最佳。原种植茄科、葫芦科以及其他藤蔓作物的熟地，易造成病虫害交叉侵染，不宜选用；砂土易遭受根结线虫危害，漏水漏肥严重，黏土排水不良，根茎易感病，也不宜选用。生态环境质量参考如下标准。

1. 大气环境质量标准

一类区适用一级浓度限值，二类区适用二级浓度限值。一、二类环境空气功能区质量要求见表 5-1 和表 5-2。

表 5-1 环境空气污染物基本项目浓度限值

序号	污染物项目	平均时间	浓度限值 一级	浓度限值 二级	单位
1	二氧化硫（SO_2）	年平均	20	60	$\mu g/m^3$
1	二氧化硫（SO_2）	24 h 平均	50	150	$\mu g/m^3$
1	二氧化硫（SO_2）	1 h 平均	150	500	$\mu g/m^3$
2	二氧化氮（NO_2）	年平均	40	40	$\mu g/m^3$
2	二氧化氮（NO_2）	24 h 平均	80	80	$\mu g/m^3$
2	二氧化氮（NO_2）	1 h 平均	200	200	$\mu g/m^3$
3	一氧化碳（CO）	24 h 平均	4	4	mg/m^3
3	一氧化碳（CO）	1 h 平均	10	10	mg/m^3
4	臭氧（O_3）	日最大 8 h 平均	100	160	$\mu g/m^3$
4	臭氧（O_3）	1 h 平均	160	200	$\mu g/m^3$
5	颗粒物（粒径小于等于 10 μm）	年平均	40	70	$\mu g/m^3$
5	颗粒物（粒径小于等于 10 μm）	24 h 平均	50	150	$\mu g/m^3$
6	颗粒物（粒径小于等于 2.5 μm）	年平均	15	35	$\mu g/m^3$
6	颗粒物（粒径小于等于 2.5 μm）	24 h 平均	35	75	$\mu g/m^3$

表 5-2 环境空气污染物其他项目浓度限值

序号	污染物项目	平均时间	浓度限值 一级	浓度限值 二级	单位
1	总悬浮颗粒物（TSP）	年平均	80	200	$\mu g/m^3$
1	总悬浮颗粒物（TSP）	24 h 平均	120	300	$\mu g/m^3$
2	氮氧化物（NO_x）	年平均	50	50	$\mu g/m^3$
2	氮氧化物（NO_x）	24 h 平均	100	100	$\mu g/m^3$
2	氮氧化物（NO_x）	1 h 平均	250	250	$\mu g/m^3$
3	铅（Pb）	年平均	0.5	0.5	$\mu g/m^3$
3	铅（Pb）	季平均	1	1	$\mu g/m^3$
4	苯并[a]芘（BaP）	年平均	0.001	0.001	$\mu g/m^3$
4	苯并[a]芘（BaP）	24 h 平均	0.002 5	0.002 5	$\mu g/m^3$

2. 灌溉水质量标准（表 5-3、表 5-4）

表 5-3　农田灌溉用水水质基本控制项目标准值

序号	项目类别	作物种类		
		水作	旱作	蔬菜
1	五日生化需氧量 /（mg/L）≤	60	100a	40[a]，15[b]
2	化学需氧量 /（mg/L）≤	150	200	100[a]，60[b]
3	悬浮物 /（mg/L）≤	80	100	60[a]，15[b]
4	阴离子表面活性剂 /（mg/L）≤	5	8	5
5	水温 /℃ ≤	25		
6	pH 值	5.5～8.5		
7	全盐量 /（mg/L）≤	1 000[c]（非盐碱土地区），2 000[c]（盐碱土地区）		
8	氯化物 /（mg/L）≤	350		
9	硫化物 /（mg/L）≤	1		
10	总汞 /（mg/L）≤	0.001		
11	镉 /（mg/L）≤	0.01		
12	总砷 /（mg/L）≤	0.05	0.1	0.05
13	铬（六价）/（mg/L）≤	0.1		
14	铅 /（mg/L）≤	0.2		
15	粪大肠菌群数 /（个 /100 mL）≤	4 000	4 000	2 000[a]，1 000[b]
16	蛔虫卵数 /（个 /L）≤	2		2[a]，1[b]

a 加工、烹调及去皮蔬菜。
b 生食类蔬菜、瓜类和草本水果。
c 具有一定的水利灌排设施，能保证一定的排水和地下水径流条件的地区，或有一定淡水资源满足冲洗土体中盐分的地区，农田灌溉水质全盐量指标可以适当放宽。

表 5-4　农田灌溉用水水质选择性控制项目标准值

单位：mg/L

序号	项目类别	作物种类		
		水作	旱作	蔬菜
1	铜 ≤	0.5		1
2	锌 ≤	2		

续表

序号	项目类别	作物种类		
		水作	旱作	蔬菜
3	硒 ≤	0.02		
4	氟化物 ≤	2（一般地区），3（高氟区）		
5	氰化物 ≤	0.5		
6	石油类 ≤	5	10	1
7	挥发酚 ≤	1		
8	苯 ≤	2.5		
9	三氯乙醛 ≤	1	0.5	0.5
10	丙烯醛 ≤	0.5		
11	硼 ≤	1a（对硼敏感作物），2b（对硼耐受性较强的作物），3c（对硼耐受性强的作物）		

a 对硼敏感作物，如黄瓜、豆类、马铃薯、笋瓜、韭菜、洋葱、柑橘等。
b 对硼耐受性较强的作物，如小麦、玉米、青椒、小白菜、葱等。
c 对硼耐受性强的作物，如水稻、萝卜、油菜、甘蓝等。

3. 土壤质量标准（表5–5、表5–6、表5–7）

表5–5　农用地土壤污染风险筛选值（基本项目）

单位：mg/kg

序号	污染物项目[a,b]		风险筛选值			
			pH值 ≤ 5.5	5.5 < pH值 ≤ 6.5	6.5 < pH值 ≤ 7.5	pH值 > 7.5
1	镉	水田	0.3	0.4	0.6	0.8
		其他	0.3	0.3	0.3	0.6
2	汞	水田	0.5	0.5	0.6	1.0
		其他	1.3	1.8	2.4	3.4
3	砷	水田	30	30	25	20
		其他	40	40	30	25
4	铅	水田	80	100	140	240
		其他	70	90	120	170

续表

序号	污染物项目[a,b]		风险筛选值			
			pH 值 ≤ 5.5	5.5 < pH 值 ≤ 6.5	6.5 < pH 值 ≤ 7.5	pH 值 > 7.5
5	铬	水田	250	250	300	350
		其他	150	150	200	250
6	铜	果园	150	150	200	200
		其他	50	50	100	100
7	镍		60	70	100	190
8	锌		200	200	250	300

a 重金属和类金属砷均按元素总量计。
b 对于水旱轮作地，采用其中较严格的风险筛选值。

表 5-6 农用地土壤污染风险管控限值

单位：mg/kg

序号	污染物项目	风险筛选值
1	六六六总量[a]	0.10
2	滴滴涕总量[b]	0.10
3	苯并[a]芘	0.55

a 六六六总量为 α-六六六、β-六六六、γ-六六六、δ-六六六四种异构体的含量总和。
b 滴滴涕总量为 p,p'-滴滴伊、p,p'-滴滴滴、o,p'-滴滴涕、p,p'-滴滴涕四种衍生物的含量总和。

表 5-7 农用地土壤污染风险筛选值（基本项目）

单位：mg/kg

序号	污染物项目[a,b]	风险筛选值			
		pH ≤ 值 5.5	5.5 < pH 值 ≤ 6.5	6.5 < pH 值 ≤ 7.5	pH 值 > 7.5
1	镉	1.5	2.0	3.0	4.0
2	汞	2.0	2.5	4.0	6.0
3	砷	200	150	120	100
4	铅	400	500	700	1 000
5	铬	800	850	1 000	1 300

（二）园地规划

罗汉果种植园的规划主要包括栽植小区的划分、道路排灌系统的规划、建筑物的设置等。规划前应进行实地勘测并绘制出整个种植园的平面图，按图建园。

为了便于管理和有利于罗汉果生长，种植园可划分为包装场、药池、配药场、药物贮藏室、肥料场、贮藏库等若干个作业区，或称小区。小区的划分要根据园地实际情况来确定，必须兼顾"园、路、沟"进行综合规划。小区的大小因地形、地势等自然条件而定。山地自然条件差异大，灌溉和运输不方便，小区面积宜小；地势平坦的地带，小区面积可适当增大，以提高土地利用率。小区的划分、设立，既要考虑耕作的方便，同时也要注意保护生态环境。要根据当地的地形、地貌，因地制宜，使小区与周围环境融为一体。不能刻意追求规模，为小区连片而大兴土木，造成水土流失。山区、丘陵宜按等高线横向划分，平地可按便于作业的要求确定小区形状。也可按承包户、组、队所承包的面积划分栽植小区。

道路应以建筑物为中心，便于全园的管理和运输。道路由干路、支路和小路组成。干路贯穿全园，并与公路、包装场等相接。支路是果园小区之间的通路，需沿坡修筑。小路又称作业道，是田间作业用道。

包装场尽可能设在种植园的中心位置，药池和配药场宜设在交通方便处或小区的中心。如山地果园，肥料场应设在积肥、运肥方便的稍高处，包装场、贮藏库等应设在稍低处，而药物贮藏室则应设在安全的地方。

为防止山坡地土壤的冲刷，避免土壤流失，山地果园需设计、开垦成梯田。梯田主要由梯壁、梯面两部分组成，边埂及背沟都系附属部分。梯田面的宽度、梯田壁的高度因坡度的大小而异，坡度大则面相对较窄、壁相对较高，坡度小则面宜宽、壁宜低。梯田内再起厢，厢面宽 200～250 cm，厢高 25～30 cm，厢间沟宽 30～50 cm。平地果园按同样规格起厢，但为利于排水，厢高以 30～40 cm 为宜。

山地果园应在高处建有蓄水池，或附近具备山沟自然水源，采用塑料管引水灌溉。地势平坦的地带，常用的是渠道灌溉。渠道由主渠道和支渠道呈"非"字形组成，深浅和宽窄应根据水的流量而定。其优点是投资小，见效快；缺点是费工，水资源浪费大，易引起土壤板结，特别是长畦大漫灌，水土肥流失严重，同时又降低地温。滴灌可以避免渠道灌溉的缺点，但一次投资大；喷灌的投资和效益介于渠道灌溉和滴灌之间。滴灌和喷灌在当前罗汉果生产上尚未采用，但从发展趋势来看，二者可以产生良好的经济效益与生态效益。

喷灌是在一定压力下，把水通过管道和喷头以水滴的方式喷洒在植株上。喷头高于植株高，水滴自上而下类似下雨，该法较渠道灌溉节约用水50%以上，并可降低冠内温度，防止土壤板结。喷灌的管道可以是固定的，也可以是活动的。活动式管道一次性投资少，但用起来麻烦。固定式管道不仅用起来方便，而且还可以用来喷药，起到一管两用的作用。

滴灌是通过一系列的管道把水一滴一滴地滴入土壤中，设计上有主管、支管、分支管和毛管之分。主管直径80 mm左右，支管直径40 mm，分支管细于支管，毛管最细，直径10 mm左右，在毛管上每隔一定距离安一个滴头。分支管按种植行排列。每行一条，毛管根幅边缘环绕一周。滴灌的用水比渠道灌溉节约75%，比喷灌可节约50%。

山地果园依地形、地势沿谷槽开挖排水沟，并与背沟、厢沟相通构成排水沟系。平地果园需在四周开深沟，面积大的还需在园内加开"十"字深沟，并与厢沟相连构成排水沟系。

罗汉果为草质藤本植物，须以棚架引导、支撑其茎蔓生长、扩展。棚架应在种植前搭好，棚架高度应以便于生产管理为原则，通常为170～180 cm左右。可用水泥柱、杉木、杂木或毛竹作桩，桩长220～230 cm。全园每隔250 cm左右设一个桩，横竖成行。将桩柱下端50 cm左右埋入地下，夯实固定。桩柱上端用14号铁线拉紧，纵横交织成以桩柱为支点的水平铁线网。铁线网上再覆以18～20 cm眼的塑料网，拉紧、固定，最终构成供罗汉果藤蔓攀爬的棚面。为增加棚架支撑强度，周边桩柱须用铁线斜拉加固。

二、整地与土壤消毒

（一）整地

1. 旱地整地

果园选定后，一般宜在秋季进行整地。先清除地面杂物，如乔、灌、草植物和石块等，然后全垦，要求深翻30～35 cm，并将树蔸、竹蔸、树根、草根等全部挖出。易分解的部分如树叶、杂草可均匀铺放地面任其晒干腐烂，不易分解的部分如枝干、根蔸则需清理干净。之后让翻耕后的土壤自然暴晒风化越冬，以加速土壤熟化，改良土壤理化性质，提高土壤肥力，消灭病虫害。

第二年在种植前的 2—3 月再翻垦松土一次，将土块打碎整细，做成 200～250 cm 宽的畦（厢）。

2. 水田整地

水田应在秋季作物收割后，排干积水，每亩撒 100～200 kg 石灰，然后深翻 30 cm，暴晒越冬。第二年 2—3 月，再次翻垦松土、打碎土块，按畦面宽 200～250 cm、畦沟宽 30 cm 规格整地，开挖排水沟。畦面宜整成馒头状，排水沟应形成高低落差，以便在雨季能及时排水。

（二）土壤消毒

土壤消毒是通过对土壤处理，以杀灭其中病菌、线虫及其他有害生物。罗汉果土壤消毒主要运用暴晒消毒、药剂消毒和生物消毒三种方法。日光暴晒消毒方式对环境生态友好，避免造成环境污染，但存在消毒不彻底、受环境等因素影响的缺点。化学消毒是利用化学药剂将土壤中的病原菌和虫卵进行杀灭的消毒方式，具有消毒彻底、时间短、不受环境影响等优点。生防制剂的活性高且用量少。土壤消毒影响有益菌，可通过及时补施生物菌肥的方法调控微生物群落，生物菌肥不但解决土壤中农药残留问题，而且能培肥地力、活化土壤、提供营养物质等功效。以下逐一介绍各方法的操作步骤。

1. 暴晒消毒

前面整地中描述的土壤翻垦后暴晒越冬即是土壤的暴晒消毒。

2. 药剂消毒

（1）喷淋法。选用 50% 多菌灵可湿性粉剂，或 65% 代森锌可湿性粉剂 500～600 倍液，加 50% 辛硫磷乳油或 40% 氧化乐果乳油 1 000 倍液，喷淋于土壤表层，使药液渗入土壤深层，杀死土中病菌。

（2）毒土法。选用 40% 五氯硝基苯粉剂，加 1% 阿维菌素颗粒剂（利根砂），按 1：（30～50）的比例与细干土混合均匀，撒于畦面或定植坑，然后通过翻拌施入园土中。

（3）熏蒸法。在线虫或土传病害发生严重的地块，可采用棉隆（四氢化 -3,5- 二甲基 -2H-1,3,5- 噻二嗪 -2- 硫酮）98% 微粒剂熏蒸消毒，具体方法如下。

土壤准备：在施药前，应清除园地的残留茎叶、残根等，施入农家肥，然后深耕约 30 cm，细耙土壤，保持土壤疏松和通透性。

调节土壤湿度：施药前，确保土壤相对湿度达到60%～70%，并维持3～5天。湿度太小会影响棉隆颗粒的分解和气体在土壤中的扩散，湿度太大则会阻碍棉隆气体在土壤颗粒间的流动。

施药：使用颗粒剂撒布器或手撒的方式，使棉隆均匀地散布在土壤表面。施药方法宜采用撒施，用药剂量一般为20～30 kg/亩，病害严重时可以适当加大剂量。

混土：施药后立即用旋耕机混匀土壤，深度约为20 cm，确保药剂与土壤粒子充分接触。

密闭消毒：混土后再次浇水，保持土壤湿润，然后覆盖不透气的塑料膜，用新土封严实，以保持土壤湿度，避免产生气体泄漏。密闭消毒时间一般为12～20 d，具体时间根据土壤温度和湿度调整。

通风透气：消毒结束后，揭去地膜，按照同一深度进行松土，透气一周以上，确保无残留药害后再进行种植。

3. 生物消毒

（1）枯草芽孢杆菌消毒法。枯草芽孢杆菌是一种广泛存在于自然界中的细菌，具有显著的抗菌活性和很强的抗逆能力，对人畜无毒无害，不污染环境。单独使用或与细土、农家肥等混合均匀后施用。施后及时翻耕入土，确保菌剂与土壤充分混合。枯草芽孢杆菌通过在罗汉果根部形成优势生物种群，有效防止其他病菌的侵入，同时产生溶菌物质和抗菌物质，达到防病治病的目的。

（2）淡紫拟青霉消毒法。淡紫拟青霉属于内寄生性真菌，是一些植物寄生线虫的重要天敌，能够寄生于卵，也能侵染幼虫和雌虫，可明显减轻作物根结线虫、包囊线虫、茎线虫等植物线虫病的危害。单独使用或与细土、农家肥等混合均匀后撒施于罗汉果畦上或定植穴，并与土壤充分混合，可帮助罗汉果抵抗线虫的侵害。

（3）哈茨木霉菌消毒法。哈茨木霉菌为木霉属的一种真菌，可预防由腐霉菌、立枯丝核菌、镰刀菌等病原菌引起的植物病害。具体使用方法如下。

翻耕土壤：在施用哈茨木霉菌之前，需要先对罗汉果园土进行翻耕，以保证哈茨木霉菌能够更好地渗透和生长。

溶解：将哈茨木霉菌放入水中，按照使用说明进行溶解。通常情况下，每千克哈茨木霉菌需要溶解在100～200 L水中。

均匀淋施：将溶解好的哈茨木霉菌液均匀淋施在土壤表层，使其与土壤混合。

保持湿润：在使用哈茨木霉菌的过程中，需要注意保持土壤湿润，以利于哈茨木霉菌的生长繁殖。

注意事项：在使用哈茨木霉菌时，需要注意避免与化学肥料一起使用，以免影响哈茨木霉菌的生长和作用效果。

（三）施基肥

为提升罗汉果的品质，种植前需要施用基肥。在定植坑中，撒入 3～5 kg 经过发酵腐熟的优质农家肥和 0.5 kg 钙镁磷肥，充分拌匀，以此作为基肥。此外，选择阴雨天进行施肥，可以确保土壤能充分吸收养分，从而促进罗汉果幼苗迅速生长。充足的基肥不仅能在初期生长阶段保障罗汉果生长所需的营养供给，还能增强罗汉果幼苗的抵抗力，为后期栽培管理奠定良好的基础。

第二节 罗汉果种植管理

一、定植与幼苗期管理

罗汉果种植时机的把握非常重要，一般选择在4月初气温稳定在15℃以上时，避开强烈阳光和降雨天气，选择暖和的晴天下午或阴天种植。种植过早小苗易受寒害，种植过晚则坐果、膨大期无法避开高温干旱天气和发病高峰期。

种植时，在种植坑中心点上挖一个比苗营养杯稍大同深的种植穴，种植时右手拿起营养杯，左手的中、食指按住苗两边泥土，将营养杯倒转，右手轻轻将营养杯拿掉，再握住营养土将苗种入穴中。注意不要弄散土团以免损伤根系，影响苗木成活率。表面再覆盖一层细土，略高于地面，以免积水沤根。淋足定根水，苗旁插上多杈长枝，便于苗木攀沿。为防止根结线虫及地下害虫为害，可在定植点上施入高效杀线虫剂和土壤杀菌杀虫剂。

罗汉果苗定植后，幼苗的管理需要抓好套袋、淋水、施肥、引蔓上棚、去袋抹芽、病虫害防治等几个主要环节。

（一）套袋

罗汉果苗较为幼嫩，定植后如果遭遇不良气候，对植株恢复生长甚至成活会有很大的影响。此外，苗容易遭受病虫害的侵染，同样会影响植株的生长和成活。为了探索有效的幼苗保护技术措施，在苗木定植后，采用套袋（罗汉果苗定植后，在四周插上4根长约80 cm的小竹木条，然后套上长×宽为50 cm×5 cm的塑料通袋。通袋下方的周边用土埋好压实，上方根据天气情况打开或扎紧，以避免大雨直接冲刷。调节袋内温度（15～30℃）、转杯（苗木出圃后，由原来的小营养杯转入直径为16 cm的大营养杯，继续于塑料大棚内进行二次培养，待苗高达30 cm左右时，再移入大田定植)、对照(即苗木出圃后,直接定植,也不套袋)三种方式开展幼苗保护的比较试验。其结果表明,三种方式中,以第一种方式即套袋的苗木成活率最高,达到98%,其次为第二种方式即转杯,苗木成活率为95.67%,第三种方式即对照的苗木成活率最低,为78.67%(表5-8)。应用SPSS11.5软件Student-Newman-Keuls法检验表明,对照与套袋、转杯间有显著差异,而套袋与转杯之间则无显著差异。同时,林贵美等试验指出,罗汉果苗在小营养杯换大营养杯后,移栽的成活率不仅得到提高,而且生长更整齐,定植大田后恢复快,上棚提早10～15 d,盛花期提前13～16 d,中果以上比率提高27.5%,产量提高20.6%。由此可见,罗汉果苗定植后经过保苗措施处理,不但能够明显提高保苗率,并可在一定程度上克服其初始阶段生长势较弱的问题,从而加速其生长发育进程,增进其产量。

表 5-8 试验处理间的苗木成活率

试验处理	苗木数量/株	成活数量/株	成活率/%
1	300	294	98.00
2	300	287	95.67
3	300	236	78.67

(二)淋水

苗木种下且淋足定根水后,要经常对叶面进行喷水,尤其是在前10～15 d苗木处于恢复期时,晴天每天傍晚都要用喷雾器等对小苗叶面喷水一次,以防止叶片因蒸腾失水而萎蔫。根际土壤也要保持湿润,有条件的应覆盖地膜,不但可以保持良好的土壤水分条件,而且能防止土壤板结,提高土温,促进苗木根系健康生长。

(三)施肥

植物吸收养分主要可以通过两种途径,一是根系,二是叶面。罗汉果小苗定植后一周左右,根系尚未在新土中扎稳,难以吸收养分,可用叶面肥、稀土微肥等喷施叶面,隔5 d一次,以补充植株生长所必需的养分,防止出现僵苗。同时要看苗追施水肥,20 d后若苗势弱时,可用沼气水或充分腐熟的农家肥水肥或生物菌肥兑水,距苗20 cm远处淋施催苗,而且要按"少量多次、由稀到浓"的原则,防止浓度过高烧苗。没覆盖地膜的必须先松土,再淋施水肥。

1. 盆栽追肥试验

为探求该时期苗木对于氮、磷、钾三种主要元素的需求情况，分别采用盆栽和大田栽培两种方式进行追肥试验。盆栽追肥方法为：以 280 mm×250 mm（口径 × 深）的塑料花盆为栽培容器，以素红壤作为栽培基质，按照 L9（3^4）正交试验设计，对品种、肥料配比、肥料浓度及施肥频度四个因素各三个水平进行试验（表 5-9），同时以不同品种在不施追肥条件下作为对照，分别于种植 20 d、40 d、60 d 时测定植株高度。试验结果（表 5-10）表明，在种植 20 d、40 d、60 d 时，三次测定分析均以品种的极差 R 为最大，说明青皮果、长滩果和冬瓜果之间幼苗期的生长有着明显的差别。20 d 时，由于各品种试验植株的平均生长高度几乎均低于对照植株，说明这期间的追肥不利于罗汉果苗的生长；40 d 时，各品种试验植株高度全面赶超对照植株，在相关施肥的三个因素间，影响较大的因素为肥料浓度（极差 R 为 7.77），其次分别为肥料配比（极差 R 为 6.56）、施肥频度（极差 R 为 6.04），其中最佳组合为 N（1）：P（1）：K（2）的配方、1% 的浓度和每 5 d 施肥一次；60 d 时，各品种试验植株高度约为对照植株 2 倍左右，影响较大的因素为肥料配比（极差 R 为 18.47），其次分别为施肥频度（极差 R 为 11.32）、肥料浓度（极差 R 为 10.24），其中最佳组合为 N（1）：P（1）：K（2）的配方、2% 的浓度和每 10 d 施肥一次。由此可见不同品种的罗汉果苗幼苗期的生长基本可区分为三个阶段，其一为缓苗阶段，此期不宜追施速效肥料；其二为恢复生长阶段，此期可适当进行追肥，但浓度不宜超过 1%；其三为加速生长阶段，此期需要追肥以补充养分，以 2% 的浓度每隔 10 d 追施一次效果较为理想。在整个幼苗期，追肥均以偏重钾素的配方有较大的促进作用。

表 5-9 追肥试验的因素与水平

水平	因素			
	A. 品种	B. 肥料配比	C. 肥料浓度	D. 施肥频度
1	青皮果	N（2）：P（1）：K（1）	1%	5 d 一次
2	长滩果	N（1）：P（1）：K（1）	2%	10 d 一次
3	冬瓜果	N（1）：P（1）：K（2）	3%	15 d 一次

表 5-10 种植 20 d、40 d、60 d 时植株生长高度及分析结果

单位：cm

试验号	因素与水平				20 d 植株高度	40 d 植株高度	60 d 植株高度
	A	B	C	D			
1	A_1	B_1	C_1	D_1	10.09	34.08	107
2	A_1	B_2	C_2	D_2	9.12	32.97	119.57
3	A_1	B_3	C_3	D_3	7.57	28.67	108.64
4	A_2	B_1	C_2	D_3	6.92	23.6	111.22
5	A_2	B_2	C_3	D_1	8.33	29.43	115.74
6	A_2	B_3	C_1	D_2	9.19	37.3	140.67
7	A_3	B_1	C_3	D_2	4.4	16.52	93.64
8	A_3	B_2	C_1	D_3	6.41	20.93	100.05
9	A_3	B_3	C_2	D_1	8.02	27.82	117.97
CK_1	A_1	—	—	—	16.5	27.3	54.2
CK_2	A_2	—	—	—	7.9	15.2	48.6
CK_3	A_3	—	—	—	7.7	16.3	45.8
K_1^1	8.93	7.14	8.56	8.81			
K_2^1	8.15	7.95	8.02	7.57			
K_3^1	6.28	8.26	6.77	6.97			
R^1	2.65	1.12	1.79	1.84			
K_1^2	31.91	24.7	30.77	30.44			
K_2^2	30.11	27.78	28.13	28.93			
K_3^2	21.77	31.26	23.0	24.4			
R^2	10.14	6.56	7.77	6.04			
K_1^3	111.74	103.95	115.91	113.57			
K_2^3	122.54	111.79	116.25	117.96			
K_3^3	103.89	122.42	106.01	106.64			
R^3	18.65	18.47	10.24	11.32			

2. 大田栽培追肥试验

大田追肥方法为：在苗高 30～50 cm 时，开环沟作如下施肥处理。

A. 每株施复合肥（N∶P∶K=15∶15∶15）50 g；

B. 每株施复合肥 50 g+ 尿素（总 N ≥ 46.3%）25 g；

C. 每株施复合肥 50 g+ 硫酸钾（K2O ≥ 50%）25 g。

以不施肥作为对照 CK。

在苗木长至棚面时，测量其株高和基径粗。试验结果表明，在四个处理中，植株高度由高到低的排列次序为 C（171 cm）＞ B（162 cm）＞ A（160 cm）＞ CK（145 cm）（表 5-11），说明在施肥配方中，以复合肥 + 硫酸钾混合施用效果最好，其次为复合肥与尿素混合。应用 SPSS11.5 软件 Student–Newman–Keuls 法检验显示，A、B、C 三个处理没有显著差异，而该三处理与 CK 间则存在显著差异。因此，罗汉果苗在长至 30 ～ 50 cm 时，适当追肥有利于株高生长，从而达到提早上棚的目的。植株基径粗的排列次序为 C（4.2 mm）＞ B（4.1 mm）＞ A（3.9 mm）＞ CK（3.8 mm）（表 5-11），说明追肥可在一定程度上增加茎蔓粗度，但检验结果表明差异并不显著。

表 5-11　植株高度与基径粗度

处理	项目	测量值（株高单位：cm；径粗单位：mm）														平均
A	株高	168	146	158	147	145	169	165	171	169	180	153	156	174	151	150	160
A	径粗	3.6	3.3	3.4	3.5	3.9	4.2	4.2	4.4	3.9	4.2	4.0	4.0	4.2	3.9	3.9	3.9
B	株高	185	148	144	163	158	151	161	145	179	142	171	170	154	169	184	162
B	径粗	4.6	3.7	3.4	3.7	3.5	4.2	4.2	4.1	4.1	4.0	3.8	3.9	4.9	4.3	4.8	4.1
C	株高	180	180	153	147	170	162	180	164	190	171	182	180	185	171	151	171
C	径粗	3.7	4.3	3.5	4.4	4.9	4.2	4.2	4.0	4.4	4.1	4.7	4.3	4.7	4.2	3.4	4.2
CK	株高	150	154	139	144	138											145
CK	径粗	3.6	4.0	3.9	3.8	3.9											3.8

（四）引蔓上棚

罗汉果具有自然攀缘能力，当苗长至 20 cm 高以上时应将苗紧靠在有分杈的长枝上让其攀缘。不能自然攀缘的，每隔 1 ～ 2 d，用绳子按 "∞" 形将伸长的主蔓固定在长枝上，促使其向上生长。若不及时引蔓，会出现果苗倒地，上棚时间推迟。

（五）去袋抹芽

当苗长到 50 cm 高时应除掉薄膜袋，及时抹去侧枝，以便集中营养供应主蔓。抹芽时左手捏紧主茎，右手拿稳侧芽，朝有隐芽一侧搬动，侧芽与隐芽一起除掉，节省抹芽次数，同时注意尽量不要用手触碰伤口，减少病毒从伤口侵入的机率。

（六）病虫害防治

苗期正处于连绵阴雨季节，易引发真菌、细菌病害，如猝倒病、根腐病、炭疽病、叶斑病。虫害主要有地老虎、蟋蟀等。可采用咪鲜胺或霜霉威等药物防治细菌真菌病害；为防止昆虫咬断小苗，园地喷施氯氰菊酯驱杀害虫。去袋后可定期对叶背面喷 5% 吡虫啉防治传播病毒的害虫，如发现虫口密度较大，应同时对果园及周边植被喷叶面清洁剂杀灭。一旦出现病毒病症状，采用 10% 菌克毒克粉剂或植物康或三氮唑核苷或净土灵等药剂并加入叶面肥加以预防，每隔 15 d 喷药一次。喷施肥料和农药时，不能喷至叶面滴水，否则易引起肥害药害。

二、营养生长期的管理

罗汉果苗经过一段时间的缓慢生长，根系已很发达，吸肥力强，植株进入旺盛生长期，应通过肥水的合理供应，科学的整形修剪，促使其形成丰产树形，尽快地由营养生长向生殖生长转化，提早现蕾。

（一）中耕除草

要随时铲除定植点上的杂草，以免跟罗汉果争肥，其他地方杂草超过 10 cm 高的割后将其覆盖在植株周围，低于 10 cm 的保留。留草栽培可形成果园小气候，减少有害昆虫对植株的危害，保持果园湿度，防止水土流失。

连续降雨过后，无地膜覆盖的应及时松土防止土壤板结，提高土壤通透性，促进根系生长。松土时深度不超过 10 cm，以免伤及过多根系。同时可在蔸部撒适量熟石灰，杀菌补钙一举两得。

（二）追肥

苗高 0.8 m 左右时，离植株 30～40 cm 处开半环形浅沟，每株施入生物钾或硫酸钾 0.2～0.3 kg，以及适量粪水、麸水等有机水肥后盖土；或于主蔓上棚时施，距根茎部 50 cm 左右处开环状浅沟，每株施入过磷酸钙和硫酸钾各 0.3～0.5 kg，忌施尿素、碳氨等含氮量高的肥料，以免影响花芽生理分化，造成跑苗。

（三）适时控水

当苗高 1.5 m 时，植株对水分最为敏感，田间持水量过高容易引起植株徒长"跑苗"，不利于植株向生殖生长转化，尤其是树盘 1 m^2 范围内土壤含水量最好能控制在 50% 以下。适度干旱有利于提高树体树液浓度，促进花芽分化，直到大量密集现蕾时，方可施水肥补充。

（四）整形修剪

合理的整形修剪，可使罗汉果苗提前从营养生长过渡到生殖生长，使藤蔓分布均匀，养分集中，枝粗叶茂，挂果多，果实大。罗汉果苗以二级侧蔓和三级侧蔓开花挂果为主，四、五级侧蔓也能开花结果，但时间会推迟，所以应及早通过整形修剪促使植株形成二级侧蔓、三级侧蔓，为丰产奠定基础。

为了比较不同修剪方式和疏剪力度对于罗汉果苗枝蔓生长及现蕾时期的影响，进行了如下试验。

A. 当苗长至棚面时，立即摘心，促使其形成 2 根一级侧蔓，坡地朝上坡方向，平地朝南向，成扇形分布，当一级侧蔓长至 0.4 m 长时摘心，促使每根一级侧蔓形成 4 根二级侧蔓作为结果蔓。

B. 主蔓上棚 6～8 叶，留 5～6 节摘心，留一级蔓 4～5 条，一级蔓 6～8 叶，又留 4～5 叶摘心；每条留 3～4 条二级侧蔓作为结果蔓。

C. 当苗长至棚面时，立即摘心，促使其形成 2 根一级侧蔓，坡地朝上坡方向，平地朝南向，成扇形分布，当一级侧蔓长至 0.4 m 长时摘心，促使每根一级侧蔓形成 2 根二级侧蔓，当 2 级蔓长至 0.4 m 长时立即摘心，促使每根二级侧蔓上形成四根三级侧蔓作为结果蔓。

D. 主蔓上棚 6～8 叶，留 5～6 节摘心，留一级侧蔓 3～4 条，一级侧蔓 6～8

叶摘心，每条留3～4条二级蔓，二级侧蔓3～4叶摘心，每条再留2条三级侧蔓作为结果蔓。

从上述四种修剪方式的比较试验结果（表5-12）可以看出，在肥水管理相同情况下，主蔓上棚后，随着枝蔓级次的增加，长势逐渐减弱；相同级次的枝蔓，留蔓越多，粗度越小，因而一、二、三级蔓均以处理C最粗，分别为3.12 mm、2.05 mm、1.52 mm；说明通过及时摘心，合理留枝，减少养分消耗，把营养集中到较少枝蔓上，可以保持枝蔓健壮生长势，增加枝蔓粗度。现蕾日期与预留结果蔓的级次有较大关系，以二级蔓作为结果蔓的处理A和处理B的最初现蕾日期较早，而以三级蔓作为结果蔓的处理C和处理D的最初现蕾日期较迟；在预留结果蔓级次相同的情况下，留蔓较少，生长较为健壮的植株现蕾较早，如处理A较处理B早、处理C较处理D早。

表5-12 不同的修剪方式对枝蔓生长及现蕾日期的影响

处理	枝蔓粗度/mm			最初现蕾日期/（日/月）
	一级蔓	二级蔓	三级蔓	
A	3.04	1.97	—	20/6
B	2.96	1.66	—	25/6
C	3.12	2.05	1.52	1/7
D	2.85	1.62	1.20	4/7

侯桂平等试验指出，整枝方式不同，影响枝蔓的长势、粗度及营养积累，枝蔓生长健壮的，营养积累多，进入生殖生长早，来籽较早；通过合理修剪整枝，培养好良好的结果枝蔓，能有效提高花朵质量、挂果率及大中果率。因此，修剪是罗汉果苗生产中的重要技术措施，不同的修剪方式对罗汉果产量和品质均有重要影响。通过适当减少罗汉果枝蔓生长量，可以减少营养的消耗，促进生殖生长，提早罗汉果开花来籽时间。配合合理的施肥和科学的病虫防治，维持健壮的营养生长，增粗二级侧蔓，可有效提高大中果率，提高树体抗病力，减少裂果。田间试验以一级侧蔓4～5条、二级侧蔓3～4条、三级侧蔓适当疏剪效果最佳。

在生产中，具体选择哪级侧蔓作为主要结果蔓，需依据植株长势、气象条件而定。植株上棚后，如天气晴好，温湿度适宜，植株长势适中，现蕾快，且营养生长与生殖生长均衡，应考虑让二级侧蔓挂果；如遇连续高温干旱，植株生长受抑，即使开花坐果也易产生小果、畸形果，从而影响果品质量，应考虑三级侧蔓或四级侧蔓挂果，以避开不利气候条件的不良影响；如遇连续降雨，植株藤蔓长势过旺，现蕾会推迟，或者出现二级侧蔓间歇性现蕾且现蕾后子房难以膨大等状况，因此也宜推迟至三级侧蔓挂果，情况严重时以四级侧蔓挂果。

罗汉果苗的修剪因挂果的侧蔓不同可区分为如下几种方法。

1. 二级侧蔓挂果修剪法

当苗长至棚面时，立即摘心，促使其形成3根一级侧蔓，坡地朝上坡方向，平地朝南向，成扇形分布，当一级侧蔓长至0.4 m长时摘心，促使每根一级侧蔓形成4根二级侧蔓，当二级侧蔓每条有10个以上节位密集现蕾而子房又能正常膨大时，及时摘心，集中养分供应花蕾，促使花蕾健壮，点花成功率高。

2. 三级侧蔓挂果修剪法

当苗长至棚面时，立即摘心，促使其形成3根一级侧蔓，坡地朝上坡方向，平地朝南向，成扇形分布，当一级侧蔓长至0.4 m长时摘心，促使每根一级侧蔓形成2根二级侧蔓，当2级蔓长至0.4 m长时立即摘心，促使每根二级侧蔓上形成2根三级侧蔓，当三级侧蔓每条有10个以上节位密集现蕾而子房又能正常膨大时，应及时摘心，保持合理负载量，多产大果特果。

3. 四级侧蔓挂果修剪法

当三级侧蔓仍未现蕾时，应从一级侧蔓处疏剪掉2根二级侧蔓，将保留的4根三级侧蔓打顶，待四级侧蔓长出至0.1 m长时，选留靠基部的12条四级侧蔓挂果，其余侧蔓全部剪去，避免突然修剪过大，叶片保有量过少而导致植株长势衰退并诱发病害。

整形修剪时，尽量做到株与株之间的藤蔓不交叉重叠，以利防病。植株现蕾后，一般保留12～16条结果蔓即能达到较为理想的产量、质量要求，留蔓过多会造成棚面郁闭，子房难膨大，点花成功率低。因此必须疏去细弱枝、病虫枝，以改善通风透光条件，减少养分的无谓消耗。同时最好随身带一瓶浓肥皂水或石灰水消毒修剪工具，杀灭病毒，防止交叉侵染。

（五）防止"跑苗"

在罗汉果苗营养生长期间，尤其是花芽生理分化期间，藤蔓的徒长"跑苗"会严重影响植株正常现蕾和开花结实，从而导致减产甚至绝收的后果，必须予以高度重视。"跑苗"的症状表现为：其一，藤蔓节间拉长，叶片变小；其二，藤蔓质地柔弱，梢头下垂。产生"跑苗"原因是:水分过多、湿度过大;养分失调,氮素比例偏高;修剪不当,留蔓过多、过密等。"跑苗"现象出现后,必须及时采取措施。

1. 施肥、修剪措施

有跑苗现象的植株先进行中耕松土断根,追施磷钾肥各 0.5 kg,然后进行疏剪、短截,同时对叶面喷施促花药剂。

2. 嫁接措施

若经上述方法处理后仍未见蕾,应当采取嫁接措施。嫁接时应注意如下事项。

(1)接穗的选择

接穗必须选择母本性状优良、节间短、茎粗壮、无病虫害、半木质化、带腋芽的已现蕾藤蔓中部作为接穗。

(2)嫁接时间

以 6—7 月嫁接成活率最高,嫁接时应选择无风、无雨天气。

(3)嫁接方法

嫁接时先将接穗从芽的下方两面各削一刀,切口 2 cm,使接穗形成楔形,然后在低于棚面 10～15 cm 处将主蔓剪断,从横切口断面中央纵切一刀破开,切口深 2 cm,将接穗插入切口,使皮层对准。如接穗小于砧木,应将接穗靠近砧木一边,使皮层对准,并用薄膜带绑扎严实,防止雨水侵入,露出腋芽。

(4)嫁接后管理

当伤口完全愈合,新芽约 10 cm 长时解绑,随时抹去主蔓的萌芽。

(六)病虫害防治

此期由于修剪量较大,由此引起的伤口较多,植株抵抗力会有所下降,应用植物康或菌克毒克加优质稀土微肥,定期喷施叶面肥以增强植株抗性,防止病毒病趁机侵染。同时注意蚜虫、蓟马、红蜘蛛等刺吸性昆虫危害,如有发生,可用吡虫啉、尼索朗、氯氰菊酯等药剂进行防治。

三、开花结果期的管理

开花结果期是投入人工最多、管理最为复杂的时期,应经常对植株进行细致的观察,及时采取对应的措施,确保植株健壮,增加坐果率,提高特果大果比例。

（一）追肥

罗汉果授粉后第三天子房显著膨大，幼果生长前期先长纵径再长横径，前20 d 迅速膨大，25 d 以后体积增长进入缓慢生长期，30 d 后逐渐停止体积增长。因此，开花结果期的追肥是实现丰产和增加单果重量的关键措施，一般分为两次，即促花保果肥与壮果肥。

1. 促花保果肥

在果园植株现蕾期施用，每株用腐熟禽畜粪肥 3～5 kg 或充分腐熟的农家肥水肥 5～6 kg 加复合肥 1 kg，在距植株 0.8 m 处开环形沟施入并盖土。此期如出现连续降雨天气，应当在大量点花成功后再追肥，否则会出现藤蔓长势过旺、子房难长大、授粉成功率低的现象。相反，如遇多晴少雨天气，在植株大量现蕾时还应进行根外追肥加以补充。合理地促花保果肥不但可以促使子房肥大、提高花器质量和授粉坐果率，而且是果实膨大所需营养的重要来源。

2. 壮果肥

当在点花成功 10 d 左右施用，每株用 0.5 kg 冲施肥或 0.5 kg 冲施肥加 4 kg 充分腐熟的农家水肥，距植株 0.7～0.8 m 处开环形沟施并盖土，以满足果实膨大之需。

以下是一个不同肥料元素与施用量对罗汉果植株结果数量及大中果率影响的试验情况。

试验方法为：在植株开花结果时，开环沟施定量的有机农家肥，并分别加入：

A. 钙镁磷肥 400 g/ 株；

B. 硫酸钾 400 g/ 株；

C. 尿素 400 g/ 株；

D. 复合肥 400 g/ 株；

E. 硫酸钾 800 g/ 株；

F. 复合肥 800 g/ 株。

以施农家肥但不加化肥（CK_1）、不施肥（CK_2）作为对照。于果实采收前，测定植株果实数量和大中果所占比率。

试验结果表明：在花果期的 6 个施肥处理及 2 个对照中，植株结果数量由高到低的排列次序为 F（104）＞D（93）＞E（87）＞B（78）＞CK_1＝CK_2（66）＞A（65）＞C（63）（表 5-13），追肥中加入复合肥 800 g/ 株、复合肥 400 g/ 株、硫酸钾 800 g/ 株和硫酸钾 400 g/ 株均可在一定程度上提高罗汉果产量。应用 SPSS11.5 软件 Student-Newman-Keuls 法检验，显示 C、A、CK_1、CK_2 四处理与 B、E 两处理与 F、D 两处理三者之间具有显著差异。因此，在罗汉果苗花果期追肥时，有机农家肥中加入复合肥 800 g/ 株或复合肥 400 g/ 株或硫酸钾 800 g/ 株或硫酸钾 400 g/ 株，较之只施用有机农家肥或不施肥，可显著地增加植株结果数量。此外，增施复合肥 800 g/ 株或 400 g/ 株的效果又明显优于增施硫酸钾 800 g/ 株或 400 g/ 株。

植株大中果率由高到低的排列次序为 F（85.0）＞ E（80.3）＞ B（74.2）＞ D（73.0）＞ A（64.7）＞ C（62.8）＞ CK_1（60.6）＞ CK_2（36.1）（表 5–13），各种方式的追肥，均可在一定程度上提高果实的大中果比率。应用 SPSS11.5 软件 Student-Newman-Keuls 法检验，显示 CK_2 与 CK_1、C、A 与 D、B 与 E 与 F 五组处理之间具有显著差异。也就是说，在罗汉果苗花果期，施肥比不施肥的植株大中果比率显著增加，而在所有的施肥方式中，以有机农家肥加入复合肥 800 g/ 株较之其他施肥方式，植株的大中果比率又有显著的提高。

由此可见，在本试验条件下，罗汉果苗花果期以施用有机农家肥并加入复合肥 800 g/ 株，结果数量最多，大中果比率最高，因而为最佳的追肥方式。

表 5–13 植株结果数量与大中果率

处理	结果数量 /（个 / 株）			平均（个 / 株）	大中果率 /%			平均 /%
	1	2	3		1	2	3	
A	73	58	63	65	62.7	65.2	66.1	64.7
B	86	75	72	78	75.3	70.8	76.5	74.2
C	70	59	61	63	60.4	64.2	63.9	62.8
D	88	91	100	93	74.3	71.6	73.2	73.0
E	92	80	82	87	78.6	80.3	82.0	80.3
F	98	101	114	104	85.3	87.5	82.3	85.0
CK_1	71	62	64	66	60.8	59.3	61.8	60.6
CK_2	75	68	55	66	36.4	33.3	38.5	36.1

（二）授粉

1. 人工授粉

罗汉果是雌雄异株植物，雄花花粉黏重、味苦，风力和昆虫很难传播花粉，只有靠人工授粉才能保证产量。人工授粉应注意的事项如下。

（1）开花数量

授粉应该在植株进入盛花期每天开 10 朵花以上时进行，先开的几朵应直接疏去，以免营养集中于先授粉的果实上，造成后面授粉结实率下降，小果率增加。

（2）授粉时间

授粉最好在上午 11 时以前完成，因为上午雄花开药散粉最为旺盛，同时雌花柱头黏着力强，因而结实率高；而下午高温干燥，柱头黏着力差，授粉座果率显著下降。

（3）温度

盛花期如遇 36℃以上连续高温时，授粉成功率低，可以考虑暂不授粉，更不要摘心。因为罗汉果是无限花序植物，只要藤蔓生长就会逐渐现花，等到气温明显下降时再授粉，成功率高，而且大果、特果多。

授粉时应按一定顺序逐株逐朵进行，以免遗漏。争取在盛花期 15 d 左右完成，便于集中供水、供肥，使果实均匀生长，果型整齐。每株授粉 150 朵花左右即可停止授粉，授粉过多会造成营养分散，影响大果、特果率，从而影响果实的商品价值。原则上一朵雄花授 20 朵雌花。

授粉是用工最多的一道工序，近年在生产实践中发掘出一个较原竹签授粉更为简便易行的方法，并可提高功效，方法如下：将雄花瓣压至果柄处用手握紧，使雄花蕊露出，用侧面花粉密集处对准雌花柱头轻轻触碰即成。

2. 不同授粉方式对罗汉果坐果率和果实品质的影响

当前罗汉果种植均以人工点花授粉方式为主，在 6—8 月盛花期需要集中大量劳动力进行人工点花，高温、日晒等恶劣条件使人工成本逐年上涨，加上农村青壮年劳动力的流失，劳动力明显不足。因授粉不及时，影响产量，农户增收幅度不大，容易挫伤农户种植罗汉果的积极性。机械授粉是现代果树栽培方式的标志之一，具有快捷、高效、节约成本等优势。其中，机械授粉主要包括花粉悬浮液喷雾和固体风送喷粉，前者是将花粉粒悬浮液利用喷雾器进行喷雾授粉，后者是利用鼓风气流直接将花粉吹到雌蕊柱头，完成授粉。目前，罗汉果机械授粉方式的相关研究极少，仅郭丽霞、甘金佳等分别进行了罗汉果喷雾授粉、喷粉授粉研究，以筛选出能够快速高效且适合生产推广的罗汉果授粉方式，以提高罗汉果种植效益。

郭丽霞等在2011—2014年于广西桂林开展了罗汉果液体人工喷雾授粉方式试验。试验表明，盛花期使用人工喷雾授粉技术的农户1 d（按3个劳动力计算）可完成1 500株以上的授粉工作，比人工点花授粉的株数高出1～2倍，可有效缓解劳动力不足授粉不及时的难题。在大田种植下，人工喷雾授粉结实率达到70%以上。罗汉果人工喷雾授粉所得果实与人工点花相比，虽然大、中果比率相对较低，但是其单株总产量及果实甜苷V含量都接近人工点花授粉方式，对罗汉果提取加工产业来说影响不大。

甘金佳等（2020）比较不同授粉方式、不同辅料配比和不同授粉时间对罗汉果坐果率和果实品质的影响。结果表明，电动喷粉器、手动喷粉器和人工点花授粉的坐果率分别是93.94%、92.67%和94.19%，三者之间无显著性差异；电动喷雾器和手动喷雾器授粉的罗汉果坐果率为60.95%和62.45%，与人工点花授粉存在显著性差异。面粉是喷粉式授粉较好的花粉配比辅料，面粉与花粉质量比10∶1时，使用电动喷粉器授粉罗汉果坐果率可达93.94%，坐果率、果实品质与人工点花授粉均无显著性差异。综合考虑生产成本、操作舒适性，在罗汉果机械授粉过程中可优先使用电动喷粉器。

3. 罗汉果传粉生物学及传粉昆虫研究

方振名（2018）和朱晓珍（2019）最早开展了罗汉果的传粉生物学及传粉昆虫研究，结果发现，罗汉果雌雄花花期高度同步，在凌晨4点开始慢慢开放，上午7点时花冠完全打开，下午4点花冠开始收缩闭合，最后花朵凋谢，遇阴雨等天气则推迟1～2 h。其中花粉活力期与柱头可授期重叠，初步认为罗汉果雌雄花不存在花期不遇问题，从而推测罗汉果传粉受限的原因并非花期不遇。在罗汉果访花昆虫种类及访花特征中，罗汉果雄花的主要访花昆虫有熊蜂、中华蜜蜂、无角栉距蜂、蓝彩带蜂，雌花的访花昆虫仅有无角栉距蜂；无角栉距蜂访花时降落在花冠内，然后爬到花冠基部寻找蜜汁，在取食花蜜的过程中，访花者必须穿越4根花丝，与此同时访花者的背部会触碰到成熟开裂的花药，花粉因此散落黏附在昆虫的背部，取食完毕后当昆虫降落在雌花花冠内寻找花蜜时，其背部的花粉就会触碰到柱头，从而完成传粉过程；熊蜂访花时落置于花冠背部位置，是盗蜜者，并无携带花粉行为。为进一步探究无角栉距蜂专性访花行为的形成机制，朱晓珍对无角栉距蜂的触角感器进行了扫描电镜观察和分析，显示无角栉距蜂的触角为膝状，总共有11种感器类型，分别为毛形感器、刺形感器、芽形感器、锥形感器、腔锥形感器、板形感器、Böhm氏鬃毛、钟形感器、缘感器、刚毛和感觉孔；其中，在鞭节腹面以刺形感器为主，而在背面则以锥形感器和板形感器为主；板形感器是嗅觉器官，广泛分布于无角栉距蜂触角 F3～F11 鞭节背面，认为其可能具有探测寄主位置的功能，即在准确定位罗汉果雌雄花协助其完成授粉中起着关键作用；锥形感器也是嗅觉感器，可以感受植物气味，初步认为其可能在该虫准确定位宿主植物中起着重要的导向作用。通过以上研究，方振名认为传粉昆虫的访花活动受到环境、温度和气象等一系列因素的影响，在不同的环境和条件下其访花频率变化较大，特别是对雌花的访问频率比雄花低，导致花粉不能及时有效地散落在柱头上，这是罗汉果传粉受限的主要原因；在此基础上，朱晓珍认为罗汉果在栽培中人为地破坏雌雄株间的比例，可能也是导致其在自然状态下存在传粉受限的原因之一。

2021 年秦年玉继续针对罗汉果有效传粉昆虫开展了研究，发现罗汉果结实依赖传粉者授粉，不存在无融合生殖；罗汉果花期为 6 月中旬到 9 月下旬，分批开放，雄花单花期 1 d，雌花单花期 1～2 d；雌花柱头有分支，分支的柱头与雄花花药相似；雄花提供的花报酬有花粉、花蜜、花油，雌花提供的花报酬只有花油；罗汉果雌花和雄花分泌油的主要成分是醛类、酯类、烷烃、烯烃、芳香族化合物、脂肪酸等，雌雄花释放的香味成分主要为甲苯、碳酸二乙酯、乙缩醛、反式 –2–（1– 乙氧基乙氧基）2–丁烯，且主要源于花油中的成分。罗汉果的访花昆虫主要是蝶类、蝇类、蜂类、甲虫等，其中雄花的访花者主要有熊蜂、木蜂、隧蜂、意大利蜜蜂、无角栉距蜂、黄芦蜂，雌花的访花者是雌性的无角栉距蜂，而且只有雌性无角栉距蜂是有效传粉者，因此罗汉果坐果依赖人工授粉或繁育无角栉距蜂。

（三）灌溉保湿

果实膨大需要大量的水分，应保持 60%～80% 的田间持水量，才能满足生长所需。如出现持续高温干旱，傍晚太阳落山时，应对棚面蔓叶和地面茇部喷淋水保湿降温，以促进果实膨大。在采用渠道灌溉的果园，厢沟水深应控制在厢高的 1/3 以下，以免引起烂根并引发病害。

（四）疏果

及时疏去病虫果、畸形果、裂果和点花 1 个月后没有迅速长大的果，以利营养集中供应好果，提高果实的商品价值。

（五）防止裂果

罗汉果授粉后一周至果实生长后期，均可能发生果皮与果肉纵向开裂或横向开裂，形成裂果。

据孙柳华等报道造成裂果的主要有三方面原因。其一，土壤水分失调引起裂果。即在果实发育过程中，前期由于土壤或空气干燥，果实内的水分由叶面大量蒸发散失，表皮生长受抑，形成机械组织伸缩较小；果实进入后期，细胞内含糖量增高，渗透压增大，这时遇有突然降雨或土壤灌水过多，根部从土壤中大量吸水，使果实内的水分骤然增加，细胞分裂和生理活动加快，而靠近果皮的细胞活动相对较缓慢，当果皮的生长与果肉组织的膨大速度不同步时，由于膨压增加，果皮伸张性较小，使果实纵向开裂。其二，土壤缺钙引起裂果。新根生长受阻（如排水不良、干旱或因空气湿度大而影响蒸腾时，出现缺钙，在果实顶部产生病状，多在幼果期开始发生，以后继续扩展。由于果实的蒸腾量较小，缺钙的较易在果实中出现裂果。其三，病毒病发生严重的果园，罗汉果裂果特别严重。从罗汉果授粉后一周开始至果实成熟前都有裂果发生。

当然，裂果的原因应该较上述归纳更为复杂，如品种特性、温度的突然升降、钾素与其他微量元素的失调等均可能与裂果有关，均需引起重视。

为预防或减轻裂果的危害，应主要做好如下几方面工作。

（1）选用抗裂果的品种，如青皮果、红毛果等。

（2）加强土壤管理。对土壤较黏的果园要施肥改土，增施有机肥，改良土壤结构，增施土壤保水剂，减少土壤水分的流失。

（3）及时排灌。旱季适时灌水，雨季及时排水，使土壤维持一定的含水量，避免土壤忽干忽湿，防止土壤含水量变化过大。

（4）增施钙肥、钾肥、稀土微肥，增强果实表皮的韧度，防止因缺素引起的裂果。

（5）点花工作争取在9月初完成，争取在10月降温前果皮全部骨质化。

（6）做好病毒病的预防和防治工作。

（六）防虫防病

罗汉果上棚后3个月左右，是病虫害高发季节，主要的病虫害有线虫病、病毒病、青枯病、白绢病、果实蝇、蚜虫等，应高度重视，否则损失无法弥补。

1. 病毒病防治

可用 NS-83、E-30（$C_9 \sim C_{16}$ 烷基单磺酸）钝化病毒粒子，交替使用病毒唑、20% 盐酸吗啉胍、菌克毒克、植物康等抑制病毒复制和扩散，配施高效叶面肥抑制症状表达。每隔 15 d 喷施一次预防。并配合施用防虫药剂，以减少传毒媒介昆虫密度与数量。

2. 根结线虫防治

可用线虫必克、淡紫拟青霉、阿罗蒎兹等生物杀线虫剂兑水淋蔸或与有机肥混合在施肥时一并施用。也可选用 10% 噻唑磷颗粒剂或 10% 硫线磷颗粒剂等，于线虫高发期在根部开环沟兑淋施并加土覆盖。

3. 青枯病防治

可用抗生素类药剂如广枯灵等灌根加以防治。

4. 果实蝇防治

可在植株坐果后，用敌百虫、醋、黄糖、水按 0.5∶1∶2.5 的比例混合溶化，将棉球浸入药液中，吸足药液后多点挂于棚下诱杀。

5. 其他虫害防治

用黄色诱杀板悬挂于棚顶诱杀蚜虫，并用吡虫啉、叶面清洁剂等喷施杀灭昆虫。其他趋光性害虫使用诱杀灯进行诱杀。

第三节 罗汉果主要病虫害的防治

近年来，随着罗汉果苗种植区域和规模的不断扩大，不但病毒病、根结线虫病、果实蝇等罗汉果植物传统病虫害的为害依然存在，并严重影响着植株的生长发育，导致果实的产量和质量下降，而且还出现了青枯病等新的病虫为害现象。在罗汉果苗栽培管理各环节中，病虫害的防治工作是重点，也是难点。因此，必须掌握各主要病虫害的特征与规律，贯彻"以防为主，防治结合"方略，采取农业、物理及化学等技术方法综合施治，才能达到预期效果。同时，必须遵循《中药材生产质量管理规范》要求，在使用农药时，应按照《中华人民共和国农药管理条例》的规定，采用最小有效剂量并选用高效、低毒、低残留农药，以降低农药残留和重金属污染，保证罗汉果果品质量与安全性，保护良好生态环境。

一、罗汉果苗病毒病流行规律及其防治

据调查统计，病毒病在广西罗汉果主产区普遍发生，严重地块发病株率达100%，受害植株减产25%～45%，严重者达50%以上直至绝收。

（一）症状及发生危害情况

嫩叶长势衰竭，腋芽早发成丛枝，叶片发疱皱卷成畸形。叶肉肥厚粗硬，叶色褪绿成斑驳状而黄化，叶脉短缩不均，输导系统染有病原。嫩叶染病后，外观呈现畸形、隆肿、卷缩、边缘缺陷或结痂；叶面隆起成疱状，叶肉肥厚或萎缩脆弱、褪绿而黄化，有些叶脉短缩，但仍显绿色；从叶基伸向叶片的三出脉，形状如绿色鸡爪状镶嵌在黄化的叶片之间（图5-1、图5-2）。

其病原是：西瓜花叶病毒-2的一个株系（wmv-2-luo），其病毒病原的生物学、

第五章 罗汉果种植关键技术

病毒粒子体外特征、病毒粒子形态学、电镜观察及血清学等都有研究报道。

罗汉果病毒病对产量的影响随植株发病时期而异。苗期发病，植株多数严重矮化，不能结果；生长中期（开花前）受害，植株稍微矮化，茎蔓可以上棚结小果，但经济价值较低；植株开花结果期被害，新抽枝叶表现花叶症状，对产量影响较小。调查发现，种植管理水平高，合理施用肥料的果园，病害发病率虽高，但因前期生长较好，多数在结果期才表现症状，对罗汉果的产量影响较小。

图 5-1 病毒病植株（苗期发病）

图 5-2 病毒病植株（开花前受害）

（二）影响发病流行因子

1. 与品种的关系

现产区种植多以青皮果为主，也有红毛果、冬瓜果、长滩果。按照病害调查定级标准：0 级，植株无病；1 级，植株新抽嫩枝表现轻微花叶症状，叶平展；3 级，植株少数枝条叶片表现较重的花叶症状，病叶表面出现皱缩等轻度畸形；5 级，植株多数枝条感病，病叶畸形，出现卷叶、蕨叶，植株不矮化；7 级，植株轻度矮化，叶片畸形；9 级，植株严重矮化，叶片严重畸形，不能结果。调查结果见表 5-14。

表 5-14 不同品种发病率对照

单位：%

时间 （月.日）	青皮果		红毛果		冬瓜果		长滩果	
	发病率	病情指数	发病率	病情指数	发病率	病情指数	发病率	病情指数
6.22	2.22	0.25	0.00	0.00	13.33	1.48	4.44	0.49
7.06	6.67	0.74	6.67	0.74	15.56	4.20	8.89	1.97

续表

时间 （月.日）	青皮果		红毛果		冬瓜果		长滩果	
	发病率	病情指数	发病率	病情指数	发病率	病情指数	发病率	病情指数
7.12	11.11	2.72	15.56	4.44	51.11	21.98	17.78	2.96
7.25	35.56	5.93	53.33	14.32	82.22	48.64	48.89	13.34
8.11	40.00	7.90	57.78	24.69	91.11	56.05	73.33	23.46
9.01	64.44	18.02	75.56	28.64	95.56	57.53	80.00	35.56

由此可以看出，苗中抗花叶病毒病的能力：冬瓜果＜长滩果＜红毛果＜青皮果。青皮果的发病率和病情指数在每次的调查中都是最低的，其抗病能力最强。发病初期其发病率为2.22%，病情指数为0.25，而冬瓜果的发病率为13.33%，病情指数为1.48；到发病后期青皮果的发病率为64.44%，病情指数为18.02，而冬瓜果的发病率为95.56%，病情指数为57.53。

2. 与气候条件的关系

罗汉果最适宜生长温度是22～30℃，最适宜空气湿度为80%，主产地桂林属中亚热带湿润季风气候，气候温和，雨量充沛，桂林全年平均温度为19℃左右。最热的天气在7月、8月，平均温度为28.5℃左右，偶而也有达30℃以上。全年无霜期309 d，最冷的天气在1月、2月，平均温度为8.3℃左右，桂林的气候适合罗汉果的生长。但资料表明，华南地区平均温度明显升高，升温幅度从0.03℃/10年到0.25℃/10年，2005年、2006年两年更是出现了暖冬。由于有适宜的气候条件影响，有利蚜虫和椿象的流行发生。气候变暖对传毒蚜虫的主要影响，一是传播植物病毒的主要蚜虫在较高温度下发育速率加快，生殖率达到最高，内禀增长能力增强，萝卜蚜在5～18.5℃范围内成蚜产仔率为9.15%～50%，而10～32℃范围内成蚜产仔率则为91%～96%，以上2种温度下成蚜平均产仔头数分别为3.3～4.0头和31.9～47.8头。温度升高还使一些非主要的传毒蚜虫转变成主要的传毒蚜虫；二是冬季变暖使越冬蚜虫的恢复活动早、年生代数增加，因此气候变暖是导致蚜虫危害加剧的直接原因。气候变暖条件下蚜虫的发生流行模式也受到极大的影响，以往绿桃蚜、萝卜蚜、棉蚜虽每年都有发生，但非连年严重，常间歇性猖獗致害，气候变暖近10年来几乎每年大发生，常年持续危害严重。

3. 与栽培管理水平的关系

人工抹芽、授粉是罗汉果生产管理上的重要措施，果园内有病株则易造成病毒病大量传播。该病在老果园及排水不便和土壤呈沙质的旧地发生较多，特别在管理粗放、偏施商品肥的田块发病较为严重。为了验证病毒病发病率与施肥的关系，做了以下试验。对病株分严重、中等、轻度，每种程度三个处理，处理一：3.95%病毒必克Ⅱ号可湿性粉剂（西安海浪化工有限公司生产）+复合肥+微量元素叶面肥（用1.8%爱多收液剂，日本旭化学工业株式会社产品）；处理二：病毒必克+复合肥；处理三：病毒必克。每个处理20个重复。用量按病毒必克500倍，复合肥（每克兑水50 kg 淋根）、微量元素叶面肥（每50 g 兑水30 kg 叶面喷施），7月14日第一次施用，7月19日、7月24日两次重复，7月30日检查结果。结果见表5-15。

表 5-15 不同处理对不同发病程度植株的影响

	处理一	处理二	处理三
严重	病情有所好转，叶片畸形减少，新梢长势正常	未见有新芽长出，老叶感染严重，不见好转	未见好转，病情还在发展
中等	病情有所好转，新芽长出的叶片基本正常，芽长势很好	新芽叶片基本恢复正常	病情好转不明显，只有少部分新芽长势正常
轻度	生长恢复正常，未见明显病叶	新芽生长稍正常，间杂少数病叶	少数叶片畸形，新梢长势正常

从表5-15可以看出，处理一对发病程度重、中、轻的植株都有改善生长、减轻危害的作用；处理二对发病程度中、轻的植株都有改善生长、减轻危害的作用；处理三只对发病轻的植株有改善生长、减轻危害的作用。

4. 与蚜虫的关系

罗汉果花叶病毒病的传媒介体主要是蚜虫，蚜虫的发生量与发生时间与病毒病有直接关系。试验设相邻的南、北两个区。南区面积约1亩：苗木种下后，每星期喷一次10%吡虫啉可湿性粉剂（西安恒田化工科技有限公司出品）2 500倍液，4月底和5月中旬喷一次杀菌药；北区面积约1亩：和南区同时种植，苗木一致，管理基本一致，除了4月底和5月中旬喷一次杀菌药，不喷杀虫药。北区罗汉果苗上可见有蚜虫、夜蛾、椿象活动，而南区则少见有害虫活动。

由表5-16可知，不论是哪个品种，在经常喷吡虫啉的情况下，发病率都比不喷吡虫啉的低，最不抗病的冬瓜果在后期发病率只是62.22%，而不喷吡虫啉的北区冬瓜果在后期发病率是98.67%。

表 5-16　喷杀虫药对发病率的影响

单位：%

时间	北区				南区			
	青皮果	冬瓜果	红毛果	长滩果	青皮果	冬瓜果	红毛果	长滩果
初期	5.33	10.67	5.33	6.67	0.00	2.67	0.00	1.33
盛期	8.00	52.00	26.67	29.33	6.67	20.00	2.22	8.89
后期	65.33	98.67	72.00	89.33	11.11	62.22	15.56	17.78

（三）防治措施

1. 农业措施

选育抗病品种，提高品种自身抵抗能力；加强病毒检测力度，确保出圃苗木严格脱毒；选择适宜环境条件，远离病害重发区；加强肥水管理，培育健壮植株；规范生产操作，避免人传播病源。增强对病毒病的抗性。

2. 物理防治

引入了杀虫灯、粘虫黄板、果蝇诱捕器等物理防治方式。在罗汉果种植后上棚时在罗汉果园中悬挂杀虫灯诱杀害虫，在罗汉果园中和周边悬挂粘虫黄板（每亩15~20块）和果蝇诱捕器，进行诱杀蚜虫和果蝇，减少传毒虫源基数。

3. 化学防治

休眠期全园杀菌消毒是化学防治全年病害的关键，经过多年的实践证明，在果园休眠期使用600倍液的甲基硫菌灵加1.5%植病灵800倍液消毒，对预防病毒效果十分明显。防治病毒病关键在7—9月，以控制棉蚜传播为主，在发病初期叶面喷施病毒必克1 500倍液+10%吡虫啉可湿性粉剂2 500倍液+叶面肥喷施，每隔7 d喷1次，连喷4~5次，防治效果可达80%。此外，经过试验观察，病毒必克、叶常青反病毒型、抗病毒型SO-施特灵、病毒A、病毒K、好普等加硫酸锌加爱多收对罗汉果花叶病毒病、芽枯病的防治有一定的效果；其中以病毒必克、叶常青反病毒型、抗病毒型SO-施特灵加硫酸锌加爱多收对花叶病毒病、芽枯病（加硼砂）的效果比较显著。

二、罗汉果根结线虫病的防治

罗汉果根结线虫病又称"起泡病"，是罗汉果的一种重要病害，在广西的罗汉果产地均有发生，以老产区临桂、永福发生最严重。

（一）病原

罗汉果根结线虫病的病原有南方根结线虫（*Meloidogyne incognita* Chitwood）、爪哇根结线虫（*M.javanica* Chitwood）和滑刃属（总科）（*Aphelenchoides*）等，其中以南方根结线虫为主，主要危害罗汉果植株地下部分的根和薯块。

（二）症状

被害处膨大形成瘤状凸起，即"虫瘿"（图5-3）。根部受害先从根尖开始，在线虫侵入点呈球状或棒状膨大，以后逐渐增大而形成虫瘿，由于根的生长及线虫的反复侵染，造成多个虫瘿集聚在一起，使根呈结节状膨大；薯块被害，表面呈瘤状凸起，大者如鸡蛋，小者如黄豆。有根结线虫的植株，一般生长受到抑制，分枝少，叶片失绿或产生黄绿色斑，并自下而上逐渐枯黄而脱落；植株推迟开花结果，结果少而小，有的甚至不开花结果；达到一定程度后，由于其他病菌的入侵，造成主根腐烂，整株枯死。

图 5-3 罗汉果根结线虫病

（三）罗汉果根结线虫病严重发生与为害的主要原因

1. 寄主范围广泛，种类繁多

罗汉果根结线虫的寄主植物共有15个科50多种，包括大豆、菜豆、茄子、番茄、冬瓜、南瓜、烟草、萝卜、芝麻、马铃薯等作物及一点红、胜红蓟、田基黄等10多种杂草。因此，凡是用种过上述寄主作物、有野生寄主杂草的地来开垦种植罗汉果，若种植前不作处理，种植后就会发生根结线虫病。

2. 传播途径多，易于蔓延

种苗调运是罗汉果根结线虫病远距离传播的主要途径；在土壤中的病原线虫可借助人脚和农具携带传播；田间传播蔓延主要借助雨水的径流冲刷来进行；被清除的病根病薯，也可以带病传播蔓延，引起健株发病。

3. 抗病品种缺乏

目前栽培的罗汉果品种有青皮果、冬瓜果、长滩果、拉江果、红毛果等，均可感病，其中青皮果最感病，只有拉江果和长滩果相对较抗病，远不能满足生产发展的需要。

（四）防治方法

1. 合理选地、翻垦

新建罗汉果园应避开前作瓜、豆、菜等寄主植物的熟地，而要选择树木少、排水良好的荒地，同时要提早开垦翻地，垦后反复多次犁耙翻晒土壤，以利用夏日的阳光，使土壤内原有的线虫因暴晒、干燥而致死。

2. 加强田间管理

保持种植园地排水沟渠畅通，调节土壤湿度，控制根结线虫的发生和蔓延；增施有机肥，提高土壤有机质含量，促进非植物寄生线虫种群的增长，增强其对植株根结线虫生态位的竞争；增施磷钾肥，增强植株抵抗力；注意园内卫生，及时清除病株，集中烧毁。

3. "晒罗汉"

在植株生长期间，尤其在6—8月高温多雨季节，可将薯块在阳光下露出2/3～3/4，以杀死附在种薯表面的虫卵，同时可以促使种薯表皮组织老化，减少线虫为害。每年最好进行2～3次。

4. 合理轮作

与非寄主植物如花生、芝麻、高粱等进行轮作，轮作年限最好在两年以上。

5. 药剂防治

经常注意检查，发现病害及时施药防治，每公顷用3%米乐尔颗粒剂30～37.5 kg，先与细土混合拌匀，然后坑施或沟施，每年于春季罗汉果发芽前和夏季根结线虫侵染高峰期分两次施用，防治效果较为理想。也可以用10%福气多颗粒剂（5～8 g/株），或10%克线丹颗粒剂（20～25 g/株），或5%线净颗粒剂（20～25 g/株）进行根际施药，在果苗四周挖出5～6 cm深的浅沟，将药和泥土拌匀后施入土中，稍覆一层薄土。整个生长季节施药2次以上（最佳施药时间为4—7月），每次间隔5～60 d，防治效果可达87%以上。

6. 生物防治

使用多效菌［一种用烛台霉属真菌（*Candelabrella* sp.）提纯筛选而成的生物制剂］6～75 kg/hm^2，加入与菌种等体积的腐熟有机肥料拌匀，上盖塑料薄膜，沤制一个月后沟施在罗汉果根部周围，综合防效可达60%以上。或用线虫必克（昆明云大科技微生物资源开发股份有限公司生产）按5～8 g/株，加入适量农家肥混匀后进行根际施药2次以上，防治效果可达90%以上。

三、罗汉果青枯病的防治

罗汉果青枯病是在罗汉果苗推广应用，并在平地、水田大面积种植之后出现的一种新病害，其危害程度呈逐年上升趋势。黎起秦等已对其病原及发生情况作了简要研究报道。

（一）症状

发病初期，藤蔓梢部幼嫩叶片首先表现失水萎蔫，白天呈现凋萎，夜晚和早晨尚可恢复；随着病情发展不再恢复，病株叶片自上而下逐渐萎蔫，叶色暗淡，但仍呈绿色；最后茎蔓枯萎（图5-4）。纵剖病株的茎蔓和块茎，可见维管束呈黄褐色枯死状，质地较硬。轻压茎蔓部，切口有污白色菌脓溢出。在高温天气（气温达30℃以上），染病3～5 d后开始枯死。

（二）病原菌的致病性

分离得到的病原菌用针刺和注射的方法接种罗汉果苗（菌液浓度为1×10^8 cfu/mL）。在32℃下，第2天顶部的叶片开始萎蔫，第3天早晨恢复，中午中部的叶片也开始萎蔫，接种5 d后，植株所有叶片都枯萎，8 d后整株死亡。从病株上分离到菌落形态、菌体形态、生理生化特性和接种细菌相同的细菌。

图 5-4　罗汉果青枯病

（三）病原菌的性状特性

1. 形态及培养性状

菌体短杆状，两端钝圆，大小 1.8 μm×0.7 μm，无芽孢和荚膜，极生鞭毛 1 根（多数菌体无鞭毛）。在肉汁胨琼脂培养基上菌落圆形、乳白色、半透明、表面平滑、稍突起，培养 3 d 后，菌落渐变褐色，培养基也呈褐色。

2. 生理生化特性

菌体革兰氏染色阴性，有运动性，氧化分解葡萄糖，产生接触酶和氧化酶，还原硝酸盐，甲基红、VP 试验阴性，不产吲哚和 H_2S，不水解淀粉。病菌生长温度 10～40℃，最适 28～33℃。适宜病原菌生长 pH 值 6～8，最适 pH 值 6.6。通过革兰氏染色反应、菌体的电子显微镜观察、生理生化反应测定，鉴定出该病原菌为薄壁菌门雷尔氏菌属茄青枯雷尔氏菌［*Ralstonia solanacearum*（Smith）Yabuuchi et al.］。

（四）发生情况

通过 2003 年 6—9 月的调查，发现该病在山地种植的罗汉果发生较少，只有零星发生；而在平地，特别是与茄科植物如茄子、辣椒套种或间作的田地发生较重，据调查，发生率较高的是与辣椒间作的罗汉果地，发病率达59.4%。此外，该病在排水不畅的田地也较易出现。该病6—7月开始发生，在田间出现症状，8—9月发生严重，甚至大片枯死。该病害随着罗汉果在水田、平地种植面积的增加，有加重危害的趋势。砂质土种植罗汉果比红壤土发病重，特别是熟地种植罗汉果，青枯病发病严重。

（五）防治措施

（1）选择山地及红壤土种植罗汉果。目前，罗汉果青枯病在山地发生较少，仅为零星发生，而在平地则发生较多，且有加重危害的趋势。不同的土壤发病情况不同，砂质土比红壤土发病重，特别是熟地种植罗汉果，青枯病发病严重。因此，应选择山地及红壤土种植罗汉果，以减少青枯病的发生。

（2）避免与寄主植物套种或间作。茄青枯病菌的寄主植物有28科200多种。调查发现，凡是与茄科植物如茄子、辣椒套种或间作的罗汉果地，青枯病的发生都较严重。因此，罗汉果种植地应避免与茄青枯病菌寄主植物，特别是茄子、辣椒等茄科植物套种或间作。

（3）经常观察植株基部主茎，如果晴天上午10点钟前出现主茎潮湿现象，即可能是感病前兆，必须及时用药灌根。

（4）6—8月扒开表土，露出蔸和主根透气，再用抗生素类药剂如广枯灵等药剂交替使用全面喷施叶面和灌根预防。

（5）感病初期用植物康＋金吉尔灭萎灌根，药剂与水的比例为5∶100，每株2～3 kg灌根。

（6）感病死亡的植株应及时挖出集中烧毁，并在坑中及其周围撒上石灰进行土壤消毒。

四、果实蝇的防治

果实蝇是罗汉果园20世纪80年代以来的一类重要的检疫性害虫，分布广，危害重，在各地果园发生普遍。

罗汉果
全产业链关键技术研究与应用

（一）种类

危害罗汉果的果实蝇主要有南亚果实蝇 *Bactrocera*（Zeugodacus）tau（Walker）、瓜实蝇 *Bactrocera*（Zeugodacus）cucurbitaeCoguillett、橘小实蝇 *Bactrocera dorsalis*（Hendel）和印度果实蝇 *Bactrocera*（Zeu-godacus）scutellatus（Hendel）等4种。

（二）症状及为害情况

果实蝇成虫产卵于果内，幼虫蛀食果瓤，破坏其组织，受害果发黄、腐烂，但果皮外表损坏不大，初期不易发现，为针状大小圆孔，常伴黄色胶状物渗出，后期未熟先黄，略带红褐色，果柄处产生离层，提前脱落，不能食用，严重影响产量和品质（图5-5）。整个果期均可发生，8—9月为果实蝇发生危害高峰期。危害率一般达21%～34%。

图5-5 果实蝇

（三）果实蝇性信息素在防治南亚果实蝇的应用

1. 药品配方

（1）性信息素20 mg+敌百虫500倍液3 mL浸湿棉球；

（2）性信息素20 mg+蛋白胨0.5 g+敌百虫500倍液3 mL浸湿棉球；

（3）蛋白胨1 g+敌百虫500倍液3 mL浸湿棉球；

（4）性信息素 20 mg+ 敌敌畏 600 倍液 3 mL 浸湿棉球；

（5）红糖、醋、敌百虫、水按 1∶1∶1∶500 比例配制液 3 mL 浸湿棉球。

2. 施用方法

用小橡皮胶塞为载体作诱芯，每个诱芯含性信息素 20 mg。用直径 10 cm、长 15 cm 的铁皮奶粉罐，两头各钻直径 2 cm 孔一个，制成诱捕器。把诱芯和其他供试药品（用棉球蘸上或浸湿）分别用细铁丝吊挂在诱捕器内，距离相隔 1 cm；在离地面 1.5 m 高的果棚下，每隔 10 m 挂放 1 个诱捕器。在 7—11 月诱杀试验期间，诱芯不更换，间隔 1 星期左右棉球将干时，及时添加药液。

3. 防治效果

五种配方处理对南亚果实蝇都有一定的诱杀效果，但其中以配方 2（性信息素＋蛋白胨＋敌百虫）诱杀效果最佳；加蛋白胨的处理，可以直接诱杀雌成虫，减少雌成虫直接产卵于幼果上为害；而其余处理则只能诱杀雄成虫，从而减少雌、雄成虫交配机会及产卵数，达到防治的目的。

大田试验结果表明，诱杀试验区被害果数和果实被害率均比对照区明显降低，防治效果达 68.0%～76.4%。

（四）其他防治方法

1. 加强植物检疫工作

南瓜实蝇是我国的外检对象。调运罗汉果和苗木时经植检部门严格检疫，如发现害虫，须经有效处理后方可调运。凡带有南瓜实蝇的果实或受害苗木，一律不准输出或输入，以防止蔓延扩展到新区造成危害。

2. 农业防治

严禁在园边或棚下种植瓜果类作物，杜绝中间寄主。虫果出现期，及时摘拾虫果；落果盛期，每 3～5 d 拾毁落果一次，采用水浸、深埋、焚烧等方法处理。冬季应全面翻耕园内土壤，以利消灭老熟幼虫或越冬蛹。

3. 用毒饵诱杀成虫

在实蝇蛹羽化时开始，用香蕉或菠萝皮 40 份，90％敌百虫 0.5 份，香精 1 份，加水调成糊状，制成毒饵，直接涂在瓜棚篱竹上或装入容器挂于棚下，每亩布设 20 个点，每点 25 g。或用 90％敌百虫 25 g，白糖 1 kg，加水 25 kg，喷施果叶茂密处，每 7 d 1 次，连续 2～3 次，可以诱杀成虫。或用敌百虫、醋、黄糖、水，按 0.5∶1∶2∶5

的比例混合溶化后,用棉球浸于药液中,吸足药液后分散挂于棚下诱杀。

4. 药剂防治

在成虫盛发期,用灭杀毙 6 000 倍液,或 80% 敌敌畏乳油 1 000 倍液,或 2.5% 溴氰菊酯 3 000 倍液,于中午或傍晚喷雾防治,每 3～5 d 喷一次,连喷 2～3 次,防治效果显著。

五、其他病虫害的防治

(一)罗汉果炭疽病

病原为真菌薯蓣盘长孢菌 *Gloeosporium pestis* 和刺盘孢菌 *Colletotrichum* sp.。主要为害叶片,有时也侵染茎蔓,使叶片穿孔或脱落,茎蔓枯死,造成减产。病斑自叶尖或叶缘产生,初时为暗绿色水渍状小斑点,逐渐变为褐色至黑褐色的大斑,病斑圆形、椭圆形或不定形(图 5-6)。病斑中央为灰褐至灰白色,潮湿时,病斑上产生许多小黑粒点,即病菌的分生孢子盘。

发病初期选用霜霉威或 21% 过氧乙酸 + 退菌特喷施叶面。

图 5-6 罗汉果炭疽病

(二)天牛类(图 5-7)

主要有小瓜(藤)天牛 *Apomecyna longicollispis*、愈斑瓜天牛 *A. saltator niveosparsa Fairmaire* 等 2 种。主要为害罗汉果的藤蔓,一年发生一代,以老熟幼虫在藤蔓基部和块根处越冬;越冬幼虫在次年 3 月下旬至 4 月下旬陆续化蛹羽化,5 月上旬开始产卵,下旬孵化;6—7 月为幼虫发生危害高峰期,幼虫蛀食罗汉果藤的髓部,致使藤蔓枯死,影响结果,对罗汉果产量威胁大,藤蔓被害率达 30% 以上。

人工处理枯藤以消灭越冬幼虫;6 月上中旬检查主蔓,发现蛀孔后用 50% 辛硫磷乳油浸泡棉絮包裹蛀孔,然后用塑料薄膜包扎;5—7 月人工捕捉成虫。

图 5-7 天牛及其幼虫

（三）红蜘蛛

学名 *Tetranychus* sp.，为害叶片、嫩梢、幼芽及果。在各果园普遍发生，尤以天气干旱时危害严重。成虫若虫均可危害，常群集于叶背用口器刺入叶肉组织内吸汁危害。被害处先呈油渍状褐色小斑，失去绿色，后成块变为灰白色，失去光泽，叶变脆硬，呈卷缩状，严重时引起落叶、落果，对产量和品质均造成影响。红蜘蛛一年发生 6～9 代，以 7—8 月数量最大，为发生高峰期。以卵和成螨在枝条、藤蔓的裂缝及块根颈附近的土缝中越冬。危害率一般为 18%～28%。

可用 5% 的尼索朗乳油或可湿性粉剂 1 500～2 000 倍液均匀喷雾，或 40% 乐果乳油 800～2 000 倍液喷雾，每隔 10～15 d 喷 1 次，连续喷 2～3 次。

（四）黄守瓜

学名 *Aulacophora femoralis*。为害叶、嫩芽及根，幼虫为害根部，3 龄以后为害主根，使之枯萎后死亡，成虫咬食叶片，造成孔洞或缺刻，同时咬食花，影响结果。在华南一年发生 3 个世代，以成虫在地面杂草丛中群居越冬，翌年春气温较暖即开始活动，以中午前后最为活跃。该虫在 5 月中旬至 8 月皆可产卵，以 6 月最盛，此虫喜温好湿，一般在降雨后即大量产卵。成虫在 7 月下旬至 8 月下旬羽化，秋季以成虫进入越冬。

防治成虫可用 50% 辛硫磷 1 000～1 500 倍液喷雾。用 90% 敌百虫 2 000 倍液灌根，可杀死幼虫。

（五）椿象

主要有稻绿蝽 *Nezara viridula* forma *typica*、稻褐（四边）蝽 *Niphe elongata* Dalla、茶翅蝽 *Halyomorpha halys* Stal、点蜂缘蝽 *Riptortus pedestris*（Fabricius）等 4 种，为害枝叶、藤蔓。椿象以成虫、若虫群集罗汉果枝叶，刺吸汁液，被害处出现黄斑，最后枯萎，影响生长（图 5-8）。危害期 6—9 月，尤以 7—8 月水稻收获后，稻田的椿象向果园转移，加大虫口密度，危害加重。1 年发生 1～2 代，以成虫在向阳避风的山坡树根附近落叶中、杂草根部、树皮裂缝等处越冬。危害率为 26.5%。

可用敌百虫、氯氰菊酯、乐斯本等药剂交替使用进行防治。

图 5-8 椿象

（六）华南蟋蟀（图 5-9）

学名 *Brachytrupes portentosus*。咬断幼苗，4—5 月幼苗初长时段为危害高峰。

采取清晨捕捉并对其栖息地喷洒 90% 敌百虫 1 000 倍液进行防治。

图 5-9 蟋蟀

六、罗汉果配套综合防治措施

罗汉果是药食两用作物，必须坚持"预防为主，综合防治"的植保方针。以农业防治为基础，农业措施与化学防治相结合，科学使用高效低毒低残留农药。综合运用各种防治措施，减少病虫害所造成的损失。

（一）加强栽培管理

通过耕作栽培、增施有机肥等综合措施，可以改善土壤温度、湿度和土壤中微生物的群体数量等，从而阻碍线虫的活动和繁殖。

（1）合理轮作，避免连作。恶化病原线虫的生存环境，改变连年种植罗汉果的耕作习惯。大力推广轮作换茬，避免与葫芦科、茄科以及豆科作物轮作，有条件的田块实行水旱轮作或与玉米等禾本科作物轮作。国外报道万寿菊的根系能分泌一种毒素，可抑制根结线虫的群体，可充分利用行间比较宽的特点，套种万寿菊，以达到减轻线虫为害的目的。

（2）合理施肥。以基肥为主，多施充分腐熟的有机肥，除了对氮、磷、钾三要素的需求外，需要适量的钙、硫、镁等其他微肥。保证罗汉果生长过程中有良好的水肥供应，促其生长健壮。有报道，施用鸡粪可明显降低根结数，鸡粪水溶液可有效抑制根结线虫的孵化和促其幼虫的死亡，对蔬菜生长有促进作用。

（3）利用冬季气温较低，把罗汉果沟内的土壤挖出来，经过一个冬天的冻融等，可杀死部分越冬的线虫和卵。

（4）清洁田园，彻底清除地面枯枝落叶和病薯，集中带出田外深埋或焚烧，减少病原传播与积累。很多病原菌和害虫在土内越冬，因此，通过冬耕不仅可直接破坏害虫的越冬场所、减少越冬病虫源，而且可使表土内越冬的害虫暴露于土表，被天敌寄生或取食，使其不能羽化出土；土内一部分病菌由于日光照射亦能被直接杀死，达到防病的目的。

（二）热力消毒

有条件的地块采用高温消毒，在光照最充分、气温较高的7—8月，对发病重的田块进行深翻，将吸光能力强的黑色塑料薄膜覆盖在潮湿的土壤上，让其充分暴晒

15～20 d，利用太阳能使地温上升到 50～60℃，利用热力杀死线虫、病原菌和杂草种子，同时也可促使土壤中有机质分解，提高土壤肥力。

（三）物理防治

充分利用杀虫灯、粘虫黄板、果蝇诱捕器等物理防治方式。在罗汉果园中悬挂杀虫灯诱杀害虫，在罗汉果园中和周边悬挂粘虫黄板（每亩 15～20 块）和果蝇诱捕器，进行诱杀蚜虫和果蝇，减少传毒虫源基数。

（四）化学防治

化学防治是应用化学药剂对药用植物病虫害的防治，具有作用快、效果好、使用方便等优点，是目前防治药用植物病虫害的重要手段。但若使用不当易造成农药残留、环境污染和病虫发生抗性等后果。所以，化学防治要做到科学用药，其主要方法如下。

（1）严格禁止使用剧毒、高毒、高残留或者具有三致（致癌、致畸、致突变）的农药，药用植物病虫害防治必须保证安全，严防农药残毒。罗汉果大部分是药食两用，严防使用剧毒高残留的农药，以免影响人体健康。中华人民共和国农业农村部第 199 号公告规定，在中草药材、果树、蔬菜、茶叶上不得使用和限制使用的农药有：甲胺磷、甲基对硫磷、对硫磷、久效磷、膦胺、甲拌磷、甲基异柳磷、特丁硫磷、甲基硫环磷、治螟磷、内吸磷、克百威、涕灭威、灭线磷、硫环磷、地虫硫磷、蝇毒磷、氯唑磷、苯线磷等 19 种高毒农药。

（2）根据病虫害发生情况合理用药，能不用药的尽量不用药，能少用药的尽量少用药，能兼治尽可能兼治，能用生物农药尽量不用化学农药，以达到减少污染或无污染的目的，保证罗汉果的高质量。如常用于防治灰霉病、白粉病、炭疽病的硫菌灵和防治锈病、霜霉病和叶斑病的百菌清，整个生育期最多用药不能超过 3 次，最后 1 次用药距采收期不得少于 15 d。治虫用的敌百虫、辛硫磷和溴氰菊酯等各类农药，全生育期最多用药不超过 3 次，最后 1 次用药距采收期不得少于 7 d。

（3）必需用药时应筛选高效、低毒、低残留的药剂，同时应尽量减少用药次数，仅在防治的关键时期用药。如防治苗期病害应在发病初期使用，防治食叶性害虫应在幼虫孵化盛期用药。防治地下害虫应采用药剂浸种和拌种方法，结合耕作采用土壤处理的方法。

（4）使用化学药剂中应尽可能避免对天敌的杀伤，或选择对天敌较安全的农药。

施药时应注意对天敌的保护。

（五）生物防治技术

生物防治是指利用自然界中的生物因素防治病虫害，包括动物（昆虫、螨类、鸟类、两栖类等）、真菌、细菌、病菌等。主要方法有如下几种。

1. 以虫治虫，利用天敌昆虫防治害虫

天敌昆虫主要有瓢虫、螳螂、草蛉、步行虫、食蚜蝇、食虫虻和各种寄生蜂、寄生蝇等。这些天敌在自然界里广泛存在，对抑制中草药害虫起了不可忽视的作用。值得我们注意的是，要保护这些益虫，给它们提供良好的生存环境，使其能够顺利繁殖，代代相传，达到控制虫害的目的。

2. 以微生物治虫

即利用真菌、细菌、病毒等病原微生物来防治害虫。目前应用的有苏芸金杆菌、杀螟杆菌、青虫菌等各种制剂。

3. 利用其他天敌动物治虫

许多天敌如各种蛙类、益鸟等能捕食大量的害虫。

第四节　罗汉果创新栽培技术

一、罗汉果延后成熟栽培技术

常规种植的罗汉果果实正常成熟集中在10—11月，大量果实集中上市常造成供大于求、价格偏低、价格波动大，影响农民种植的积极性。此外，常规种植的罗汉果在高温高湿气候条件下，病毒病较难控制，往往导致产量降低，品质下降。

罗汉果延后栽培技术是将罗汉果幼苗栽植时间延后至6月下旬至7月上旬，从而延后成熟、延后采收，果苗上棚架后的生长过程避开高温高湿的不良天气。结合搭建防虫网和避寒棚，预防和控制病毒病的发生，也能够使果实安全越冬，错开常规种植鲜果集中上市时间，有效缓解罗汉果供大于求、价格偏低的问题。

永福县经济作物站秦永松等（2018）介绍了一种适用于广西壮族自治区桂林市的罗汉果延后栽培技术，创造了较好的经济效益，具体方法如下。

（一）种植地的选择

种植地选择在地势相对开阔、背风向阳、排水良好、水源丰富、土质疏松肥沃且交通方便的山地、旱地和水田，土壤为微酸性壤土。为防止种植地土壤带病，山上水稻田最理想，熟地要求2年内未种植过葫芦科、茄科、豆科作物。

（二）建立保护大棚及棚内消毒

1. 建立保护大棚

（1）结构规格

采用圆拱对称型结构，跨度8.00 m，棚高3.90 m，下弦高即肩高2.10 m，立柱纵向间距4.00 m，拱管间距1.33 m，单栋，即棚端面宽8.00 m，长度32.00 m。每座大棚每个端面安装一个 1.00 m×1.80 m 的转动门。

（2）骨架材料

所有立柱为 φ8 mm 螺纹钢及 φ6 mm 圆钢组成的钢筋混凝土水泥柱。拱杆为热镀锌管 φ25 mm×1.4 mm，每隔 4.00 m 做成扇形结构。纵梁采用热镀锌方管 40 mm× 40 mm×1.6 mm；每个开间放 2 条 φ25 mm 的塑料管作为防虫网与薄膜的支撑；顶 3 道用热镀锌管 φ25 mm×1.4 mm 作纵梁，四周二道卡槽。

（3）覆盖材料

全年采用 0.425 mm 宽优质防虫网覆盖。越冬避寒栽培薄膜采用 0.100 mm 厚国产薄膜。薄膜覆盖时间为 11 月下旬至翌年 4 月上旬。

（4）通风系统

棚两侧可人工卷膜开窗，可开侧窗 1.30 m 宽。

（5）抗风措施

每排立柱两端用压膜绳交叉斜拉，使棚有较强的抗风能力。2.10 m 高水平面用热镀锌管 φ32 mm×1.6 mm 作角撑。

2. 开围沟、整畦

大棚建成后开好棚外排水沟，棚内四周围沟，8.00 m 宽单栋棚分四畦，每畦宽 1.50 m，畦间开好浅沟排水。

3. 棚内消毒

种植前用 70% 甲基硫菌灵可湿粉 600 倍液 +5% 啶虫脒乳油 1 500 倍液全棚喷雾消杀病虫。

（三）定穴与基肥的施用

1. 定穴

定植前 7 ~ 10 d 进行。离棚边 1.00 m 定穴，穴间距 2.00 m。每穴撒生石灰 0.2 kg 与穴土拌匀进行土壤消毒，并用 21% 卫根 800 倍药液淋穴，预防根结线虫病，每穴淋药液 1.5 kg。

2. 施基肥

以有机肥为主。罗汉果为穴栽，每穴 1 株。施基肥时，每穴挖长宽各 60 cm 的坑，穴施腐熟猪牛栏粪、鸡粪等农家肥 4.0 ~ 6.0 kg + 钙镁磷肥 0.5 kg+ 硫酸钾复合肥 0.2 kg+ 硼肥 20 g。肥料与适量的土拌匀置于坑内，然后在肥料层上覆 15 cm 厚的细土即可种植。

（四）立棚架

罗汉果属藤本攀附作物，种苗种植前后要及时立架。可用杉木、杂木或毛竹作支柱，支柱高 2.30 m，径粗 6～10 cm。支柱间距 2.00 m×3.00 m，埋入地下 0.50 m，地面留高 1.80 m。用 12# 铁线拉直固定于支柱顶端，边行用铁线斜拉加固。支柱与支柱之间再用 16# 号铁线连接拉紧，形成 1.5 m² 的网格，棚架面覆盖 20 cm 网眼的专用塑料网拉紧，并固定于铁线平面上。

（五）种植及管理

1. 选苗

选择适合本地气候、土壤条件的优良品种，以表现高产、抗病性好的青皮果扦插苗为佳。

2. 适时种植、合理密植

6 月下旬至 7 月上旬选择晴天下午或阴天种植，种后淋足定根水。可适当密植，亩种植 165 株（单栋棚 64 株）左右为宜。雌雄花的搭配比例为 50∶1，以保证授粉正常进行。

3. 引蔓、整枝、打顶

当罗汉果苗长至 0.30 m 时，在苗旁插一根小竹竿至棚面，及时用绳把苗固定在竿上，引蔓上棚，抹除萌生的侧芽。主蔓长至 1.30 m 左右时摘掉主蔓顶，留最上部一条侧蔓作为主蔓上棚。当主蔓上棚后长至五六节时留 2 个芽眼打顶（摘心），让其分生 2 条一级侧蔓；当一级侧蔓有 4 节时，每条留 2 个芽眼打顶，促其分生 2 条二级侧蔓；当二级侧蔓长至 4 节时，又留 3 个芽眼打顶，让其分生 12 条三级侧蔓（结果蔓）。通过人工引蔓把结果蔓均匀地分布在棚架上面，形成扇形骨架。当结果蔓现花蕾时，每个结果蔓留 8～10 个健壮有效花蕾进行打顶处理，去掉顶端优势，促进花果迅速生长发育。

4. 水肥管理

（1）施提苗肥

罗汉果苗成活后及时淋稀薄肥水催苗。一般淋两三次，每次间隔 7～10 d，每次淋腐熟的稀粪水 +0.2% 硫酸钾复合肥，以促使罗汉果苗健壮生长。

（2）施壮苗促花肥

罗汉果主蔓上棚后及时追施。在距植株基部 0.40 m 处开半环状沟施下后盖土。每株追施腐熟桐麸 2.0 kg+45% 硫酸钾复混肥 0.1 kg+50% 硫酸钾 0.2 kg。

（3）施壮果肥

在植株盛花过后及时追施。在距植株基部 0.70 m 处开环状沟，施 45% 硫酸钾复合肥 0.30 kg，施后盖土淋水。

（4）水分管理

罗汉果喜湿润忌渍水，因此全生育期园地要保持土层湿润，并要做好排水。

5. 人工授粉

花期从 06:00 时开始采集雄花，07:00—12:00 时进行人工授粉为宜。

（六）病虫害防治

1. 清除虫害

罗汉果上棚前进行虫害防治，并彻底清除种植时带进棚的虫害，用 10% 吡虫啉可湿性粉剂 1 500 倍液或 5% 啶虫脒乳油 3 000 倍液全棚喷雾。

2. 主要病害防治

线虫病，也称"起泡"，是根结线虫引起的根和块茎病害。首先，农业防治。实行轮作、晒薯，可减轻此病发生。其次，药剂防治。种植前用 20% 卫根乳剂 800 倍液淋施穴，视发病情况在夏季根结线虫侵染高峰期再用药一次。疫病，罗汉果种植后至上棚前和采果期较易发生，发病初期应及时进行药剂防治，防治药剂有 80% 大生可湿性粉剂、霜霉疫净可湿粉剂等。10—12 月是灰霉病、白粉病高发期，两病常混合发生。首先，农业防治。应做到及时疏剪新发徒长枝、过于封闭茂密的枝叶，保持棚内通风透光。其次，药剂防治。发病初期用 10% 苯醚甲环唑水分散颗粒剂 1 000 倍液喷雾，连喷 2 次，间隔 7~10 d。

（七）分批采收

元旦前后，当果皮颜色由嫩绿色转变成深绿色，罗汉果进入成熟采收期，可分批采收至 5 月上旬。选择晴天或阴天采收。采下的鲜果进行分级包装上市，也可装筐堆放在阴凉通风处 3~5 d，使其完成后熟过程，进行烘烤或深加工。

二、罗汉果间种套种栽培技术

随着罗汉果产业快速发展，种植面积不断扩大，如何利用罗汉果园的土地空间，提高土地利用率，使果农增收，同时改善土壤品质，保障罗汉果产品质量安全，成为种植户和罗汉果行业的关注点。吉福思公司蓝福生等经过多年实践与摸索，逐步总结出一套罗汉果间作套种简化栽培技术。

（一）种前准备（1—3月）

1. 选地

罗汉果种植地选择日照在 8 h 以上、昼夜温差大、水源充足的平地。种植地应远离南瓜、西瓜等葫芦科以及番茄、烟草等茄科植物种植地，避免病毒病传播。种植地也应远离公路、工厂、砖厂等汽车尾气、工厂污染源。要求土壤深厚、肥沃，地下病虫害少，排灌方便，以疏松易碎的壤土或沙壤土为宜。

2. 整地、起畦

罗汉果种植按 1 m×5 m 的株、行距整地、起畦。根据等高线及地形犁地及划定种植行。按每株 4～5 kg 罗汉果专用有机肥、0.5 kg 钙镁磷肥（与罗汉果专用有机肥沤制）的用量沿种植行均匀撒施，宽度为 20～30 cm。再撒上 0.25 kg/m^2 茶麸预防根结线虫。最后沿有机肥带起垄，垄宽 1 m、高 30 cm，垄沟深 30 cm。起垄后覆盖黑色地膜，并压好地膜边沿。

3. 间作套种作物

（1）花生种植

清除行间杂草、石头等杂物后，将土壤深翻 25～30 cm 起畦，畦底宽 150～180 cm（含沟）、畦高 30 cm，盖好地膜。

（2）大豆种植

清除行间杂草、石头等杂物后，雨后晴天及时翻耕，然后按 2～3 m 宽度分厢开沟，厢高 15～25 cm，沟 30 cm 宽、深 15～20 cm。耙平厢面。

（3）生姜种植

清除行间杂草、石头等杂物后，选择耕层较厚的土壤，深翻 30～40 cm。整好地后起垄 1～2 行，大行距 80 cm、小行距 50 cm。垄高 20～30 cm、垄宽 100 cm，沟深 20～30 cm，并耙平垄面，用稻草覆盖或地膜覆盖。

（4）芋头种植

行间种植清除杂草、石头等杂物后，需深翻 40 cm 以上。整好地后可按株距 50 cm 作单垄高畦。垄高 20 cm、垄宽 50～60 cm，垄沟深 10 cm，沟宽 35 cm，耙平垄面，在种植沟内灌水造墒。可选用透明地膜覆盖，膜边四周用泥土压实。

（二）种植（3—4月）

1. 罗汉果定植

采用茎尖脱毒组培苗，要求苗高 10～15 cm，每株有 3～4 片成熟叶，叶片深绿、肥厚，根系发达，无病虫症状。种植时间选择土温稳定在 15℃以上的清明节前后。将罗汉果苗从营养杯中倒出种在定植点上。以兑水 3 000 倍液生根壮苗剂作为定根水淋在小苗周围。种植完成后，在植株周围插上 4 根小竹竿或小木棒，套上一个两端开口的塑料袋，底部用泥土压实，可防蜗牛、蛞蝓等进入咬食植株。

2. 间作种植

（1）花生

选择优质、高产、抗病、适应性强的当地花生品种。3—4月当土温稳定在 15℃以上时即可播种。播种时，每畦种 2～3 行，行距 30 cm，穴距 18～20 cm，每穴 3～4 粒种子。破开地膜后撒入花生种，覆土后淋水即可。

（2）大豆

选择适合当地种植的 65～75 d 可鲜食类毛豆品种。3—4月待土温稳定在 12℃以上时即可播种。播种时，每畦种 4～5 行，行距 25～30 cm，穴距 15～20 cm，每穴 2～3 粒种子。破膜后撒入种子，覆土后淋水即可。

（3）生姜

选择健壮、无病虫害的种姜。在 3—4月土温稳定在 15℃以上时即可种植。种植时每株留 1 个壮芽，芽尖朝下，株距 30 cm、行距 50 cm。

（4）芋头

选择品质优良、抗性好、适宜旱地种植的种芋，3—4月当土温稳定在 15℃以上时定植。罗汉果行间空地可种芋头 1～2 行，按株距 50 cm 摆放芋苗，大小行间呈"品"字错开种植，覆土后淋水即可。

（三）苗期管理（4—7月）

1. 罗汉果管理

（1）追肥

罗汉果定植 5 d 后即可施第 1 次水肥。通常以腐殖酸冲施肥或腐熟的农家水肥离苗 5～8 cm 远处淋施，施肥 2～3 次（当苗长至 0.8 m 高时需停止施含氮的肥料）。当苗长至 0.8～1 m 高时，将主蔓顶芽摘掉，选留最上端侧芽直至上棚。以硫酸钾肥 0.5 kg/株为催花肥施肥。罗汉果上棚至开花授粉前必须停止施肥，否则出现推迟现蕾开花或现蕾不齐。

（2）抹芽

苗高 20 cm 后，苗旁竖立一根细竹竿或者木条直达棚顶。每隔 2～3 d 用绳子将主蔓固定在立杆上，促其向上生长。苗期注意抹除侧芽。

2. 间作管理要点

（1）花生

花生生长后期，结合防治病虫害，可施用 0.3% 磷酸二氢钾液、0.1% 硼砂液喷施叶面 1～2 次，保持植株生长健壮。

（2）毛豆

毛豆生长期需松土、除草 1～2 次。苗高 30 cm 时结合培土进行除草，促使根系生长。早熟青豆可在开花前或盛花期喷施 0.2%～0.3% 磷酸二氢钾，以提高豆荚的饱满率，增加产量。

（3）生姜

生姜种植后，若遇连续晴热天气要揭膜，防止高温危害。生姜施肥以淋施高氮液肥为主，同时注意补充微量元素肥。罗汉果上棚后，随着藤蔓繁茂生长，特别是 8—9 月，可为生姜种植营造荫蔽环境。

（4）芋头

芋头施肥采取肥料兑水浇施。前期可适当施稀薄沼气水或粪水，待芋头长至 3～4 叶时以稀释复合肥浇施，复合肥用量约为 0.1 kg/株。8—9 月高温干旱时，沟底最好保持湿润。

3. 病虫害管理要点

无公害罗汉果标准化种植坚持预防为主、综合防治原则，掌握适时适期防治。安装杀虫灯诱杀趋光性害虫，悬挂黄板诱杀蚜虫，用性诱剂诱杀斜纹夜蛾，用糖醋液等诱杀瓜（果）食蝇，减少虫源。间作期间，可使用核型多角体病毒、苏云金杆菌等防治为害青豆、芋头的蚜虫、小地老虎、红蜘蛛和豆荚螟、刺毛虫等害虫。

（四）间作作物适时收获（6—8月）

早熟青豆6月中下旬可采收，采收以籽粒丰硕饱满、豆荚鲜绿色为适期。7月底当多数花生荚果壳开始变硬、网纹明显、种仁饱满时就可收获。收获时可把地膜清理干净，带出园外。收荚后的青豆、花生植株可作为牲畜青饲料，也可回收作为下一年有机肥来源。7月以后田间管理以罗汉果开花挂果期管理为重点。

（五）罗汉果开花挂果期管理（6—10月）

1. 整形修剪（6—9月）

罗汉果主蔓上棚后，通过人工引蔓，每株选留8～10根结果蔓，使各级侧蔓均匀分布在棚架上，形成扇形骨架。当藤蔓生长旺盛时，只保留结果蔓，其余侧芽抹除，保持树势通风透光，有利于开花及果实生长。

2. 授粉（7—8月）

晴天清晨采摘雄花后，存放于阴凉处。取竹签挑取雄花花粉授到雌花柱头上，即可完成授粉。

3. 追肥（8—9月）

植株开始挂果时，以0.5～1 kg/株稀释有机肥、复合肥的水肥浇施壮果肥。

4. 病虫害防治

此时期悬挂黄色诱蝇板或糖醋液诱杀瓜（果）食蝇。

5. 收获（9—12月）

罗汉果经授粉80—85 d后，果实开始成熟，此时果柄及果皮开始变黄，用剪刀齐果柄底端剪断，装入筐内，分级包装、运输、加工。

（六）生姜、芋头采收

嫩姜一般在9月就可以采收，老姜在根茎充分膨大老熟时再采收。10—11月为罗汉果采收期，此时芋头开始叶黄根枯，球茎充分成熟，可收获球茎。收获的单个球茎重量可达0.5～1 kg，水分含量较低，可放置于通风干燥处储存。

（七）冬季套种（10月至翌年3月）

罗汉果收果后期至采收结束，清除种植行上的杂草、地膜，翻耕种植垄面、整细、耙平垄面土壤。雨后天晴，趁墒点播豌豆、蚕豆（菜用鲜蚕豆）或撒播芥菜等短期作物，其栽培技术与单独种植管理无异。在第2年4月新一季罗汉果种植前，可采收豌豆苗、豌豆、鲜蚕豆、芥菜等，剩余残株可就地压入地里或做堆肥无害化处理。

三、罗汉果一年一种二收栽培技术

永福县科技情报研究所在2011—2013年进行了罗汉果一年一种二收栽培技术研究与示范研究。该技术通过选用罗汉果优质早熟扦插苗品种进行种植，总结出了基肥施用、两茬整形修剪等关键生产管理技术，尤其是探索了在罗汉果棚上覆盖一层防虫网，切断病虫传播途径的栽培模式，使第一茬罗汉果于9月中旬成熟，采收后立即对罗汉果植株进行适当棚上修剪，使其尽快开花挂第二茬果并于12月中旬成熟，从而实现罗汉果的一年一种二收。采用罗汉果一年一种二收栽培技术，每年每亩可增加3 000个罗汉果，增产30%以上，每年每亩可增加收入1 200元左右。

四、有机罗汉果种植技术

吉福思公司于2016年始开展有机罗汉果种植技术的研究，该研究以国内有机栽培技术规范为基础，引进、消化、吸收国内外有机种植先进技术，从罗汉果标准化种植技术入手，通过与荷兰瓦赫宁根大学合作，参考欧洲有机认证标准，建立了一套适用于罗汉果的有机栽培技术体系，为逐步替代传统的罗汉果栽培技术，为无公害罗汉果向有机罗汉果平稳过渡打好前站，大幅度提高罗汉果产业的经济效益、社会效益和生态效益，最终推动罗汉果产业的发展。

通过试验研究、示范种植证明有机种植罗汉果技术是可行的，采用以牛粪、花生麸、茶麸等有机物为主要氮、磷元素的主要来源，以天然钾矿粉为钾元素来源的施肥技术，适当增加有机罗汉果种植密度，以木霉菌、除虫菊素生物菌剂预防病虫害，结合农业防治措施及物理防治方法，加强植株修剪，促进现蕾开花等田间管理措施，有机种植条件下生长的罗汉果能够正常开花、结果。有机种植条件下罗汉果甜苷V含量正常，鲜果无农药残留，重金属含量低于相关规定的限量值，可获得较好的经济效益。同时，将有效控制罗汉果种植过程中农药、肥料、灌溉用水、生产用地等生产要素，从源头上减少或杜绝农药和重金属残留等，提升罗汉果原料品质，有利于产品结构的调整，增加其附加产值，保障罗汉果加工行业原料安全，增强企业在国际市场的竞争力，促进整个产业的延伸。

五、罗汉果无公害技术

在符合无公害种植环境的基础上，选择优质品种及其健康种苗，科学的水肥一体化管理，及时补水、控水，以腐熟有机肥为主并减少化肥使用，可使土壤疏松防止板结并透气，施足基肥，适时、适量及适度追肥。罗汉果生长期间易受病虫害的影响，进行病虫害防治应遵循"预防为主，综合防治"的原则，从罗汉果与有害生物的整个生态系统出发，采用"农业防治＋生物防治＋物理防治＋化学防治"的综合防治方法，保持农业生态系统的动态平衡和生物多样性，将有害生物控制在允许范围内，对罗汉果无公害栽培具有重要意义。

第五节　罗汉果的采收、贮运与保鲜

一、罗汉果采收

（一）罗汉果成熟度判断依据

罗汉果成熟度的关键是生长时间，通常通过外观观察及果实的按压手感进行判断。

1. 果实成长时间

罗汉果的成熟期一般在开花授粉后的 80 d 后，随不同种植地域和不同年份因气候变化略有差异。

2. 外观

成熟的罗汉果呈圆形至长圆形，外表青黄色，微具茸毛，果柄痕显黄色。

3. 按压手感

用手指肚轻按果外壳（注意力度不要按破），成熟的罗汉果应感觉有明显的弹性，有壳肉分离的感觉。

（二）罗汉果的采收时间与方法

罗汉果的采收时节为 9—12 月，避免雨天和雨后采收，晴天时避开高温和有露水的时间采收，成熟一批采收一批。采收时采果人员尽量剪去指甲，戴上手套操作，做到适时无伤采收，用剪刀剪，不留果柄，摘下后放清洁的筐/桶内，罗汉果皮薄且脆，摘取和存放时均需轻拿轻放，避免损伤。

（三）罗汉果分级与装筐

1. 罗汉果的分级

罗汉果鲜果目前尚无对应的国家标准，可参照现行的罗汉果质量等级国家标准

GB/T 35476—2017 以罗汉果的果形横向径进行划分，标准的划分根据圆形果和长形果两种果形的等级划分见表 5–17。

表 5–17 罗汉果大小等级直径

等级	果形横径 /cm	
	圆形果	长形果
特级（特大果）	≥ 6.36	≥ 5.74
一级（大果）	≥ 5.74 < 6.36	≥ 5.26 < 5.74
二级（中果）	≥ 5.26 < 5.74	≥ 4.78 < 5.26
三级（小果）	≥ 4.78 < 5.26	≥ 4.46 < 4.78
等外果	< 4.78	< 4.46

2. 装筐

采收后的罗汉果，需转装到清洁标准塑料筐中，装筐人应戴上手套操作，做到同一规格的罗汉果每筐果的数量一致，并且按果的成熟度及大小等级进行分装：一般情况下，特果 120 个 / 筐、大果 180 个 / 筐、中果 230 个 / 筐、小果 300 个 / 筐、其他外果净重 15 ~ 16 kg/ 筐，果型特别时根据实际情况装筐。装筐应轻拿轻放，避免损伤。

3. 暂存堆码

罗汉果应暂存在遮雨、通风良好的场地，堆码时将各类（大、中、小，特、外）规格果区分整齐堆放，堆码塑料筐高度一般为 5 ~ 7 层、每垛堆码一般不超过 10×10 排，垛与垛之间留 15 cm 的距离便于通风，堆码时应轻搬、轻放、轻拿，避免果实伤害，暂存时间不宜超过 48 h。

二、罗汉果鲜果的运输

（一）运输包装要求

罗汉果一般用标准塑料筐直接堆码装车，塑料筐长×宽×高为 53 cm×39 cm×38 cm（图 5–10）。

图 5-10　罗汉果装果筐

（二）运输工具与要求

罗汉果可采用普通货车运输。装运的车应清洁、干燥、无毒、便于通风，坚决不能与有毒、有害物质混装混运。

（三）装卸堆码、运输与暂存

1. 装卸堆码、运输

罗汉果运输堆码塑料筐堆码高度一般为 8 层，极限情况也不超过 10 层，车厢四周均需有围栏围挡，运输应轻装轻卸，适量装载，行车平稳，快装快运，运输中应尽量减少振动，运输过程如遇雨天，应用篷布遮挡防雨。

2. 运输卸车暂存

卸车后的罗汉果，堆码时将各类（大、中、小，特、外）规格果区分整齐堆放，堆码塑料筐高度一般为 5～7 层，每垛堆码一般不超过 10×10 排，垛与垛之间留 15 cm 的距离便于通风。

三、罗汉果鲜果的进厂验收

（一）外观和重量抽验

1. 重量检验

验果人员对一批果每种果型（特、大、中、小、外）分别抽三筐进行称重，记录平均重量（去皮），计算出该批果的总重量并核对规格与数量是否相符。

2. 外观初验

验果人员同时抽查罗汉果的外观，避免果中混有霉果、烂果、病果、死藤果、虫果、未成熟果（不含可以存放几天后后熟的果），情况严重可以拒收，如发现有少量不合格果，同时把裂果、斑果、坏果等不合格果挑出来分开摆放并记录在案，必要时拍照留存。

（二）外观及理化检验

1. 检验项目与标准（表 5–18）

表 5–18　验收检验项目与标准

项目	标准
外观	按性状要求，无杂质，无霉变
罗汉果甜苷 V 含量 /%	≥ 0.30
水分 /%	≤ 85.0
有机磷和氨基甲酸酯类农药残留	阴性（高灵敏度农药速测卡）
啶虫脒 /（mg/kg）	≤ 0.080
多菌灵 /（mg/kg）	≤ 0.020
烯酰吗啉 /（mg/kg）	≤ 0.100
吡虫啉 /（mg/kg）	≤ 0.080
三唑醇 /（mg/kg）	≤ 0.080
水胺硫磷 /（mg/kg）	≤ 0.10
氰戊菊酯 /（mg/kg）	≤ 0.20
溴氰菊酯 /（mg/kg）	≤ 0.10
重金属总量 /（mg/kg）	≤ 10
铅（Pb）/（mg/kg）	≤ 0.8
砷（As）/（mg/kg）	≤ 0.5
镉（Cd）/（mg/kg）	≤ 0.3
黄曲霉毒素 B_1、B_2、G_1 和 G_2 总量 /（μg/kg）	< 0.4

2. 检验方法和依据

（1）外观检验

A. 成熟度：在常规条件下，用肉眼目测检出。

B. 大小：以统一制作的果型模尺板进行量具，量具按表 5-1 的标准要求制作。

（2）罗汉果甜苷 V 含量

甜苷 V 测定方法按 GB 1886.77—2016 进行。

（3）水分

将抽样的两个鲜果用刀切割成小块于干净不锈钢称量盘中，按 GB 5009.3 直接干燥法进行测定。

（4）重金属总量

按 GB 5009.74 法测定。

A. 铅（Pb）按 GB 5009.12 法测定。

B. 砷（As）按 GB 5009.11 法测定。

C. 镉（Cd）按 GB 5009.15 法测定。

（5）有机磷和氨基甲酸酯类农药残留

按 GB/T5009.199 法测定。

四、罗汉果的储存与保鲜

成熟新鲜的罗汉果营养物质丰富，在常温条件下储存容易发生霉变而影响食品安全，冷藏或冷冻储藏是目前鲜罗汉果长时间存放和保鲜的主要方式，制定符合生产加工实际的储藏与保鲜管理制度有利于确保罗汉果深加工原料的质量。

（一）罗汉果鲜果的储藏条件及相应的存储期

完好的罗汉果鲜果在自然条件下储存时，储存有效期为 1 个月。置冷库内 0～5℃冷藏储存，储存有效期为 3 个月。置冷库内 –18～–10℃冷藏储存，储存有效期为 24 个月。

（二）储存操作步骤

1. 冷库预冷

准备存放鲜罗汉果的冷库，需至少提前 24 小时进行预冷，设定好冷藏温度，保证鲜果开始入库是冷库空库温度已达到 5℃左右。

2. 码托盘

将罗汉果堆码到塑料托盘上存放，每托盘摆放 42 个塑料筐，并将所有塑料筐用 PE 膜缠紧。

3. 入库

叉车将托盘装的鲜果叉至冷库存放，每个库每天入库量一般不宜超过冷库总容积的 20%，每天观察库温情况，如出现温度骤然上升，可能因为一次入库量过大原因造成，应及时采取措施，移出部分罗汉果到别的冷库。入库时托盘整齐堆码，每垛高度为两个托盘（高度为 4.3～4.6 m），保证罗汉果到库顶距离大于 1.5 m，根据库房的大小，库中间留 1～2 个 50 cm 宽的通道用于通风和入库检查。

（三）储存期管理

1. 储存监测

存储期间应每天观察记录冷库温度情况，正常情况下，罗汉果入库满载后，7 d 内库内温度应达到存储的设定温度；每周应入库查看存储罗汉果的质量情况，查看时应特别注意远离风口的位置。

2. 储存期可能出现的问题及解决措施

（1）存储过程中如发现库温达不到设定要求，应通知冷库管理人员查找原因，迅速调整到合格范围，如不能调整，则需考虑换库储存。

（2）如存储过程中发现罗汉果果柄部分变黑，则表示罗汉果质量发生不良变化，有霉变的前兆，应马上出库加工。

参考文献

白隆华, 2006. 罗汉果规范化高产栽培技术. 广西医学, 28(5): 943-944.

刁品春, 范雪梅, 张富国, 2014. 我国与日本有机种植标准的比较研究. 农产品质量与安全 (6): 18-22.

方振名, 2018. 罗汉果的传粉综合征及传粉昆虫. 桂林：广西师范大学.

甘金佳, 毛玲莉, 蒋水元, 等, 2020. 不同授粉方式对罗汉果着果率和果实品质的影响. 中国南方果树, 49(6): 71-74.

郭丽霞, 张燕玲, 蓝福生, 等, 2015. 罗汉果人工喷雾授粉技术研究. 南方农业, 9(28): 20-22, 36.

秦年玉, 2021. 雌雄异株植物罗汉果的有效传粉昆虫研究. 武汉：华中师范大学.

秦永松, 李宇慧, 郑婷, 等, 2018. 罗汉果延后成熟栽培技术. 河南农业, 5: 19-20.

韦荣昌, 覃芳, 郑虚, 等, 2020. 罗汉果无公害栽培技术. 热带农业科学, 40(2): 26-30.

许亚茄, 李孟芝, 尉广飞, 等, 2020. 罗汉果无公害栽培体系的探讨. 世界科学技术—中医药现代化, 20(7): 1165-1171.

朱晓珍, 2019. 罗汉果与近缘植物传粉生物学的比较研究. 桂林：广西师范大学.

第六章

罗汉果干制品加工技术

第一节　罗汉果干制的基本原理

一、罗汉果中水分的存在形式

干果是目前罗汉果加工的主要品类之一，占整个罗汉果产品的40%～50%。鲜罗汉果果皮致密，水分含量高达70%～80%。按存在形式可分为结合水（bound water）和体相水（bulk water）。

1. 结合水

结合水又称为束缚水、固定水，通常是指存在于溶质或其他非水组分附近的、与溶质分子之间通过化学键结合的那一部分水。结合水可以与离子或离子基团（$-Na^+$、$-Cl^-$、$-COO^-$等）发生静电相互作用而产生水合作用，或者与细胞内的蛋白质、糖类、淀粉等的羟基、氨基、羧基等极性基团结合形成氢键。结合水具有不易结冰、不能作为溶质的溶剂，不易被微生物利用的特点。根据结合水被结合的牢固程度，结合水可分为化合水（compound water）、邻近水（vicinal water）和多层水（multilayer water）。

2. 体相水

体相水又称为游离水（free water），是指食品中除了结合水以外的那一部分水。体相水又可分为三类：不移动水或滞化水（entrapped water）、毛细管水（capillary water）和自由流动水（free flow water）。体相水可利用渗透作用和毛细管的虹吸作用自由地向外或向里移动，因此，在干燥时容易蒸发排出。体相水具有流动性大的特点，能够作为营养素运输、吸收和代谢物运转的载体，也可作为发生多种化学反应的介质，同时也可作为溶剂，溶解糖、酸等物质。

二、水分活度和储藏性

（一）水分活度

水分活度（water activity）是指食品中水的蒸汽压与同温度下纯水的饱和蒸汽压的比值。可用式（6-1）表示如下：

$$Aw = P/P_0 \tag{6-1}$$

式中：Aw 是水分活度；P 是食品中的水蒸气分压；P_0 是相同温度下纯水的饱和蒸汽压。P/P_0 又可以称为相对蒸汽压。

水分活度可以描述食品中水分的存在状态，反映出水与各种非水组分之间的结合程度，Aw 值越小，表示结合程度越高，脱水越难。式（6-2）是从平衡热力学定律严密推导出的水分活度的概念式。

$$Aw = f/f_0 \tag{6-2}$$

式中：f 是食品中水的逸度（逸度是溶剂从溶液中逃脱的趋势）；f_0 是相同条件下纯水的逸度。在低压下（如室温），f/f_0 和 P/P_0 之间的差值很小（低于1%）。显然，用式（6-1）表示水分活度是合理的。

若把纯水作为食品来看，其水蒸汽压 P 和 P_0 值相等，故 $Aw=1$。然而，一般食品不仅含有水，而且含有非水组分，食品的蒸汽压比纯水小，即总是 $P < P_0$，故 $Aw < 1$。

相对蒸汽压（P/P_0）与环境平衡相对湿度（equilibrium relative humidity，ERH）有关，如式（6-3）所示。

$$P/P_0 = ERH/100 \tag{6-3}$$

（二）水分活度与食品保藏

1. 水分活度与微生物的关系

在食品加工与保藏过程中，决定食品品质和保藏期的并不是水分含量，而是水的性质、状态和可利用程度。也就是水分中的有效水分，它是指能被微生物、生化反应和化学反应所利用的那部分水分，通常用水分活度来表示。

各种微生物生长所需的最低 Aw 值各不相同。大多数细菌在 Aw 降至 0.90 以下时停止生长，多数酵母菌最低水分活度为 0.88，大多数霉菌在 Aw 降至 0.80 以下停止生长。

与细菌和酵母相比，霉菌能够忍受更低的水分活度，为了抑制微生物生长，延长干制品的储藏期，必须将食品水分活度降至 0.70 以下。

农产品干制是将农产品中的大部分水分脱除，使制品达到一定干燥程度的加工方法。罗汉果水分含量高，糖分大，如果不及时干燥，果皮容易出现褐斑，果肉会发生霉变。为了能长期储存、便于运输，需要将罗汉果的水分脱除在 15% 以下乃至更低。干燥作为罗汉果干加工过程中的一个重要环节，直接影响产品的品质及后期的深度开发。对罗汉果进行干制以降低其水分活度，从而导致微生物的生命活动受到影响，进入休眠状态，甚至部分不耐受的微生物会出现死亡的现象。但是，当外界环境改善时，尤其是处于湿度较大的环境中时，微生物又会重新吸湿恢复活动，引起罗汉果干制品品质劣变。因此，罗汉果干制品在干制过程中需加强卫生管理、减少微生物污染，同时，在干制后要进行必要的包装，以增强干制品的储藏性能。

2. 水分活度对酶活性的影响

酶是生物体中具有特异性催化活性的蛋白质，是引起食品变质的主要因素之一。酶活性与温度、水分活度、pH 值、底物浓度等因素有关，其中水分活度的影响非常显著。水分活度影响酶促反应主要通过以下途径：①水作为输送介质促进底物向酶扩散；②稳定酶的结构和构象；③水是水解反应的底物；④通过水化作用使酶和底物活化。当水分活度低于 0.8 时，大多数酶活性就受到抑制，当水分活度降低到 0.25～0.30 的范围，食品中的淀粉酶、酚氧化酶和过氧化酶就会受到强烈的抑制甚至丧失其活性。另外，在水分减少的时候，酶活性下降，但酶和底物的浓度同时增加，酶促反应又有可能加速。

酶对湿热环境是很敏感的，在湿热温度接近水的沸点时，各种酶几乎立即灭活。当酶暴露于相同温度的干热环境中时，酶对于热量的影响并不敏感，如在干燥状态下，即使用 204℃热处理，对酶的影响也极微。因此，通过将果蔬原料置于湿热环境下或用化学方法使酶失活来控制酶的活性是很重要的。为了控制干制品中酶的活动，必须使酶灭活。

三、干制机理

农产品干燥主要依靠水分外扩散作用和内扩散作用达到水分蒸发的目的。水分外扩散作用是在干燥介质的温度上升时，农产品原料表面因升温而造成水分蒸发。在干燥初期，水分蒸发主要是从水分多的部位向水分少的部位转移，即外扩散。外扩散使原料表面和内部的水分之间形成水蒸汽分压差，进而促使原料组织内部的水分在湿度梯度的作用下向外渗透扩散，使原料各部分的水分达到平衡，这种作用称为水分内扩散。水分的内扩散作用是水分借助于内外层的湿度梯度，由含水量高的部位向含水量低的部位转移。湿度梯度越大，水分内扩散的速度就越快。

干燥过程中，自由水首先在干燥条件作用下较容易被脱除，此过程原料内部水分扩散速率通常会大于表面水分蒸发速率，原料表面保持湿润。若干燥条件不变，则原料的干燥速率也将保持恒定，干燥处于恒速干燥阶段，此阶段原料吸收的大部分热量将用于水分汽化，其自身温度基本保持不变，可通过适当提升干燥温度等方法加速干燥过程；随着干燥持续进行，原料中自由水含量逐渐降低，部分结合水开始被脱除，原料内部水分扩散愈发困难，其速率将小于表面水分蒸发速率，干燥处于降速干燥阶段，此阶段原料吸收的大部分热量将导致自身升温，提升干燥温度容易对原料品质造成影响，可通过减小原料体积等方法缩短水分迁移距离并减小扩散阻力，进而加速干燥过程。

四、影响干燥速度和品质的因素

干燥速度的快慢对农产品干制品的品质影响巨大。影响干燥速度的因素归纳起来可分为两方面：一方面是干燥环境条件，如干燥介质的温度、相对湿度、空气流速等；另一方面是原料本身的性质和状态。

1. 干燥介质的温度

热空气是干空气和水蒸气的混合物。干燥时，热空气与湿的物料接触，将所带热量传递给被干燥物料，物料所吸收的热量使含有的水分部分汽化。可以依靠提高空气和水蒸气温度，增大干燥介质与原料间的温差，加快热量向原料传递的速度，同时提高水分外逸速度使干燥速度加快。以空气作为干燥介质时，要注意使温度、湿度和空气流速保持平衡，此时温度变为次要因素。因为物料内水分以水蒸气状态从表面外逸时，会在其表面形成饱和水蒸气层，如果不及时排出，将会阻碍物料内水分的外移和蒸发，从而降低水分的蒸发速度，所以温度的影响也将降低。

若干燥介质的温度低，则物料表面水分蒸发速度变慢，进而干燥速度变慢，干制时间就会延长，可能会降低干制品质量。如果干燥介质的温度高，物料表面水分蒸发速度加快，当表面水分蒸发速度大于内部水分扩散速度时，水分蒸发就会从表面向内部深处转移。

但是，农产品原料干制时，特别是在干制初期，一般不宜采用过高的温度。如果温度过高会产生以下不良现象：第一，原料中的有效物质在高温条件下发生降解，有效物质损失严重；第二，高温会加快原料中的糖和其他有机物的分解或焦化，使制品的外观和风味发生变化；第三，由于新鲜农产品含水量较高，在干燥初期温度梯度和湿度梯度的方向相反，阻碍水分由内向外的扩散，导致外层温度持续上升，直至达到介质温度，在物料表面形成高温、低湿的情况，物料表面容易出现干膜或硬壳现象，进一步收缩、龟裂，影响水分蒸发，降低干制品质量。因此，干制过程必须选择适宜的干燥温度，并控制干燥介质的温度。

2. 干燥介质的湿度

在农产品原料干制时，空气作为干燥介质，相对湿度越小，水分蒸发的速度越快，而温度又对相对湿度有影响，空气温度升高，相对湿度将减小，原料表面与干燥空气之间的蒸汽压差越大，传热速度越快，原料干燥速度也就越快；反之，温度降低，相对湿度就会增大，导致干燥速度减慢。在温度一定的条件下，相对湿度越低，空气饱和差越大，干燥速度越快。在干制过程中，升高温度与降低相对湿度的方法可以缩短干燥时间。空气的相对湿度不仅对农产品的干燥速度有影响，而且决定农产品干制品的最终含水量。农产品干制后能够达到的最低含水量与干燥空气的相对湿度成正比，相对湿度越低，农产品干制品的含水量越低。

3. 空气的流动速度

空气的流动速度越快，干燥速度也就越快。因为加快空气流速，可以增加干燥空气与物料的接触频率，迅速带走物料表面蒸发出的、聚集在物料周围的饱和水蒸气层，并及时补充未饱和的空气，使物料表面与周围干燥介质始终保持较大的温差，从而促进水分的不断蒸发。同时，促进干燥介质将所携带热量迅速传递给农产品原料，增大对流换热系数，以维持水分蒸发所需要的温度。因此，在人工干制设备中常用鼓风的办法来增大空气流速，以缩短干燥时间。

4. 大气压力和真空度

温度一定时，水的沸点随大气压力的降低而降低，水分蒸发加快。真空加热干燥即是利用这一原理，在真空室内加热干燥，可以在较低的温度条件下进行，使物料内的水分以沸腾形式蒸发，同时提高产品的溶解性，较好地保持营养价值，延长产品的储藏期。对热敏感原料的脱水干燥来说，低温加热与缩短干燥时间对制品的品质极为重要。与传统干燥相比，采用真空低温干燥的罗汉果能较好地保留罗汉果鲜果中的活性成分（周凌等，2014）。

5. 原料的装载量和装载厚度

原料的装载量和装载厚度严重影响农产品的干燥速度。干燥设备的单元装载量越大，装载厚度越大，越不利于空气流动和水分蒸发，干燥速度越慢。干燥过程中可以根据原料体积的变化，改变其厚度，干燥初期宜薄些，后期再合并加厚料层。自然气流干燥的宜薄，鼓风干燥的可以厚些。此外，干制设备的类型及干制工艺也是影响干燥速度的重要因素。应该根据原料的特性，选择理想的干制设备，控制合理的工艺参数，提高干制效率，保证干制品的质量。

6. 原料的成熟度

罗汉果生长环境独特，气候条件要求高。其生长要求的温度 15～34℃，最适宜温度 22～28℃，相对湿度全生育期保持在 80% 左右，每天日照 7～8 h，果实从授粉至成熟要求 75 d 以上。每年的 9 月下旬后，当罗汉果果柄变黄色，果皮硬有弹性，逐渐转黄，茸毛多，有光泽时即可采收。采收后的罗汉果不能立即进行加工，需要堆放一段时间，使之通过后熟，也是人们常说的"发汗"过程后，才能生产加工。

不同成熟度下的果实苷类物质含量不同，果实在适宜的成熟度下采收是保证其品质的重要因素之一。罗汉果的成熟期可分为以下 4 个阶段：未熟期（青色果皮，绿色果柄）、适熟期（果皮退绿，果柄仍绿）、完熟期（果皮微黄，果柄转黄）和过熟期（果皮全黄，果柄干枯）。不同成熟期的呈味物质各异，其中甜苷 V 是甜味物质的主要成分，也是控制罗汉果质量的重要指标。后熟温度和后熟时间对原料鲜果后熟变化有巨大影响。由于罗汉果不同甜苷含量随成熟期的变化而变化，而甜苷 V 的含量随生长周期增加而增加，且在果实成熟后有一个较长的累积过程，因此适宜的后熟处理非常重要。张亚丽等（2014）研究了不同后熟条件甜苷 V 含量的影响，表明后熟过程中果皮甜苷 V 含量都有增加。周凤珏等（2016）采后青皮果在昼温/夜温为（31±2）℃/（27±2）℃的条件下后熟 11 d，黄熟果率＞90%，后熟 13 d 的鲜果失水率达 36.4%，而在（28±2）℃/（22±2）℃的条件下后熟 13 d 时，黄熟果率仅为 58%，鲜果失水率为 20.4%。

五、罗汉果干制过程中的变化

罗汉果在干制过程中会产生一系列的物理变化和化学变化，主要表现在以下两个方面。

（一）物理变化

1. 质量和体积的变化

干燥后的罗汉果质量减轻，果肉体积明显缩小。在干燥过程中，鲜罗汉果外层水分最先挥发，果肉随着水分蒸发均匀地进行收缩，使罗汉果干制品质量减轻，便于携带运输和储藏。在生产实际中，由于罗汉果种类、温度、湿度、空气流速等干制因素不同，物料干燥时不一定均匀干缩，干缩也各有差异。原料种类、品种及干制品的含水量不同，导致干燥前后产品质量差异很大，常用干燥率（原料鲜重与干燥成品质量之比）来表示原料与成品间的比例关系。

2. 皱缩

皱缩是指农产品中具有充分弹性的细胞组织均匀而缓慢地失水时，产生均匀收缩，达到一定限度时再也无法恢复到原来形状的现象。干燥后的罗汉果果肉因失水皱缩与果籽粘连。干燥初期体积皱缩程度大，这是由于物料表面水分快速蒸发，该阶段皱缩发生在表层，体积皱缩近乎等于失水体积，尺寸减小主要用于补偿水分损失。在干燥中后期，物料开始向内皱缩，皱缩率整体呈现持续减小的趋势，该阶段物料皱缩体积远小于失水体积（谢好等，2022）。

3. 物料内多孔性的形成

快速干燥时物料表面硬化及内部迅速建立的蒸汽压会促使物料形成多孔性制品。运用真空干燥会促使药材中水分迅速蒸发并向外扩散，从而形成多孔性的产品。在真空干燥过程中，高真空度会促使水蒸气迅速蒸发并向外扩散，形成多孔性制品。多孔性食品在食用时主要的优点是能迅速复水和溶解，提高食用的方便性，如方便面中的蔬菜包及快餐食品等就有很好的复水性。多孔性食品存在的问题是容易被氧化、储藏性能较差、储藏条件要求较高。

（二）化学变化

罗汉果在干制过程中会发生一系列的化学变化，如营养成分、色泽、风味等均会发生不同程度的变化，这些变化的程度因干燥方式的不同而异。

1. 营养成分的变化

罗汉果是典型的中药材植物资源，其生物活性主要有葫芦烷三萜类化合物、黄酮类物质、蛋白质氨基酸类、多糖类、油脂类等多种化合物，具有多种促进健康的作用，包括润肺止咳、润肠通便、调节糖脂代谢、保肝、抗肿瘤等多种药理活性。罗汉果作为一种植物资源，具有广阔的应用前景。在干制过程中，罗汉果失水，使单位质量的罗汉果干的营养成分含量相对增加。成熟罗汉果采收后常温存储期短，通常需要干制，而干燥工艺易引起各类化学成分的变化，进而导致生物活性的差异。如多糖和挥发油类成分易受高温影响，黄酮类成分适宜低温烘干，皂苷类成分应根据不同成分需求选择干燥方式（范天慈等，2021）。

（1）葫芦烷三萜类化合物

罗汉果苷是罗汉果主要的生物活性成分，属于葫芦烷型三萜糖苷类化合物，在罗汉果干果中的总含量为其质量的 3.75%～3.85%（李典鹏等，2000），其中主要增强甜味的有赛门苷Ⅰ、11-O-罗汉果苷Ⅴ（11-oxo-mogroside Ⅴ）以及罗汉果苷Ⅳ、Ⅴ和Ⅵ等（张书泰，2024）。罗汉果甜苷是一种天然甜味剂，其甜度比蔗糖高 300 倍，且具有一定的热稳定性和较低的血糖指数，有助于降低热量摄入，被视为一种有效的糖替代品，可供糖尿病和肥胖受试者食用。三萜糖苷类化合物，包括罗汉果苷Ⅴ，是热稳定的，在 100℃下不热分解（Lang et al.，2007）。方秀云等（2024）研究了 4 种干燥处理的罗汉果总皂苷含量依次为：100℃完全干燥＞冷冻干燥＞70℃完全干燥＞微波干燥，其中冷冻干燥与 70℃完全干燥、70℃完全干燥与微波干燥总皂苷含量差异不显著，在 100℃干制过程中，总皂苷的含量相对稳定，受干燥时间的影响较小，说明不同干燥处理对罗汉果总皂苷含量的影响最小。

（2）黄酮类物质

黄酮类物质在罗汉果中以苷元形式存在，其主要成分以山奈酚和槲皮素为主。斯建勇等（1994）从鲜罗汉果中分离出两种黄酮苷成分：罗汉果黄素（grosvenorine）和山奈酚-3,7-α-L-二鼠李糖苷。陈全斌等（2003）还从鲜罗汉果中分离出了黄酮苷元槲皮素，采用 RP-HPLC 测定出罗汉果中总黄酮量为 5～10 mg/个，在甜苷中占比

1.42%。黄酮类物质具有抗菌消炎，抗病毒、抗肿瘤等作用。方秀云等（2024）研究表明，与冷冻干燥样品相比，100℃完全干燥罗汉果中的总黄酮含量较高，且总黄酮含量随干燥时间的增加而显著升高。刘曜儒等（2017）研究发现，微波真空干燥和真空干燥能够显著脱氧，对黄酮的损失率较小，而鼓风干燥导致黄酮的含量显著降低。在干制过程中，还原糖的美拉德反应也会生成类黄酮化合物，从而引起总黄酮含量的提高。此外，干燥的罗汉果中黄酮的种类与新鲜果实有明显差异（卢凤来等，2000）。因此，推测干燥过程中黄酮苷的转化也是引起总黄酮含量变化的主要因素。

（3）糖类物质

多糖普遍存在于自然界的动植物及微生物组织中，具有抗肿瘤、增强免疫、抗病毒、抗菌、抗辐射、降血糖及降血脂等特点。陈全斌等（2003）从罗汉果中分离出了两种多糖（$SGPS_1$、$SGPS_2$），进一步研究表明，$SGPS_1$ 为一种酸性杂多糖，其由鼠李糖、阿拉伯糖、木糖、半乳糖、葡萄糖以及葡萄糖醛酸组成；而 $SGPS_2$ 则是由鼠李糖和葡萄糖醛酸构成（李俊等，2005；黄翠萍等，2010）。罗汉果含有大量的葡萄糖和果糖，不同品种间存在一定的差异，总糖含量为25.17%～38.31%，还原性糖中果糖含量10.20%～17.55%，葡萄糖含量为5.71%～15.19%（徐位坤，1980）。Zhu（2020）等从罗汉果中分离纯化出一种由阿拉伯糖、甘露糖、葡萄糖、半乳糖、葡萄糖醛酸和半乳糖醛酸组成的新多糖，分子量为 $1.93×10^3$ kDa。李俊等（2007）通过分离纯化，发现罗汉果多糖组分中含有木糖、葡萄糖、鼠李糖、半乳糖、阿拉伯糖、葡萄糖醛酸。Hu等（2024）研究表明，干燥组织中的葡萄糖和果糖含量显著降低，而蔗糖含量显著升高，热干燥后，葡萄糖和果糖的含量下降，这可能是因为葡萄糖和果糖是还原糖，参与了美拉德反应。因此，它们的水平由于过度消耗而下降，由于蔗糖不是一种还原糖，也不参与美拉德反应，因此在热风干燥后其含量没有下降。另外，果糖和葡萄糖水平的下降可能是由于它们参与了糖酵解和磷酸戊糖途径，以及它们被三羧酸循环进一步消耗。加热后蔗糖水平的升高可能归因于代谢过程、水解、氧化、酶活性和微生物活性。

（4）蛋白质氨基酸类

罗汉果干果中含有蛋白质7.1%～7.8%，在其水解物中分解出18种氨基酸，其中8种为人体必需的氨基酸，10种非必需氨基酸，其中谷氨酸以及天冬氨酸的含量最多，可见罗汉果有一定的营养价值（徐位坤，1986）。干罗汉果组织中的蛋白质含量明显低于新鲜组织，这可能是由于热处理诱导蛋白质变性和精氨酸、赖氨酸键的破坏（Hu et al., 2024）。此外，在美拉德反应中，蛋白质和氨基酸会与以还原糖为原料发生反应，因此，食物中的蛋白质、氨基酸和还原糖的含量会降低（Tugba 和 Hasan，2021）。

2. 色泽的变化

干燥对农产品色泽的影响主要有两个方面：一是干燥过程会引起产品中相关成分生成褐色聚合物，导致色泽变暗，简称褐变；二是农产品中含有的色素成分在干燥过程中发生降解，使产品的固有色泽消褪。新鲜罗汉果水分充足，颜色呈黄绿色，果壳表面被有白色绒毛。为了便于运输和储存，一般会将鲜罗汉果脱水干制，得到罗汉果干果，罗汉果干果大多为金黄色，少数为青褐色。

罗汉果在干制过程中，如果处理不当会发生褐变，即变成黄色、褐色或黑色等。引起罗汉果发生色泽变化的主要是非酶促褐变。凡没有酶参与反应而发生的褐变均可称为非酶褐变。非酶褐变比较难控制，在干制和干制品的储藏过程中都有发生。非酶褐变的主要原因是发生了羰氨反应，即药材中氨基酸的游离氨基和还原糖的羰基作用，生成复杂的黑色络合物。这种反应是 1912 年被法国化学家 L.C.Maillard 发现的，故又称美拉德反应。

氨基酸的含量与种类、糖的种类及温度条件决定了羰氨反应引起非酶褐变的变色程度和快慢。氨基酸可与含有羰基的醛类化合物和还原糖发生反应，分别形成相应的醛、氨气、二氧化碳和羟基呋喃甲醛。其中，羟基呋喃甲醛与氨基酸及蛋白质化合物反应生成类黑色素。因此，类黑色素的形成与氨基酸含量的多少呈正相关关系，其中赖氨酸、胱氨酸及苏氨酸等与糖的反应较强。参与反应的糖类主要是具有醛基的还原糖。不同的还原糖对非酶褐变的影响不同，对褐变影响的大小顺序：五碳糖影响约为六碳糖的 10 倍；五碳糖中核糖影响最大，其次阿拉伯糖，木糖最小；六碳糖中半乳糖影响最大，其次为葡萄糖，鼠李糖最小。温度影响类黑色素的形成，提高温度能促使美拉德反应加强。非酶褐变的温度系数很高，温度每上升 10℃，褐变概率增加 5～7 倍。因此，低温储藏干制品是控制非酶褐变的有效方法。

3. 风味变化

风味在决定干制品的质量以及消费者的喜好和接受程度方面起着重要作用。构成干制品气味的成分主要包括酯类、醛类、内酯类、萜类、醇类、羰基以及含硫、含氮等化合物。在不同的干燥工艺和干燥条件下，上述成分会发生质和量的不同变化，对罗汉果的风味产生不同程度的影响。新鲜和干燥的罗汉果组织中的挥发性化合物主要由烷烃、烯烃、有机酸和醛类组成，分别占新鲜和干燥的罗汉果组织中挥发物的 93.62% 和 87.64%，最丰富的挥发性化合物为正十六烷酸（新鲜 31.73%，干燥 37.49%）。热风干燥后，烷烃、烯烃、酯类和醇类的含量分别增加了 5.76%、2.68%、2.35% 和 2.96%，而醛类的含量下降了 13.94%（Hu et al., 2024）。

第二节 影响罗汉果干果品质的因素

一、原料

除罗汉果品种差异外，原料采收过程中，同批次果实的大小、形状也存在差异，也会影响干果品质。因此要将同批次的罗汉果，按照 GB/T 35476—2017 等级规格要求将特果、大果、中果、小果分类装筐，便于进行后熟存放。

另外，采摘时间过早或过晚都会影响罗汉果的品质。采摘过早，果实成熟度不够，甜度和营养成分含量低；采摘过晚，果实过熟甚至腐烂，影响干果的外观和口感。

以新鲜罗汉果为原料，采摘从授粉之日起生长 80 d 以上、果柄开始变黄的成熟罗汉果果实。果实不带果柄、表面无破损、无霉变、无病虫害，果形完整呈圆形或长形。图 6-1 为果柄开始变黄的罗汉果。

图 6-1 果柄开始变黄的罗汉果

二、后熟

罗汉果后熟处理技术是罗汉果生产全产业链中的重要环节,后熟时间不足,甜苷含量未达到最高值;后熟时间太长,甜苷含量逐渐降低,且霉烂果增多。刚采摘的罗汉果由于果实含水量高,甜苷尚未完全转化,如立即进入烘烤加工,容易出现爆果和果实甜味不够的现象。因此需要堆放一段时间,使之"发汗",即通过后熟过程,才能生产加工。

不同成熟度的罗汉果,采收期和后熟时间等有一定区别。9—11月采收的罗汉果在库储存后熟 5～10 d,12—1月采收的罗汉果在库储存后熟 10～15 d。值得注意的是,在常温下进行后熟处理,由于后熟产生水分挥发,储藏温度容易升高,需及时通风散热,控制储藏相对湿度≤75%,避免温度、湿度过大造成罗汉果霉烂果增多。图 6-2 为罗汉果的后熟。

图 6-2 罗汉果的后熟

三、干燥方式

不同的干燥方式会对罗汉果干果品质产生不同的影响。传统方式烘烤技术由于需要大量的薪柴和人力,火候难以掌握、干燥不均匀,易导致干果品质不稳定。而采用现代的烘干设备,可以更好地控制干燥条件,保证干果的品质。干燥机理详见本章第三节。热风、微波真空干燥、真空冷冻干燥后的罗汉果如图 6-3、图 6-4 所示。

不同干燥方式处理的罗汉果外观变化差异明显。热风干燥后的干果,果皮呈棕黑色,色泽不太均匀,光泽感差;果肉呈圆形、微黄色,色泽均匀,不显湿状;果香味不明显。微波真空干燥法的干燥效果良好,干果外观完整、果皮干爽有弹性,呈金黄色,色泽均匀有光泽;果肉呈棕黄色;伴有淡淡果香味。真空冷冻干燥较好地保持了果体品质,果皮颜色接近鲜果,色泽均匀有光泽;果肉呈白色,不显湿状;果肉与果皮紧密相连，果肉细密无孔。

图 6-3　热风（左）、微波真空干燥（中）、真空冷冻干燥（右）

图 6-4　热风（左）、微波真空干燥（中）、真空冷冻干燥（右）

四、包装

罗汉果干果的内包装应采用食品级、透气性低的包装材料。外包装材料应防潮、清洁、坚固，宜采用瓦楞纸箱。图 6-5 为罗汉果的包装。

图 6-5　罗汉果的包装

第三节　罗汉果干制生产工艺与设备

干制方法可分为自然干制和人工干制。由于罗汉果果实外部是由致密的果壳包裹，因此传统自然干制法不适用于罗汉果干制。人工干制法更适合对罗汉果进行干制。人工干制是人工控制脱水条件的干燥方法，不受气候条件限制，可大大加速干制速度，缩短干制时间，降低腐烂率。人工干制设备应具备以下条件：具有良好的加热装置及保温设施，以保证干制过程所需的较高而均匀的温度；具有完善的通风设施，可以及时排出蒸发出来的水分；具有良好的卫生条件和劳动条件，便于管理。按照使用频率、开始使用时间等分为传统干燥法、新型干燥法和联合干燥法。

一、传统干燥法

1. 烘房干燥

烘房是一种较传统的、目前仍然广泛使用的干制设备，适宜大量生产，且干燥速度快、质量好、设备简单、造价低。缺点是能耗大、生产成本高。烘房是采用烟道气加热的热空气对流式干燥设备，主要由烘房本体、加热设备、通风排湿设备和转载设备四部分组成。在实际生产中普遍应用的是两炉一卤回火升温式烘房。

罗汉果干果传统加工技术是将后熟的鲜罗汉果置于砖砌烤房中烧柴火烘烤而成，即烘房干燥。这种技术由于柴火很难控制火候及烟熏味，使罗汉果因温度过高而烤焦变黑，还损坏罗汉果中的许多有效营养成分，在食用时出现焦味、药味、口感差等现象，而且相关生产技术难以规范，直接影响罗汉果干果的质量。

2. 热风干燥

（1）干燥机理

热风干燥技术是依据传质传热原理，利用热源（煤、石油、天然气、电等）提供热量，通过风机将热风吹入烘箱或干燥室内，并将热量从干燥介质传递给物料；物料表面水分受热汽化为水蒸气，扩散到周围空气中；当物料表面水分含量低于其内部水分含量，并形成水分梯度时，内部水分便向表面扩散，直到物料中的水分下降到一定程度。与此同时，物料表面温度受热后高于物料中心而形成温度梯度，促使水分从表面向中心传递。干燥过程中，传质和传热同时发生，方向相反，但密切相关。

（2）干燥设备

热风干燥装备根据结构的不同可分为箱式、带式、隧道式、流化床式等，其中箱式适用性较强，在农产品干燥中最为常见。如图6-6所示，热风干燥箱利用煤、天然气、电能等能源提供热量，进入箱体的空气首先在风机作用下经过热交换器加热，然后与托盘架上的农产品进行热质交换，促使农产品中的水分蒸发，并携带水汽从排气口排出以保持箱体内的相对湿度。

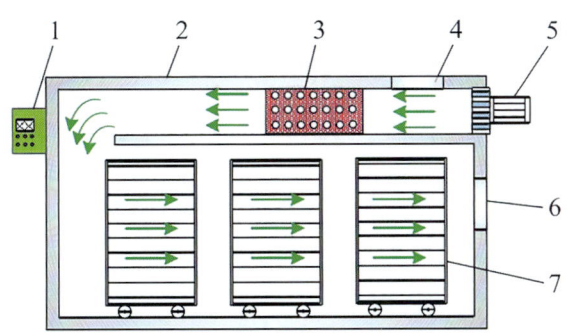

1.控制系统；2.干燥室；3.热交换器；4.进气口；5.风机；6.排气口；7.托盘架

图6-6　热风干燥箱结构示意图（王乐意等，2024）

热风干燥具有设备简单，成本低廉，操作简便，处理量大，不受气候条件影响等优点，能够大规模生产。不足之处在于处理时间较长，对物料的组织结构破坏较大，物料的外观（如色泽）和营养成分会因干燥温度过高或干燥时间较长而劣变或降解，产品品质降低，且热效率低，自动化水平较差。热风干燥是目前农产品干燥中最常用的方法，适用于各类农产品干制，应用范围广。

热风干燥通过设备对热风温度、风速等参数进行调控，有效缩短了干燥时间，热风温度对干燥效果影响显著，罗汉果干燥温度最高不应超过75℃（徐位坤，1984）。

罗汉果传统的干燥方法是在果实九成熟的时候采收，在避雨、避日晒且通风处摊晾后熟8 d，等到果皮大部分转成黄色后进行烘烤，按照低高低型的温度设置进行干燥。45～50℃烘2 d，然后60℃烘4 d，最后45～50℃烘2 d，烘烤周期为8 d左右。

但传统方法干制的罗汉果维生素 C 损失较大,由此,新的烘烤方法采用高 – 低型变温曲线烘烤,即 73～75℃烘 1 d,然后 55℃烘 2 d,最后在 45℃烘 1 d,耗时 4 d。新旧方法干制罗汉果对比结果如表 6-1 所示,与传统干制法相比,干燥后罗汉果维生素 C 含量高 2 倍,时间也大为缩短。

表 6-1　新、旧方法加工罗汉果对比结果(钟仕强,1999)

干制方法	维生素 C(mg/100 g)	葡萄糖(%)	外观
新烘烤法	71.2	15.6	金黄色,光亮悦目
传统干制法	26.7	16.0	黄褐色,带黑,几乎无光泽

3. 接触干燥

(1)干燥机理

接触干燥也称为传导干燥,是间接靠间壁的导热将热量传给与壁面接触的物料。热源可以是水蒸气、热水、燃气、热空气等。接触干燥可以在常压或真空下进行。接触干燥所需的热,并不是直接来自热风,而是通过加热夹层,搅拌浆、导管等的传导传热供给,将湿物料与加热表面直接接触时水分自然蒸发。在传导加热体系中,蒸发潜热由热传导提供给湿物料。

(2)干燥设备——滚筒式干燥机

可移动滚筒式罗汉果干燥仓设备主要由滚圈、排湿风机、物料仓、齿圈、热交换器、烟囱、热风炉、进气风机、电控箱、传动电机、可移动拖车等组成,如图 6-7 所

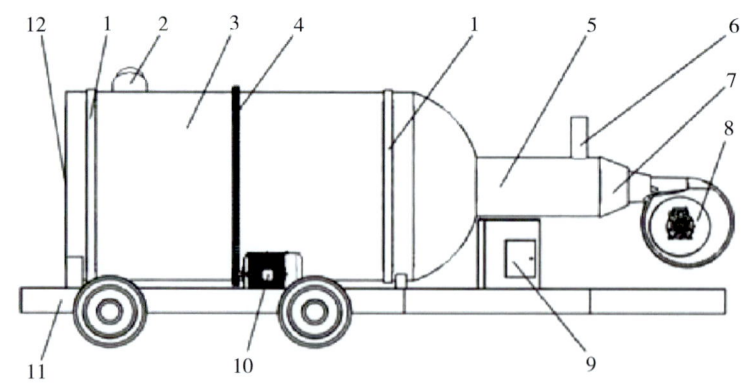

1.滚圈;2.排湿风机;3.物料仓;4.齿圈;5.热交换器;6.烟囱;7.热风炉;8.进气风机;9.电控箱;10.传动电机;11.可移动拖车;12.烟气入风口(柴油燃烧机)

图 6-7　罗汉果烘干装置示意图(张官龙,2023)

示。滚圈通过电机带动的异形同步皮带驱动，电机固定在小车上，电机带动滚筒料仓旋转，使罗汉果在仓内缓慢滚动并与高温气体进行热交换，热交换后的湿气通过排湿风机排出。装置采用小型便携式柴油燃烧机提供热烟气，热烟气通过物料仓壁进行逆流换热。逆流干燥时，热空气与果物交替时间较长，受热较均匀，提高物料仓内高温干燥气体的同时也为冷空气进行预热，提高了换热效率，换热完成的低温烟气通过处理由烟囱排出。

4. 热泵干燥

（1）干燥机理

热风干燥与热泵干燥均属于对流干燥，即利用气体充当干燥介质与物料进行热质交换从而实现干燥的目的。不同的是热泵干燥过程中可利用热泵干燥系统对干燥介质进行除湿加热并将热量回收利用。热泵干燥系统组成如图6-8所示，主要由热泵系统（蒸发器、冷凝器、压缩机、节流阀等）、物料干燥室、供气系统（风机及管道）组成。其中，用于干燥的热泵系统主要采用逆卡诺循环原理，压缩机将制冷剂压缩成为高温高压的气体进入冷凝器，在冷凝器里制冷剂液化释放出高温热量，为干燥系统提供热能；而冷凝后的制冷剂成为液态，经过膨胀阀膨胀，在蒸发器中吸热蒸发，转化成低温低压的气体；气态工质进回到压缩机，完成热泵工质闭路循环过程。

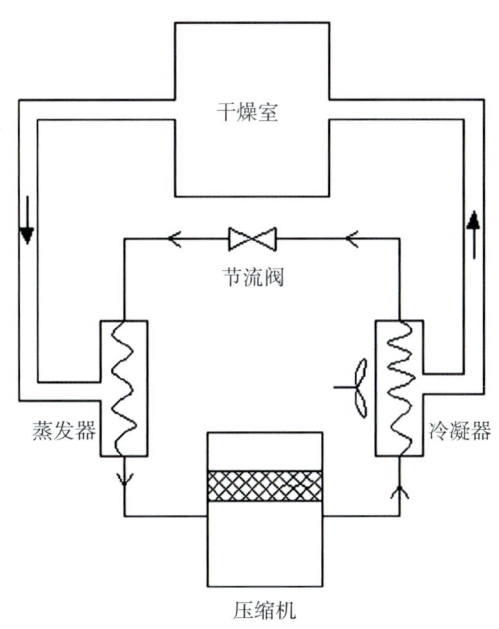

图6-8　热泵干燥原理（张艳来，2014）

（2）干燥设备——闭环除湿热泵干燥（图6-9）

"闭环除湿"是指将待干燥产品放在密闭的保温板房内，通过闭式循环风将水蒸气冷凝后排出板房，达到除湿干燥的目的。采用闭环除湿热泵干燥技术加工的罗汉果干，色泽光亮、清香扑鼻、果肉洁白（陈启文，2017）。

图 6-9 威尔信闭环除湿热泵干燥机（陈启文，2017）

5. 真空干燥

（1）干燥机理

真空干燥是一种将农产品原料置于真空负压条件下，适当加热使其在较低温度下实现水分蒸发的干燥方式。将农产品原料放置在密闭干燥室内，用真空系统抽至真空的同时不断加热，物料内部水分子在压力差或浓度差的作用下扩散到表面，克服分子间相互吸引力后，逃逸到低压空间，从而被真空泵抽走。真空干燥设备较多，常压干燥设备与真空系统连接后，都能作为真空干燥设备。常用的有间歇式真空干燥和连续式真空干燥设备。

负压状态隔绝空气可以使在干燥过程中易发生氧化等反应的物料较好地保持原有特性，产品品质高；干燥时间短，无过热现象，能够减少高温对农产品原料营养成分的破坏；真空干燥产品呈多孔海绵状，可消除常压下的表面硬化现象，溶解性、复水性、色泽和口感好；挥发性液体可回收利用，干燥速度快；热能利用经济；还可对物料起杀菌作用；各种物料的干燥均可适用。缺点是耗能大，生产力低，干燥成本较高。

（2）干燥设备

目前常见的真空干燥装备包括箱式、耙式、带式与双锥回转式，其中箱式适用性较强，在中药材干燥中最为常见。真空干燥箱的基本构成如图 6-10 所示，工作时，加热介质（蒸汽或热油）从阀门进入搁板并将其加热，隔板的热量主要以热传导的方式经托盘传递给农产品物料，物料中水分受热汽化，产生的水汽则通过抽气阀排出，干燥结束后还可将加热介质更换成冷却水对药材进行迅速降温。

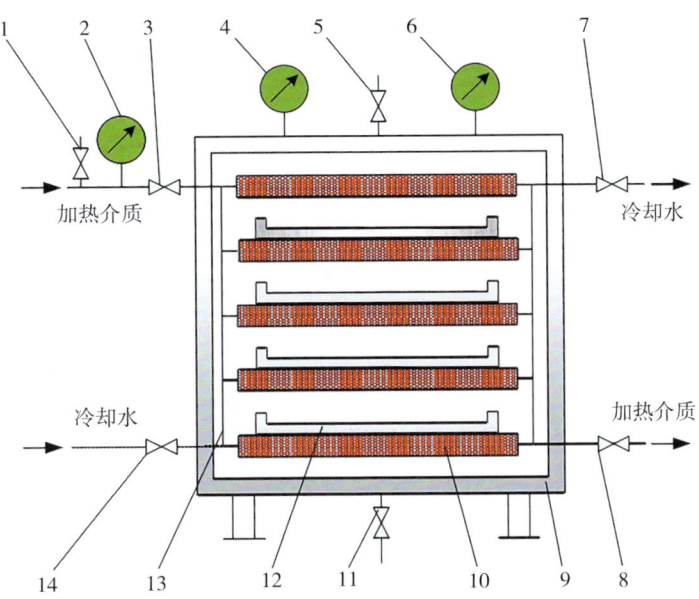

1. 安全阀；2. 压力表；3. 加热介质进入阀；4. 真空表；5. 抽气阀；6. 温度表；7. 冷却水排出阀；8. 加热介质排出阀；9. 干燥箱；10. 搁板；11. 疏水阀；12. 物料托盘；13. 集束管；14. 冷却水进入阀

图 6-10　真空干燥箱基本构成单元（王乐意等，2024）

二、新型干燥法

1. 远红外线干燥

（1）干燥机理

红外线隶属于电磁波，波长范围在 0.76～1 000 μm，如图 6-11 所示，根据波长可分为近、中、远红外线。大多数农产品原料都属于毛细管多孔胶体，红外波长范围在 2.5～12.5 μm 时的吸收能力较强，因此一般选用远红外干燥农产品原料。

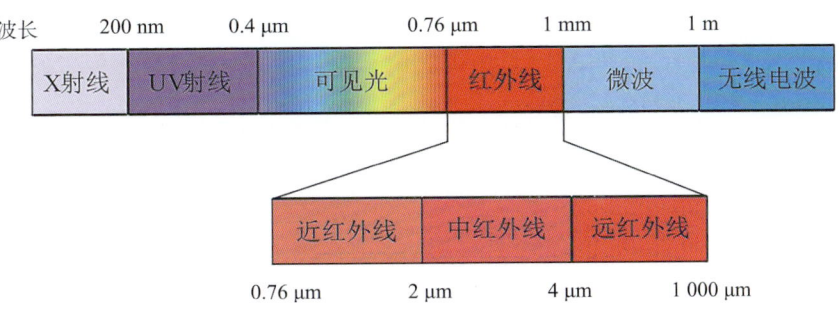

图 6-11　红外波长分布情况（王乐意等，2024）

远红外线干燥是以远红外线辐射元件发出的远红外线作为热源，远红外线将光能变成热能，直接照射在物料上使其升温而实现干燥。远红外线干燥的原理是远红外线具有穿透热效应，能够使物料深处的水分子产生剧烈运动，运动产生的热量使物料升温，在温度梯度与湿度和压差作用下，加快内部扩散控制，使表面汽化控制与内部扩散控制速度一致，达到理想的干燥速度。远红外线的来源主要是氧化钴、氧化锆、氧化铁、氧化钛等氧化物及氮化物、硼化物、硫化物等能够发射远红外线的物质。

远红外线干燥的主要特点是辐射效率高、传热效率高、干燥速率高、生产效率高，适宜的红外线干燥时间一般为热风干燥时间的 1/10 左右。但有照射盲点，温度不易均匀；而且会使产品膨胀，甚至破裂。

（2）干燥设备

吴春升等（2016）研发了一种往复振动式远红外干燥机，可降低能耗并提升干燥品质。如图 6-12 所示，通过电机驱动曲柄摇杆机构带动物料盘往复振动，使原料均匀受热，更有利于原料脱水；对白萝卜进行干燥试验，发现与传统的静态干燥相比，振动条件下的白萝卜干燥速率得到明显提高。刘曜儒（2017）等用远红外干燥处理罗汉果，干燥效果良好，但果香味不明显，有烧焦味，且总黄酮含量最低。

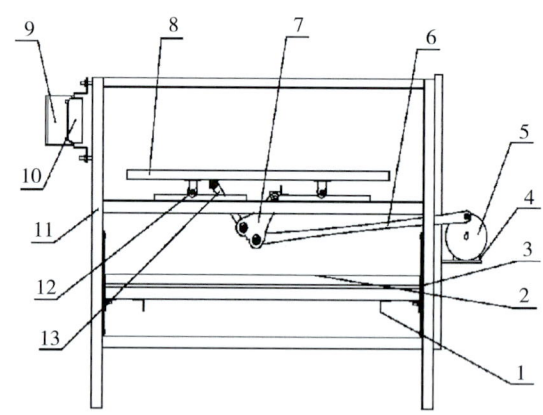

1.可调加热板架；2.远红外加热板；3.T 形槽；4.电机；5.偏心轮；6.连杆 -1；7.连杆 -2；8.物料盘；9.风机；10.风机挡板；11.机架；12.滑轨；13.连杆 -3

图 6-12 往复振动式远红外干燥机结构（吴春升，2016）

2. 真空冷冻干燥

（1）干燥原理

冷冻干燥又称真空冷冻干燥、冷冻升华干燥、分子干燥等。冷冻干燥是利用冰晶升华的原理，将湿物料或溶液在 –50～–10℃下冻结成固态，然后在真空（1.3～13 Pa）下使其中的水分不经过冰的融化直接从固态升华成气态，再通过解吸过程去除部分结合水，以使物料脱水而长期保存的一种干燥方法。真空冷冻干燥最大的优点就是能够最大程度地保留物料中的热敏性物质，因此适用于一些具有特殊营养保健功效的果蔬和名贵药材的干燥。

冷冻干燥的原理：水有三种相态，即固态、液态和气态，三种相态既可以相互转换又可以共存。其变化关系可由水的三相图表示（图6-13）。

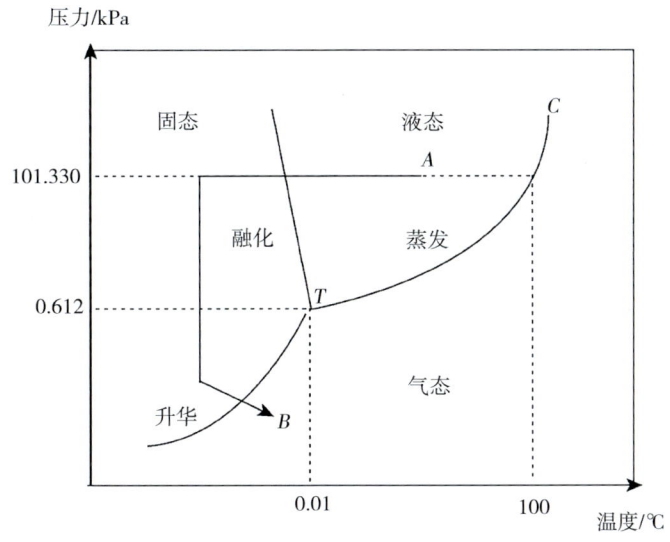

图6-13　水的三相图（吴雨豪，2023）

图6-13中的三条曲线显示了水从固态到气态阶段（升华过程）、从液态到气态阶段（蒸发阶段）和从固态到液态阶段（融化阶段）的过程。T点表示水在0.01℃和0.612 kPa下的三相平衡点，C点为水的临界点（374℃，22 060 kPa）。在温度低于0.01℃时，物料完成冻结过程；当环境内的水蒸气压低于0.612 kPa时，物料中的水分会直接升华，形成水分含量极低的冻干制品。A→B路径为样品的冻干流程，首先降低产品的温度，完成冷冻，接着将环境压力降至低于三相点对应的压力，最后提供一些热量，帮助水分从固态直接升华成气态。

真空冷冻干燥的优点是能够较好地保护产品的色、香、味和营养价值，还有一个优点就是干燥后的物料复水性好，复水后产品接近新鲜状态。同时，产品挥发性物质损失少，蛋白质不易变性，体积收缩小。但这种干燥方法所需设备投资和操作费用都比较高，因而生产成本高。Lu等（2009）发现，冷冻干燥的罗汉果比高温干燥的罗汉果含有更高的罗汉果苷V含量。此外，真空干燥法加工的罗汉果中10种罗汉果苷的含量明显高于传统干燥样品（Zhou et al.，2014）。Hong等（2022）指出，与冷冻干燥水果相比，高温干燥处理导致蔗糖和葡萄糖浓度显著降低。

（2）干燥设备

真空冷冻干燥机主要由真空冷冻干燥箱、真空系统、制冷系统、加热系统及自动控制系统等几部分组成（图6-14）。

图6-14　真空冷冻干燥设备

先将罗汉果进行预冻处理，即罗汉果温度降至-30℃，使果中的水分在低温条件下冻结成冰晶，然后在高度真空条件下给冰晶提供升华热（但温度不能高到使冰融化），使冰直接汽化而被除去，从而达到干燥的目的。冷冻干燥的罗汉果苷V含量最高（卢凤来，2000），尤其罗汉果果肉皂苷V含量最大（张亚丽，2014）。

3. 微波真空干燥

（1）干燥原理

微波干燥是利用微波发生器，将产生的频率为300～300 000 MHz、波长范围为1 mm至1 m的微波辐射到被干燥物料上，利用微波的穿透特性使物料内部的水等极性分子随微波的频率做同步高速旋转，使物料内部产生瞬时摩擦热，导致物料表面和内部同时升温，从而使大量的水分子从物料逸出，达到干燥的效果。

微波真空干燥是一种通过优化干燥过程，将微波干燥和真空干燥两者的优势整合，以达到最优效果的干燥方式。

微波真空干燥的主要特点：微波穿透性强，能快速深入物质内部；具有选择性加热的特性，物料中水对微波的吸收多于其他固形物，因此水分容易蒸发，而其他固形物吸收热量小，营养物质及风味不易被破坏；微波加热产生的热量是在被加热物料的内部产生,即使物料内部形状复杂,也是均匀加热,不会出现外焦内湿的现象。

因此,微波真空干燥具有自动热平衡特性、容易控制和调节、传热效率高、干燥速度快、制品受热均匀、产品质量好等优点。其主要缺点是耗电量较大、干燥成本较高。

(2)干燥设备

微波干燥装备主要由微波发生器、波导、干燥器等部分组成(图6-15),工作时,外电源提供的电能经微波发生器转化为微波能量,通过波导耦合、换向后从馈能口进入到干燥器的谐振腔内,谐振腔内物料在吸收微波能量后实现干燥。

图 6-15 微波真空干燥设备

不同微波功率下的罗汉果存在明显差异,600 W 微波功率下的罗汉果干燥效果良好,伴有轻微药味,由于微波穿透性强,加热反应快使罗汉果干燥前期速度快,后期结合水占比增大,使局部温度急剧增加,导致局部过热使产品烧焦(刘曒儒,2017)。与微波小火(300 W)相比,微波中火(500 W)烘烤的罗汉果果肉皂苷 V 含量最高。另外,微波干燥还可提高罗汉果总糖含量(张亚丽,2014)。

三、联合干燥法

联合干燥是指根据物料的特性,将两种或两种以上的干燥方式优势互补、分阶段进行的一种复合干燥技术。联合干燥技术具有低能耗、低污染、易操控、高效率、高品质的特点,更适合大规模的工业化生产。利用微波真空干燥的罗汉果,干燥效果较好,且伴有果香味,皂苷 V 和总黄酮含量最高,能良好地保持果品的外观、肉质及滋味(刘曒儒,2017)。

第四节 罗汉果干制品的生产实例

一、热风干燥

（一）工艺流程

鲜罗汉果→挑选→分级→后熟→热风干燥→冷却→包装。

（二）操作要点

1. 原料选择

果实不带果柄、表面无破损、无霉变、无病虫害，果形完整呈圆形或长形。

2. 选果

罗汉果干制品的质量和产量与其原料品质的优劣息息相关，因此干燥前必须对罗汉果原料进行精心挑选。挑选表面无破损、无霉变、无病虫害，果形完整的罗汉果，去除果柄。

3. 后熟

将采收后的鲜罗汉果放置在通风干燥处，当气温＞10℃时自然后熟3～7 d，气温≤10℃时自然后熟7～15 d，去除病果、烂果。

4. 分级、装盘

将同批次的罗汉果，按照GB/T 35476—2017等级规格要求将特果、大、中、小果分别归档，并根据烘盘大小平整装入适量的罗汉果，再放入多层立体烘烤架上，推入烤房中进行加工（图6-16）。

1个多层立体烘烤架可全部放大果或中果或小果，当大、中、小果都放在同1个多层立体烘烤架时，大果放在上层，小果放在中间层，中果放在下层。

第六章 罗汉果干制品加工技术

5. 干制

通过智能热风烤房控制器的微电脑自动控制烤房的温度、湿度和时间，主要采用低温烘烤，温度控制 45～65℃，具体如下。

①先在 45～50℃烘烤 1～2 d，湿度控制在 80%→50%～60%→12%；

②后在 60～65℃烘烤 1～2 d，湿度控制在 80%→50%～60%→12%；

③然后抽样检验水分，当抽样水分检验数据＞18%时 50～55℃烘烤 24～48 h，当抽样水分检验数据≤18%时 50～55℃烘烤 20～24 h，也可适当延长烘烤时间，直至抽样水分检验数据≤15%。

6. 包装

干燥结束后，剔除响果、苦果和裂果等不符合标准的罗汉果干，装袋。

烘干后罗汉果应色泽自然，为黄褐色、褐色，品质清香，无焦苦味、无烟火等异味，含水量≤15%。泡水后色泽红或红褐色、无浑浊，口感清爽味甜。

7. 储藏

罗汉果果实烘烤加工后存放时应离地离墙 20 cm，且在阴凉、干燥、通风、无其他含挥发气味的专用仓库或空房中密闭保存，仓库或空房使用前应进行室内清洁和消毒工作，四周、过道应防回潮、防虫蛀、防鼠咬，宜安装抽排风或冷库设备。

图 6-16 罗汉果热风干燥车间

二、热泵干燥

电恒温烘烤技术是利用逆卡诺原理，采用热泵结合电辅助加热模式的一种烘烤方法，具有快速杀青、加热均匀、全自动化控制、可靠性高等优点，用于干罗汉果加工可大幅提高罗汉果烘烤能力，还可提高罗汉果烘烤质量。目前，该技术在龙胜县干罗汉果加工产业上得到了较好的推广应用。

（一）工艺流程

采收→选果→分级→糖化→装盘→烘烤→冷却→包装→储藏。

（二）操作要点

1. 原料选择

选择果色微黄、果柄黄色的成熟罗汉果采收。

2. 选果分级

采回的果实将病虫果、破果、果径未达标的等外果选出后，其余按照小果、中果、大果、特果的规格分级堆放。

3. 糖化

将罗汉果平铺在室内通风阴凉处，可叠二、三层，2～3 d 翻动一次，让水分自然晾干，糖分自然转化。糖化过程一般需要 3～7 d，当果实表面有 50% 呈现黄色、含水量蒸发去果重的 10%～15% 即可。

4. 装盘

将糖化后的果实按照小果、中果、大果、特果的规格分批次装盘，装盘后放置于物料车上。如果不同规格的罗汉果需要同批次烘烤，则将小果、中果、大果按照下层、中层、上层的位置摆放于物料车上。

5. 烘烤

罗汉果热泵烘烤主要在热泵电恒温型烘房中进行，主要经过四个阶段。

第一阶段：将温度升高至 70℃，持续保持 4 h，不需要排湿气，进行罗汉果的杀青。完成杀青后将温度降低到 65℃，开始正常的排湿，排湿气 2 min 关闭 6 min。排湿过程中对排出的水汽采用热回收装置，即用管道将排出的水汽引至高温热泵主机旁边，用高温热泵回收热量，减少能量损失，控温控湿。用此温度烘烤 18～20 h 后，进入烘烤下一阶段。

第二阶段：将温度设置为 63～64℃，烘烤时间为 42～50 h。此阶段用时较久，主要作用是让罗汉果水分慢慢蒸发，保持烘烤房内的干燥度。排湿气 2 min 关闭 6 min。

第三阶段：进入罗汉果烘糖阶段。将温度降低到 62℃，持续烘烤 36～40 h，每 6 min 排湿气 2 min。

第四阶段：此阶段主要作用是调匀烘烤房内的水分，使烘房内水分分布均匀。将温度调整到 60℃，继续烘烤 20～24 h，每 6 min 排湿气 2 min。当烘烤房内的湿度下降到 13% 以下时，即完成全部的烘烤过程。

6. 冷却、包装

烘烤结束后，待罗汉果冷却至室温，将响果、破果等次品果剔除，选择果型完整、干爽有弹性、无霉变、不发黑的正品干果。

三、微波真空干燥

采用微波真空干燥处理不仅能够最大限度保留罗汉果的色、香、味和各类营养成分，且干燥的时间从原来的一周缩短到 4～5 h，实现了降低本钱、提高品质的目标。

（一）工艺流程

鲜罗汉果→选果→分级→后熟→洗净→打孔→微波真空干燥→冷却→包装。

（二）操作要点

1. 选果

挑选表面无破损、无霉变、无病虫害，果形完整的罗汉果，剪平果柄。

2. 后熟

将采收后的鲜罗汉果放置在通风干燥处后熟 8～15 d，至其表面有 40%～60% 呈黄色，使部分水挥发，皂苷类物质积累，促进罗汉果成熟，去除病果、烂果。

3. 分级

根据罗汉果量果板将罗汉果分为特大、大、中、小、外果，不同等级的罗汉果宜分批进行干燥。

4. 洗净

将后熟好的罗汉果放在水果清洗机中清洗干净，置入竹制、塑料制的筐中，沥干水分。

5. 打孔

分别在杀青后的罗汉果果蒂和果脐处打孔，孔径为 1.5～2 mm，深度为 2～2.5 cm，有利于提高干燥速率，缩短干燥时间。

6. 微波真空干燥

将打孔后的罗汉果放入微波干燥设备中（图6-17），于30～80 kW、真空度为0.06～0.08 MPa、干燥温度为50～65℃，烘干时间为4～6 h，干燥至罗汉果水分含量≤15%。

7. 包装

干燥结束后，剔除响果、苦果和裂果等不符合标准的罗汉果干，装袋。

微波脱水干制的罗汉果根据后熟程度不一，产品色泽差异明显，外观通常呈现绿色、黄绿色和金黄色，无白色茸毛，果心为类白色或黄白色。

图6-17 罗汉果微波真空干燥车间

四、真空冷冻干燥

真空冷冻干燥能较大限度地减少食品营养物质的损失且易于复水，现已广泛用于食品加工和保存领域。

（一）工艺流程

鲜罗汉果→选果→分级→后熟→清洗→打孔→预冷→真空冷冻干燥→冷却→包装。

（二）操作要点

1. 选果

选取成熟、无病害、无腐烂变质的鲜罗汉果，清水洗净。

2. 后熟

将清洗后的鲜罗汉果放置在通风干燥处后熟 8～15 d，至其表面有 40%～60% 呈黄色，使部分水挥发，皂苷类物质积累，促进罗汉果成熟，去除病果、烂果。

3. 分级

根据罗汉果量果板将罗汉果分为特大、大、中、小、等外果，不同等级的罗汉果宜分批进行干燥。

4. 杀青

将罗汉果置于微波杀青机中，于微波功率为 60～100 kW、温度为 40～60℃ 的条件下杀青 5～10 min。

5. 打孔

分别在杀青后的罗汉果果蒂和果脐处打孔，孔径为 1.5～2 mm，深度为 2～2.5 cm，有利于提高干燥速率，缩短干燥时间。

6. 预冷

将打孔后的罗汉果置于冷冻干燥器中，降温，在降至温度为 −45～−30℃ 时，预冷冻 3～5 h。

7. 真空冷冻干燥

将装有冻结罗汉果的冷冻盘放入冷冻干燥设备中（图 6-18），接通冷却水，启动一级和二级制冷压缩机，当物料温度达 −40～−30℃ 时，启动真空泵抽真空至真空度达 45～60 Pa 时结束。升温速率控制在 0.1～0.2℃/min，真空度 45～60 Pa，干燥 6～8 h 至干燥仓内温度达 25～30℃ 时结束。采用 35～55℃ 板式加热，控制干燥腔体真空度 ≤ 60 Pa，干燥 3～6 d 至含水率 ≤ 15%。

图 6-18 罗汉果真空冷冻干燥车间

8. 包装

干燥结束后，剔除响果、苦果和裂果等不符合标准的罗汉果干，装袋。

参考文献

陈启文, 2017. 闭环除湿热泵干燥技术助力农产品加工业发展. 农村百事通, (12): 21–23.

陈全斌, 陈海燕, 李俊, 等, 2003. HPLC法测定罗汉果多糖的相对分子质量. 中草药, 34(12): 1075–1076.

陈全斌, 杨瑞云, 义祥辉, 等, 2003. RP-HPLC法测定罗汉果鲜果及甜甙中总黄酮含量. 食品科学, (5): 133–135.

范天慈, 窦志英, 李捷, 等, 2021. 不同干燥方式对中药成分影响的研究进展. 中国现代中药, 23(11): 2017–2024.

方秀云, 韦玉璐, 卢凤来, 等. 干燥处理对罗汉果抗炎活性及功能成分的影响. 食品与发酵工业, 1-10[2024–07–27].https://doi.org/10.13995/j.cnki.11-1802/ts.039013.

郜海燕, 孙健, 陈杭君, 等, 2020. 浆果保鲜加工原理与技术. 北京: 科学出版社.

黄翠萍, 李俊, 刘庆业, 等, 2010. 罗汉果多糖SGPS2的结构研究. 中药材, 33(3): 376–379.

阚建全, 2020. 食品化学. 北京: 中国农业大学出版社.

李典鹏, 张厚瑞, 2000. 广西特产植物罗汉果的研究与应用. 广西植物, (3): 270–276.

林华, 滕建文, 杨洪元, 等, 2012. 鲜罗汉果加工技术研究进展. 技术与市场, 19(7): 239–242.

刘新社, 杜保伟, 2020. 果蔬贮藏与加工技术. 北京: 中国轻工业出版社.

刘新社, 聂青玉, 2021. 果蔬贮藏与加工技术. 北京: 化学工业出版社.

刘学文, 2019. 食品科学与工程导论. 北京: 化学工业出版社.

刘曜儒, 邓小银, 宁华清, 等, 2017. 不同干燥技术对罗汉果干品质的影响. 轻工科技, 33(5): 18–67.

罗云波, 蒲彪, 2011. 园艺产品贮藏加工学. 北京: 中国农业大学出版社.

马美湖, 2010. 食品工艺学. 北京: 中国农业出版社.

斯建勇, 陈迪华, 常琪, 等, 1994. 鲜罗汉果中黄酮甙的分离及结构测定. 药学学报, (2): 158–160.

王乐意, 李长河, 刘明政, 等, 2024. 中药材干燥技术与装备研究现状. 农业工程学报, 40(2): 1–28.

吴春升, 车刚, 王鑫, 等, 2016. 白萝卜振动远红外干燥工艺参数优化. 保鲜与加工, 16(6): 61–68.

吴雨豪, 吕瑞玲, 周建伟, 等, 2023. 真空冷冻干燥技术在果蔬类食品加工中的应用现状. 包装工程, 44(7): 85–95.

谢好, 齐娅汝, 万娜, 等, 2022. 中药材干燥过程中的皱缩机制、影响因素与调控策略. 中草药, 53(9): 2872–2881.

徐位坤, 孟丽珊, 1980. 罗汉果糖分的分析. 广西农业科学, (3): 29.

徐位坤, 孟丽珊, 1986. 罗汉果蛋白质的含量测定. 广西植物, (4): 295–296.

徐位坤, 孟丽珊, 李荫昆, 等, 1984. 烘烤罗汉果的适宜温度探讨. 广西植物, (4): 340–342.

徐位坤, 孟丽珊, 李仲瑶, 1990. 罗汉果中甘露醇的分离和鉴定. 广西植物, (3): 254–255.

张官龙，刘岩，张飞翔，等，2023. 可移动滚筒式罗汉果干燥仓的创新设计. 高师理科学刊，43(2)：45-48.

张书泰，陈芹芹，尹小明，2024. 罗汉果的植物化学成分及其药理作用研究进展. 饮料工业，27(3)：73-77.

张亚丽，邹建，戚向阳，等，2014. 采后处理方式对罗汉果鲜果中皂苷V含量的影响及其稳定性研究. 食品工业科技，35(5)：102-105.

张艳来，尹凯丹，龙成树，等，2014. 热泵技术在我国农产品干燥中的应用及展望. 农机化研究，36(5)：1-7.

钟仕强，1999. 罗汉果加工的新变温曲线试验. 中国中药杂志，(1)：32.

周凌，朱吟吟，2014. HPLC-MS考察真空低温干燥法对罗汉果中10个皂苷含量的影响. 药物分析杂志，34(2)：275-280.

Hong H J, Yang Q, Liu Q, et al., 2022. Chemical Comparison of Monk Fruit Products Processed by Different Drying Methods Using High-Performance Thin-Layer Chromatography Combined with Chemometric Analysis. Front Nutr, 9: 887992.

Hu X, Hou Y, Liu S, et al., 2024. Comparative analysis of volatile compounds and functional components in fresh and dried monk fruit (*Siraitia grosvenorii*). Microchem J, 196:109649.

Lang K, Correa J, Woff F, et al., 2017. Biomonitored UHPLC-ESI-QTOF-MS and HPLC-UV thermostability study of the aerial parts of Sphagneticola trilobata Pruski, Asteraceae. Talanta, 167:302–309.

Lu FL, Li DP, Liu JL, et al., 2009 Chromatographic fingerprinting analysis on chemical compositions of *Siraitia grosvenorii* fruit wlith difierent drying treatments. Southern Agriculture, 40 (6): 625–628.

Tugba C D, Hasan Y, 2021. Protein/ polysaccharide conjugation via Maillard reactions in an aqueous media: impact of protein type, reaction time and temperature, LWT-Food Sci. Technol, 152:112–252.

Zhou L, Zhu YY, 2014. The effect of vacuum drying method on the content of ten mogrol glycosides in Siraitiae Fructus by HPLC-MS. Chin J Pharm Anal, 34 (2): 275–280.

Zhu Y M, Pan L C, Zhang L J, 2020. Chemical structure and antioxidant activity of a polysaccharide from *Siraitia grosvenorii*.Int J Biol Macromol, 1900–1910.

第七章

罗汉果提取物加工技术

第一节　罗汉果提取物类型

罗汉果提取物主要指以新鲜罗汉果为原料，按特定加工工艺加工而成的浓缩汁或浓缩汁干燥得到的固体粉末产品。

一、按形态和工艺分类

罗汉果提取物按产品的形态可分为固体粉末和浓缩汁两类。

（一）固体粉末

固体粉末型罗汉果提取物分为零添加的罗汉果粉和添加助剂的罗汉果粉。

1. 零添加罗汉果粉

该类产品是指罗汉果经提取后，经特定工艺步骤纯化，将提取液中影响干燥的成分去除或限量控制，再经浓缩后干燥获得的粉末产品。

2. 添加助剂的罗汉果粉

该类产品的加工工艺与零添加罗汉果粉类似，但加入适量的可助干或填充的食品添加剂如淀粉、麦芽糊精、抗性糊精等进行干燥得到的粉末状态的产品。

（二）浓缩汁

1. 罗汉果浓缩浊汁

罗汉果浓缩浊汁是指罗汉果经榨汁分离或提取后，只经过简单的分离去除种子、果皮和纤维后直接浓缩、杀菌、灌装后得到的产品。浓缩浊汁是罗汉果提取物中罗汉果成分保留最多的产品，其在稀释后通常可见混浊的果肉组织沉淀。该产品因其营养物质丰富，易霉变，通常需要冷冻保存。

2. 罗汉果浓缩清汁

罗汉果浓缩清汁是在浊汁的生产工艺基础上，通过工艺滤除其中果肉组织、大分子沉淀物（蛋白质、纤维素、果胶等），浓缩后得到的澄清浓缩汁，其在稀释的水溶液呈澄清透明状态，口感更清爽、清甜。

3. 去离子罗汉果浓缩汁

去离子罗汉果浓缩汁，指罗汉果提取液经过离子交换树脂处理，浓缩后得到的淡黄色或棕色浓缩汁产品，该产品色泽更鲜亮、口感更纯正。

二、按罗汉果苷 V 含量分类

（一）食品添加剂罗汉果甜苷

根据食品安全国家标准 GB 1886.77—2016 的规定，罗汉果苷 V 含量达到 20% 及以上的罗汉果提取物被视为食品添加剂，也称罗汉果甜苷，需要执行食品添加剂罗汉果甜苷的国家标准，但该标准对罗汉果甜苷使用添加量未有限制。

（二）普通食品原料罗汉果提取物

罗汉果苷 V 含量小于 20% 的罗汉果提取物在行业内按普通食品原料的标准执行，其中固体粉末类产品目前可执行的标准有广西壮族自治区地方标准 DB45/T 2689—2023 罗汉果粉生产技术规程。

三、按产品风味分类

（一）罗汉果风味提取物

罗汉果在加工过程中，通过工艺保留或增强某种风味，获得的提取物会保留原料或在加工过程中产生的特定风味，从而产生风味罗汉果浓缩汁、风味罗汉果粉等，产品通常含有较多的天然或加工产生的色素，呈浅黄色至深棕色，也有偏褐色或棕红色。

(二)无/弱风味罗汉果提取物

无/弱风味罗汉果提取物是指在生产过程中,通过离子交换、活性炭吸附、脱色等工艺脱除风味,同时去除或减少提取物中易产生风味的糖、蛋白质、多酚等成分,并在涉及加热的工艺中降低加热温度并缩短加热时间,而获得口感更纯净的提取物。这类产品主要有罗汉果甜苷、去离子罗汉果浓缩汁等。

第二节 罗汉果提取物的生产工艺与设备

一、罗汉果提取物生产工艺流程

根据已发布的国家标准、地方标准、团体标准，以及各企业发布的相关工艺专利，各种罗汉果提取物的生产工艺流程如图 7-1 所示。

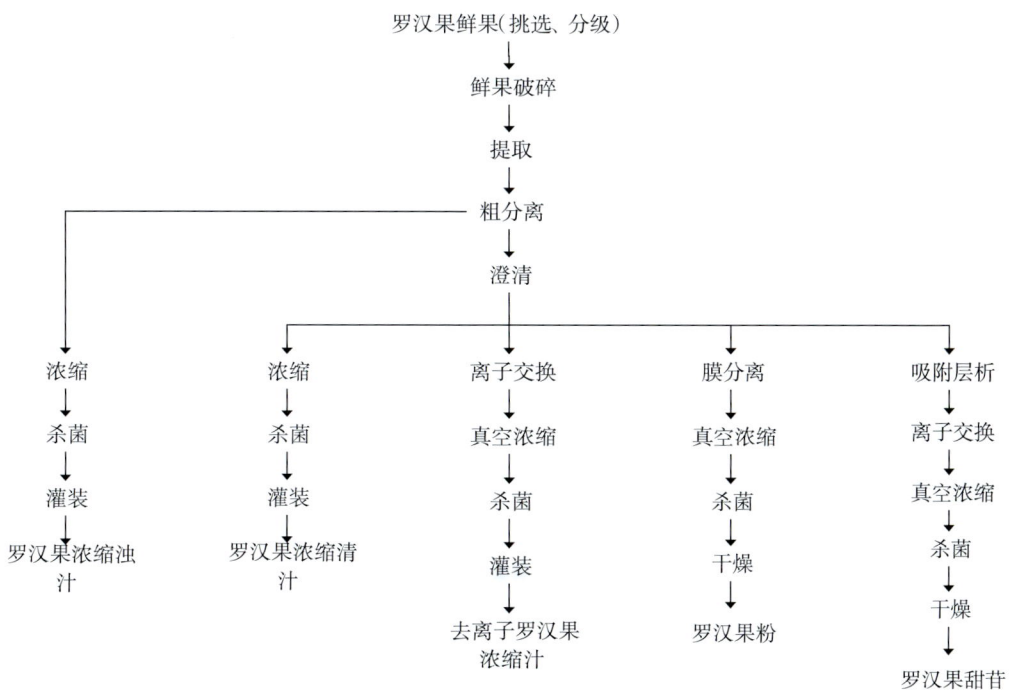

图 7-1 罗汉果提取物生产工艺流程

罗汉果
全产业链关键技术研究与应用

（一）罗汉果浓缩汁的生产工艺

罗汉果浓缩浊汁的加工执行的是罗汉果提取物中最简单的工艺流程。罗汉果鲜果经分拣、破碎、提取后，通过卧式离心分离去除种子、果皮和纤维，所得提取液浓缩后再经调制、杀菌、灌装即得到罗汉果浓缩汁（浊汁）。该产品是原料成分还原度相对较高的终端产品，可按DB45/T 1335—2016罗汉果浓缩膏工艺技术规程进行生产加工。

罗汉果浓缩清汁的生产工艺在罗汉果浓缩汁（浊汁）基础上增加了澄清操作，通常是在卧式离心后再采用碟式离心或过滤工艺（如陶瓷膜过滤、超滤膜过滤）去除提取液中的果肉组织、细纤维、蛋白质、果胶等成分，进一步通过浓缩、调制、杀菌、灌装得到终产品，其稳定性和澄清度更高。

去离子罗汉果浓缩汁的生产工艺在澄清步骤后，采用离子交换树脂层析工艺高效脱除罗汉果提取物料中的植物蛋白、色素、有机酸、无机盐等，再经过滤、浓缩、杀菌、灌装得到终产品，该工艺下的产品呈淡黄色，口感清甜、纯净，主要含糖、罗汉果甜苷、甘露醇等成分。吉福思公司采用该方法生产的浓缩汁产品于2016年10月通过美国FDA-GRAS认证，成为全球率先获批可应用在6个月以上婴幼儿食品中的罗汉果产品。湖南华诚生物资源股份有限公司（以下简称华诚公司）公开了一种制备鲜罗汉果脱色浓缩汁的工艺，其工艺流程是：鲜罗汉果→糖化→选果和洗果→破碎→渗漉提取→碟式离心→陶瓷膜微滤澄清→超滤分离→聚酰胺树脂脱色→脱色树脂脱色→阳离子树脂调pH→反渗透膜浓缩→粒状活性炭柱去残留→陶瓷膜微滤澄清→真空减压浓缩→灭菌→包装→鲜罗汉果脱色浓缩汁。2023年，罗汉果浓缩汁的团体标准（T/CI 169—2023）发布，披露了以罗汉果为原料，经破碎、提取、分离澄清、离子交换、浓缩、高温瞬时杀菌、灌装等工艺制成的流动状或黏稠半流动状罗汉果浓缩汁产品的工艺流程。

（二）罗汉果粉生产工艺流程

罗汉果粉是产品中罗汉果甜苷V含量在20%以下的罗汉果产品。根据广西地方标准罗汉果粉生产技术规程（DB45/T 2689—2023），罗汉果粉末产品是以罗汉果鲜果为原料，经破碎、提取、分离、浓缩、喷雾干燥、包装等工艺制备而成，其中在分离步骤可以采用树脂吸附层析洗脱工艺或膜分离工艺。

吉福思公司开发了一种罗汉果风味速溶饮品，其制备方法由罗汉果超滤浓缩物和

第七章 罗汉果提取物加工技术

罗汉果风味提取物以 1∶(2～8) 的比例调配后除菌、干燥获得。其中，罗汉果超滤浓缩物由罗汉果经提取、澄清、超滤、浓缩工序制备，罗汉果风味提取物是对超滤后的提取物经吸附层析分离，流出液再依次通过超滤澄清、纳滤膜过滤、浓缩后制得。

对罗汉果风味有更高需求的，可以在产品生产过程中进行风味强化工序。罗汉果风味强化主要是利用罗汉果物料中蛋白质、氨基酸和糖等成分，在高温条件下进行热处理，使其产生焦糖化或美拉德反应形成具有浓郁香气的物质。热处理既可在浓缩液状态也可在干燥成粉末后进行，并根据风味差异需求调节适合的物料组成、前物料pH、热处理温度等条件，最终获得具有特殊罗汉果风味的粉末产品。

（三）罗汉果甜苷生产工艺

根据团体标准《(T/CCCMHPIE 1.15—2016) 植物提取物 罗汉果提取物（50%罗汉果苷V）加工技术规范》，罗汉果甜苷是以罗汉果为原料，经水提、过滤、柱层析、洗脱、脱色、浓缩、干燥等工艺制成的浅黄色至类白色的粉末产品。其中，工艺流程中吸附层析后的物料其罗汉果苷V的含量可达到20%以上，并保留一定的罗汉果风味，直接干燥可得到风味型罗汉果粉末产品。更高罗汉果甜苷V含量的产品，可选择阴离子交换树脂或吸附型脱色树脂进行深度的纯化，并通过调控物料处理量与树脂的比例参数控制罗汉果甜苷V含量。

二、罗汉果提取物生产关键工艺步骤及其设备

（一）破碎

罗汉果果壳易碎，种子粘连紧密，种仁富含不饱和脂肪烃类化合物。为提高甜苷溶率和溶出效率，同时避免种仁中的油脂溶出，鲜果破碎（或挤汁）时通常以将粘连的种子彻底分离，但不破坏种子、暴露种仁为宜。目前罗汉果鲜果的破碎有直接粉碎法、打浆法、直接压榨法3种。

1. 直接粉碎法

直接粉碎法主要利用旋转的钝刀片在设置的破碎腔体内将罗汉果进行粉碎，并设置适合孔径的筛网以控制粉碎粒度。直接粉碎法通常不具备渣汁分离的功能。罗汉果粉碎机可参考图7-2，其通过电机带动旋转刀组，通过调节适当的转速以匹配投料速度

和破碎程度，破碎腔体由筛网构成，筛网的网孔直径一般为 35～40 mm，破碎后的罗汉果组织与汁一起进入到提取设备进行提取。

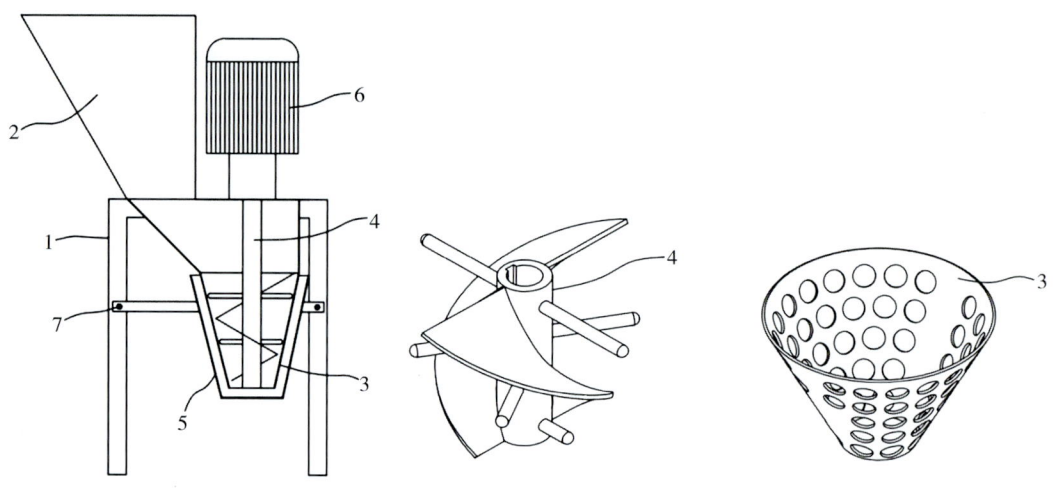

1. 机架；2. 进料仓；3. 筛网；4. 搅拌桨；5. 储料槽；6. 搅拌电机；7. 料槽固定架
图 7-2 罗汉果破碎机（中国专利 CN 219291548 U）

2. 打浆法

打浆法采用的打浆机与浆果果汁生产采用的打浆机类似，多数为刮板式，中间为带有桨叶的刮板，下部为筛网，孔径根据需要的破碎程度而设置。与一般果汁生产不同，罗汉果粉碎后汁和渣均为生产需要的有效部位，由于罗汉果的含汁率不高，打浆设备很难对粉碎后的罗汉果进行渣汁分离，因此，粉碎的罗汉果组织同样混着浆液一起进入到提取设备进行提取。

3. 直接压榨法

罗汉果的含汁率不高，但榨汁分离的汁液中可溶性固形物和罗汉果甜苷 V 的占比达到 40% 以上，因此，采用榨汁分离能在粉碎罗汉果的同时，将渣液分流，提高提取效率，降低提取能耗。图 7-3 所示是一种适用于鲜罗汉果的气缸背压式挤渣机，包括筒体、螺杆、气缸、挤压头；筒体上具有进料口、出渣口、排水口，螺杆位于筒体内，螺杆上设置有螺旋片，螺旋片一端位于进料口位置，且朝向出渣口方向螺旋，螺旋片螺距随着靠近出渣口逐渐缩短，排水口位于进料口和出渣口之间的位置；挤压头位于筒体内，且设置在靠近出渣口的位置，挤压头一端与气缸的输出端连接，内具有储料槽，储料槽内具有出料口，与出渣口重合或者部分重合时实现出渣。

第七章 罗汉果提取物加工技术

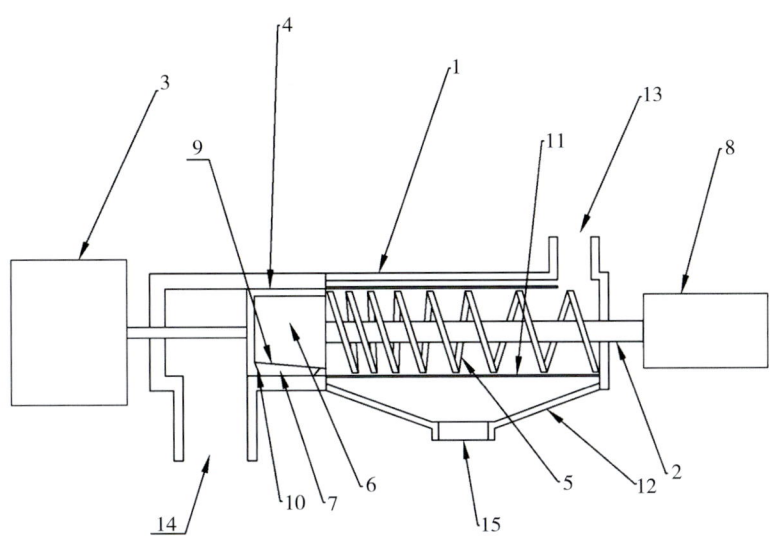

1. 筒体；2. 螺杆；3. 气缸；4. 挤压头；5. 螺旋片；6. 储料槽；7. 出料口；8. 转动机构；9. 倾斜板；10. 倾斜面；11. 滤网筒；12. 排水板；13. 进料口；14. 出渣口；15. 排水口

图 7-3　气缸背压式挤渣机（中国专利 CN215551136 U）

（二）提取

提取是罗汉果提取物加工必须的工艺流程，各种提取物加工工艺的差异主要体现在提取后的工艺部分。罗汉果提取物的主要代表性成分为罗汉果苷 V，其在果皮、果囊和种子中的含量分别占果实中罗汉果苷 V 总量的 6.69%、91.10% 和 2.21%。因此，罗汉果提取的目的是将果实中的营养及功效成分尽可能完全地从其各个部位中转移到提取用的溶媒中，连续逆流提取是最主流的罗汉果提取方法。

图 7-4 所示是典型的适用于罗汉果提取的连续动态逆流提取机组，包括破碎机、提取器、转轮过滤机、挤汁机、中间泵、换热装置和连接在提取器后端的掏渣机组成。破碎机 1 置于提取器 2 前端上部，内部设有破碎装置，上部设有进料口，下部设有出料阀 1-1；提取器 2 的上部均布多个入孔 2-2，外部设有恒温夹套 2-3 及保温层 2-4，内部设有螺旋推进器 2-1；其中，恒温夹套 2-3 进口设有恒温调节阀 2-5，出口设有恒温疏水阀 2-6，提取器 2 的前端设有恒温温度传感器 2-7；其中，螺旋推进器 2-1 的推进速度为变频调速控制，叶片表面冲孔处理，螺距根据原料膨胀率进行放大；转轮过滤机 3 连续旋转工作且其内部铺有滤网，使机组将提取过程中产生的提取液经中间泵 6 泵入转轮过滤机 3 的滤网上进行固液分离；掏渣机 4 连接在提取器 2 后端，出渣

速度大于进料速度，解决了提取过程中排渣难、不安全的因素；所述挤汁机 5 是将刮板掏渣机 4 排出的提取渣进行强制挤干，挤出的提取液经回收泵 5-1 重新回到提取器 2 内，挤干后的提取渣中含液量为 50%～70%，提高了罗汉果提取液的回收率。换热装置包括热回收换热管 7 及升温换热管 7-5，热回收换热管 7 溶媒侧进口设有溶媒调节阀 7-1 和溶媒流量计 7-2；升温换热管 7-5 加热侧进口设有升温调节阀 7-3，出口设有升温疏水阀 7-6，物料侧出口设有升温温度传感器 7-4；首先，高温的提取液和常温的溶媒进行最大程度的热交换，使溶媒温度升高，再辅以少量的蒸汽加热到提取所需温度，整个过程实现连续化、自动化控制，大大节省了能耗；提取器 2 前端依次设有出料管 2-9 和排污阀 2-8。

在罗汉果的提取操作中，提取温度通常为 60～95℃，提取加水量按料液比 1∶（2～8）加入预热的饮用水，并在进行提取生产时对果渣中的罗汉果苷 V 含量进行监测，以确保较高的原料利用率。

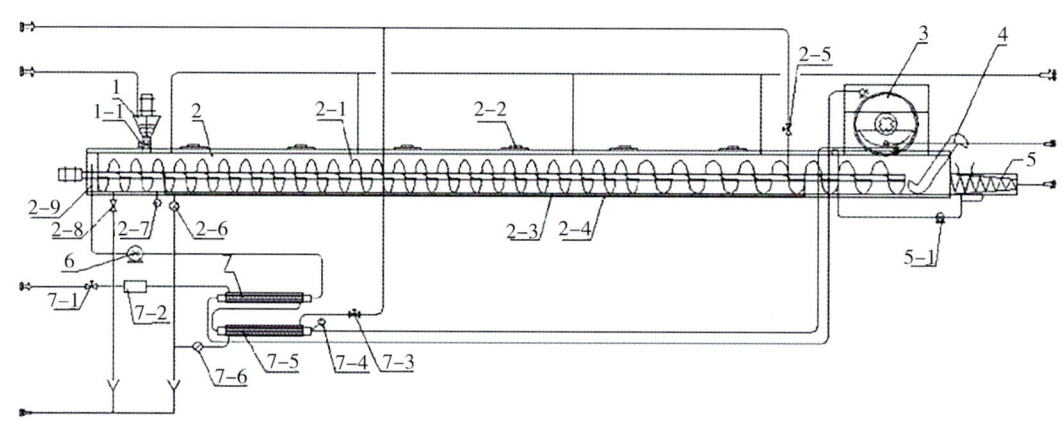

1. 原料进口；1-1. 破碎机；2. 提取器；2-1. 螺旋推进器；2-2. 观察孔；2-3. 恒温夹套；2-4. 保温层；2-5. 热水进中恒温调节；2-6. 恒温疏水阀；2-7. 恒温传感器；2-8. 排污阀；2-9. 提出液出口；3. 过滤机；4. 掏渣机；5. 挤汁机；6. 物料泵；7. 换热器；7-1. 流量调节阀；7-2. 流量计；7-3. 升温调节阀；7-4. 升温传感器；7-5. 升温换热管；7-6. 升温疏水阀

图 7-4　罗汉果逆流提取机组系统（中国专利 CN204107089 U）

（三）分离澄清

1. 沉降式卧螺离心机

罗汉果鲜果经热水提取除去果渣后，提取液中仍含有较多的果肉粗纤维、大分子的罗汉果蛋白质、多糖等物质，影响后续的精制工序，需要过滤去除，最具代表性的设备是沉降式卧式离心机。如图7-5所示，混合液通过进料管进入离心机，在高速旋转的转鼓内由于离心力的作用，比重较大的固体颗粒被甩到转鼓内壁后被螺旋输送器推向出渣口，排出机外；分离液挤向转鼓中心，通过转鼓大端溢流孔排出机外；差速器是保证差转速稳定的装置，实现了转鼓转速、差转速的无级可调，可以适应流量、浓度的变化，自动调节差转速，保证良好稳定的分离效果，在罗汉果提取液的分离处理中，离心转速通常设置2 000～3 000 r/min，以确保渣液的分离效果。

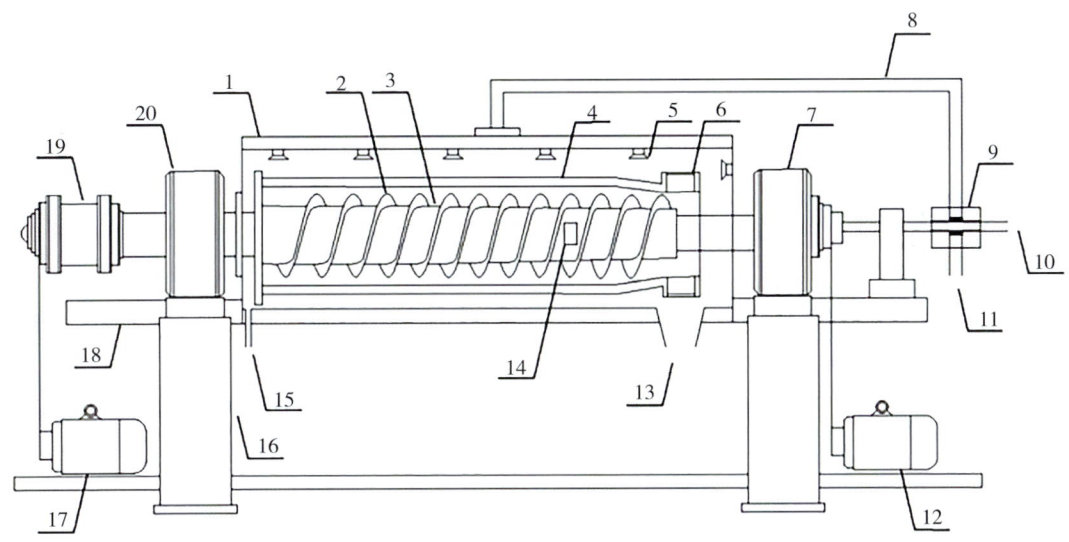

1.壳体；2.螺旋推料器；3.分离轴；4.转鼓；5.喷头；6.第一排渣口；7.第二密封垫；8.输水管；9.控制阀；10.进料管；11.进水口；12.第二电机；13.第二排渣口；14.布料口；15.排液口；16.支撑脚；17.第一电机；18.固定板；19.差速器；20.第一密封垫

图7-5　沉降式卧螺离心机（中国专利CN214347247 U）

2. 碟式离心机

卧式螺旋离心能将罗汉果提取液中前端未能拦截的短纤维、细果皮颗粒等进行有效分离，但离心清液仍含有少量的果肉组织、细纤维、蛋白质、果胶等不易通过比重差异进行物沉降分离的成分，可选择碟式离心机进行分离以获得更高的澄清度。如图7-6所示碟式离心机结构，一般包括底座、机身、转鼓、电机、横轴、立轴、机盖、进出口等。运行的原理为：处理的混合液经进出口进入转鼓，在巨大的离心力的作用下，料液比重大的被抛向转鼓内壁，其成分主要为皂脚和杂质，其杂质大部聚集在沉渣区内，经过一定时间，在自动控制仪的控制下，完成排渣，比重较大、流动性较好的物料在被离心力抛向转鼓壁后，沿转鼓盖和碟片压盖间的通道向上，由大向心泵排入重相出口；而比重较小的物料则沿碟片内缘入中间通道向上，由小向心泵排入轻相出口，料液由此得到良好的连续分离。

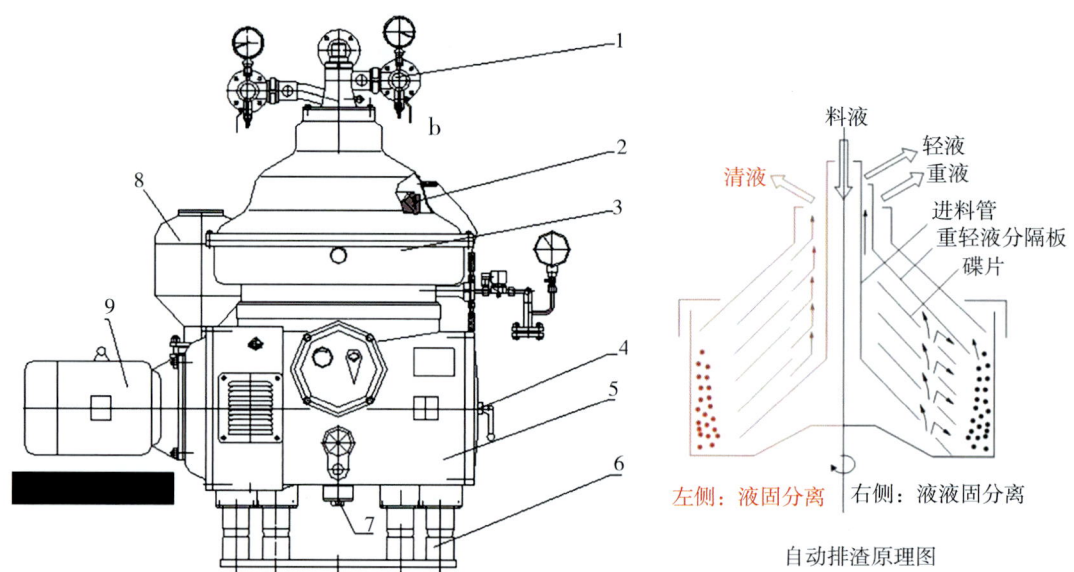

1.进出口；2.转鼓；3.机盖；4.横轴；5.机身；6.底座；7.立轴；8.消音器；9.电机

图7-6　碟片式离心机（中国专利205341058 U）

3. 陶瓷膜过滤

陶瓷膜过滤设备具有优良的热稳定性与孔稳定性能、耐化学腐蚀、清洗再生性能好。根据后段工序的需要，一般选择100～500 nm的膜过滤孔径陶瓷膜，可截留罗汉果提取液中的大分子成分，如蛋白质、多糖、果胶、纤维以及各类微生物、悬浮物、微小颗粒或异物等，是澄清工艺的高效设备。图7-7陶瓷膜过滤系统包括原料罐、供料泵、主循环泵、集液腔、陶瓷膜组件、反冲罐、清洗罐、清液罐和各种管路。罗汉果提取液经换热器加热或保温，由供料泵送到集液腔，再由主循环泵将粗物料液在多并的陶瓷膜过滤器内循环，循环过程中通过澄清料液透过陶瓷膜由清液连接管输送到清液罐，清液可由换热器进行降温以适应后处理工艺的需求。

4. 膜分离

膜分离纯化是一种清洁的甜苷含量提升工艺，其原理是利用特定截留分子量的纳滤膜，在施加一定压力下将小于罗汉果甜苷分子量的提取液中的果糖、葡萄糖、蔗糖、无机盐、有机酸等物质透过纳滤膜分离出去，而罗汉果甜苷等相对分子量偏大的物质

第七章 罗汉果提取物加工技术

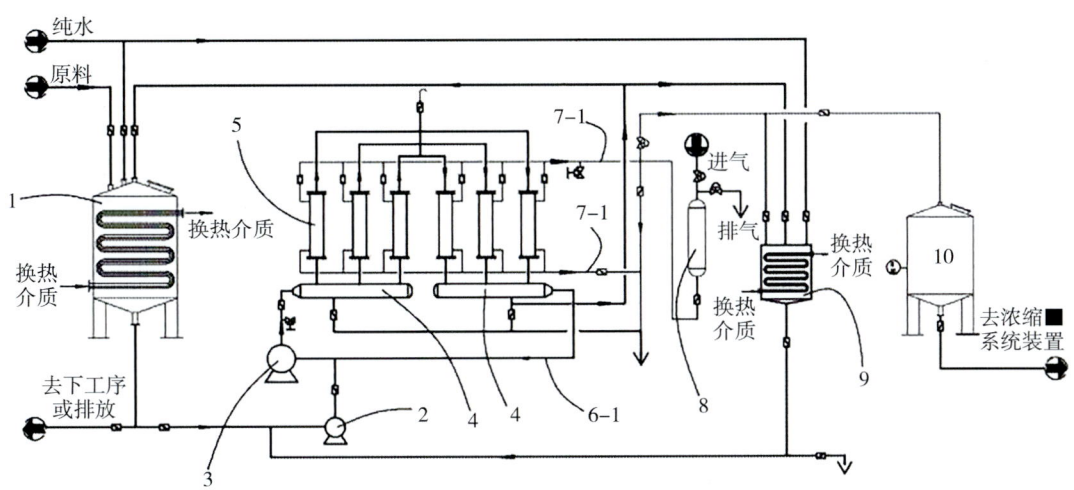

1. 原料罐；2. 供料泵；3. 主循环泵；4. 集液腔；5. 陶瓷膜组件；6-1. 粗料液；7-1. 清液管路 1；8. 反冲罐；9. 清洗罐；10. 清液罐

图 7-7 陶瓷膜过滤系统（中国专利 CN 202590632 U）

被截留，从而提高罗汉果甜苷的含量。目前采用膜分离纯化工艺可以将鲜果提取液的罗汉果甜苷 V 含量提高至最高达折干物质含量 25%，含量控制取决于纳滤膜截留分子量的选择及纳滤分离的温度和时间等，是罗汉果粉产品所采用的主要工艺手段。

纳滤膜是介于超滤膜和反渗透膜之间的一种以压力驱动的膜，其具有纳米级的膜孔径，并且膜上多数情况下带有电荷，可以截留住二价或多价离子和较大分子量的有机物。纳滤膜的操作压力和能耗介于超滤和反渗透之间，具有低操作压力、低能耗、高通量，以及相对较低的投入和维护成本等优势。图 7-8 是一套可用于罗汉果提取液进行纳滤膜分离的系统模型。系统分为两级，分别为超滤膜澄清系统和纳滤膜分离系统两部分。超滤膜分离系统在前述陶瓷膜过滤已有介绍，纳滤分离部分则是提取液经超滤澄清处理后再经增压泵 5 进入保安过滤器 6，进一步去除水中的微小细颗粒物，滤出液经高压泵 7 进入纳滤膜组器 8，经纳滤膜分离的透过液进入清液罐 9，经纳滤膜滤截留的浓缩液截留液罐 10。

纳滤膜分离工艺目标的达成除了需要选择合适截留率的膜规格外，分离过程中膜污染的控制是需要重点关注的影响因素，因此执行膜分离前物料的澄清处理是必要的，如果分离持续时间较长，还要关注物料可能存在原发酵风险。

295

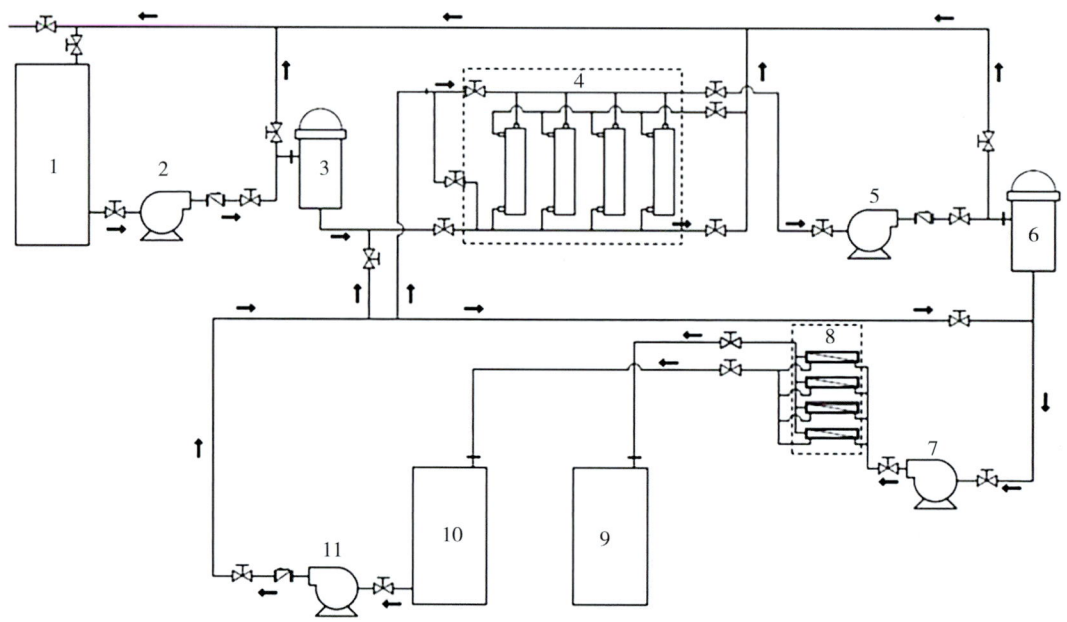

1.提取液罐；2.物料泵；3.精密过滤器；4.超滤膜组器；5.增压泵；6.保安过滤器；7.高压泵；8.纳滤膜组器；9.清液罐；10.截留液罐；11.清洗泵

图 7-8　纳滤膜分离的系统（中国专利 CN217312327 U）

（四）精制层析

罗汉果提取物的精制除了膜分离纯化可以将提取液中的部分非甜苷成分进行分离去除外，最主要的精制方式是层析工艺的应用，这其中以大孔树脂吸附层析和离子交换树脂层析最为常用，也有使用活性炭或其他吸附材料作为层析填料以去除提物取中的色素、农药残留或不良口感成分等物质。

1. 大孔树脂层析

吸附层析是罗汉果甜苷产品生产常用的工艺步骤，其目的是富集罗汉果甜苷，并将提取液中大量的非甜苷类成分去除，可选择大孔吸附树脂如 AB-8、D101、HP20、LX-100B、LX-T28 等作为层析填料，利用罗汉果甜苷与其他成分的极性差异，达到去除杂质的目的。罗汉果甜苷被富集于树脂后，需要利用有机溶剂将其洗脱，食用酒精几乎是目前行业内洗脱剂的唯一选择。根据目标产品中罗汉果甜苷 V 的纯度需求，可采用等度洗脱或梯度洗脱，洗脱后的物料可以直接进入脱色工序或经过酒精分离后再进入脱色工序。

2. 离子交换层析

在植物提取物或脱色果蔬汁加工领域，离子交换树脂、活性炭或其他脱色材料对物料进行脱色处理，这类方法同样适用于罗汉果提取物。有研究表明离子交换层析是性能较好的对罗汉果提取物进行脱色纯化工艺，生产工艺的选择可根据原料选择的差异及加工产品的不同，可选择阳离子交换树脂与阴离子交换树脂的组合层析模式，也可以选择单一的脱色阴离子树脂。前者通常以澄清后的罗汉果提取液为原料，用于去离子罗汉果浓缩汁的生产，后者则通常应用于罗汉果甜苷的脱色加工。

3. 其他层析

硅藻土、活性炭或其他具有特定吸附功能的材料用在层析工艺上可以对罗汉果提取物中的农药残留进行一定程度的去除，部分材料还可提高物料口感的纯净度，获得更高品质的提取物产品。

层析柱是层析的关键设备，而层析柱的关键是径高比和进料分布器的设计，进料分布的均一性和足够长的柱子有利于提高层析的分离效率，并使填料的利用率更高，提高单柱产量，降低单位成本。

（五）浓缩

精制后的罗汉果物料含有大量的水分或酒精，需要进行浓缩脱水或分离酒精。无/弱风味类的提取物生产浓缩器的选型首先要确保物料不会过度受热导致焦糖化，颜色变深，风味加重，可供选择的有常规薄膜（升膜/降膜）浓缩、膜浓缩、离心浓缩等。

1. 膜浓缩

膜浓缩的原理与膜分离的原理相同，利用罗汉果提取液或精制处理液中水或酒精的分子量较小，通过纳滤膜将其与罗汉果成分分离，从而实现对罗汉果提取物溶液的浓缩。膜浓缩设备可以参考前述纳滤膜分离设备，可以选择反渗透膜或截留分子量为150~200Da的纳滤膜作为浓缩膜。如果待浓缩的物料中含酒精，则需要选择耐有机溶剂的分离膜，系统中的物料泵、加压泵、配电系统和操作环境需要考虑防爆以确保操作安全。膜分离过程中，当膜截留侧物料浓度提升后容易导致纳滤膜污染，分离效率降低。因此，可以在膜浓缩将物料中的可溶性固形物浓缩达到一定程度后，将物料转移真空浓缩以进一步提高物料的浓度。

2. 真空浓缩

真空浓缩也称减压浓缩，通过让物料置于低于标准大气压下使物料的沸点降低，提高物料中水分或溶剂的蒸发效率，降低加热温度，提高罗汉果提取物浓缩物料的品质。目前常用于罗汉果提取物的浓缩设备主要有单效浓缩、多效浓缩，另外由于罗汉果苷的发泡特性，设备设计时需要考虑消泡的结构。

（1）单效浓缩

图7-9是单效浓缩器的基本结构，一般包括依次连接设置的加热室、蒸发室、除沫器、冷凝器、冷却器和储液桶，具有结构简单、占地面积小等特点。单效浓缩器相当于多效浓缩器的第一效，直接以蒸汽加热浓缩，通过强制的循环和蒸发达到适合浓度后出料。单效浓缩器浓缩时一般不连续进出料，相比于多效浓缩，物料需要在一效偏高温度下进行较长时间的循环浓缩，对热敏性要求较高的物料不适合采用单效浓缩。单效浓缩器可以做成有较小的容积，适用于小批量及对热敏性要求不高的物料。小批量的风味型罗汉果浓缩汁和风味罗汉果粉干燥前物料的浓缩可以选择单效浓缩器进行浓缩。

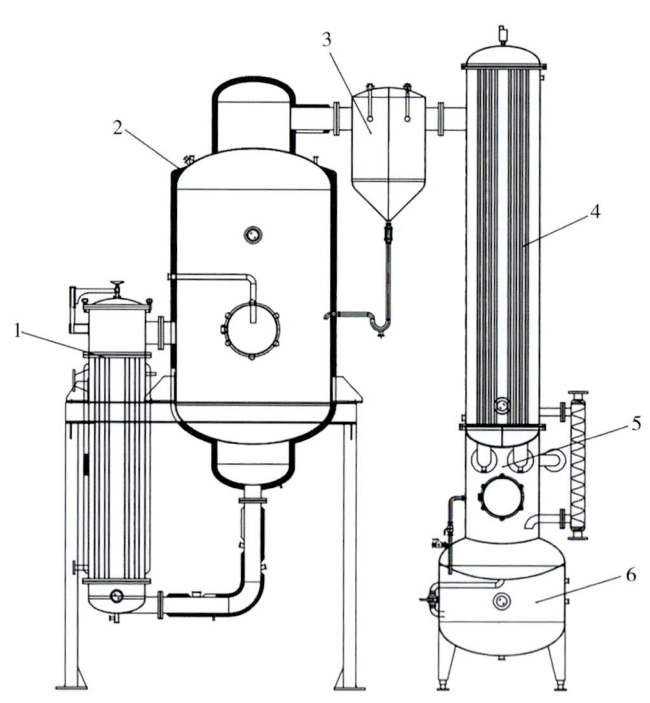

1.加热室；2.蒸发室；3.除沫器；4.冷凝器；5.冷却器；6.储液桶
图7-9　单效浓缩器（中国专利CN 220546588 U）

（2）多效浓缩

多效浓缩器是目前罗汉果提取物加工常用的浓缩器，其优点是能耗低，可以在较低温度和较短的时间内完成浓缩，适合用于热敏性低的物料，且可以连续出料。

图 7-10 是一套列管式降膜浓缩系统示意图，主要由相互串联的三组蒸发器、冷凝器和辅助设备等组成。三组蒸发器以串联的形式运行，组成三效蒸发器。整套蒸发系统采用连续进料、连续出料的生产方式。物料首先进入一效蒸发器，蒸发器配有循环泵，将物料打入蒸发换热室，在蒸发换热室内，外接蒸汽液化产生汽化潜热，对物料进行加热。由于蒸发换热室内压力较大，物料在蒸发换热室中在高于正常液体沸点压力下加热至过热。加热后的液体进入蒸发室后，物料的压力迅速下降导致部分物料闪蒸或迅速沸腾。物料蒸发后的蒸汽进入二效强制循环蒸发器作为动力蒸汽，对二效蒸发器进行加热，未蒸发物料暂存在蒸发室。物料依次经过一效、二效、三效流动，物料中的水分不断地被蒸发，物料中的固形物浓度越来越高，当物料达到预定的出料浓度时，在线糖度计会传递信号让出料泵启动，将达到浓度要求的物料输送到贮料罐。

多效浓缩系统将溶液分散在各个较细的管道中，而蒸汽围绕在管道周围的间隙中，从而增加了溶液的受热面积，且蒸汽可以循环利用，因此相较单效降膜浓缩器更节约能源。

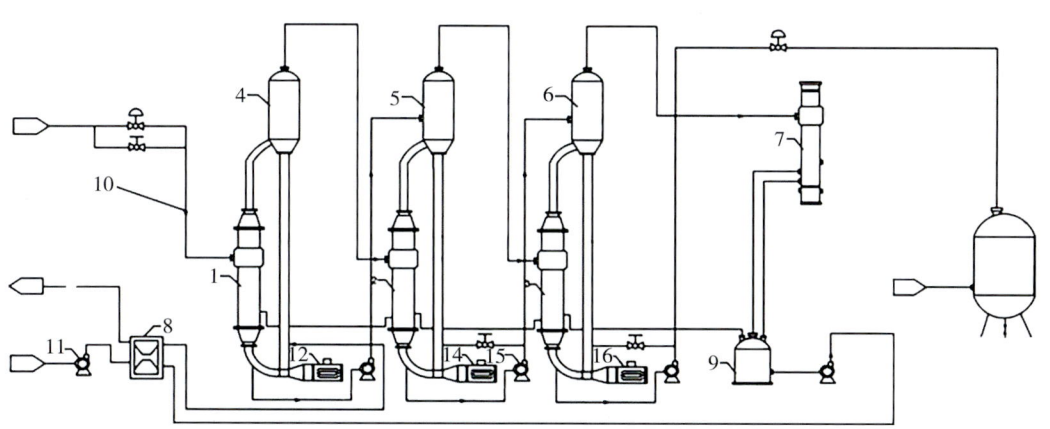

1. 一效蒸发室；2. 二效蒸发室；3. 三效蒸发室；4. 一效分离器；5. 二效分离器；6. 三效分离器；7. 冷凝器；8. 换热器；9. 平衡罐；10. 蒸汽管；11. 物料泵；12、14、16. 循环泵

图 7-10　三效列管式降膜浓缩系统（中国专利 CN21346679 U）

（六）杀菌

物料的消毒是食品加工过程的重点工序，除了在精制、干燥、包装等工序中需要对涉及物料裸露的操作环境如洁净间洁净等级要求外，对物料的直接消毒处理工艺直

接影响最终产品的微生物限量控制。通常，物料在干燥前的液体状态是最佳的消毒工艺切入节点，可采用巴氏消毒、过滤除菌、高温瞬时灭菌（UHT）或超高压杀菌工艺。

1. 巴氏杀菌

巴氏消毒是很多食品饮料常用的灭菌方法，适用于罗汉果提取物中对热敏性要求不高或风味型品种，如干燥前的罗汉果甜苷、风味型罗汉果粉、风味型浓缩汁等。巴氏消毒的温度和时间取决于物料前处理工艺及状态，含糖或工序滞留时间偏长的物料通常含菌数量大，需要更高的杀菌温度及更长的杀菌时间，常用的杀菌温度设置在 75～90℃，时间为 30～60 min。

2. 过滤除菌

过滤除菌适用于流动性好、澄清度高的罗汉果提取物的除菌处理，物料中的可溶性固形物浓度一般不宜超过 30%，而且物料在进除菌过滤器前需要以澄清工艺滤除物料中的沉淀物和杂质，避免过滤除菌执行过程中堵塞除菌滤芯。在实际生产中，由于罗汉果提取物并不需要达到无菌食品原料的水平，除菌过滤器可以根据产品的质量要求选择适合除菌滤芯孔径以及与之配套的工艺方案，以提高生产效率和控制生产成本。

3. 高温瞬时灭菌

高温瞬时灭菌目前常以管式杀菌机来实现，适用于罗汉果提取物液体物料的高温瞬时杀菌，尤其适合罗汉果浓缩汁产品在灌装前的杀菌。如图 7-11 所示，设备通常包括电气柜、机架、换热管主机、物料管路、介质管路等。物料管路包括物料罐、物料泵、物料输送管、物料回路管，物料罐与物料泵连接；介质管路包括介质罐、介质泵、介质输送管、介质回路管；换热管主机的介质出口与介质回路管连接，设置有介质温度的自动调节系统。

（七）干燥

物料的干燥是物料从液体向固体转换的步骤，通常根据物料的理化稳定性选择干燥方式。含糖且对风味有需求的罗汉果粉产品可以选择微波干燥、带式真空干燥等；罗汉果甜苷产品则建议选择低温干燥或高温瞬时干燥方式，如微波干燥、喷雾干燥、喷雾冷冻干燥、带式真空连续干燥等，以避免物料过度受热产生颜色、口感等变化。

第七章　罗汉果提取物加工技术

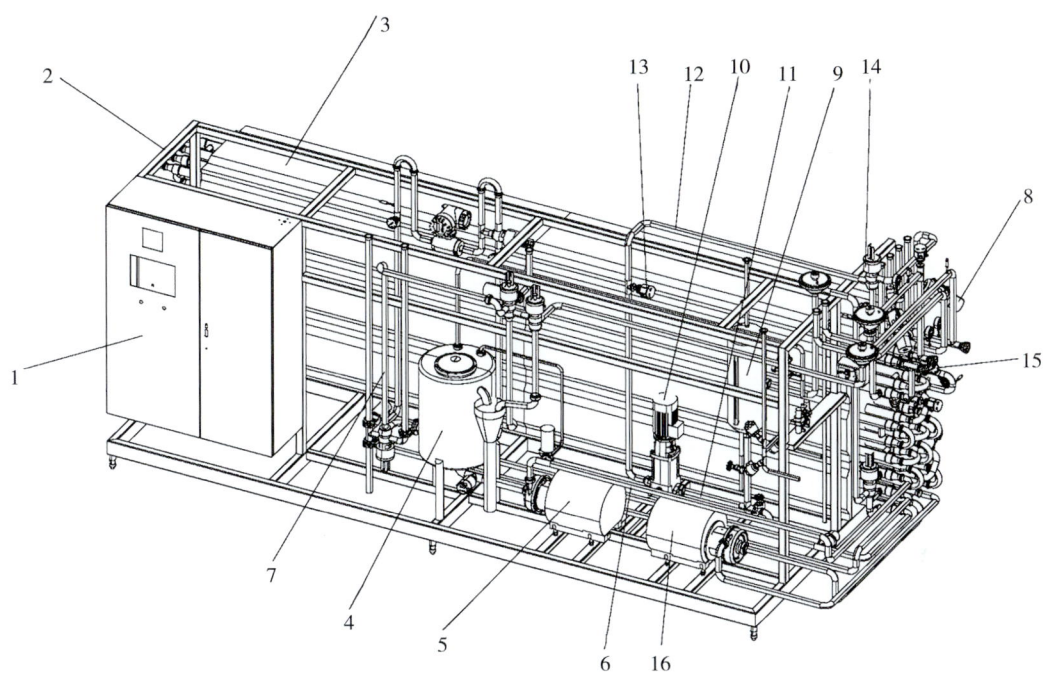

1. 电气柜；2. 机架；3. 换热管主机；4. 物料罐；5. 物料泵；6. 物料输送管；7. 物料回路管；8. 三通阀；9. 介质罐；10. 介质泵；11. 介质输送管；12. 介质回路管；13. 介质测温元件；14. 介质温度调节仪；15. 物料测温元件；16. 清洗泵

图 7-11　全自动管式杀菌机（中国专利 CN218790413 U）

1. 微波-真空干燥

微波加热是一种依靠物体吸收微波能将其转换成热能，使物体自身整体同时升温的加热方式，微波的穿透力强，通过被加热物体内部的偶极分子高频反复运动，产生"内摩擦热"而使被加热物体温度升高。目前，微波-真空干燥已成为罗汉果整果干燥的主要方式，其设备同样可应用在提取物的生产干燥环节，如罗汉果甜苷和罗汉果粉的干燥。图 7-12 是一个固定装料盘的微波干燥室示意，通过在干燥腔体的周围均匀布置多个微波发生器，并将微波发生器按组划分，使各组微波发生器依次切换开关，产生能够作用于物料各个位置的变换的微波场，达到对物料均匀加热的目的。该类型的微波干燥设备属于间歇式干燥，如要实现连续干燥需将微波结合类似带式真空干燥结构进行改造。罗汉果提取液的微波-真空干燥条件需要结合待干燥物料的含水量、料盘中布料厚度、微波发生器的功率、真空度等参数进行测试调节，生产中一般按固定的物料浓度、布料厚度和真空度来筛选适合的微波功率和时间参数。

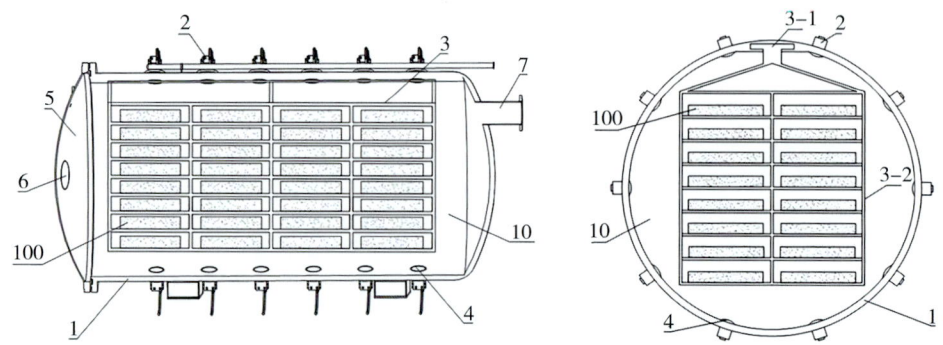

1. 干燥炉体；2. 微波发生器；3. 物料架；4. 集液孔；5. 干燥室门；6. 观察视镜；7. 真空管；10. 真空干燥室；100. 物料盘；3-1. 物料架吊轨；3-2. 物料架

图 7-12　微波真空干燥箱示意（中国专利 CN 220103557 U）

2. 带式真空干燥

如图 7-13 所示，真空带式干燥机是一种连续进料、连续出料形式的接触式真空干燥设备，待干燥的料液通过输送机构直接进入处于高度真空的干燥机内部，摊铺在干燥机内的若干条干燥带上，由电机驱动特制的胶辊带动干燥带以设定的速度沿干燥机筒体方向运动，每条干燥带的下面都设有三个相互独立的加热板和一个冷却板，干燥带与加热板、冷却板紧密贴合，以接触传热的方式将干燥所需要的能量传递给物料，从而实现物料中水分的蒸发。真空带式干燥机适用于大部分罗汉果提取物的干燥。

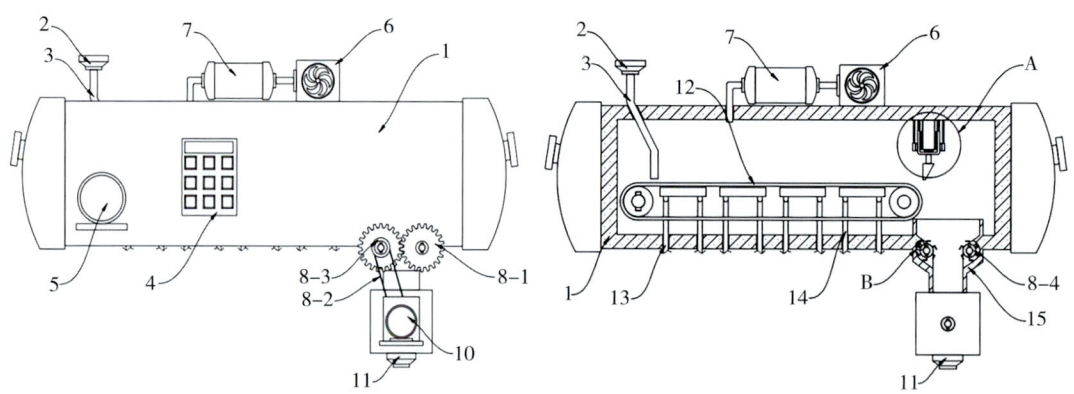

1. 机器主体；2. 进料口；3. 布料器；4.PLC 控制器；5. 第一电机；6. 真空泵；7. 真空冷凝器；8. 疏通组件；8-1. 齿轮；8-2. 同步带；8-3. 同步轮；8-4. 支撑杆；9. 防护组件；10. 第二电机；11. 破碎机构；12. 传送带；13. 加热机构；14. 冷却机构；15. 集料槽

图 7-13　连续带式真空干燥机（中国专利 216558170 U）

3. 喷雾干燥

喷雾干燥设备的物料干燥流程如图 7-14 所示，系统一般由供料系统、介质循环系

第七章 罗汉果提取物加工技术

统、空气加热净化系统（初中高效过滤器＋加热器）、干燥塔主机、物料收集除尘系统和控制系统组成，考虑节能的物料在塔壁结焦避免还可在干燥塔主体配置余热回收等节能配置。其干燥原理是：物料通过雾化器下端的旋转喷头喷出，形成雾状液滴，液滴与环形出风管输送的热空气并流接触，在极短的时间内干燥成品。喷雾干燥对热敏性低的物料友好，且具有产品批量大、回收率高、粒度均匀、质量稳定等优点，是罗汉果甜苷等固体产品加工采用最多的干燥方式。虽然喷雾干燥有诸多的优点，但在应对还原糖和总糖含量偏高的罗汉果提取物时容易粘塔，导致干燥效果差、回收率低的情况，可采用微波真空干燥或带式干燥处理。

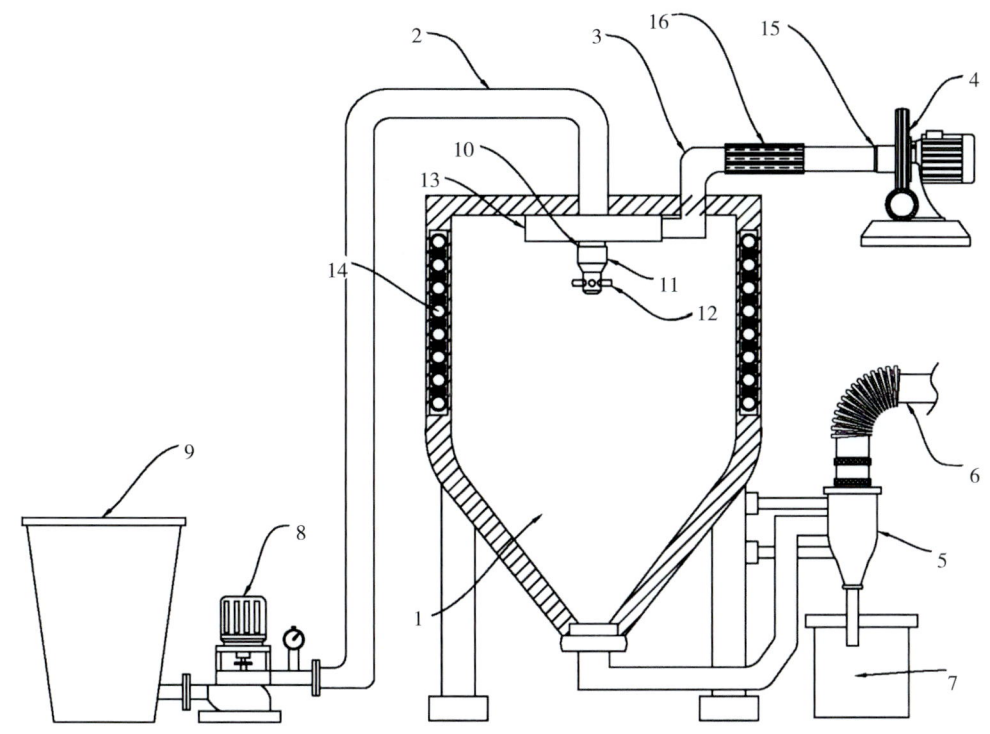

1. 干燥塔；2. 进料管；3. 进风管道；4. 鼓风机；5. 旋风分离器；6. 废气烟道；7. 收料桶；8. 输料泵；9. 储液罐；10. 干燥机构；11. 雾化器；12. 旋转喷头；13. 环形出风管；14. 加热管；15. 进风组件；16. 加热器

图 7-14 喷雾干燥系统（中国专利 CN 219630630 U）

第三节　罗汉果甜苷生产线设计与生产过程控制关键

罗汉果甜苷是目前罗汉果提取物市场占比最高的品类，吉福思公司生产的产品在 2010 年 1 月率先获得美国 FDA-GRAS 认证后，其在食品饮料领域的应用得到了大范围的推广。随着消费者对罗汉果提取物的认知和接受度的提高，罗汉果甜苷产品的市场需求快速增长，针对罗汉果甜苷及其应用产品的生产加工也渐成为投资的热点。生产工艺的合理设计，以及在生产线建设过程中合理的设备配置和生产管控是当前产品成本控制的有效方式。

一、罗汉果甜苷生产线设计

（一）生产线运行关键物料平衡

生产过程关键物料流转平衡是生产线设计的关键数据，该数据是选择生产设备、配套设备产能及型号的重要依据，表 7-1 是根据罗汉果提取物工艺流程，结合当前主要生产厂家公开的专利工艺和研究文献的数据，以日投罗汉果鲜果 100 t 的生产规格，测算得到各工序的主要物料平衡数据。

表 7-1　罗汉果甜苷生产线各工序关键物料平衡预算

工序	物料名称	物料总量（t/d）	主产物		副产物或废弃物	
			名称	产量（t/d）	名称	产量（t/d）
破碎/提取	罗汉果	100.0	提取液	200.0～800.0	湿果渣	60.0～80.0
离心澄清	提取液	200.0～800.0	提取澄清液	250.0～1000.0	离心渣	15.0～25.0

续表

工序	物料名称	物料总量（t/d）	主产物		副产物或废弃物	
			名称	产量（t/d）	名称	产量（t/d）
吸附层析	提取澄清液	250.0~1 000.0	洗脱液	150.0~350.0	柱流液	300.0~1 100.0
一次浓缩	洗脱液	150.0~150.0	甜苷浓缩液	3.0~10.0	—	—
脱色精制	甜苷浓缩稀释液	10.0~20.0	脱色液	15.0~40.0	—	—
二次浓缩	脱色液	15.0~40.0	精制甜苷浓缩液	2.0~4.0	—	—
杀菌/干燥	精制甜苷浓缩液	2.0~4.0	粉末产品	0.5~0.8	—	—

注：物料平衡数据是根据常规工艺得出的参考范围，为生产线设备选型提供参考，具体数据取决于具体工艺参数设置，如提取料液比、浓缩比或层析进料浓度及洗脱体积的变化。

（二）设备产能设计与选型

以设计日处理100 t罗汉果鲜果的罗汉果甜苷生产线为例，说明如何测算产能及选择与生产线配置对应的设备。首先以每天24 h的连续运行时间计算，核算各生产工序加工的理论产能；其次考虑到生产过程可能出现异常，建议加上10%~20%的产能缓冲量，在此基础上再选择与产能配套的设备型号，保证生产线各工段在同步生产时能正常运转，有效保障产品质量的稳定性、均一性，各工序主要设备配置及工艺参数要求见表7-2。

表7-2 罗汉果甜苷生产线设备配置及设备关键控制项目

工序	设备	设备单机产能		设备参考规格及数量		设备关键控制项目及建议参数
		指标	t/h	规格/型号	数量	
鲜果破碎	鲜果破碎机	鲜果处理量	2.1	网孔：φ35	2	破碎转速与投料匹配
提取	连续逆流提取机组	鲜果处理量	2.1	Φ800×3 500	2	提取温度60~95℃ 料液比1:(2~8)
初级澄清	卧式沉降离心机	进料流量	10.0	LW530	2	离心转速：2 000~3 000 r/min

续表

工序	设备	设备单机产能		设备参考规格及数量		设备关键控制项目及建议参数
		指标	t/h	规格/型号	数量	
二级澄清	碟式连续流离心机	进料流量	5.0	DBY611	4	离心转速：4 500～6 500 r/min
吸附层析	吸附层析柱	进料流量	5.0	Φ1 200×5 000	4	进料量与树脂体积比：1/（20～50） 洗脱酒精浓度≥50%
一次浓缩	防爆降膜浓缩器	蒸发量	4.0	NSQ-F4.0	1	一效温度：60～75℃ 真空度：-0.09～-0.065 MPa
脱色精制	离交层析柱	甜苷浓缩稀释液	0.8	Φ1 200×4 000	1	进料浓度：0.5%～20% 进料流速：≤1 000 L/h
二次浓缩	降膜浓缩器	脱色液	1.0	NSQ1.0	1	一效温度：70～90℃ 真空度：-0.09～0.065-MPa
杀菌	高温瞬时杀菌机	精制甜苷浓缩液	0.1	UHT1.0	1	杀菌温度：105～125℃ 杀菌时间：15～50 s
干燥	离心喷雾干燥机	无菌甜苷浓缩液	0.1	ZLPG100	1	负压控制：-200～0 Pa 进风口温度：150～185℃ 出风口温度：75～90℃

（三）罗汉果甜苷生产线关键功能区布局与要求

生产线分为鲜果提取区、提取液澄清区、吸附层析分离区、脱色处理精制区、物料杀菌干燥区以及配套功能区。根据设备大小、工艺要求、物流人流走向、消防安全、设备检修要求、质量管理要求等，对功能区使用面积、设备定位、工艺走向、工艺管道布局等做总体规划设计，详见图7-15罗汉果甜苷生产线功能区设备布局。

1. 鲜果提取区

包含原料与果渣暂存区，应做物理隔离防止交叉污染。该区域生产过程有大量热气产生，可安装送风与排风系统保持空气处于流动状态，保障员工在较为舒适的环境下工作。

2. 提取液澄清区

澄清区应设置易于清洁、用于收集副产物离心渣装置。该区域设备高速运行时噪声＞80 dB，应做物理隔离并安装降噪设施。该区域在生产过程同样有大量热气产出，可安装热泵回收热能,用于预热提取用水。

3. 吸附层析分离区

吸附层析柱高 5.0 m,设计时应有操作平台,层析柱支耳安装在平台上。该区域使用大量酒精,需按防爆要求进行建设,同时配备酒精气体检测系统和静电释放器。同时安装送排风防爆系统,及时将挥发的酒精气体稀释排放。

4. 脱色处理精制区

离交层析柱高 4.0 m,其操作平台、安装方式与吸附层析柱基本一致。物料进柱前需要稀释,应配备有配制罐,操作面可根据实际生产流程选择在平台的上面或下面。工艺管道可选择安装在平台底部,操作阀门放到平台上面,提升操作便利性以及美观性。

5. 物料杀菌干燥区

高温瞬时杀菌机与离心喷雾干燥机是联动生产,安装时设备操作面应集中在同一个位置,便于员工操作与监控。离心喷雾干燥机一般高度在 10 m,需设置相应操作或检修平台。

6. 配套功能区

生产线还应包含纯化水制备、酸碱配制、化学品存放、冷却循环水系统、压缩空气系统等配套设施。另外,由于罗汉果甜苷产品有微生物控制指标的要求,因此还需建设 10 级洁净车间,用于产品称量分装(图 7-15)。

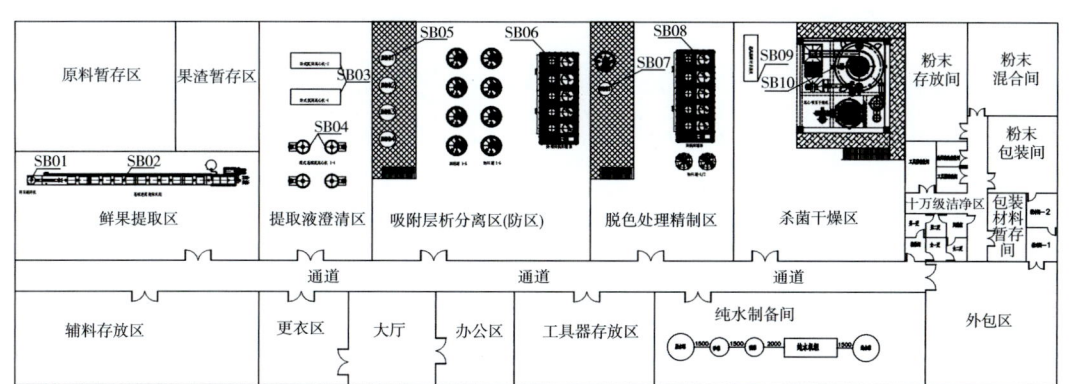

图 7-15 罗汉果甜苷生产线功能区及设备布局

注:SB01.鲜果破碎机;SB02.逆流提取机;SB03.卧式离心机;SB04.碟式离心机;SB05.吸附层析柱;SB06.酒精分离蒸发器;SB07.阴离子交换层析柱;SB08.浓缩蒸发器;SB09.高温瞬时杀菌机;SB10.离心喷雾干燥机。

二、罗汉果甜苷生产过程中的质量与成本关键控制点

罗汉果提取物的加工生产工艺设计以不破坏原料中的营养、功能活性成分，不引入新的物质，高效获取产品目标为基准，产品生产过程中的成本控制关键是原料利用率，即生产过程甜苷回收率的控制，以及各节点的水、电、蒸汽的合理使用和回收利用，从以下几个方面进行控制与优化。

（1）在原料利用率方面，建议重点针对外排下脚料如果渣、离心渣、树脂再生废液中残留的罗汉果甜苷的控制，从优化提取、洗涤工艺参数以及筛选性能更优的树脂材料入手。

（2）在成本控制方面，选择与工艺匹配度高的节能设备，现场安装设计时关注能源和水资源的回收综合利用，通过热回收尽可能降低外排物料的温度。

（3）产品质量的过程管理方面，开发涉及产品质量指标如罗汉果苷V含量、产品色值、蛋白质、糖分等的在线监测方法及在线检测设备的配置，有效降低产品的质量不合格风险。

表7-3根据工艺的推进设计出的质量和成本关键控制点，列出了对应控制措施建议。

表7-3 罗汉果甜苷生产质量与成本控制点

工序	质量控制		成本控制	
	质量关联指标	控制措施	成本关联项	控制分析
原料分选	口感	执行原料分选，避免不成熟鲜果进入生产	原料成本	种植和采收含量高的罗汉果品种，在原料端进行有效控制
鲜果破碎	口感	采用适合的破碎机械，使鲜果破碎且种子完整，种仁不破坏	能源成本	适合的破碎控制，良好的汁渣分离，并尽可能在各提取阶段扩大果渣中甜苷与提取液中甜苷浓度差
提取	颜色	控制提取温度及时间	甜苷回收率与能源成本	通过正交设计优化提取温度、料液比、提取时间，减少果渣甜苷残留

续表

工序	质量控制		成本控制	
	质量关联指标	控制措施	成本关联项	控制分析
澄清	浊度	在转速恒定情况下，调整处理量，确保物料澄清	甜苷回收率	避免下脚料滤渣甜苷残留
吸附层析	甜苷含量	采用不同的酒精梯度以获得不同罗汉果苷V含量水平的洗脱液	甜苷回收率	监测过柱液的甜苷变化，避免甜苷流失 选择高性价比的洗脱剂浓度和用量
脱色精制	颜色	通过相对树脂的进料量、进料温度、流量等参数控制产品颜色	甜苷回收率	在线监测去树脂脱色液中甜苷含量，降低树脂对甜苷的截留
	甜苷含量	通过相对树脂的进料量控制甜苷含量	能源成本	通过正交设计，以甜苷损失、关联成本如用水、电、蒸汽等为评价指标，优选适合的洗水量、流量等参数
浓缩	颜色、堆密度	结合干燥控制需求，选择适合的浓缩物料可溶性固形物浓度，同时关注浓缩温度与浓缩时长对产品颜色的影响	能源成本	采用组合浓缩的方式如膜浓缩与热浓缩相结合，降低浓缩成本
消毒	微生物	经过验证确认有效的消毒方法和设备实施	蒸汽成本	优选适合的消毒控制参数
喷雾干燥	微生物、水分、粒度、比重	（1）密闭且经过消毒处理的干燥系统 （2）优化离心喷雾干燥的参数以获得稳定的产品粒度、比重及含水量	甜苷回收率	（1）采用拦截率高的滤布或以水膜除尘装置回收干燥尾气中的甜苷 （2）采用带有热回收装置的喷雾干燥塔

第四节 罗汉果提取物的质量标准

随着消费者对食品安全和产品质量的关注日益增加,罗汉果加工产品的质量控制成为企业生存和发展的关键。罗汉果深加工行业必须严格遵守国内外相关标准和要求,通过加强原料种植监管,从源头控制农残与重金属污染,再通过脱农残等生产工艺的加持,方能确保罗汉果深加工产品的质量和安全,保持市场竞争力,实现企业及整个产业的健康发展。

一、罗汉果提取物质量标准

(一)罗汉果提取物国内的质量标准现状

1. 罗汉果提取物国家/行业标准

为确保罗汉果产品安全、提升产品品质,国家相继出台了罗汉果系列标准。2003年,国家农业部颁布了《NY/T 394—2003 罗汉果》的行业标准,规范罗汉果初级加工产品的质量控制。2015年,中国国家轻工部颁布了《QB/T 4810—2015 香料 罗汉果浸膏》的行业标准。2016年,国家卫生和计划生育委员会颁布了《GB 1886.77—2016 食品安全国家标准 食品添加剂 罗汉果甜苷》与《GB 1886.268 食品安全国家标准 食品添加剂 罗汉果酊》的国家标准,具体见表7-4与表7-5。

(1)罗汉果甜苷标准

表7-4 《GB 1886.77—2016 食品安全国家标准 食品添加剂 罗汉果甜苷》国家标准

项目	要求	检测方法
范围	适用于以罗汉果[*Siraitia grosvenorii*(Swingle)C.Jeffrey]为原料,经水煮提取、浓缩、干燥等工艺精制而成的食品添加剂罗汉果甜苷	

续表

项目	要求	检测方法
感官指标		
形态与性状	粉末	取适量试样置于清洁、干燥的白瓷盘中，在自然光线下，观察其色泽和状态
色泽	白色、淡黄色、黄色、淡棕色或棕色	
鉴别指标		
颜色反应	符合要求	在 5～10 mg 试样（已干燥）中加入 2 mL 乙酸酐，温热 2 min，缓慢加入 0.5 mL 硫酸，两层分界面呈现红棕色
薄层色谱	测试液展开后所得的点中，应有一个点的 Rf 值及颜色均与罗汉果甜苷 V 相同	薄层色谱法 TLC
理化指标		
罗汉果甜苷 V（以干基计，g/100 g）	≥ 20.0	GB 1886.77 附录 HPLC 方法
水分 /（g/100 g）	≤ 6.0	GB 5009.3 第一法
灰分 /（g/100 g）	≤ 2.0	GB 5009.4
重金属		
总砷（以 As 计，mg/kg）	≤ 1.0	GB 5009.11
铅（Pb，mg/kg）	≤ 1.0	GB 5009.12

（2）罗汉果酊标准

表 7–5 《GB 1886.268 食品安全国家标准 食品添加剂 罗汉果酊》国家标准

项目	要求	检测方法
范围　适用于以食用酒精为溶剂，经浸提罗汉果［Siraitia grosvenorii（Swingle）C.Jeffrey］制得的食品添加剂罗汉果酊		
感官指标		
色泽	深棕色至棕褐色	将试样置于比色管内，用目测法观察
状态	液体或黏稠液体	
香气	罗汉果特征香气	GB/T 14454.2

续表

项目	要求	检测方法
理化指标		
相对密度（25℃/25℃）	$D_{标} \pm 0.010$	GB/T 11540
罗汉果甜苷V含量，w（%）	≥ 0.2	GB 1886.268 附录 HPLC 方法
甲醇（以体积分数计）（%）	≤ 0.015	GB/T 7917.4
重金属（以 Pb 计，mg/kg）	≤ 10	GB 5009.74
总砷（以 As 计，mg/kg）	≤ 3.0	GB 5009.11 或 GB 5009.76

2. 罗汉果提取物地方标准 / 团体标准

除了国家标准，国内现已有多项罗汉果提取物的地方标准以及团体标准被批准发布，罗汉果提取物的地方标准和团体标准主要涉及其质量、生产、检验、包装、运输、贮存等多个方面。这些标准的制定和实施，有利于推动罗汉果提取物的产业化发展，在保障产品质量、规范生产过程、确保产品安全等方面发挥了重要作用（标准的具体情况，在第十章有详细描述）。

3. 罗汉果提取物企业标准

罗汉果提取物国家标准、地方标准或者团体标准规定了罗汉果提取物的基本成分、含量、杂质限量、物理性质等基本要求，而企业可在此基础上进一步细化生产工艺、质量控制、包装标识等方面的规定制定内控质量标准，以确保产品的独特性和竞争力。对于没有发布国家标准的罗汉果提取物产品，企业可根据市场需求和自身条件自主创新备案企业标准，以满足市场自身需求。

表 7-6 为某企业的罗汉果提取物参考质量控制标准示例。

表 7-6　罗汉果提取物参考质量控制标准

产品名称	罗汉果粉	产品规格
感官要求	色泽	白色、淡黄色、黄色、淡棕色或棕色
	形态与性状	粉末状固体
	气味和滋味	具有本产品特有的香气和滋味，清甜，无焦糊、酸败及其他异味
	杂质	无正常视力可见的外来杂质，无霉变

续表

产品名称	罗汉果粉	产品规格
理化指标	罗汉果甜苷V含量（g/100 g）	≥ 20.0
	水分（g/100 g）	≤ 6.0
	灰分（g/100 g）	≤ 2.5
	pH值	≥ 4.0，≤ 7.0
	水溶性（50℃）	完全溶解
	过筛率%（80目）	≥ 95.0
	密度（g/cm³）	≥ 0.280 0
	吸光度，A460 nm	≤ 0.060
	总砷（以As计，mg/kg）	≤ 0.5
	铅（Pb，mg/kg）	≤ 0.8

	项目	采样方案及限量			
		n	c	m	M
微生物限量	菌落总数（CFU/g）	5	2	3×10^3	5×10^4
	大肠菌群（CFU/g）	5	2	10	10^2
	霉菌/酵母菌（CFU/g）	≤ 50			
	沙门菌（/25 g）	5	0	0	—
	金黄色葡萄球菌（CFU/g）	5	1	10^2	10^3

注：n 为同一批次产品应采集的样品件数；c 为最大可允许超出 m 值的样品数；m 为微生物指标可接受水平的限量值；M 为微生物指标的最高安全限量值

（二）罗汉果提取物国际质量标准现状

根据目前可获取的信息，用罗汉果鲜果为原料提取的罗汉果提取物（粉末）和罗汉果浓缩汁产品获得了美国、新西兰、澳大利亚、日本等30个国家的市场准入许可，罗汉果提取物（粉末）作为食品添加剂或食品原料，罗汉果酐作为食品添加剂，而罗汉果浓缩汁产品作为食品及食品原料应用于各种食品、饮料、保健品、食用香精中。罗汉果提取物应能符合国家或行业、企业发布的产品质量标准，同时符合出售的目标国家的法规监管要求。据悉，美国和日本先后发布了罗汉果提取物的质量标准，罗汉果提取物应用企业关注的重点除了标准中的项目外，还关注在加工过程的管理是否符合各项食品安全管理体系的通用性要求，产品是否能够满足农药残留、微生物限量等要求。例如，日本对罗汉果产品中的敌敌畏、二嗪农、除线磷、马拉松、溴氰菊酯等多种农药残留有严格的限量标准。美国则对多菌灵、含磷类农药的限量，以及对沙门菌的检测方式和样本量也有较其他国家更严苛的要求。

1. 美国的罗汉果提取物标准（表 7–7）

表 7–7　美国食品化学品法典发布的罗汉果提取物（Monk Fruit Extract）标准

项目	要求	检测方法
范围　适用于以罗汉果［*Siraitia grosvenorii*（Swingle）C.Jeffrey］为原料，经水煮提取、过滤除杂、树脂吸附、浓缩、干燥等工艺精制而成的非营养性甜味剂		
感官指标		
形态与性状	粉末	目视
色泽	灰白色至淡黄色	目视
鉴别指标		
薄层色谱	样品溶液展开后所得的斑点与罗汉果甜苷 V 标准测试液的斑点颜色和 R_F 值相同	薄层色谱法 TLC
理化指标		
罗汉果甜苷 V（g/100 g）	≥ 30.0	FCC HPLC 方法
水分（g/100 g）	≤ 6.0	FCC Appendix Ⅱ C 方法
灰分（g/100 g）	≤ 5.0	FCC Appendix Ⅱ C 方法
重金属		
总砷（以 As 计，mg/kg）	≤ 0.5	ICP，FCC Appendix Ⅲ C
镉（Cd，mg/kg）	≤ 1.0	ICP，FCC Appendix Ⅲ C
铅（Pb，mg/kg）	≤ 1.0	ICP，FCC Appendix Ⅲ C

2. 日本的罗汉果提取物质量标准（表7-8）

表7-8　日本食品安全委员会（JFSC）发布的罗汉果提取物标准

项目	要求	检测方法
范围　适用于以罗汉果［*Siraitia grosvenorii*（Swingle）C.Jeffrey］为原料提取得到的食品添加剂		
感官指标		
形态与性状	粉末状	目视
色泽	白色至淡褐色	目视
鉴别指标		
颜色反应	符合要求	在5～10 mg试样（已干燥）中加入2 mL乙酸酐，温热2 min，缓慢加入0.5 mL硫酸，两层分界面呈现红棕色
薄层色谱	测试液展开后所得的点中，应有一个点的Rf值及颜色均与罗汉果甜苷V相同	薄层色谱法TLC
理化指标		
罗汉果甜苷V（以干基计，g/100 g）	≥20.0	JFSC HPLC方法
水分（g/100 g）	≤6.0	JFSC方法（105℃，2 h）
炽灼残渣（g/100 g）	≤2.0	JFSC方法
重金属		
总砷（以As计，mg/kg）	≤0.8	ICP, FCC Appendix Ⅲ C
铅（Pb, mg/kg）	≤1.0	ICP, FCC Appendix Ⅲ C

二、罗汉果提取物质量主要项目检验

（一）感官指标

1. 形态、色泽及可见杂质项目

（1）罗汉果甜苷及固体饮料粉末状产品形态、色泽及可见杂质项目检测方法

取5 g样品倒入洁净、干燥的白瓷盘中，抖平铺匀，在均匀的白光下观察组织形

态、色泽及杂质。称取 2 g 样品置于洁净无色玻璃杯中，用 80℃左右纯净水冲溶搅拌完全溶解后观察有无可见黑点杂质。

（2）液体性状产品形态、色泽及可见杂质项目检测方法

将约 50 g 样品置于洁净无色玻璃杯中，在自然光线下用正常视力观测其色泽，有无可见杂质黑点，合格品形态应为流动状或黏稠半流动状，无杂质。

2. 气味与滋味项目

（1）检验条件要求

检测人员应进行过气味与滋味评价的培训，并通过每年进行的再次培训及考核。

检测人员在气味与滋味检测前一天及当天的饮食要尽量清淡，身体状况良好，不得喷香水，品尝前半小时不得吃东西。

检测环境要保持在一个适宜温度（25℃左右），且无其他气温及声音干扰。

检测人员每组 3 人。

所用超纯水要新鲜，不能用放置过夜的超纯水。

（2）气味项目评价

粉末与块状固体产品称取适量样品于专用洁净 100 mL 有盖样品瓶中，另同时称取样品加水稀释配制成 5% 的水溶液。配制成原样及样品溶液两个方法气味评价样品。

液体状产品直接将样品倒入专用洁净 100 mL 有盖样品瓶，旋紧盖。

测定时先用鼻贴手背用力闻手背体味，之后端起样品置于鼻下 1 cm，轻轻晃动样品瓶，开盖，鼻子用力吸入释放出来的气体，重复闻 3 次样品或样品溶液气味，每次均先用鼻贴手背用力吸手背体味。

（3）滋味项目评价

根据产品特性，配制合适浓度的品尝溶液或者其他合适的型式。测试时先品尝对照样品滋味再品尝样品滋味，喝满口样品，在舌上轻轻滑动不咽下，保留 10 s 后咽下并作出评价，样品的滋味必须跟对照品一致或优于对照品，每个样品经 3 名品尝员进行测定，超过 2 名（含 2 名）测试员判定合格即最终判定该批产品口味合格，同样，超过 2 名（含 2 名）测试员判定不合格即最终判定该批产品口味不合格。

罗汉果提取物产品的气味与滋味项目合格判定参考标准见表 7-9。

第七章　罗汉果提取物加工技术

表 7-9　罗汉果提取物产品的气味与滋味项目合格判定参考标准

产品名称	合格判定标准	不合格缺陷定义
罗汉果甜苷	具有本产品特有的香气和滋味，清甜，无焦糊、酸败及其他异味	气味：霉味 / 发酵味 / 酱油味 / 溶剂味 / 其他令人不愉悦的气味 滋味：苦味 / 涩味 / 酸味 / 塑胶味 / 其他异味
罗汉果粉	具有罗汉果特有的风味和滋味，无焦糊和其他异味	气味：霉味 / 发酵味 / 酱油味 / 溶剂残留 / 其他令人不愉悦的气味 滋味：苦味 / 涩味 / 酸味 / 塑胶味 / 其他异味
罗汉果浓缩汁	具有本产品特有的香气和滋味。清甜，无焦糊、酸败及其他异味	气味：霉味 / 发酵味 / 酱油味 / 溶剂味 / 其他令人不愉悦的气味 滋味：苦味 / 涩味 / 酸味 / 塑胶味 / 其他异味

（二）理化指标

1. 水分

按 GB 5009.3 规定的方法测定，根据产品特性选择第一法或第二法。

2. 灰分

按 GB 5009.4 规定的方法测定。

3. pH 值

按 GB 5009.237 规定的方法测定，其中罗汉果提取物（粉末）产品 pH 值测定溶液为 5% 水溶液，罗汉果提取物液体产品 pH 值测定溶液为原液。

4. 总砷

按 GB 5009.11 规定的方法测定。

5. 铅

按 GB 5009.12 规定的方法测定。

6. 罗汉果甜苷 V

罗汉果甜苷（食品添加剂）按 GB 1886.77 规定的方法测定，其他罗汉果提取物（食品原料）的罗汉果甜苷 V 检测可参照 GB 1886.77 的色谱条件或开发内部色谱条件进行检测，样品称量可适当增加以减少称量误差。

（三）微生物指标

1. 菌落总数

按 GB 4789.2 规定的方法测定。

2. 霉菌、酵母菌

按 GB 4789.15 规定的方法测定。

3. 大肠菌群

按 GB 4789.3 规定的方法测定。

4. 金黄色葡萄球菌

按 GB 4789.10 规定的方法测定。

5. 沙门菌

按 GB 4789.4 规定的方法测定。

第五节　产品包装与贮存

食品包装和储存管理是保障食品安全的关键环节之一。食品包装材料应具备保护食品的功能，能够防止外界污染和物理损害，常见的食品包装材料包括塑料、纸张、玻璃和金属等。在选择包装材料时，应优先考虑符合卫生标准、无毒无害、不会产生污染物质的特点。同时，食品的储存条件，则决定了食品其在存储过程中质量变化的速度。适宜的包装和储存条件，可以确保食品在生产、运输和销售过程中的食品安全及质量稳定性。

一、罗汉果提取物系列产品的特性

目前，市售的罗汉果提取物系列产品主要分为固体和液体两种。固体类产品主要为粉末状或压片固体。其普遍具有易溶于水，较易吸潮，吸潮后结块或黏结并致产品颜色加深的物理特性。液体类产品含水量高，流动性较好，是类似蜂蜜或糖浆质地的液体。一般产品颜色为浅黄色（金色）或棕色。产品储存过程微生物滋生会使产品发生发霉、腐败、变味，严重影响产品安全性，其与产品水分活度有很强相关性。一般情况下，水分活度小于 0.7 的产品不易滋生微生物。固体类产品水活度较低，一般低于 0.3，属于常规微生物不易生长的产品类型。而罗汉果提取液产品一般水分活度均大于 0.7，属于常规微生物易生长的产品类型，当控制产品固形物浓度，使产品固形物含量大于 50，可有利于控制微生物的滋生。

二、影响罗汉果提取物质量稳定性的因素

1. 温度

温度是影响罗汉果提取物产品质量的关键因素之一。高温会加速产品的氧化反应

和微生物繁殖，导致品质下降甚至变质。产品颜色会随温度的升高及时间延长而逐步加深，同时伴有吸光度和浊度上升，口感逐步下降的现象。

2. 湿度

湿度过高会导致包装内外产生水珠，增加产品受潮和霉变的风险。

3. 光照

光照会加速产品的氧化反应，导致颜色变暗、风味变差。因此阳光直射增加罗汉果产品的颜色加深的可能性，应避免。

4. 通风条件

良好的通风条件有助于降低储存环境的温度和湿度，减少微生物的繁殖和产品的氧化反应。

5. 其他因素

微生物负荷：微生物污染是食品腐败的根源。若产品初始的微生物负荷较高，可能使产品更易发生腐败、变质。

pH 值：许多微生物在特定的 pH 值范围外难以生长。酸性环境（pH 值较低）可以抑制一些有害微生物的生长繁殖，因此，在微生物负荷相同的前提下，酸性和低酸性产品更利于产品的储存。

氧气：氧气也是影响食品腐败变质的因素之一。氧气的存在，可以使食品发生氧化反应，也更有助于微生物生长，"真空包装"和"氮气包装"可延长产品保质期。

三、罗汉果提取物的包材及储存条件的选择

（一）罗汉果加工产品的包装选择

1. 罗汉果加工固体产品的包装适用性评估

罗汉果加工固体产品吸潮性高，内包装选择重点在于阻隔包装外空气中的水分侵入，所以水蒸气透过量为内包材料选择的重要指标。依照《GB 9683—1988 复合食品包装袋卫生标准》《GB/T 10004—2008 包装用塑料复合膜、袋干法复合、挤出复合》《GB 4806.7—2016 食品安全国家标准 食品接触用塑料材料及制品》标准，采用《GB/T 1037—1988 塑料薄膜和片材透水蒸气性试验方法 杯式法》《GB/T 1038—2000 塑料薄膜和薄片气体透过性试验方法》等方法，对材料进行相关的实验验证。一般情况下，检验合格的食品级聚乙烯袋能够满足罗汉果固体产品的阻湿性包装需求；提取纯化步骤

第七章　罗汉果提取物加工技术

少、含糖量高的罗汉果产品则应采用阻隔性能较好的含 PVDC、纳米 PET 或其他高阻材质的复合膜材作为产品的包装材料。

罗汉果固体产品外包装选择重点在于对产品及内包装物的防护，需要具备一定的承压性和抗跌落能力。经验证，铁箍桶或带加强圈的全纸筒能够在堆码和运输过程中有效承压和对抗冲击，其性能优于同等厚度的瓦楞纸纸箱。

2. 罗汉果加工液体产品的包装适用性评估

罗汉果加工液体产品水分活度高，容易滋生微生物，部分产品对光比较敏感，内包装选择重点在于阻隔阳光照射以及防止外界微生物污染，所以内包装材料的遮光性和密封性是关键。铝箔与双层 PE 复合而成的镀铝复合袋能够满足此类需求，从而将产品颜色、吸光度和浊度在储存过程的变化控制在可接受范围内，并且不出现因包装材料本身引入的食品安全问题。

罗汉果液体产品可能需要储存在冷库等特殊条件下，外包装选择重点除了具备一定的承压性和抗跌落能力，满足对产品的防护，同时满足防水及在较大的温差下不出现明显的变形、破裂等条件。聚丙烯材质可较好满足上述条件，其厚度要求在承受承装物料后，于不低于 1 m 的高度下摔落时无破损、盖子不崩开。

（二）罗汉果提取产品的存储条件选择

大部分的罗汉果加工固体产品，对高温不敏感，水分活度较低，可选择清洁、阴凉、通风、干燥的环境进行储存。

罗汉果加工液体产品水分活度高，大多对高温和光照比较敏感。固形物含量大于 50 的产品，有条件的情况下应在 0～4℃避光储存；固形物含量小于 50 且微生物负荷比较高的产品，则应在 –10℃以下储存。罗汉果加工液体产品如在常温条件下储存，应考虑环境需清洁、阴凉、通风、干燥，避免因为环境的影响，造成产品被污染、颜色变深等负面影响。

四、罗汉果提取物产品存储有效期的确定

不同类型产品的保质期不同，而加工工艺、包装形式、存储条件等均会影响到产品的有效期。在确定罗汉果加工产品的包装和存储条件后，加工企业还应参照《中国药典》附录Ⅺ Ⅹ的要求，进行加速实验和长期实验。加速实验目的是在已确定

包装形式和存储条件下，初步确定产品的保质期；长期实验的目的则是验证初步确定的有效期是否真正科学合理。如果长期实验发现初步确定的有效期内产品已经发生变质，则应对保质期进行调整，长期实验的数据，同样可作为延长产品有效期的依据。

参考文献

R·M·林登, 2019. 甜汁组合物的制备方法. CN110214886A.

R·M·林登, C·J·米勒, G·S·史密斯, 等, 2014. 甜化组合物和制备它们的方法. CN101522058 B.

邓盼盼, 唐诗祯, 2021. 探析中药提取液浓缩工艺和设备现状及问题. 医药卫生, (8): 113–114.

董菲, 卢凤来, 颜小捷, 等, 2022. 广西罗汉果化学物质基础及大健康产品开发利用的研究进展. 广西科学, 29(1): 23–32.

范云场, 李静静, 缪娟, 等, 2014. 罗汉果籽油提取的工艺优化. 食品工业科技, 35(2): 239–241.

甘金佳, 毛玲莉, 蒋水元, 等, 2020. 不同授粉方式对罗汉果座果率和果实品质的影响. 中国南方果树, 49(6):71–74.

广西壮族自治区卫生健康委员会, 2023. 食品安全地方标准 罗汉果粉. DBS45/T 077—2022.

广西壮族自治区质量技术监督局, 2016. 罗汉果浓缩膏工艺技术规程. DB45/T 1335—2016.

桂林吉福思罗汉果有限公司, 2017. 一种罗汉果风味速溶饮品及其制备方法. 107969532 A.

桂林吉福思罗汉果有限公司, 2017. 一种罗汉果风味速溶饮品及其制备方法. CN201710996442.X.

桂林莱茵生物技术股份有限公司, 2023. 一种传统风味罗汉果粉及其制备方法. 116636609 A.

国家卫生和计划生育委员会, 2016. 食品安全国家标准 食品添加剂 罗汉果甜苷. GB 1886.77—2016.

湖南华诚生物资源股份有限公司, 2017. 一种鲜罗汉果脱色浓缩汁的制备工艺. CN201710277285.7.

黄永林, 李典鹏, 刘金磊, 2007. 鲜罗汉果果汁脱色方法研究. 广西植物, 27(3):462–465.

蒋彩云, 李苗, 冯鑫苇, 2021. 罗汉果开发研究进展. 江苏调味副食品, 164(1): 4–8.

林岩香, 梁敬钰, 陈黄实, 1997. 罗汉果化学研究. 海峡药学, 9(2): 1–3.

刘庚贵, 何安乐, 黄华学, 等, 2021. 基于大孔吸附树脂纯化罗汉果甜Ⅴ的工艺优化研究索. 企业科技与发展(6): 42–44.

刘庚贵, 曾润清, 刘依珍, 2022. 一种提高罗汉果甜Ⅴ含量的罗汉果甜工业生产方法. CN115109112A.

刘金磊, 李典鹏, 黄永林, 等, 2007. HPLC法测定不同生长期罗汉果苷ⅡE, Ⅲ, Ⅴ的含量. 广西植物, 27(4): 665–668.

刘世彪, 田启建, 江德应, 等, 2010. 罗汉果的人工授粉试验及果实的营养成分分析. 湖南农业科学, (19): 111–113.

农毅清, 蒋林, 黄海滨, 2007. 罗汉果甜苷提取工艺的研究. 时珍国医国药杂志, 9: 2164–2165.

欧阳勇, 方植伟, 刘星勋, 2023. 一种罗汉果甜苷及其他成分的分离方法. CN116510351A.

苏小建, 刘国雄, 聂晓, 等, 2007. 罗汉果甜苷Ⅴ在各部位的含量分布. 食品科技, 5: 76–78.

唐克军, 周迪平, 罗习, 等, 2012. 提取生物活性物质高纯度罗汉果Ⅴ的新工艺. 企业科技与发展, (8):16–18.

万琴, 高欢, 齐娅汝, 等, 2023. 中药浸膏干燥技术及干燥机制的研究进展与发展趋势. 中草药, 54(23):

7884–7894.

王晨, 张思聪, 王健, 等, 2020. 罗汉果甜苷应用研究进展及发展建议. 现代食品, (14): 61–65.

王海波, 李昌宝, 吴雪辉, 等, 2013. 响应面方法优化罗汉果籽油提取工艺及脂肪酸组成分析. 中国粮油学报, 28(7):46–49.

王如福, 2008. 食品工厂设计. 北京: 中国轻工业出版社.

王潇栋, 孔阳芷, 张艳玲, 等, 2022. 杀菌技术的作用机制及在食品领域中的应用. 中国酿造, 42(2):1–8.

吴发辉, 杜梅, 方春立, 等, 2022. 一种膜法分离提纯罗汉查甜苷 V 的方法. CN115403646A.

吴佩娟, 卢凤来, 羊学荣, 等, 2018. HSCCC 分离纯化未成熟罗汉果皂苷类化合物. 广西植物, 38(5): 545–551.

许春平, 王宣静, 高明奇, 等, 2022. 加热温度对罗汉果香料制备的影响研究. 中国调味品, 47(7): 71–76.

姚玉成, 2018. 原料药工厂安全和环保设计思考. 化工与医药工程, 39(5): 54–60.

张燕钊, 徐广平, 周龙武, 等, 2020. 桂北中高海拔丘陵山区罗汉果营养成分分析. 湖北农业科学, 59(21): 151–154.

张云, 李健, 蓝福生, 2018. 一种罗汉果风味速溶饮品及其制备方法. CN108697124A.

赵军, 杨文国, 谢永富, 等, 2019. 一种分离罗汉果甜苷 V 的方法. CN109651480 A.

中国国际科技促进会, 2023. 罗汉果浓缩汁加工技术规范: T/CI 169—2003.

中国医药保健品进出口商会, 2016. 植物提取物 罗汉果提取物 (50% 罗汉果皂苷Ⅴ). 中国医药保健品进出口商会团仁标准. T/CCCMHPIE 1.15—2016.

第八章

罗汉果深加工产品的应用与终端产品加工工艺

罗汉果不仅滋味甜美，营养丰富，且含大量活性成分，在两广地区拥有长期食用的历史，传统应用方式有冲泡饮用、配伍中药、调制香料、调节食品风味等。近年来，随着深加工技术的不断发展和应用领域的细分需求，罗汉果的风味和营养成分在各型深加工产品中实现了更精细化的分离和归集，大大提升了罗汉果的商业开发价值。目前市场上的罗汉果深加工产品主要分为罗汉果干果、罗汉果浓缩汁、罗汉果粉、罗汉果甜苷四大类，已被广泛应用于普通食品、药用产品、保健产品、新用途产品等多种类型的终端产品中；其中以普通食品中应用最为常见，包括饮料、饮片、糖果、代糖、糕点、乳制品、罐头、方便食品等众多产品类型。本章将分别从罗汉果深加工产品的应用特性、终端产品应用举例及其基本加工工艺三个方面介绍罗汉果的终端产品应用及加工现状。

第八章 罗汉果深加工产品的应用与终端产品加工工艺

第一节 罗汉果深加工产品的应用特性

成熟罗汉果中的甜味物质以罗汉果苷Ⅴ为主要代表，同时还富含糖类、氨基酸和微量元素等营养成分以及黄酮、多糖和多酚等活性物质（唐燕萍等，2020），这些成分给罗汉果带来了甘甜饱满的口感与多种生物功能。罗汉果在深加工精制过程中，各产品中的风味和营养成分发生了不同程度的变化，因此具有不同的应用特征。

一、罗汉果干果的应用特性

罗汉果干果是将新鲜罗汉果通过热风干燥、低温真空干燥、微波真空干燥等方式脱水烘干制成（刘曜儒等，2017；卢凤来等，2009），传统的干燥工艺得到的干果色深，焦香味浓郁，与药典中记载的罗汉果传统应用方式相符。冷冻干燥保留了罗汉果几乎所有的功能营养成分，冲泡后果香浓郁、清香，保留了鲜罗汉果的滋味和香气，是目前鲜果还原度最高的干燥方法。微波真空干燥的鲜果还原度比冷冻干燥稍差，但干果色浅味香，且因干燥方法更高效且成本更低，是目前干果市场占比较高的类型。除干燥整果外，罗汉果也被分离成果芯、果皮进行独立干燥，且以微波真空干燥方式为主。冷冻干燥和微波真空干燥得到的干果中的蛋白酶等生物酶仍保持较高的活性，会破坏口腔黏膜，不可直接食用，需要用热开水冲泡。罗汉果干果和果芯可以直接包装制成终端产品销售，或搭配其他风味及功能性原料制成代用茶，或经提取浓缩制成浸膏用于止咳、利咽的药用糖浆、复方颗粒、复方饮片等药品的生产（图8-1）。此外，罗汉果干果还可作为熬制卤水和制作食用香料的原材料。

图8-1 不同干燥工艺得到的罗汉果干果

二、罗汉果提取物的应用特性

（一）罗汉果浓缩汁的应用特性

罗汉果浓缩浊汁中的甜苷含量一般在 0～5%，保留了罗汉果中可溶性功能营养成分，具有典型的罗汉果风味，可应用于凉茶、果茶、发酵乳制品、糖果、果酱、糕点等普通食品，以及复方颗粒、复方糖浆等药用产品中，也可添加在风味浓郁的冲调饮品或调料中，如咖啡和风味酱油，提升产品的综合口感。

去离子罗汉果浓缩是经将罗汉果浓缩原汁中的无机盐、有机酸、氨基酸等风味成分几乎完全脱除，主要保留罗汉果甜苷及糖类甜味成分，因此，其甜味感受更加纯净、饱满且富有层次感，甜度为蔗糖的 10～20 倍，有明显的后甜特征。去离子罗汉果浓缩汁适用于甜感要求纯粹的低糖食品，如果茶味饮料、发酵及调制乳制品、植物蛋白饮品、植物饮料、糕点、糖果、冰淇淋、果酱、水果罐头等终端产品，修饰异味，优化产品营养结构，减少或替代蔗糖的使用（图 8-2）。

图 8-2　去离子浓缩汁产品（吉福思公司供图）

风味罗汉果汁则是直接使用高温烘干的干果提取，或是先富集果汁中氨基酸、糖类成分，再利用高温条件发生美拉德反应及焦糖化反应，激发果汁浓郁的焦香、药香风味后浓缩制得。风味罗汉果汁色泽深，风味足，应用于凉茶、风味糖果、风味代糖、风味酱油、调味料等追求浓郁风味的深色泽终端产品中。如桂林莱茵生物科技股份有

第八章 罗汉果深加工产品的应用与终端产品加工工艺

限公司成功推出了一款风味浓缩果汁（粉），可作为罗汉果香精应用（桂林莱茵生物技术股份有限公司，2023）。

（二）罗汉果粉的应用特性

罗汉果粉根据配料可分为零添加罗汉果粉和添加助剂的罗汉果粉两种，其中的罗汉果苷Ⅴ含量不大于20%。零添加罗汉果粉富集保留了罗汉果主要非苷风味物质，产品的罗汉果甜苷Ⅴ含量通常控制在1%～20%，比罗汉果浓缩汁的甜度倍数更高，且便于运输和储藏，适用于要求罗汉果风味与功能的产品。添加助剂的罗汉果粉通常是由抗性糊精、麦芽糊精等辅料与罗汉果浓缩汁按比例调配后经干燥获得。其制备工艺简洁，价格低于零添加罗汉果粉，应用定位与零添加罗汉果粉类似，但可在含辅料产品中应用。罗汉果粉可单独制成粉末、颗粒、片剂等作为易冲调食品或固体饮料使用，也可应用于带风味的低糖植物饮料、植物蛋白饮料、固体饮料、咖啡、乳制品、风味代糖、冰淇淋、果酱、果冻及糖果等终端产品中，增强食品风味（图8-3）。

图8-3 罗汉果粉产品（吉福思公司供图）

（三）罗汉果甜苷的应用特性

罗汉果甜苷是指罗汉果苷Ⅴ含量大于20%的粉末产品，主流罗汉果甜苷产品的甜度倍数一般在100～300倍，具有受热稳定、无糖、低热量、高安全性、全水溶、运输便利等特点。通常情况下，罗汉果甜苷含量越高，甜感越纯净，甜价比（使用成本与甜度倍数的比值）也相对较高，甜苷含量越低的产品罗汉果风味会越明显。罗汉果甜苷纯正的甜感和特有的后甘甜味可以修饰食品饮料中部分配料的酸、苦、涩、腥等不良滋味，还可作为风味增强剂，丰富食品饮料的口味层次感。因此，在应用选择时可根据目标产品的口味需求，利用罗汉果甜苷的甜味特性进行口味调节优化。

不同含量产品的终端应用方向也略有不同，具有风味的罗汉果甜苷产品其罗汉果甜苷 V 含量一般控制在 20%～30%，保留了少量的罗汉果风味物质和一定的植物蛋白质，通常应用于对罗汉果风味、罗汉果功能和控糖均有一定需求的产品上。罗汉果甜苷 V 含量在 40% 以上的产品通常不含来源于罗汉果的糖类，但仍保留少量罗汉果蛋白，产品应用以甜味需求和减糖需求为主，适用于制备口感清甜的低热量压片糖果、代糖、乳制品和各类饮品。罗汉果甜苷 V 含量 60% 以上的产品几乎不含罗汉果蛋白，产品口感纯净度进一步提升，应用领域覆盖所有有甜味需求的产品，且更适合应用于追求更加纯净甜感、对应用稳定性要求更高的产品中（图 8-4）。

图 8-4　罗汉果甜苷系列产品（吉福思公司供图）

第八章 罗汉果深加工产品的应用与终端产品加工工艺

第二节 罗汉果提取物在终端产品中的应用

一、复配型产品

（一）罗汉果复合饮料

罗汉果在复合饮料中的应用比较普遍，通常可分为即饮型饮料、代用茶及固体颗粒三种类型。各生产企业一般通过感官和功能两个方面对复合饮料的产品配方及工艺条件开展优化，最终形成风味独特、甜酸适中，同时具有诸多功能的健康产品。植物饮料、茶饮料和碳酸饮料等即饮类型产品中通常使用罗汉果、罗汉果浓缩汁或罗汉果粉复配其他食品配料制成（图8-5，表8-1）。国内知名品牌"王老吉"和"奈雪"分

图8-5 国内外以罗汉果为配料具有代表性的即饮型饮料产品

别在其凉茶和柠檬茶产品配方中添加罗汉果浓缩汁,"奈雪"的现制茶饮配方中也率先使用了罗汉果产品达到减糖的目的。

表 8-1　部分以罗汉果为配料的即饮型饮料

产品名称	配料	生产商
王老吉罗汉果植物饮料	水、白砂糖、罗汉果浓缩汁、仙草、鸡蛋花……	广州王老吉药业股份有限公司
快乐老A罗汉水	水、罗汉鲜果、甘草、桑叶	广西热带冰域饮料有限公司
百方罗汉果仙草饮料	水、罗汉果,仙草,葛根,鲜芦根……	南宁百方生物科技有限公司
奈雪柠檬茶	水、白砂糖、赤藓糖醇、浓缩柠檬汁、鸭屎香(广东单丛茶)、罗汉果浓缩汁……	深圳市奈雪饮料科技有限公司
绿果甜罗汉果可乐	水、赤藓糖醇、罗汉果粉、二氧化碳、甜菊糖苷……	华诚公司

代用茶类型产品应用中,常用罗汉果干果或果芯复配茶叶、菊花、陈皮、姜、枸杞、甘草等原料,市售产品在配方组合上根据风味和功效各有侧重(表 8-2)。

表 8-2　部分以罗汉果为配料的代用茶产品

产品名称	配料	生产商
果然天成罗汉果茶	罗汉果	广西绝特投资有限公司
汉果缘罗汉果陈皮茶	罗汉果、陈皮	桂林恒利原生物科技有限公司
罗汉果姜茶	罗汉果、姜	桂林中族中药股份有限公司
常百乐菊花罗汉果茶	菊花,罗汉果,枸杞子,茯苓	广州常百乐贸易有限公司
忆江南花草茶	罗汉果仁、金橘、梨丁、枇杷叶……	杭州忆江南茶业有限公司
罗汉果菊花胖大海茶	大麦、橘皮、甘草、罗汉果……	南京同仁堂药业有限公司

固体颗粒产品主要为冲剂,是通过罗汉果浓缩汁或浸膏与其他植物提取物成分和食品辅料等调配来提升产品的口感风味或功能价值,较常见应用于药用罗汉果产品中(表 8-3),在普通食品中也有应用,如吉福思公司生产的罗汉果粒粒茶固体饮料产品。

第八章 罗汉果深加工产品的应用与终端产品加工工艺

表 8-3 部分以罗汉果为配料的颗粒型药用产品

产品名称	功能主治	制造商
复方罗汉果止咳颗粒（维威）	清热泻肺，镇咳祛痰	广西维威制药有限公司
复方罗汉果清肺颗粒	清热化痰，润肺止咳	桂林三金药业股份有限公司
罗汉果玉竹颗粒	养阴润肺，止咳生津	桂林葛仙翁药业有限公司

罗汉果在复合饮料产品中的应用类型多种多样，新产品也不断涌现。在乳酸菌复合饮料产品中，广东伯兰顿食品有限公司推出了添加罗汉果汁的好畅益乳酸菌饮品，子承乳业携手华诚生物推出了罗汉果乳酸菌饮料"子承奶"。在植物蛋白饮料和碳酸饮料方面，星巴克（Starbucks）推出的香草豆荚蛋白质饮料，博尔豪斯农场（Bolthouse Farms）推出的蛋白质奶昔及加利菲亚农场（Califia Farms）推出的椰汁杏仁乳、柠檬酸橙汽水等产品都添加了罗汉果甜苷或罗汉果浓缩汁。近年来，罗汉果在功能型饮品的应用开发方向上始终热度不减，文献中也有很多有关复合营养保健饮料产品开发的技术资料可供借鉴，涉及罗汉果止咳化痰、清热润喉、润肠通便、调节消化、增强机体免疫力等多个方面的保健作用（吴伟伟等，2017；叶文峰等，2019；孙悦等，2018；于宗霞，2019；陆玉婷等，2020；熊瑶等，2021；黄振国等，1992；杨春成，2003；黄发新等，2000；益阳龙果饮料有限公司，2018）。

（二）罗汉果功能饮片和糖果

罗汉果在抗氧化、抗炎、增免疫、控糖、止咳化痰、清咽利嗓方面具有较好的表现，可以用于辅助相关疾病治疗的药品或保健食品开发（黄振国等，1992）。目前国内上市销售的罗汉果药品和保健食品配方片剂和硬质糖类型也较常见（表 8-4），在含片及糖果食品中也有应用（表 8-5），具有低热量、功能性、风味好等产品特征。

表 8-4 部分以罗汉果为配料的片剂/硬质糖药用产品和保健食品

产品名称	类型	功能	制造商
复方罗汉果含片	药品	用于治疗咽痛，咽干，干咳，少痰	通化中盛药业有限公司
念安堂蜜炼罗汉果枇杷含片	药品	清咽润喉，止咳止痰	广东京都念安堂医药科技有限公司
甘草罗汉果乌梅青果含片	保健品	清咽	江西草珊瑚药业有限公司

续表

产品名称	类型	功能	制造商
含笑堂牌金银花罗汉果胖大海糖	保健品	清咽	广西含笑堂生物制品有限公司
鑫玺牌罗汉果糖	保健品	清咽	鑫玺生物科技股份有限公司
金银花罗汉果含片	保健品	清咽	斯必利药业（厦门）有限公司

表 8-5　部分以罗汉果为配料的含片/糖果市售产品

产品名称	配料	生产商
罗汉果含片（硬糖）	白砂糖、葡萄糖浆、罗汉果、胖大海……	桂林三金大健康产业有限公司
罗汉果含片	异麦芽酮糖醇、罗汉果、金银花、菊花……	广西金嗓子保健品有限公司
京都蜜炼罗汉果含片	白砂糖、葡萄糖浆、罗汉果、青果、胖大海……	香港京都制药集团有限公司
罗汉果润喉糖	白砂糖、葡萄糖浆、植物浓缩液（罗汉果添加量2%）……	广州白云山星群（药业）股份有限公司
草本润喉糖	白砂糖、葡萄糖浆、蜂蜜、菊花、罗汉果……	桂龙药业（安徽）有限公司
草珊瑚润喉糖	白砂糖、麦芽糖、罗汉果、甘草……	江西草珊瑚保健品有限公司

（三）罗汉果代糖

罗汉果甜味剂甜度倍数高、无热量、安全性好，复配糖醇类甜味剂开发成甜味与蔗糖接近的代糖产品，深受消费者喜爱。复配的糖醇可以弥补罗汉果甜苷前甜不足、后甜绵长的甜味缺陷，使甜味强度顺利过渡，使复配物甜感表现趋向蔗糖（吉福思公司，2023；华诚公司，2021）。此外，罗汉果复配代糖应用中也可以通过添加其他功能性糖实现双重减糖（华诚公司，2021）。目前国内市场热销的罗汉果复配代糖品牌有很多，如"吉福思""绿果甜""太古""禾甘"等（表 8-6，图 8-6）。

第八章　罗汉果深加工产品的应用与终端产品加工工艺

表 8-6　部分热销的罗汉果复配代糖产品

产品名称	配料	生产商
罗汉果零卡糖	赤藓糖醇、罗汉果甜苷	吉福思公司
绿果甜罗汉果零卡糖	赤藓糖醇、罗汉果甜苷	华诚公司
太古罗汉果代糖	赤藓糖醇、罗汉果甜苷	太古糖业（中国）有限公司
汉果缘零卡糖固体饮料	赤藓糖醇、罗汉果	桂林恒利原生物科技有限公司
禾甘 0 卡糖	赤藓糖醇、甜菊糖苷、罗汉果甜苷	浙江华康药业股份有限公司
怡齐爽零卡糖	赤藓糖醇、甜菊糖苷、罗汉果甜苷	德州汇洋生物科技有限公司

图 8-6　国内外罗汉果复配代糖产品

（四）咖啡、乳制品、冰淇淋

罗汉果提取物可作为咖啡、乳制品、冰淇淋等食品的配料，满足消费群体对低糖、低热量产品的需求。全球范围已有多家知名品牌在其产品配方中使用罗汉果甜苷或浓缩汁替代其他甜味剂（图 8-7，表 8-7），在国外品牌的带动下，国内企业也开始将罗汉果应用在各自的新产品中，如广西桂牛水牛乳业股份有限公司推出罗汉果水牛奶，湖南子承乳业生物科技有限公司销售的鹏举零蔗糖罗汉果 3.0 浓郁酸奶，广西皇氏乳业有限公司计划推出的荔枝与罗汉果风味发酵水牛乳和北京同仁堂的罗汉果美式中药"养生咖啡"等产品。

罗汉果
全产业链关键技术研究与应用

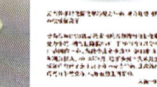

图 8-7 国外添加罗汉果提取物的终端消费产品

第八章 罗汉果深加工产品的应用与终端产品加工工艺

表 8-7 国外部分添加罗汉果提取物的热销终端产品

产品名称	生产商
法式香草咖啡	雀巢公司（美国）
希腊酸奶 simple100	乔巴尼公司（美国）
So delicious 无糖冰淇淋	达能北美公司
Enlightened 低卡系列冰淇淋	Beyond Better Foods 公司（美国）
Enlightened 无糖巧克力糖浆	Beyond Better Foods 公司（美国）
Vitalicious 系列糕点	Vitalicious 公司（英国）
Dole 水果罐头	都乐食品有限公司（美国）
Kashi（Heart To Heart）麦片	家乐氏公司（美国）

（五）糕点、罐头、谷物早餐

罗汉果深加工产品还可以应用在糕点、罐头、蜜饯等传统食品中，提升产品的风味并实现减糖。添加罗汉果制作的蛋糕甜度适中、口味较佳，符合糖尿病人、中老年人等人群对低糖蛋糕的需求（金建昌等，2012；洪文龙等，2021；李可心等，2019；生庆海等，2020）。用罗汉果提取物替代蔗糖制作罐头风味独特，营养健康（赖建平等，2001）。国外糕点品牌 Vitalicious® 和美国知名罐头品牌都乐（Dole）也都在其产品中添加了罗汉果。添加罗汉果制作的蜜饯具有保健功效且糖度低、口感好（陈宇等，2007；仲恺农业工程学院等，2021）。

（六）调味料

罗汉果产品还可以用于调制风味酱油或卤水，增加产品鲜香风味，如国内热销"千禾牌"酱油在"头道原香 380 天"系列产品中添加了罗汉果浓缩汁，"松鲜鲜"在松茸一品鲜调味料产品中也使用罗汉果浓缩汁（图 8-8）。在罗汉果的原产地桂林地区，罗汉果还是制作桂林米粉和肉类卤水的必备香料之一。

图 8-8 使用罗汉果作为增味剂的调味品

二、纯罗汉果产品

（一）罗汉果果蜜、原浆

在罗汉果浓缩汁的终端产品应用方面，吉福思公司推出了瓶装罗汉果蜜和条装罗汉果原浆。罗汉果蜜以罗汉果原味浓缩汁和纯化浓缩汁调配而成，而罗汉果原浆则是以罗汉果原味浓缩汁调配制备（图8-9）。市场的主要参与企业还有华诚公司和桂林三棱生物科技有限公司等，不同品牌终端产品在甜度和风味方面也各有特色。

（二）罗汉果茶膏

吉福思公司研制的风味型罗汉果茶膏粉，未添加任何非罗汉果成分，其中蔗糖与还原糖（葡萄糖、果糖）的含量比为（2.5～8.0）:1，植物总蛋白为15%～35%，罗汉果苷V含量约1%，不仅保留了罗汉果的独特风味，与传统罗汉果制品相比，更具有独特的色、香、味感官体验。通过热风烘焙增强美拉德反应，使罗汉果茶膏粉色泽和风味等感官水平得到提升，再借助茶膏粉热溶特性实现成型制片，即可制备一款纯天然、零添加，具有浓郁罗汉果滋味的茶膏片产品（图8-9），该产品具有较高辨识度，属于固体饮料类别（吉福思公司，2017）。

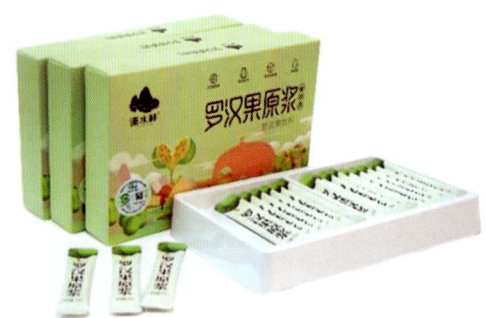 

图8-9 纯罗汉果终端产品

（三）罗汉果纤维粉

罗汉果纤维粉是将罗汉果中的果皮和果籽分离去除，以罗汉果果肉做为原料，制备的富含纤维的纯罗汉果产品，适用添加于烘焙类食品或固体饮料中增加产品风味及膳食纤维含量。目前，华诚公司和实力公司均已完成了相关产品的企业标准备案。

第八章 罗汉果深加工产品的应用与终端产品加工工艺

三、发酵罗汉果产品

罗汉果汁营养丰富，除糖分外，还含有蛋白质、氨基酸、无机盐等物质，以及烟酸、叶酸、泛酸、维生素 B_{12}、生物素等微量维生素，非常适合微生物发酵。吉福思公司利用此类原料开发出了罗汉果酒和罗汉果醋，目前该罗汉果醋产品（图 8-10）已成功上市销售，相关技术也获得专利授权（吉福思公司，2019）。

图 8-10　罗汉果果醋产品

四、新用途罗汉果产品

罗汉果中含有的甜苷、糖类、氨基酸等成分是制备高品质香精香料的风味物质基础，通过不同工艺条件控制可以获得不同应用需求的产品，具有广阔的市场前景。在烟草行业，罗汉果已开始用于烟用香精的生产，罗汉果烟用香精能够降低卷烟刺激性，显著提高卷烟抽吸甜润感，给卷烟产品带来生津回甜的感受，增加感官舒适性，同时对卷烟的外观品质无影响（江西中烟工业有限责任公司，2017；河南中烟工业有限责任公司，2016；郑州轻工业学院，2018）。罗汉果的抗氧化功能适用于开发化妆品，如玫琳凯（中国）化妆品有限公司推出了含罗汉果提取物的澄清面膜霜产品。此外，罗汉果的抗菌、无糖特性促进了罗汉果牙膏产品的开发，特别适用儿童牙膏（图 8-11）。

罗汉果牙膏

罗汉果爽肤水

罗汉果面膜

罗汉果香烟

图 8-11　罗汉果在新领域使用开发的产品类型

第三节　罗汉果终端产品的加工工艺

一、代用茶产品加工

罗汉果代用茶产品通常选用日常茶饮植物或药食同源的植物原料与干燥的罗汉果进行组合，材料通常经过破碎、粗筛分处理，部分高端代用茶产品会根据原材料、产品的口感及性状对针对性部位分离、筛选、组合后形成茶包，加工工艺比较简单，一般生产工序如图 8-12 所示。其中，罗汉果原料在复配前需要破碎处理，产品功效和风味是决定产品原料选择及配比优化的两个主要因素。

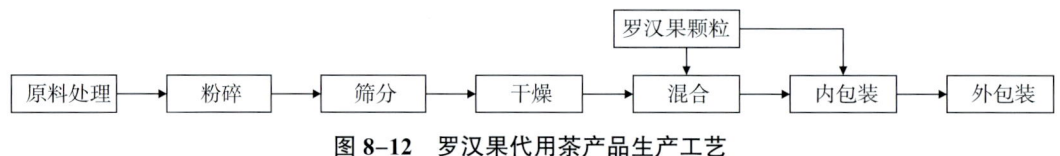

图 8-12　罗汉果代用茶产品生产工艺

二、颗粒及片剂产品加工

以颗粒作为产品最终形态的含罗汉果产品一般执行固体饮料或中药颗粒的产品标准，产品的配料可以是纯罗汉果成分，但更多的是加入一些其他辅料制成。纯罗汉果颗粒固体饮料通常需要在提取物形成粉末前通过纯化工艺降低甜苷含量和提升产品成型特性，工艺难度高，生产成本高，但产品"配料表"更干净。含辅料的罗汉果颗粒的制备由于可选配料类型和来源广泛，可以从产品的功能、口感、形态、应用场景和市场定位等需求进行配方设计和选材，然后结合制粒要求采用干法制粒、湿法制粒或沸腾制粒等工艺。含罗汉果成分的片剂可以是执行压片糖果、咀嚼片、含片类的食品

第八章 罗汉果深加工产品的应用与终端产品加工工艺

标准,也可在生产许可范围执行功能食品、保健品或药品的片剂标准。产品在选材上比颗粒的范围更广,可以是全水溶的成分,也可以是植物粉,还可以含以填充剂、吸收剂、润湿剂、黏合剂、崩解剂、润滑剂等形式引入的各种辅料。片剂的制备方法有粉末直接压片、干法制粒压片、湿法制粒压片、沸腾制粒压片等。通常,罗汉果颗粒和片剂产品生产工序一般如图 8-13 所示。

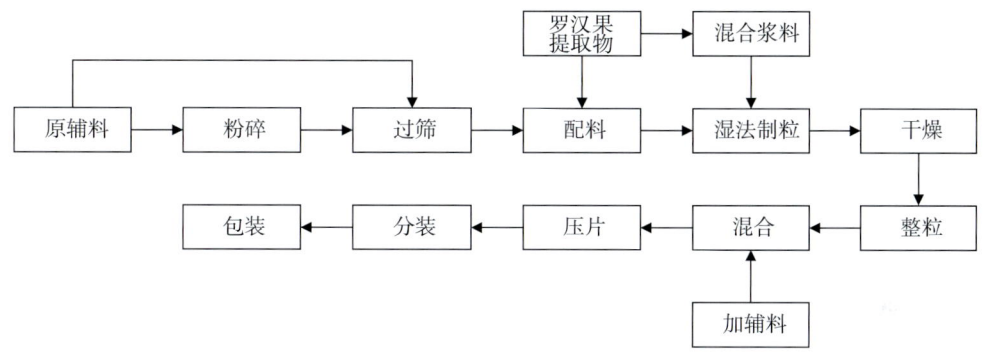

图 8-13 含罗汉果的颗粒及片剂产品加工工艺

三、即饮型饮料加工

含罗汉果提取物的即饮类型产品可以根据产品口感、功能、风味、减糖、标签等多方面的需求选择适合的罗汉果提取物。由于罗汉果提取物中的罗汉果甜苷属于皂苷类成分,具有显著的发泡性,因此需要关注混合搅拌过程中起泡带来的不良影响。即饮型罗汉果饮品的工艺要点在于饮品配方的优化,保健类产品侧重配方功能,而常规型产品则更侧重风味,过滤工序通常选择硅藻土等材料助滤或使用微滤膜澄清,杀菌工序一般采用高温瞬时的方式,可以保持产品风味在杀菌前后不会发生较大变化。一般生产工序如图 8-14 所示。

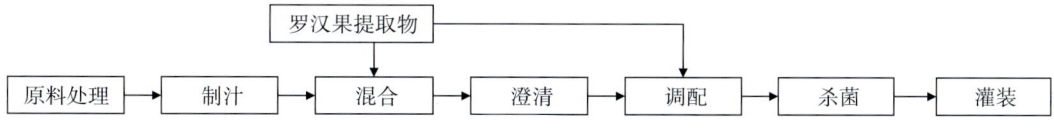

图 8-14 含罗汉果提取物的即饮类型产品生产工艺

四、代糖产品加工

罗汉果复配代糖可选择罗汉果粉、罗汉果浓缩汁或罗汉果甜苷，并根据口感或成本控制的需要复配适量的糖醇、甜菊糖苷等天然甜味剂，载体通常选择低热量的赤藓糖醇、抗性糊精、海藻糖等。赤藓糖醇具有零热量和结晶性，且可以弥补罗汉果甜苷前甜不足的特点成为市场上罗汉果代糖产品普遍采用的复配物兼载体。

罗汉果与赤藓糖醇复配代糖的制备工艺可采用共结晶或赤藓糖醇表面喷涂工艺。共结晶工艺主要利用赤藓糖醇的易结晶特性，将复配物在热水中溶解后，通过控制降温、搅拌速度进行冷却获得结晶产品。喷涂制备工艺则是将罗汉果产品溶液或混合了部分载体的溶液在沸腾包衣机或混合干燥机内喷涂包裹于赤藓糖醇晶体表面，经过干燥过筛后得到适合甜度的代糖产品。共结晶工艺获得的复配代糖总体上完全均质，喷涂制备工艺的代糖颗粒间相对均匀，但在食用体验上无差异。共结晶的工艺相对复杂，一般由赤藓糖醇生产企业在糖醇结晶前加入罗汉果产品即可完成生产。喷涂工艺则相对简单，为非赤藓糖醇生产企业普遍采用（图8-15）。

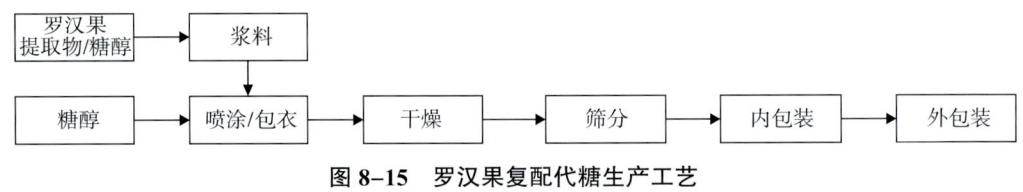

图 8-15 罗汉果复配代糖生产工艺

五、糖果类产品加工

罗汉果糖果类产品通常分两种类型，一是利用罗汉果与其他药食同源植物成分复配形成具有润肺止咳、利咽护嗓的功能性糖果；二是利用罗汉果提取物的甜味起到减糖或控糖的目的。功能性糖果通常以硬质糖果为主，通常采用保留了罗汉果功能成分的风味罗汉果浓缩汁或罗汉果粉。硬质糖果的形态设计则是利用硬糖的缓释效果使功能性成分在口腔内长时间接触起效，其生产工艺与普通硬质糖果相同（图8-16）。

第八章 罗汉果深加工产品的应用与终端产品加工工艺

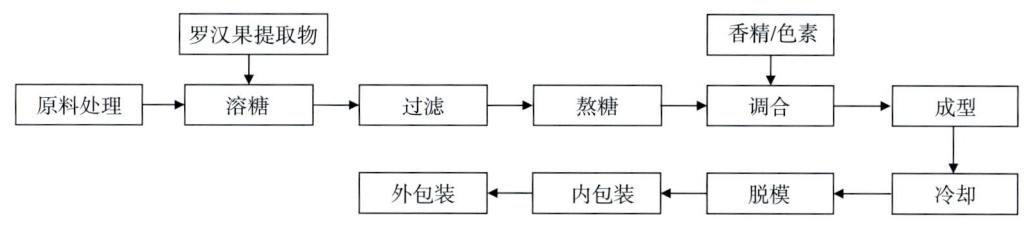

图 8-16 罗汉果复功能性糖果生产工艺

低糖或不添加糖的糖果一般选择罗汉果浓缩汁或罗汉果甜苷,可制成硬质糖、压片糖果或软糖等类型。在产品的质构方面,通常需要加入非糖成分如糖醇、膳食纤维、凝胶、明胶等来实现。由于部分糖醇原料在法规上有用量限制,因此使用了该类糖醇的无糖糖果产品需要考虑对应糖醇使用限量和食用安全性问题,因此很多无糖糖果产品标签上会特别提示:建议不超过 X 颗数,不耐受人群减少食用量等内容。

软糖是目前市场上含罗汉果提取物的低糖和不添加糖糖果的主要形态之一,罗汉果成分可在原料混合调配和调制两个工艺环节加入,通过配方和工艺优化设计,可实现产品感官和功能的最佳呈现(图 8-17)。制作罗汉果软糖原料中除了各种风味和营养成分外,通常还需要加入琼脂、明胶等成型食用胶体,原料混合后进行加热时需要持续搅拌以防止粘锅,同时保持适当的温度以避免原料过早固化。软糖通过自然冷却,直至完全固化后就可以进行包装和储存。

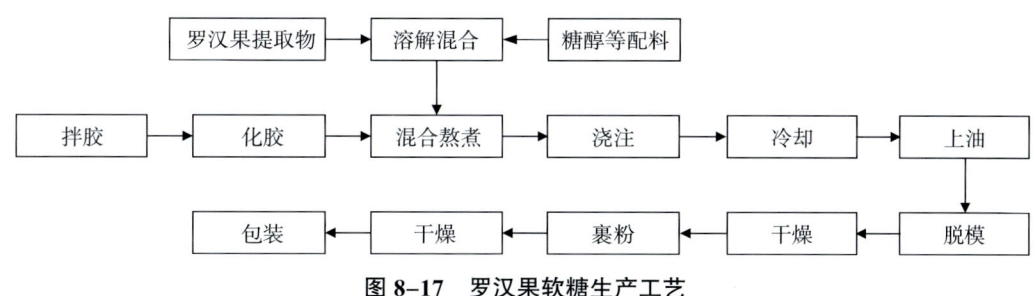

图 8-17 罗汉果软糖生产工艺

六、乳制品类产品加工

罗汉果发酵酸奶基本按照常规酸奶制备工艺操作,搅拌型酸奶在发酵前或发酵后加入罗汉果提取物,而非搅拌型酸奶则需要在发酵前混合添加。操作关键主要如下。

(1)罗汉果甜味的确定。罗汉果作为保健性能的甜味剂应用于乳制品生产,需以罗汉果成分添加量在不同 pH 条件下的甜度变化趋势，作为酸奶中加入比例的依据。过少的添加量会使酸奶甜度不够，酸度突出；过量添加会使酸奶产生较大后甜，两者都会使得酸奶在口感上带来影响。

（2）稳定剂的使用。罗汉果提取物的添加通常不会对酸奶的质构、持水率、滴定酸度、双乙酰的含量造成显著改变，也不会对乳酸菌生长代谢造成影响。但为了增加酸奶的稠度和稳定性，需要选用合适的增稠剂和增黏剂，如果胶、瓜尔豆胶、琼脂等。

七、糕点类产品加工

制作添加罗汉果提取物的糕点可遵循传统加工工序，罗汉果成分需在烘焙成型前加入，如在制作蛋糕时罗汉果成分应先与黄油和鸡蛋等原料充分混匀，再均匀混入面粉等材料，使用罗汉果粉末原料时也可先用少量水充分溶解后再加入。

八、罗汉果果醋产品加工

纯罗汉果发酵果醋以罗汉果甜苷生产过程中分离甜苷后的浓缩液为发酵底物，经酒精发酵和醋酸发酵得到原醋，再经过调配后得到直饮商品罗汉果果醋，产品酸甜可口，营养丰富，其加工工序如图 8-18 所示（吉福思公司，2019）。

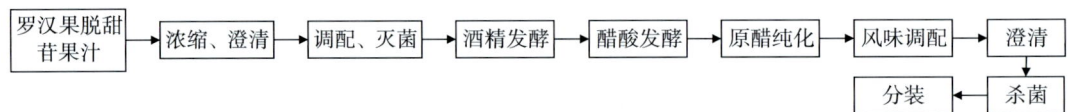

图 8-18　罗汉果果醋生产工艺

罗汉果果醋关键生产操作步骤举例说明如下：

（1）原料浓缩、过滤。收集甜苷吸附精制流出的过柱液，经真空浓缩后使用硅藻土过滤，得到罗汉果浓缩液。

（2）调配、灭菌。用纯化水把浓缩液调配至总糖含量为 100～160 g/L，pH 值自然状态，然后进行加热灭菌处理。灭菌温度为 90～95℃，灭菌时间为 70～90 min，冷却至室温，得到酒精发酵底物。

（3）酒精发酵。把灭菌好的酒精发酵底物转移至酒精发酵罐中，接种提前活化好的果酒酵母，然后进行厌氧发酵。接种量为 0.03%（m/L），发酵温度为 28～33℃，发

第八章 罗汉果深加工产品的应用与终端产品加工工艺

酵时长约 72 h。一般发酵至发酵液的糖分含量低于 5.0 g/L 后，结束酒精发酵。

（4）醋酸发酵。酒精发酵后得到的酒醪，先进行热处理，以便灭活酒醪中的酵母菌。热处理温度为 75～80℃，热处理时间为 30 min。热处理完毕后冷却至室温，得到醋酸发酵底物。把醋酸发酵底物转移至醋酸发酵罐中，接种提前扩培好的液体醋酸菌种，进行通气发酵。接种量为 6%～8%（L/L），发酵温度为 30～34℃，每分钟通气量为 6%～10%[v/(v·min)]，发酵时长为 72～96 h。一般发酵至发酵液的乙醇浓度低于 4.0 g/L 后结束醋酸发酵。

（5）原醋纯化。醋酸发酵得到的浑浊原醋先经热处理，杀灭醋酸菌，以避免醋酸被利用而导致损失。热处理温度为 70～80℃，时间为 30 min。热处理后的原醋采用粉末活性炭进行纯化处理，以去除原醋中悬浮物，使之澄清，并同时除去原醋中一些杂味物质和色素，得到澄清并且风味纯正的罗汉果原醋。

（6）风味调配。经过纯化的罗汉果原醋含有高浓度的乙酸，无法直接食用，可以配制成果醋饮料饮用。果醋饮料的调配跟普通酸味饮料的调配相似，即把罗汉果原醋与相应辅料如甜味剂、防腐剂、食用香精等进行科学合理搭配，获得适合的酸甜口感，再经过滤、灭菌、灌装、外包装等工序，得到罗汉果醋饮料。

参考文献

陈宇，郭奕纯，2007. 佛手蜜饯的无公害生产技术工艺的研究. 食品工业科技，(8): 177-178, 181.

桂林吉福思罗汉果生物技术股份有限公司，2019. 一种发酵型罗汉果风味饮品及其制备方法. CN201980063137.2.

桂林吉福思罗汉果生物技术股份有限公司，2019. 一种发酵型罗汉果风味饮品及其制备方法. CN201980063137.2.

桂林吉福思罗汉果生物技术股份有限公司，2023. 罗汉果复配物、制备方法及其应用：中国专利 CN202311669661.9.

桂林吉福思罗汉果有限公司，2017. 一种罗汉果风味速溶饮品及其制备方法. CN201710996442.X.

桂林莱茵生物技术股份有限公司，2023. 一种传统风味罗汉果粉及其制备方法. CN 116636609 A.

河南中烟工业有限责任公司，2016. 一种罗汉果香精、制备方法及其在卷烟中的应用. CN201611036384.8.

洪文龙，许俊齐，桑梓莹，等，2021. 响应面法优化罗汉果、魔芋粉慕斯蛋糕配方研究. 粮食与饲料工业(5): 32-36.

湖南华诚生物资源股份有限公司，2017. 从罗汉果甜甙吸附树脂柱排出的废液中生产罗汉果浓缩汁的工艺. CN201710141754.2.

湖南华诚生物资源股份有限公司，2021. 一种改善罗汉果甜苷甜味性能的零卡糖及其制备方法. CN202110410802.X.

湖南华诚生物资源股份有限公司，2021. 一种罗汉果粉减糖甜味料及其制备方法. CN202110745732.3.

黄发新，邓小文，李超雄，2000. 罗汉果茅根菊花清凉饮料研制. 食品工业 (2): 27-29.

黄振国，王建勤，1992. 保健饮料"罗汉口乐"的研制. 食品科学 (11): 33-35.

江西中烟工业有限责任公司，2017. 一种烟用罗汉果香精的制备方法. CN201710093929.7.

金建昌，鲍科伟，王楠，等，2012. 罗汉果蛋糕的加工工艺研究. 浙江树人大学学报：自然科学版，12(4): 39-43.

赖建平，江钧韶，谢华明，等，2001. 猴头菇甜品罐头的研制与开发. 食品与发酵工业 (4): 87-88.

李可心，付荣荣，王冰倩，等，2019. 绿豆皮低糖戚风蛋糕的研制. 食品工业，40(12): 144-147.

刘曜儒，邓小银，宁华清，等，2017. 不同干燥技术对罗汉果干品质的影响. 轻工科技，33(5): 18-19, 67.

卢凤来，李典鹏，刘金磊，等，2009. 不同干燥处理的罗汉果化学成分色谱指纹图谱分析. 广西农业科学，40(6): 625-628.

陆玉婷，骆家珍，陈婕，等，2020. 罗汉果奶茶稳定剂的复配研究. 广西科技大学学报，31(2): 112-117.

生庆海，闫斌，贾艳菊，等，2020. 控糖蛋糕对糖尿病患者血糖波动影响的临床试验. 食品与机械，36(3): 19-23, 33.

孙悦，张晨，林冰，等，2018. 罗汉果、金银花、菊花复合饮料的研制. 食品工业，39(8): 48-51.

第八章 罗汉果深加工产品的应用与终端产品加工工艺

唐燕萍, 张淑丽, 张书泰, 等, 2020. 罗汉果生物活性成分、药理作用及产品加工研究进展. 饮料工业, 23(6): 67-70.

吴伟伟, 金祥, 周勇, 等, 2017. 膳食纤维固体饮料的研制. 粮食与饲料工业 (6): 32-35.

吴伟伟, 周勇, 张云龙, 等, 2017. 果味通便复方固体饮料的研制. 食品研究与开发, 38(15): 139-142.

熊瑶, 何安乐, 刘庚贵, 等, 2021. 基于天然甜味剂低糖型奶茶粉的制备工艺研究. 企业科技与发展 (5): 55-57, 60.

杨春成, 2003. 中草药保健凉茶饮料的开发. 饮料工业 (5): 30-31.

叶文峰, 涂明锋, 高贵艳, 等, 2019. 黄精天然饮料的研制. 食品工业, 40(5): 106-109.

益阳龙果饮料有限公司, 2018. 罗汉果植物功能性饮料及其制备方法. CN201811209959.0.

于宗霞, 2019. 罗汉果红茶保健饮料的研制. 大连大学学报, 40(3): 61-65.

郑州轻工业学院, 2018. 罗汉果浸膏美拉德反应产物的制备方法及其应用. CN201810696744.X.

仲恺农业工程学院, 广东佳宝集团有限公司, 2021. 一种罗汉果糖渍液及低糖罗汉果青梅蜜饯的制备方法. CN202110969631.4.

第九章

罗汉果废弃物的开发与利用

第一节　罗汉果根化学成分与活性研究

目前已从罗汉果根中分离得到近百种化合物，其中包括60余种葫芦烷型三萜类化合物，除此之外还包括木脂素类、黄酮类、芳香类、脂肪酸类及多种其他类型化合物。与罗汉果果实相似的是，罗汉果根内化学成分也是以葫芦烷型三萜类为主，但两者的结构存在差异。

一、罗汉果根化学成分提取分离方法

一般采用有机溶剂提取罗汉果根中化合物。扈芷怡（2019）、孙嘉忆（2022）等将罗汉果根粉碎后，使用70%、75%乙醇浸提3次，每次7 d，提取液合并浓缩后得到罗汉果根粗提物。Li（2009）、陈换莹（2012）、王慧娟（2022）等以纯甲醇或90%乙醇回流提取罗汉果根，提取液浓缩后进行下一步分离纯化。常用于罗汉果根化学成分初步分离的方法有大孔树脂吸附法和溶剂萃取法等。扈芷怡（2020）、孙嘉忆（2022）、Li（2009）等分别使用HP-20大孔树脂和HPD-100大孔树脂进行初步分离。王慧娟（2022）依次使用石油醚、二氯甲烷、乙酸乙酯、正丁醇对罗汉果根醇提物进行萃取，其中二氯甲烷层分离得到的单体化合物最多。初步得到罗汉果根不同极性的组分后，学者常用硅胶正相色谱法、C-18反相色谱法、凝胶色谱法，以及高速逆流色谱法（HSCCC）、半制备高效液相色谱法（Pre-HPLC）、结晶法等进行纯化处理。虽然传统柱色谱分离方法仍占据主导地位，但HSCCC作为一种新型分离手段具有分离速度快、分离效果好的优点。孙嘉忆等（2022）使用HSCCC分离罗汉果根中化合物，可一次得到4个葫芦烷型三萜类化合物。

二、罗汉果根三萜类化合物研究进展

目前对于罗汉果根化学成分的研究相对较少，文献报道的主要为葫芦烷型三萜类化合物。其中降碳类葫芦烷型三萜主要表现为 19 位、29 位甲基的缺失，进而产生新的葫芦烷骨架，产生原因可能为环化、重排或降解后失去 1 个或几个碳原子造成。王雪芬等（1996，1998）共从罗汉果根的脂溶性部位分离得到 4 个降碳葫芦烷型三萜酸，命名为罗汉果酸甲（siraitic acid A）、罗汉果酸乙（siraitic acid B）、罗汉果酸丙（siraitic acid C）和罗汉果酸丁（siraitic acid D）。斯建勇等（1999，2005）从罗汉果根中得到 siraitic acid E 和 siraitic acid F。Li 等（2009）分离得到了 2 个三萜酸苷，分别为 siraitic acid ⅡB 和 siraitic acid ⅡC。扈芷怡（2020）首次从受根结虫危害的根中分离得到了 4 种葫芦素。孙嘉忆等（2022）从罗汉果根 60% 甲醇部位分离得到 14 个葫芦烷型三萜类化合物，包括 6 个新化合物，分别为 siraitic acid ⅢE、siraitic acid Ⅱb E、siraitic acid ⅡE、siraitic acid ⅣH、siraitic acid ⅡG 以及 siraitic acid ⅡA。同一时期，王慧娟（2022）从罗汉果根 90% 乙醇提取部位共分离得到 83 个化合物，包括 51 个三萜类化合物，其中 23 个为新化合物（表 9-1，图 9-1）。

表 9-1　从罗汉果根部得到的三萜类化合物

编号	名称	分子式
1	siraitic acid ⅢE	$C_{46}H_{70}O_{20}{}^a$
2	siraitic acid Ⅱb E	$C_{40}H_{60}O_{15}{}^a$
3	siraitic acid ⅡE	$C_{40}H_{60}O_{15}{}^a$
4	siraitic acid ⅣH	$C_{53}H_{84}O_{24}{}^a$
5	siraitic acid ⅡG	$C_{41}H_{62}O_{14}{}^a$
6	siraitic acid ⅡA	$C_{41}H_{64}O_{15}{}^a$
7	5β,19β-epoxy-29-nor-3,11-dioxo-cucurbit-24-ene-27-oic acid 27-O-β-D-glucopyranosyl-（1→6）-β-D-glucopyranoside	$C_{41}H_{62}O_{15}{}^a$
8	19,29-nor-3,11-dioxo-cucurbit-4,24-diene-27-oic acid 27-O-β-D-glucopyranosyl-（1→6）-β-D-glucopyranoside	$C_{40}H_{60}O_{14}{}^a$
9	siraitic acid ⅡB	$C_{41}H_{62}O_{15}{}^a$
10	siraitic acid ⅡC	$C_{40}H_{60}O_{14}{}^a$

续表

编号	名称	分子式
11	siraitiaoside A	$C_{34}H_{50}O_{10}{}^a$
12	siraitiaoside B	$C_{36}H_{52}O_{11}$
13	siraitiaoside C	$C_{34}H_{50}O_{10}{}^a$
14	siraitiaoside D	$C_{34}H_{50}O_{10}{}^a$
15	siraitiaoside E	$C_{34}H_{50}O_{9}{}^a$
16	siraitiaoside F	$C_{35}H_{52}O_{9}{}^a$
17	siraitiaoside G	$C_{35}H_{52}O_{9}{}^a$
18	siraitiaoside H	$C_{35}H_{54}O_{10}{}^a$
19	siraitiaoside I	$C_{37}H_{56}O_{11}{}^a$
20	siraitiaoside J	$C_{35}H_{56}O_{9}{}^a$
21	siraitiaoside K	$C_{35}H_{52}O_{10}{}^a$
22	siraitiaoside L	$C_{35}H_{54}O_{9}{}^a$
23	siraitiaoside M	$C_{35}H_{52}O_{10}{}^a$
24	siraitiaoside N	$C_{37}H_{54}O_{11}{}^a$
25	siraitiaoside O	$C_{34}H_{54}O_{11}{}^a$
26	siraitic acid A	$C_{29}H_{44}O_{5}{}^b$
27	siraitic acid B	$C_{29}H_{42}O_{5}{}^b$
28	siraitic acid C	$C_{28}H_{40}O_{4}{}^b$
29	siraitic acid D	$C_{28}H_{40}O_{5}{}^b$
30	siraitic acid E	$C_{28}H_{40}O_{5}{}^b$
31	siraitic acid F	$C_{29}H_{40}O_{5}{}^b$
32	2,3,16-trihydroxy-4,4,9,14-teramethyl-19-norpregn-5-ene-1,20-dione	$C_{24}H_{36}O_{5}{}^b$
33	siragrosvenin A	$C_{38}H_{56}N_{2}O_{9}{}^c$
34	siragrosvenin B	$C_{38}H_{54}N_{2}O_{9}{}^c$
35	siragrosvenin C	$C_{38}H_{56}N_{2}O_{9}{}^c$
36	siragrosvenin D	$C_{38}H_{54}N_{2}O_{9}{}^c$
37	siragrosvenin E	$C_{30}H_{46}O_{7}{}^d$

续表

编号	名称	分子式
38	siragrosvenin F	$C_{30}H_{48}O_7^d$
39	siragrosvenin G	$C_{30}H_{46}O_7^d$
40	siragrosvenin H	$C_{30}H_{46}O_6^d$
41	cucurbitacin L	$C_{30}H_{44}O_7^d$
42	neocucurbitacin D	$C_{31}H_{44}O_8^d$
43	cucurbitacin Q1	$C_{32}H_{48}O_8^d$
44	cucurbitacin A	$C_{30}H_{44}O_8^d$
45	jinfushanencin F	$C_{30}H_{46}O_6^d$
46	23,24-dihydrocucurbitacin F	$C_{30}H_{48}O_7^d$
47	cucurbitacin IIa	$C_{32}H_{50}O_8^d$
48	cucurbitacin B	$C_{32}H_{46}O_8^d$
49	23,24-dihydrocucurbitacin B	$C_{32}H_{48}O_8^d$
50	isocucurbitacin B	$C_{32}H_{46}O_8^d$
51	23,24-dihydroisocucurbitacin B	$C_{32}H_{48}O_8^d$
52	dihydroisocucurbitacin B-25-acetate	$C_{32}H_{48}O_8^d$
53	cucurbitacin E	$C_{32}H_{44}O_8^d$
54	23,24-dihydrocucurbitacin E	$C_{32}H_{46}O_8^d$
55	cucurbitacin D	$C_{30}H_{44}O_7^d$
56	23,24-dihydrocucurbitacin D	$C_{30}H_{46}O_7^d$
57	isocucurbitacin D	$C_{30}H_{44}O_7^d$
58	23,24-dihydrocucurbitacin F-25-acetate	$C_{32}H_{50}O_8^d$
59	scandenogenin D	$C_{30}H_{46}O_7^d$
60	arvenin Ⅰ	$C_{38}H_{56}O_{13}^e$
61	arvenin Ⅱ	$C_{38}H_{58}O_{13}^e$
62	arvenin Ⅳ	$C_{38}H_{54}O_{13}^e$
63	siraitic glycoside Ⅱ F	$C_{41}H_{60}O_{15}^e$

a. 降碳葫芦烷型三萜苷；b. 降碳葫芦烷型三萜；c. 葫芦烷型三萜生物碱；d. 葫芦烷型三萜；e. 葫芦烷型三萜苷。

1	$R_1=\alpha$-H,	$R_2=\beta$-H,	R_3=OGlc,	R_4=H,	R_5=Glc(1→6)Glc,
2	$R_1=\alpha$-H,	$R_2=\beta$-H,	R_3=OGlc,	R_4=H,	R_5=Glc
3	$R_1=\alpha$-H,	$R_2=\beta$-H,	R_3=OH,	R_4=H,	R_5=Glc(1→6)Glc
5	$R_1=\alpha$-H,	$R_2=\beta$-CH$_3$,	R_3=H$_2$,	R_4=H,	R_5=Glc(1→6)Glc
8	$R_1=\alpha$-H,	$R_2=\beta$-H,	R_3=H$_2$,	R_4=OH,	R_5=Glc(1→6)Glc
10	$R_1=\alpha$-H,	$R_2=\beta$-H,	R_3=H$_2$,	R_4=H,	R_5=Glc(1→6)Glc
11	$R_1=\beta$-H,	$R_2=\alpha$-H,	R_3=H$_2$,	R_4=OH,	R_5=Glc
12	$R_1=\beta$-H,	$R_2=\alpha$-H,	R_3=H$_2$,	R_4=OH,	R_5=Glc6Ac
13	$R_1=\beta$-H,	$R_2=\alpha$-H,	R_3=OH,	R_4=H,	R_5=Glc
14	$R_1=\beta$-H,	$R_2=\alpha$-H,	R_3=OGlc,	R_4=H,	R_5=H
15	$R_1=\beta$-H,	$R_2=\alpha$-H,	R_3=H$_2$,	R_4=H,	R_5=Glc
16	$R_1=\beta$-H,	$R_2=\alpha$-CH$_3$,	R_3=H$_2$,	R_4=H,	R_5=Glc
28	$R_1=\beta$-H,	$R_2=\alpha$-H,	R_3=H$_2$,	R_4=H,	R_5=H
29	$R_1=\beta$-H,	$R_2=\alpha$-H,	R_3=H$_2$,	R_4=OH,	R_5=H
30	$R_1=\beta$-H,	$R_2=\alpha$-H,	$R_3=\alpha$-OH,	R_4=H,	R_5=H

6	R_1=H$_2$,	$R_2=\beta$-OH,	R_3==O,	R_4=Glc(1→6)Glc
7	R_1=H$_2$,	R_2==O,	R_3==O,	R_4=Glc(1→6)Glc
9	R_1=H$_2$,	R_2==O,	R_3==O,	R_4=Glc(1→6)Glc
18	R_1=H$_2$,	$R_2=\beta$-OH,	R_3==O,	R_4=Glc
19	R_1=H$_2$,	$R_2=\beta$-OH,	R_3==O,	R_4=Glc6Ac
20	R_1=H$_2$,	$R_2=\beta$-OH,	R_3=H$_2$,	R_4=Glc
21	R_1=H$_2$,	R_2==O,	R_3==O,	R_4=Glc
22	R_1=H$_2$,	R_2==O,	R_3=H$_2$,	R_4=Glc
23	R_1==O,	R_2=H$_2$,	R_3==O,	R_4=Glc
24	R_1==O,	R_2=H$_2$,	R_3==O,	R_4=Glc6Ac
26	R_1=H$_2$,	$R_2=\beta$-OH,	R_3==O,	R_4=H
27	R_1=H$_2$,	R_2==O,	R_3==O,	R_4=H

第九章　罗汉果废弃物的开发与利用

39 R$_1$=β-OH,　R$_2$=α-OH,　R$_3$=O,　　R$_4$=H
46 R$_1$=β-OH,　R$_2$=α-OH,　R$_3$=α-OH,　R$_4$=H
47 R$_1$=β-OH,　R$_2$=β-OH,　R$_3$=α-OH,　R$_4$=Ac
49 R$_1$=β-OH,　R$_2$=O,　　R$_3$=α-OH,　R$_4$=Ac
51 R$_1$=O,　　R$_2$=β-OH,　R$_3$=α-OH,　R$_4$=Ac
52 R$_1$=O,　　R$_2$=α-OH,　R$_3$=α-OH,　R$_4$=Ac
56 R$_1$=β-OH,　R$_2$=O,　　R$_3$=α-OH,　R$_4$=H
58 R$_1$=β-OH,　R$_2$=α-OH,　R$_3$=α-OH,　R$_4$=Ac
61 R$_1$=β-OGlc, R$_2$=O,　　R$_3$=α-OH,　R$_4$=Ac
62 R$_1$=OGlc,　R$_2$=β-OH,　R$_3$=α-OH,　R$_4$=Ac

17 R$_1$=H$_2$,　R$_2$=Glc
31 R$_1$=O,　 R$_2$=H
63 R$_1$=O,　 R$_2$=Glc(1→6)Glc

43 R$_1$=α-OH,　R$_2$=α-OH,　R$_3$=β-CH$_3$,　　R$_4$=Ac
44 R$_1$=β-OH,　R$_2$=O,　　R$_3$=CH$_2$OH,　R$_4$=H
48 R$_1$=β-OH,　R$_2$=O,　　R$_3$=β-CH$_3$,　　R$_4$=Ac
50 R$_1$=O,　　R$_2$=β-OH,　R$_3$=β-CH$_3$,　　R$_4$=Ac
55 R$_1$=β-OH,　R$_2$=O,　　R$_3$=β-CH$_3$,　　R$_4$=H
57 R$_1$=O,　　R$_2$=β-OH,　R$_3$=β-CH$_3$,　　R$_4$=H
60 R$_1$=β-OGlc, R$_2$=O,　　R$_3$=β-CH$_3$,　　R$_4$=Ac

33 R$_1$=H, R$_2$= (侧链)
35 R$_1$= (侧链), R$_2$=H

34 R$_1$=H, R$_2$= (侧链)
36 R$_1$= (侧链), R$_2$=H

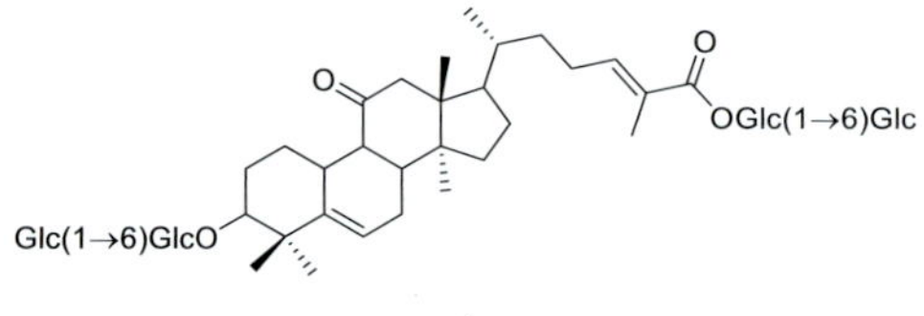

4

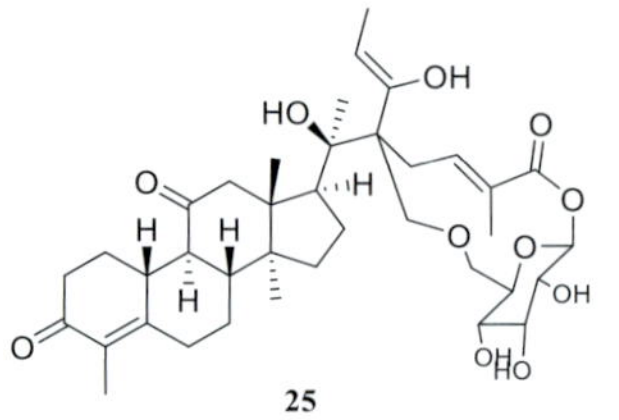

25

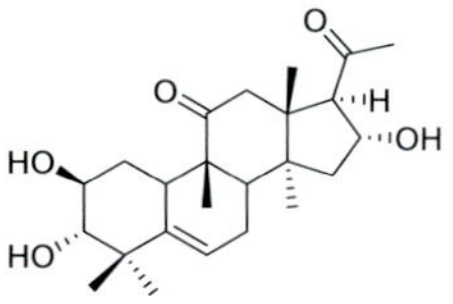

32

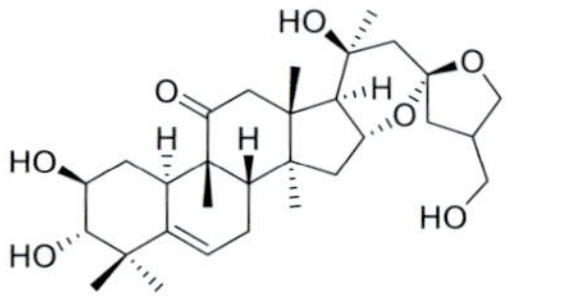

37

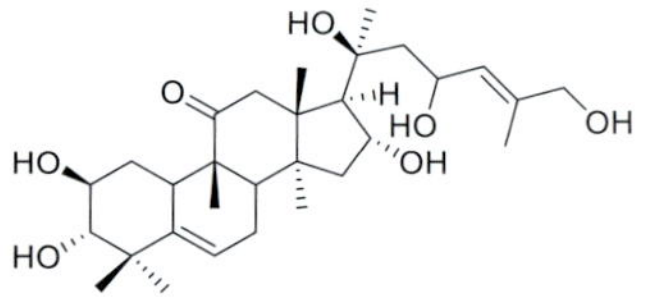

38

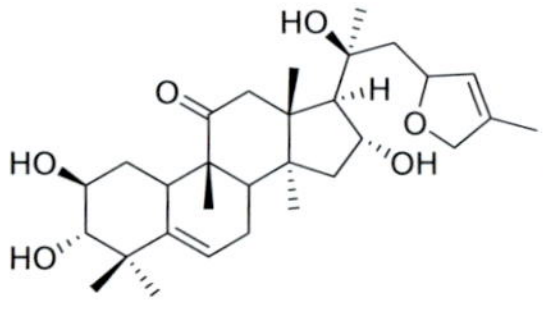

40

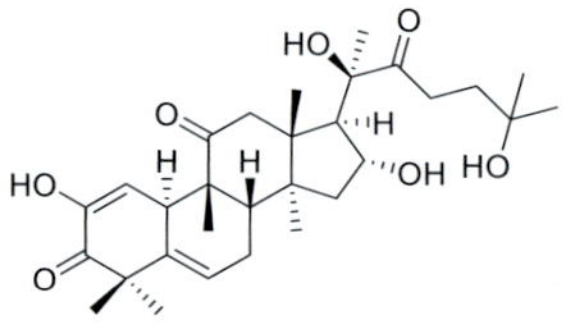

41

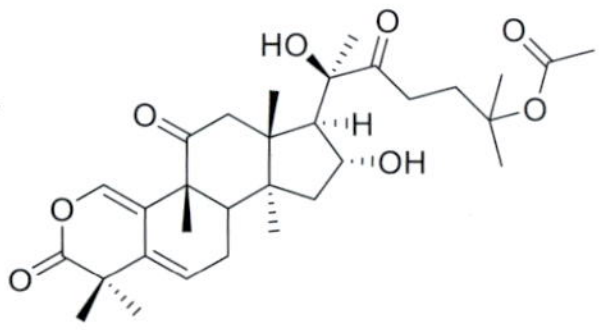

42

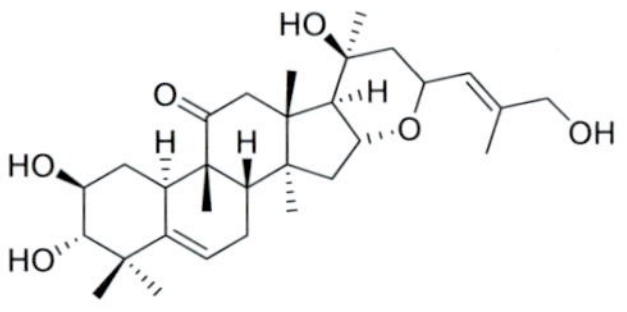

45

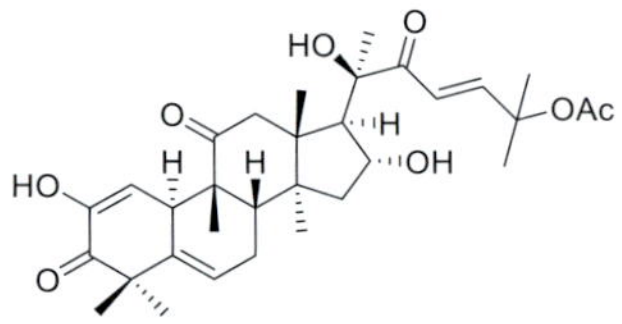

53

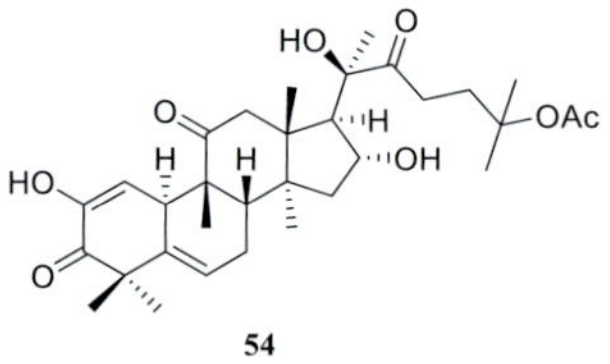

54

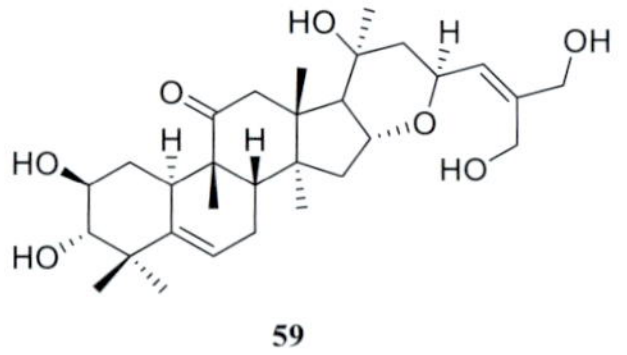

59

图 9-1　从罗汉果根部得到的三萜类化合物结构式

三、其他类化合物

罗汉果根内除三萜类化合物之外，还分离得到了木脂素类、脂肪酸类、黄酮类等类型的化合物。扈芷怡（2019）从受根结线虫危害的罗汉果块根中分离得到 16 个化合物，除三萜类外还得到了 2 个木脂素糖苷类化合物。王慧娟（2022）对罗汉果块根中

第九章 罗汉果废弃物的开发与利用

分离得到 4 个木脂素类化合物、5 个甾醇类化合物、5 个脂肪酸类化合物、7 个芳香类化合物、2 个二萜内酯类化合物、4 个海恩环类化合物、2 个氨基酸类化合物、1 个糖醛类化合物、1 个脑苷类化合物、1 个有机酸类化合物。孙嘉忆等（2022）通过高速逆流色谱法从罗汉果块根中分离得到 5 个化合物，包括木脂素类、脂肪酸类以及芳香类化合物。陈全斌等（2003）对罗汉果根粗提物化学成分进行了初步分析，发现了大黄型蒽醌类化合物。彭小列等（2015）对一年生罗汉果块根的营养成分进行了系统性研究，发现有大量的可溶性糖，并且含有蛋白质、粗纤维、脂肪、维生素 C 以及有机酸等多种成分，在含有的 7 种矿质元素中，钙（Ca）、镁（Mg）的含量较高，分别达到了 853.793 μg/g 和 544.2 μg/g，铜（Cu）的含量最低，为 5.43 μg/g。罗汉果根中其他化合物具体详情见表 9-2。

表 9-2 从罗汉果根部得到的其他类化合物

编号	名称	分子式	类型
1	liballinol	$C_{18}H_{18}O_4$	木脂素
2	去氢二松柏醇 4'-O-β-D 芹糖（1→2）β-D- 葡萄糖苷	$C_{31}H_{40}O_{15}$	木脂素
3	脱氢松二醇-4-O-β-D- 吡喃葡萄糖苷	$C_{26}H_{32}O_{11}$	木脂素
4	trichobenzolignan–4–O–β-D–glucopyranosi	$C_{24}H_{28}O_9$	木脂素
5	开环异落叶松树脂酚	$C_{20}H_{26}O_6$	木脂素
6	（−）- 落叶松脂醇	$C_{20}H_{24}O_6$	木脂素
7	3,4'- 二甲氧基-4,9,9'- 三羟基-苯并呋喃木脂素-7'- 烯	$C_{20}H_{22}O_6$	木脂素
8	trichobenzolignan	$C_{18}H_{18}O_4$	木脂素
9	dumosaol	$C_{30}H_{32}O_{10}$	木脂素
10	5–pentadecylresorcinol	$C_{23}H_{38}O_2$	脂肪酸类
11	β-（9'Z,12'Z,15'Z）-octadecatrienoic acid monoglyceride	$C_{21}H_{36}O_4$	脂肪酸类
12	2,3–dihydroxypropyl（13E,15E）-octadeca-13,15-dienoate	$C_{21}H_{38}O_4$	脂肪酸类
13	dibutyl phthalate	$C_{16}H_{22}O_4$	脂肪酸类
14	单棕榈酸单甘油酯	$C_{19}H_{38}O_4$	脂肪酸类
15	丁二酸	$C_4H_6O_4$	有机酸
16	β–sitosterol	$C_{29}H_{50}O$	甾醇类

续表

编号	名称	分子式	类型
17	stigmasterol	$C_{29}H_{48}O$	甾醇类
18	齐墩果酸	$C_{30}H_{48}O_3$	甾醇类
19	胡萝卜苷	$C_{29}H_{62}O_7$	甾醇类
20	α-菠甾醇	$C_{29}H_{46}O$	甾醇类
21	对羟基苯甲醛	$C_7H_6O_2$	芳香族
22	肉桂酸	$C_9H_8O_2$	芳香族
23	对香豆酸	$C_9H_8O_3$	芳香族
24	香草酸	$C_8H_8O_4$	芳香族
25	二甲氧基对苯二酚	$C_8H_{10}O_4$	芳香族
26	香草醛	$C_8H_8O_3$	芳香族
27	松柏醇	$C_{10}H_{12}O_3$	芳香族
28	benzyl β-D-glucopyranoside	$C_{14}H_{16}O_7$	芳香族
29	2-(4-methoxyphenyl)propane-1,3-diol	$C_{10}H_{14}O_3$	芳香族
30	bryonolic acid	$C_{30}H_{48}O_3$	五环三萜
31	karounidin acid	$C_{30}H_{46}O_3$	五环三萜
32	L-焦谷氨酸	$C_5H_7NO_3$	氨基酸
33	L-焦谷氨酸甲酯	$C_6H_9NO_3$	氨基酸
34	脱水穿心莲内酯	$C_{20}H_{28}O_4$	二萜内酯
35	neoandrographolide	$C_{26}H_{40}O_8$	二萜内酯
36	2,2'-二甲氧基-4-(9-羟基-7-丙烯基)-4'-(7',8'β,9'-三羟丙基)联苯醚	$C_{20}H_{24}O_7$	醚类
37	2,2'-二甲氧基-4-(9-羟基-7-丙烯基)-4'-(7',8'α,9'-三羟丙基)联苯醚	$C_{20}H_{24}O_7$	醚类
38	山柰酚-3,7-O-α-二鼠李糖苷	$C_{27}H_{30}O_{14}$	黄酮苷类
39	(3S,5R,6S,7E)-3-羟基-5,6-环氧-大柱烷-7-烯-9-酮	$C_{13}H_{20}O_3$	小分子酮
40	glycerol mono-(E)-8,11,12-trihydroxy-9-octadecenoate	$C_{21}H_{40}O_7$	脂肪酸
41	aralia cerebroside	$C_{39}H_{75}NO_9$	脑苷类

续表

编号	名称	分子式	类型
42	5-羟甲基糠醛	$C_{14}H_{22}O_5$	糠醛类
43	5-butoxyimidazolidine-2,4-dione	$C_7H_{12}N_2O_3$	海恩环类
44	5-isobutylimidazolidine-2,4-dione	$C_7H_{12}N_2O_2$	海恩环类
45	tetrahydropyrrolo[1,2-c]pyrimidine-1,3(2H,4H)-dione	$C_7H_{10}N_2O_2$	海恩环类
46	6-isopropyl-1,3-oxazinane-2,4-dione	$C_7H_{10}NO_3$	海恩环类

四、罗汉果根多糖组分

颜小捷等（2012）利用纸色谱及高效液相测定了罗汉果根多糖 CPS 的单糖组成，CPS 由葡萄糖、木糖和阿拉伯糖组成，其中以葡萄糖为主。张洁等（2024）将干燥罗汉果根经 95% 乙醇脱脂，用 70℃水提醇沉得到粗多糖，再经 Cellulose DE-52 纤维素阴离子交换柱、SephadexLH-20 凝胶柱分离纯化，得到均一多糖 LGP-A。LGP-A 的相对分子质量为 $1.83×10^6$ Da，主要由半乳糖（Gal$p$，51.23%）和阿拉伯糖（Ara$f$，44.68%）组成。红外光谱及核磁波共振波谱对其结构分析证明，LGP-A 可能主要含有 T-$α$-L-Ara$f$（A）、→3)-$α$-L-Ara$f$-（1→（B）、→5)-$α$-L-Ara$f$-（1→（C）、→3,5)-$α$-L-Ara$f$-（1→（D）、→3)-$β$-D-Gal$p$-（1→（E）、→3,6)-$β$-D-Gal$p$-（1→（F）、→6)-$β$-D-Gal$p$-（1→（G）和→3)-$α$-D-Gal$p$-（1→（H）片段。

五、罗汉果根药理活性研究

罗汉果根味苦、性微寒，具有利湿止泻、通络止痛等功效。用作中药可以治疗腹泻、风湿性关节炎以及脑膜炎后遗症。现代药理研究表明，其含有的活性成分具有抗氧化、降血糖、抗肿瘤、抑菌等作用。

（一）抗肿瘤活性

斯建勇等（1999）发现罗汉果根提取物在体外对多种肿瘤细胞具有明显的抗肿瘤活性，经后续研究发现罗汉果酸乙成分抗肿瘤效果最明显。扈芷怡（2020）对罗汉果根不同极性部位进行分离纯化，从极性较小的部位分离得到的 4 种葫芦烷型三萜化合物，对 HepG2 肿瘤细胞的 IC_{50} 分别为 22.9 μg/mL、27.3 μg/mL、81.7 μg/mL、33.2 μg/mL，以上数据说明罗汉果根中部分葫芦烷型三萜类化合物具有良好的抗肝癌活性。王慧娟（2022）对罗汉果根 90% 乙醇提取部位及处理前后的 4 个不同极性部位进行了抗肿瘤活性分析，结果表明从二氯甲烷层分离得到的 30 个葫芦烷型三萜单体化合物中有 17 个单体化合物对 4 种肿瘤细胞系有不同程度的抑制作用，其中新化合物 siragrosvenin D 作为一种葫芦烷型三萜吡嗪生物碱类新骨架化合物对乳腺癌细胞的生长具有明显的抑制效果。目前在从罗汉果根中分离得到的各种类型的化合物中，葫芦烷型三萜类化合物的抗肿瘤活性最好，可以推测此类化合物是罗汉果根抗肿瘤活性的药效物质基础。

（二）抗氧化活性

蓝群等（2018）对不同浓度根的提取物进行超氧阴离子自由基、羟自由基、DPPH、自由基阳离子清除能力的测定、通过对亚铁离子诱发脂质过氧化的抑制作用以及总还原能力的测定，来评价罗汉果块根提取物的抗氧化活性，结果显示罗汉果块根提取物具有较强的抗氧化能力和清除多种自由基的能力，但抗氧化能力和总还原能力均较抗坏血酸（维生素 C）和罗汉果苷相对较弱；陈换莹等（2012）采用 3 种体外抗氧化活性测定体系分别对罗汉果根中 4 种不同极性溶剂萃取物的抗氧化活性进行了测定，结果显示，各萃取物清除 DPPH 自由基的能力随着萃取物浓度的增加而提升。在相同浓度下，不同极性萃取物之间的清除能力均呈现出了明显差别。实验结果表明，4 种萃取物对于 DPPH、ABTS 以及 FRAP 自由基都具有一定的清除作用。但是 3 种抗氧化方法的评价结果不尽相同，其中甲醇萃取物对 DPPH 自由基的清除作用效果最好，氯仿萃取物次之。

（三）降血糖活性

有大量研究证明葫芦科植物苦瓜中的苦瓜皂苷具有良好的降血糖作用，罗汉果根的主要成分同样为葫芦素类化合物，与苦瓜皂苷具有相似的结构特征。因此推测罗汉果根可能具有相似的降血糖活性。扈芷怡等（2019）采用 α-葡萄糖苷酶抑制实验来研究受根结线虫危害的罗汉果根粗提及不同极性部位提取物的降血糖活性，结果表明，4 个不同极性的罗汉果根提取物均具有一定的降血糖活性，80%、100% 甲醇部位

降血糖活性最强。Lu等（2023）从罗汉果根中分离得到17个α-葡萄糖苷酶抑制剂，其中siraitic acid Ⅱ C对α-葡萄糖苷酶的抑制最强，效果强于阳性药阿卡波糖。以上文献证明罗汉果根具有一定的降血糖活性，但目前的研究仅停留在酶学实验层面，需要在动物体内外实验进行更深层次的探究。

（四）抗炎活性研究

陈全斌（2003）、汤桂梅（2002）等分别选取了不同溶剂下罗汉果块根的提取物，对二甲苯所致的小鼠耳肿胀度进行实验，以测试不同溶剂下罗汉果根提取物的抗炎能力，结果表明罗汉果块根的水提取物有明显的抗炎作用。

（五）抑菌活性

蓝群等（2018）以不同体积浓度的乙醇作为溶剂提取罗汉果块根中的总酚和总黄酮，表明4.0 mg/mL罗汉果块根粗提液对大肠杆菌、金黄色葡萄球菌、枯草芽孢杆菌、铜绿假单胞杆菌、根霉和曲霉均具有一定抑菌效果。

（六）其他活性

乙酰胆碱是一种重要的神经递质，其含量下降可能会导致神经退行性疾病，如老年痴呆症。乙酰胆碱酯酶可以水解人体内的乙酰胆碱，因此筛选乙酰胆碱酯酶抑制剂是开发治疗神经退行性疾病的关键步骤。王慧娟等（2022）利用计算机对降碳葫芦烷型三萜苷的活性靶点进行预测，并结合乙酰胆碱酯酶的抑制实验对18个葫芦烷型三萜苷类进行了活性筛选，结果表明化合物siraitiaoside D具有一定的酶抑制活性，具有开发为治疗神经退行性疾病药物的潜力。

颜小捷等（2012）发现罗汉果根多糖CPS可以提高H22皮下种植性肿瘤小鼠的胸腺指数。张洁等（2024）发现罗汉果多糖LGP-A能促进RAW264.7细胞的增殖，并能明显促进细胞分泌NO、IL-6和TNF-α，提高细胞吞噬率，表明LGP-A具有显著的免疫调节活性。

第二节 罗汉果非果实部位黄酮成分及活性研究

一、化学成分

（一）茎叶部位

目前罗汉果药用部位的研究主要集中在果实上，叶通常被废弃。陈全斌等（2006）研究表明，从罗汉果叶中分离得到黄酮类物质山奈酚、山奈苷和槲皮素-3-O-β-D-葡萄糖-7-O-α-L-鼠李糖苷。刘焱文等（2011）研究表明，在罗汉果茎叶中分离鉴定出山奈酚-7-O-α-L-鼠李糖苷、山奈酚-3-O-α-L-鼠李糖苷（阿福豆苷）和槲皮素-7-O-L-鼠李糖苷。张妮等（2014）研究表明，在罗汉果叶中得到槲皮素、4'-甲氧基二氢槲皮素。Lu等（2020）研究表明，通过UPLC-Q-TOF-MS准确或初步鉴定出罗汉果叶中含有山奈酚-O-苷类19种、槲皮素-O-苷类4种、黄酮衍生物类6种、多甲氧基黄酮类5种，共34种黄酮类化合物，并且分离得到山奈苷A。王雅静等（2022）研究表明，用80%甲醇对罗汉果茎进行超声提取和HPLC-Q-TOF MS检测分析，共鉴定出46种化合物，包括21种山奈酚、17种槲皮素和8种4'-甲氧基山奈酚类黄酮醇和黄酮醇苷。王金凤等（2023）研究表明，同样通过UPLC-Q-TOF-MS分析罗汉果叶醇提物中化学成分，共表征出64个化合物，其中黄酮类7个，酸类14个，酯类12个，三萜类10个，酮类4个，醇类4个以及其他类13个。

（二）花部位

广西植物研究所李典鹏等（2009）研究表明，从罗汉果花中分离得到山奈酚、山奈酚-7-O-α-L-鼠李糖苷、7-甲氧基山奈酚3-O-α-L-鼠李糖苷、7-甲氧基山奈酚3-O-β-D-吡喃葡萄糖苷和罗汉果黄素。此外，陈全斌等（2012）研究表明，罗汉果雌花和雄花中黄酮苷元仅为山柰酚，与张彩霞等（2013）研究结论相互印证。罗汉果非果实部位黄酮类化合物结构见图 9–2、表 9–3。

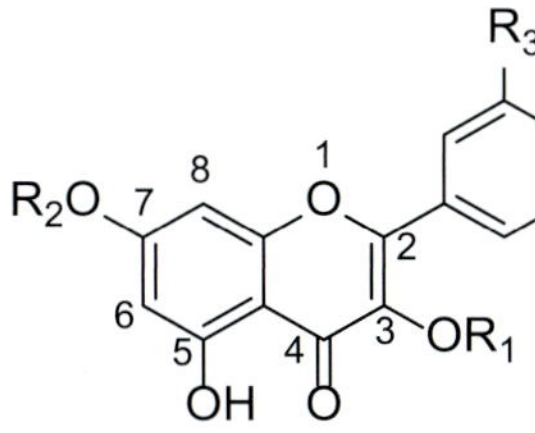

1-11

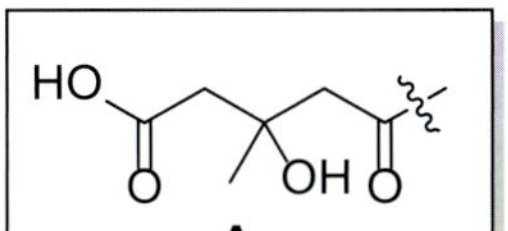

A

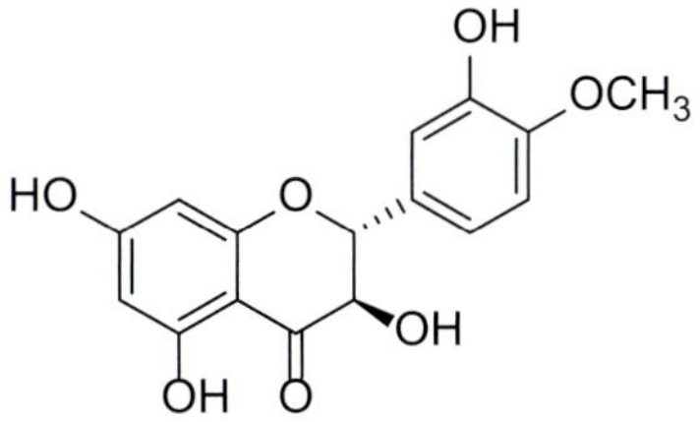

12
4'-甲氧基二氢槲皮素

图 9–2　罗汉果非果实部位黄酮类化合物结构

表 9–3　罗汉果非果实部位黄酮类化合物结构

序号	化合物	R_1	R_2	R_3	来源
1	山柰酚	H	H	H	花，叶，果
2	罗汉果黄素	Rha	Rha$\overset{2}{-}$Glc	H	花，叶，果
3	山柰苷（grosvenorine Ⅱ）	Rha	Rha	H	叶，果
4	槲皮素	H	H	OH	叶
5	山柰酚 –7–O–α–L– 鼠李糖苷	H	Rha	H	花，茎，叶，果
6	山柰酚 –3–O–α–L– 鼠李糖苷（阿福豆苷 afzelin）	Rha	H	H	茎，叶，果
7	槲皮素 –7–O–L– 鼠李糖苷	H	Rha	OH	茎，叶
8	槲皮素 –3–O–β–D– 葡萄糖 7–O–α–L– 鼠李糖苷	Glc	Rha	OH	叶，果
9	7– 甲氧基山柰酚 3–O–α–L– 鼠李糖苷	Rha	CH_3	H	花
10	7– 甲氧基山柰酚 3–O–β–D– 吡喃葡萄糖苷	Glc	CH_3	H	花
11	山柰苷 A	Rha$\overset{4}{-}$A	Rha	H	叶

二、黄酮成分提取方法

（一）溶剂回流提取法

梁英等（2010）研究表明，利用热水回流法提取罗汉果叶总黄酮，正交试验结果显示最佳提取方法为：固液比 1∶30，水煮沸提取 3 次，每次提取 50 min。在此工艺下得到的总黄酮提取量为 13.18 mg/g。

（二）超声辅助提取法

卢凤来等（2013）研究表明，在单因素试验基础上，采用响应面分析法对影响罗汉果茎叶总黄酮提取率的主要因素（乙醇体积分数、提取时间和料液比）进行优化，建立了影响因素与响应值之间的函数关系，得出最佳提取工艺条件为：乙醇体积分数为 80%、液料比为 38∶1、提取时间为 104 min，在此实验条件下总黄酮的提取率为 4.01%。张卓睿等（2016）研究表明，对罗汉果花总黄酮超声波提取工艺优化，乙醇体积分数为 67.55%，超声时间为 43.62 min，超声波功率为 208.48 W，液料比为 15∶1（mL/g），总黄酮提取率可达到 6.537%。

（三）微波辅助提取法

张彩霞等（2013）研究表明微波萃取罗汉果花中黄酮的最佳工艺条件为：溶剂 60% 乙醇溶液，料液比为 1∶30（g/mL），微波功率为 350 W，微波辐射时间为 20 min，提取次数 2 次，罗汉果花中黄酮的得率达 7.6%。汪洪涛等（2019）研究表明，各因素对罗汉果花提取液总抗氧化能力的影响顺序为提取温度＞乙醇体积分数＞料液比；罗汉果花活性物质的最佳提取条件为：乙醇体积分数为 81%，料液比为 1∶20（g/mL），温度为 44℃，时间为 120 min。

三、黄酮成分含量测定及变化

（一）含量测定

刘焱文等（2010）研究表明，采用紫外分光光度法测定了植株叶和茎的总黄酮含

第九章 罗汉果废弃物的开发与利用

量分别为 58.5 mg/g 和 2.9 mg/g；测定了茎和叶合提物 3 批样品总黄酮的含量分别为 324.7 mg/g、330.1 mg/g 和 325.8 mg/g，并发现罗汉果茎叶提取物中总黄酮含量高于果实，从而为罗汉果枝叶的开发利用提供了试验依据。卞伟明等（2020）研究表明，罗汉果花中总黄酮含量为 51.9%。

（二）含量变化

陈全斌等（2007）研究表明，对同期罗汉果植株不同部位的总黄酮含量进行测定，采用甲醇水浴回流提取黄酮，除去滤渣，在滤液中加盐酸溶液进行回流水解，采用高效液相色谱测定罗汉果植株各部位黄酮的总含量，发现总黄酮含量从高到低的排列顺序为：牙叶＞中叶＞上叶＞下叶＞中茎＞下茎＞芽茎＞上茎＞根。由此可见，罗汉果植株不同部位的总黄酮含量呈现出由上至下、由外至内递减的规律。

四、罗汉果非果实部位黄酮的生物活性

（一）抗氧化作用

李典鹏团队等（2009）研究表明，采用 FRAP、TEAC 及 ORAC 等三种体外抗氧化活性方法测定罗汉果花中 5 个黄酮苷类单体化合物的抗氧化作用，结果均证明了罗汉果花中部分黄酮苷类化合物的强抗氧化活性，其中山奈酚的抗氧化活性最强。构效分析发现结构中的 3, 7- 位羟基是黄酮苷元的活性基团，也是影响其抗氧化活性的关键基团，如果羟基糖苷化、羟基甲基化等都会使其抗氧化活性降低。汪洪涛等（2019）研究表明，罗汉果花提取物对鲜切苹果具有一定的保鲜效果。

陈全斌团队等（2006）研究表明，罗汉果叶黄酮抗氧化活性优于人工合成抗氧化剂二丁基羟基甲苯（BHT）。梁英等（2010）研究表明，罗汉果叶总黄酮具有显著的 1,1- 二苯基 -2- 苦肼基自由基（DPPH）和 2,2- 连氮 - 双 -（3- 乙基苯并噻唑啉 -6- 磺酸）自由基（ABTS）清除能力，其 IC_{50} 值分别为 0.51 mg/mL 和 0.29 mg/mL。

蓝群等（2018）研究表明，以罗汉果块根为试材，不同浓度乙醇为溶剂，对罗汉果块根总黄酮进行提取，采用清除超氧阴离子自由基、羟自由基、DPPH、ABTS 和对 Fe^{2+} 诱发脂质过氧化抑制作用及总还原能力的方法评价提取物抗氧化活性，发现 80% 乙醇提取物的总黄酮含量最高，为 8.17%；提取物均具有较强抗氧化和清除多种自由基能力，且与浓度剂量有关。

（二）抗疲劳作用

和卫宾等（2013）研究表明，罗汉果叶黄酮能提高大鼠力竭运动持续时间，罗汉果叶黄酮在提高机体抗疲劳和加快机体恢复有着一定作用，并且能增加大鼠体重，促进大鼠身体发育和成熟度，增加大鼠免疫器官的重量，提高免疫器官生长发育。此外，罗汉果叶黄酮能改变脾脏内部结构形态、增加免疫细胞数量和血清溶血素含量，表明罗汉果叶黄酮在增强机体免疫功能等有着良好的功效。陈梅等（2008）研究结果表明，单纯补充罗汉果叶黄酮或耐力训练在对大鼠机体的抗疲劳能力、抗自由基损伤的保护作用及对机体能量代谢的调节方面也表现出了一定的作用，但两者相结合后则能使其效果明显提高。提示在运动训练过程中适当补充罗汉果叶黄酮可能对提高运动员的训练效果具有潜在的作用。

（三）降血糖作用

饶荣等（2012）研究表明，在罗汉果果实和茎叶中的黄酮提取物，对链脲佐菌素引发的Ⅱ型糖尿病大鼠病症有减轻体重、降低空腹血糖效果。彭成海等（2019）研究表明，罗汉果花醇提物抑制 α- 淀粉酶的 IC_{50} 值为 2.30 mg/mL。

（四）其他生物活性

陈全斌等（2005）研究表明，罗汉果叶黄酮能抑制腺苷 -5- 二磷酸钠盐诱导大鼠血小板聚集，明显降低高胆固醇血症小鼠的总胆固醇和甘油三酯含量，提高高密度脂蛋白胆固醇的水平，以及延长小鼠的凝血时间。说明罗汉果黄酮具有一定的抗血栓形成、抗血小板聚集、降血脂、抗凝血等活血化瘀药理作用。急性毒性试验结果表明，罗汉果黄酮对小鼠的最大给药量为 60.85 g/kg。

汪洪涛等（2019）研究表明，罗汉果花提取液对亚硝酸盐具有清除效果。

第九章　罗汉果废弃物的开发与利用

第三节　罗汉果深加工残渣的综合开发与利用

一、罗汉果残渣主要成分及综合利用概述

罗汉果残渣主要是指罗汉果提取过程中产生的剩余部分，包括罗汉果果皮、籽以及粗纤维等。这部分物质是罗汉果精深加工过程中最大的副产物，如果将其废弃或者进行低值化利用，将会导致严重的资源浪费。因此，对罗汉果残渣进行综合开发与利用，对于提高罗汉果产业的效益具有重要意义。据检测，罗汉果残渣含干物质 89.54%、粗蛋白质 8.94%、粗脂肪 0.99%、粗纤维 22.48%、中性洗涤纤维 88.35%、酸性洗涤纤维 73.20%、粗灰分 1.30%、钙 0.25%、磷 0.22%。根据罗汉果残渣的组成成分及营养特性，目前主要将其应用于肥料化、饲料化、作为天然摩擦剂、制成生物质燃料或作为培养基质等方面。

二、罗汉果残渣肥料化利用

罗汉果残渣肥料化利用主要用于制作有机肥。经广西壮族自治区土壤肥料测试中心检测（报告编号：GF130049），以烘干基计，罗汉果残渣中有机碳质量分数为 99%，氮质量分数为 1%，五氧化二磷质量分数为 0.4%，氧化钾质量分数为 0.3%。此外，罗汉果残渣中氮和磷含量相对较低，并且可能是以淀粉、纤维素、半纤维素等多糖的形式存在。因此，在罗汉果残渣堆沤过程中，为确保能实现有效发酵，需要添加一定的物料并确定其配比，例如米糠、尿素、钙镁磷肥、钾肥等，同时还需要对发酵条件进行优化和确定。

（一）罗汉果残渣堆肥（堆沤）主要影响因素

堆沤过程中温度很关键。适宜的温度可以使微生物活跃，加快堆沤进程。一般来

说，温度在 50～60℃较为理想，这个温度范围有利于微生物分解罗汉果残渣中的有机物。

堆沤材料需要保持一定的湿度，太干，微生物活动会受到抑制；太湿则会导致通气性差，也不利于微生物生长。通常湿度保持在 50%～60% 比较合适。

罗汉果残渣本身的碳氮比会影响堆沤效果。合适的碳氮比有利于微生物生长繁殖，促进堆肥的腐熟。可以通过添加一些含氮高的材料来调节碳氮比，比如添加尿素等氮肥。

良好的通气条件能为好氧微生物提供足够的氧气，让其正常代谢，从而更好地分解残渣。如果通气不良，堆沤会产生厌氧环境，导致产生难闻气味并且堆肥质量下降。

（二）罗汉果残渣堆肥发酵条件

据吉福思公司相关科研人员研究报道，罗汉果残渣堆肥发酵条件具体如下。

（1）菌剂。混合使用北京 EM 菌 + 广州农冠菌发酵菌。

（2）物料配比。罗汉果残渣最适合的用量为 50%～70%，添加一定量的米糠和尿素。

（3）温度。堆料 60℃以上的高温持续时间达 8 d 以上。

（4）湿度。启动发酵时的堆料湿度为 55%～60%。

（5）pH 值。pH 变化值 6～8.5。

（三）罗汉果残渣生产有机肥的生产工艺

罗汉果残渣发酵工艺，以粉碎的罗汉果残渣作为原料，添加米糠、尿素等；湿度为 55%～60%、碳氮比为 25∶1 条件下，通过适宜的益生菌及粗纤维降解菌等进行发酵，可以生产出优质的罗汉果有机肥。生产罗汉果有机肥生产工艺。详见图 9-3。

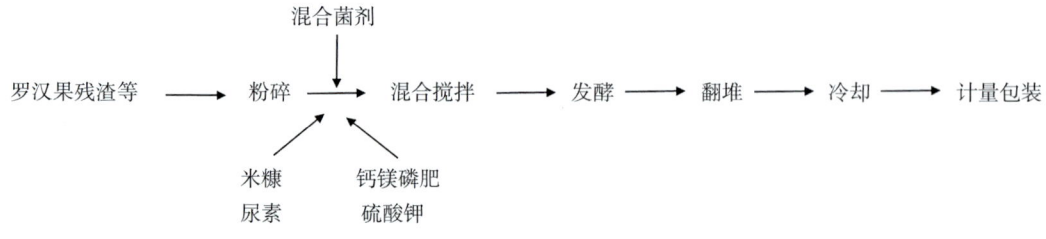

图 9-3　罗汉果有机肥的生产技术流程

第九章 罗汉果废弃物的开发与利用

（四）罗汉果有机肥的使用

在农作物、中药材等的种植过程中，根据种植作物的特性，可以将罗汉果残渣采用自然降解的方式添加到土壤中，这样可以保持土壤的持续肥力，改善土壤结构，同时，也可以直接使用便捷的商业罗汉果有机肥，略掉罗汉果残渣自然降解的步骤，更加高效地促进植物的生长。

三、罗汉果残渣饲料化利用

（一）罗汉果残渣发酵饲料商业化生产及利用

罗汉果残渣富含氨基酸、黄酮、蛋白质和油脂等功能性和营养性化学成分，以其为饲料原料能够有效取代或部分代替高价的豆粕、花生粕等原料，可大幅降低饲料的生产成本。以罗汉果残渣为主要原料制成的发酵饲料，利用微生物繁殖产生的代谢产物，将罗汉果残渣中动物难以消化利用的抗营养组分进行降级或转化成为易吸收消化的营养物质，同时提高饲料适口性。

1. 生产罗汉果残渣发酵饲料的原辅料要求

所有的罗汉果残渣应干净、无泥土、无铁器等尖锐物和其他有害杂质，禁止使用发霉变质的原料。其他饲料辅料如玉米粉、豆粕、氯化钠等应符合《饲料原料目录》规定的指标范围，外观指标保持相对稳定，严控霉变和污染。根据罗汉果残渣原料特性和生产工艺需求，可选用乳杆菌、片球菌等菌种和纤维素酶、半纤维素酶等制作成混合型的微生物制剂，微生物菌剂按产品使用说明书要求配制使用。

2. 生产罗汉果残渣发酵饲料的基本设施和设备

加工车间和仓库宜选择地势高、排水好、干燥、无污染、易管理、近畜舍的位置；设置罗汉果残渣原料堆放区、饲料辅料堆放区、成品堆放区等，同时防止储存过程中物料产生霉变。加工车间高度和宽度需满足加工生产设备及储运等操作。加工设备可根据生产规模需要配置合适型号的粉碎机、搅拌机、铲车、压包机等加工设备。发酵容器宜选用具有密闭条件，不漏水、不漏气，取料方便的青贮窖、青贮池等，或足够坚固、耐用，不漏气的青贮袋。

3. 罗汉果残渣发酵饲料的加工工艺

原辅料配比 → 混合（粉碎）→ 装填 → 发酵

（1）在准备好的罗汉果残渣中，按照一定的比例添加玉米粉、豆粕、食盐等。根据需要进行粉碎、搅拌，使精、粗料混合均匀。

（2）将混合均匀的物料分层装入窖（池）中，每层 10～15 cm，每填装完一层按饲料原料的量喷洒足够已活化好的微生物菌剂，然后压实，每填一层压实一次，直至装填完毕，然后顶部覆盖 2～3 层无毒无害青贮专用塑料膜，外层覆盖一层防水苫布，用重物压实，过程中严格检查苫布与地面和窖壁接触处是否密封完好。也可根据需要采用袋贮的方式，将混合均匀的原料与活化好的微生物菌剂按照比例混匀后装入发酵专用袋，压实，并将袋内空气排出后扎紧密封。

（3）装填后的物料在常温条件下（平均温度 25℃以上）发酵 30 d 左右即可取用，当环境温度偏低如冬天时，发酵时间适当延长。

4. 罗汉果残渣发酵饲料的利用

罗汉果残渣发酵饲料经检测合格后即可直接用于饲喂牛羊，饲喂时取用应从固定一端开始，由上往下，注意剔除霉烂部分。随取随用，取后立即盖实，取出料应当日用完。

牛羊等第一次饲喂罗汉果残渣发酵饲料时，应有 3～5 d 过渡期，逐步添加，逐渐添加到其日饲喂量。牛羊的日饲喂量通常按照体重及牛羊品种日常食量进行科学饲喂。

（二）罗汉果残渣生产饲料基料及应用

此外，罗汉果残渣还可以加工成饲料基料。相关研究和实践表明罗汉果残渣可以替代部分日粮在广西麻鸡饲养过程中使用，且对鸡群具有促进生长、提高饲料养分消化率、提高屠宰性能等效果。

1. 罗汉果残渣生产饲料基料的加工方法和步骤

（1）收集罗汉果残渣。将罗汉果残渣从罗汉果精深加工企业残渣暂存区转运至罗汉果残渣饲料基料加工厂。

（2）烘干。将罗汉果残渣输送到烘干机中进行烘干，设定烘干温度为 50～60℃，时间为 6～8 h，直到水分含量降到 10% 以下。

（3）研磨。烘干后水分达标的罗汉果残渣直接进入研磨机、细碎机研磨成粉末。目前通常使用烘干研磨机组一体方式进行加工，大幅提高生产效率和节约能源。

（4）称量包装。将研磨好的罗汉果残渣粉末进行称量和包装，通常采用双层袋子包装，内层塑料袋、外层蛇皮袋密封包装，即可得罗汉果残渣饲料基料产品。

第九章 罗汉果废弃物的开发与利用

2. 在加工储藏罗汉果残渣饲料基料时相关注意事项

（1）加工前要检查罗汉果残渣情况，确保无异物。

（2）烘干温度要控制在合适的范围内，过高会导致营养成分流失，过低则会影响烘干效果。

（3）研磨要均匀，粉末不宜过细，否则会影响动物的消化吸收。

（4）需存储在干燥、阴凉的地方，保证基料的品质，同时遵循先进先出的原则。

四、罗汉果残渣作为天然摩擦剂方面的利用

目前，工业洗手液、洗面奶都是采用直径 0.01～1.00 mm 的化工树脂颗粒作为摩擦剂。洗涤后排放到江河的化工树脂颗粒无法进行自然生物分解，这些化工树脂颗粒通过鱼虾等食物链，最终传递给人，影响人体健康。美国规定 2017 年开始逐步禁止使用化工树脂颗粒作为工业洗手液、洗面奶等的添加剂。洗涤产品的化工树脂颗粒摩擦剂全面转换成天然植物摩擦剂将成为世界的潮流。广西植物研究所与桂林莎罗雅生物技术有限公司研究发现，用罗汉果残渣生产出的摩擦剂硬度适当，溶解性小，化学性稳定，无异味，安全无毒，具备作为摩擦剂的基本性能，其主要的生产流程如下（图 9-4）。

干燥：将罗汉果残渣平铺在烘箱的装料板上，料层高约 5 cm，利用 80 ℃烘 24 h 左右，使残渣含水量低于 10%。

打磨：干燥好的残渣置于打磨机内，去除罗汉果籽核。

粉碎：打磨过去除了籽核的残渣投入粉碎机内，采用 40 目的筛网，收集筛下的颗粒，即为摩擦剂。

灭菌：已包装好的产品采用 18 kGy 的 γ 射线辐照 3 h。

包装：根据不同的需求，用不同大小规格装袋。

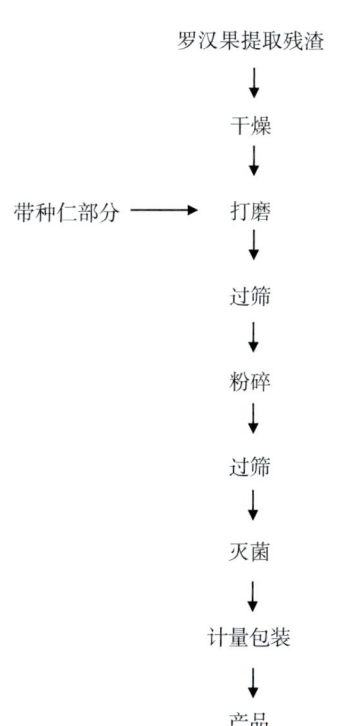

图 9-4 罗汉果摩擦剂的生产技术流程

五、罗汉果残渣作为生物质燃料或培养基质方面的利用

（一）罗汉果残渣作为生物质燃料的利用

罗汉果残渣作为一种热值较高的生物质能源，由于它含水量较高，可通过利用气流干燥装置使锅炉余热和罗汉果残渣同时得到综合利用，罗汉果残渣干燥后作为锅炉燃料的热值高达2 068 J/g，在工业锅炉燃烧中的热效率达69%，且尾气的SO_2含量较燃煤大大减少，能有效降低和缓解大气污染。因此罗汉果残渣作为生物质燃料的一种，不仅具有潜在的利用价值，还能在环保和资源循环利用方面发挥重要作用。将罗汉果残渣转化为生物质燃料的过程主要包括收集、预处理、成型和存储利用等步骤。首先，需要收集罗汉果精深加工过程中产生的残渣，并进行初步的清理剔除异物。接着，通过粉碎、混合、挤压等工艺，将罗汉果残渣加工为具有一定形状和密度的生物质成型燃料（BMF）。

此外，相关研究表明先采用锥形螺旋配锥形筛网的挤干机，压榨后罗汉果残渣含水量约为72%，然后再使用350型螺旋压榨机对罗汉果浸提后的渣料进行压榨脱水。通过飞行螺旋压榨机处理后的罗汉果残渣再次被挤干，其含水量降低到约50%，产量约为18 t/d。后序采用造粒制成生物质燃料。

（二）罗汉果残渣作为培养基质方面的利用

罗汉果残渣富含油脂和纤维素等有机物质，开展罗汉果残渣在食用菌栽培方面的应用研究，将开拓罗汉果综合利用的全新技术领域，不仅可以变废为宝，延长罗汉果资源综合利用的产业链，达到提高经济、环保和社会效益的三重目的，同时还为食用菌生产提供充足优质的原料保证。同时，以罗汉果残渣作为主要培养料栽培食用菌，能充分吸收罗汉果的营养成分，将罗汉果药用保健养生作用转移至食用菌，从而进一步提升食用菌的保健养生功能。关于罗汉果残渣作为培养基质方面的利用已有相关专利，如一种以罗汉果残渣为主料的食用菌栽培基质及其制备方法（CN110731233A）：按组分和重量百分比包括罗汉果残渣77%～87%，木薯酒精渣10%～20%，石灰1%～3%，石膏1.00%。该专利中共设置了5个配方栽培基质，分别对平菇、毛木耳、灵芝菌丝体生长速度、生物学转化和生产效益等进行比较，结果表明此食用菌栽培基质配方简单，科学合理，基质理化性状稳定、营养全面均衡，培养的食用菌菌丝生长速度快、产量和生物学转化率高，且制备方法简单易行、方便操作、容易实现，而且

第九章　罗汉果废弃物的开发与利用

做到了废物利用，实现了废物资源化。此外，桂林健成生物科技开发有限公司提供了一种罗汉果果渣在栽培秀珍菇中的应用（CN104945056A）：以罗汉果果渣粉，配以棉籽壳、麸皮、石膏和碳酸钙，各组分的重量百分比为罗汉果果渣粉40%，棉籽壳40%，麸皮18%，石膏粉1%，碳酸钙1%。其制备方法为：将罗汉果果渣晒干，粉碎成罗汉果果渣粉备用；将罗汉果果渣粉、棉籽壳用0.5%的石灰清液提前1～2 d预湿。在预湿的罗汉果果渣粉、棉籽壳中加入麸皮、石膏和碳酸钙拌匀，使水含量在60%左右，装袋灭菌即可得到用于秀珍菇栽培的营养基质。

六、罗汉果残渣综合利用成功的典型案例

吉福思公司以生产加工过程的废物资源化为导向，围绕"罗汉果种植＋精深加工＋养殖"循环经济的指导思想，积极与农牧公司合作，将罗汉果深加工过程中产生的果渣进行生物发酵后作为牲畜饲料，再将牲畜排泄后的粪便经发酵制成有机肥还田于罗汉果种植，形成罗汉果种植、精深加工、养殖和种植的绿色生态循环经济模式，目前罗汉果果渣的利用率已达100%，随着相关产业链的不断延伸甚至出现供不应求的现象。该案例具体实施如下。

吉福思公司提供了一种利用罗汉果加工副产物的罗汉果专用有机肥的制备方法。其具体制备方法如图9-5所示。

该方法实施制备得到的罗汉果专用有机肥在罗汉果种植基地进行了罗汉果栽培试验，并与常规商品有机肥（高要市芭隆有机生物肥料有限公司生产的"绿地"牌有机肥）

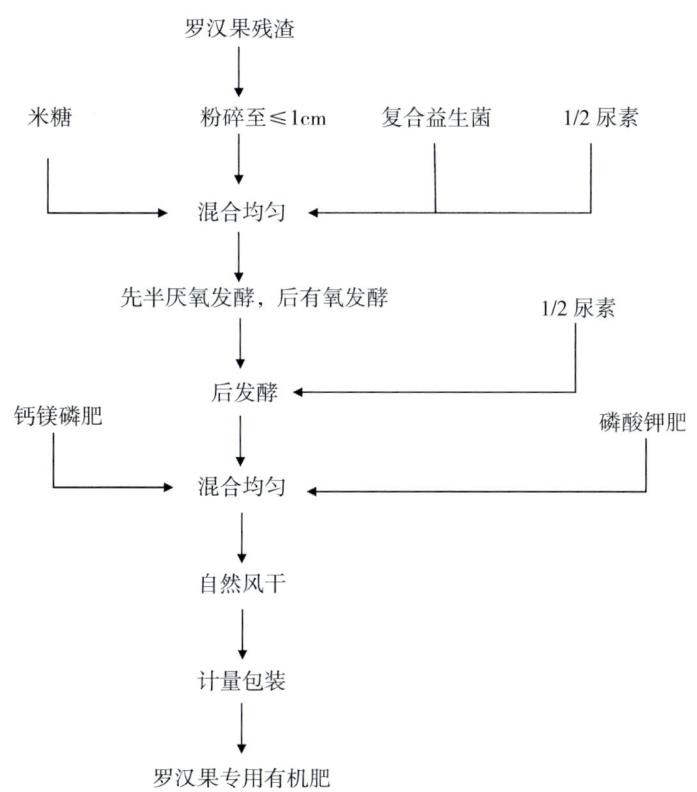

图9-5　罗汉果专用有机肥的生产技术流程

作对比。在罗汉果种植时，除施肥不同外，其他抹芽、修剪、授粉、除草、病虫害防治均参照公司标准化栽培管理进行。果实成熟时，采收黄色鲜果送至实验室检测甜苷含量。结果表明，同样的有机肥使用量条件下，本方法的罗汉果专用有机肥在上棚时间、现蕾时间、开花时间及开花量上的效果与常规商品有机肥差异较小。在果实成熟期，施用本方法的罗汉果专用有机肥的鲜果产量、甜苷含量均高于常规商品有机肥。因此，本方法的罗汉果专用有机肥应用于罗汉果原料生产上，其使用效果优于常规商品有机肥。该方法充分利用罗汉果加工提取后的副产物生产罗汉果专用有机肥，并用于罗汉果加工原料的种植生产，有利于罗汉果产业的循环发展及生态环境，操作过程简单易行，原料来源经济实惠，既解决了罗汉果提取加工产业环境处理问题，又进一步提高了罗汉果产业链的综合效益（图9-6）。

图9-6 罗汉果种植、精深加工、养殖、种植的绿色生态循环经济模式

第九章 罗汉果废弃物的开发与利用

第四节 罗汉果中角鲨烯、蛋白酶的开发与利用

一、角鲨烯

日本科学家 Tsujimoto（1916）在深海鲨鱼肝油中发现一种新的淡黄色不饱和烃类化合物，并将其命名为角鲨烯。角鲨烯是由 6 个异戊二烯聚合而成的大饱和脂肪烯烃，其分子中的双键均为反式构型，属于非环式的三萜结构。深海鲨鱼是最早被证实含有角鲨烯的动物，并且其角鲨烯含量较高。然而，深海鲨鱼生存于深海环境中，获取起来难度较大。同时，随着人们对生态环境保护和动物保护的意识不断增强，从动物中提取角鲨烯的来源逐渐减少。目前，一些研究人员选择从植物（如橄榄油、苋菜等）中提取角鲨烯，以此来替代因环保因素而减少的动物源。龚丽等（2013）以橄榄油为原料，通过层析柱分离纯化得到 5.69 mg/g 的角鲨烯，岳才军等（2010）采用皂化法提取得到苋菜中角鲨烯含量达 0.579 mg/g。

（一）罗汉果中角鲨烯的发展现状

目前罗汉果的综合利用主要集中在罗汉果提取物方面，例如将其用于生产罗汉果甜味剂、罗汉果浓缩汁等精深加工产品。在罗汉果精深加工过程中，会产生包括罗汉果种仁和果皮等大量的废弃物，它们在工业上的综合开发利用情况却相对较少。罗汉果籽仁和提取渣中含有丰富的角鲨烯，华诚公司（2020）从其中制备角鲨烯已申请专利技术，如一种从罗汉果籽仁中制备角鲨烯、维生素 E 及甾醇的方法专利所述，其制备方法包括了萃取、皂化、多次析晶和分离，对析出物和母液分别进行处理，以高收率、高纯度得到了角鲨烯、维生素 E 及甾醇三种产品。该发明提供的工艺除了浸提和皂化在相对较高条件下进行，其余工艺都在较低的温度，且无反应剧烈的条件下进行，对目标活性物质的破坏极小，对设备的腐蚀性也非常小。且结晶是获得高含量物质的主要手段之一，通过结晶工艺，条件温和，含量高，品相好，以罗汉果籽仁为原料，制备高含量角鲨烯可同时分离出多种活性成分。此外还包括从罗汉果提取渣中分离角鲨烯等多种活性成分的方法，采用碱性低碳醇/水溶液对罗汉果提取渣进行粗提，然后将粗提物经硅胶拌样后进行超临界萃取，分离出角鲨烯和经超临界萃取的粗提物拌样硅胶；进一步，柱层析经超临界萃取的粗提物拌样硅胶，依次分离出其中的谷甾醇和罗汉果黄素，并分别进行纯化后获得谷甾醇成品和罗汉果黄素成品。该方法同时提取角鲨烯、谷甾醇和罗汉果黄素三种活性成分，可将罗汉果提取渣资源综合利用，工艺连贯，该方法可操作性强，成本低，含量和收率高，是一种适合工业化大规模推广的生产技术，可有效实现罗汉果渣资源化的高效综合利用。另据报道，陈全斌团队等（2006）利用溶剂提取法从罗汉果种仁中检测出角鲨烯含量为12.5%。韦忠权等（2014）将罗汉果产业废弃的果仁加以综合利用，提取罗汉果角鲨烯制成"陆地深海鱼油"产品，验证了罗汉果确实含有极其丰富的角鲨烯物质。通过加强对罗汉果种仁和果皮中角鲨烯的提取分离技术研究，并充分加以应用，可有效推动罗汉果大健康产业的发展壮大。

（二）罗汉果中角鲨烯的应用

1. 保健品

咽喉炎是咽喉黏膜、黏膜下组织以及淋巴组织的炎症性疾病，常常由细菌病毒引起。近年来，研究人员发现角鲨烯具有很强的消炎作用，因此被广泛用于治疗咽喉炎等疾病。何安乐等（2022）研究表明，对罗汉果全果、皮渣以及籽仁中的有效成分进行分离提纯，最终得到含有角鲨烯的罗汉果保健产品罗汉果糖。并且经过动物试验，高剂量的罗汉果糖被证实具有明显的清咽功效，对抑制肉芽肿生长和棉球引发的大鼠肉芽肿有显著效果。由于该保健型罗汉果糖富含大量来源于皮渣的膳食纤维，来源于籽仁的植物甾醇、角鲨烯及维生素E，及其来源于鲜果浸提得到的稀有甜苷和罗汉果醇等活性物质，因此将针对该罗汉果糖进行活性开发与研究。

2. 香烟

史宏志等（1998）研究表明，角鲨烯不仅能够增进烟叶的香气和吸味，还能够通过降解转化形成一些致香成分，从而大大提升烟叶的品质和口感。此外，郑小嘎等

第九章 罗汉果废弃物的开发与利用

（2006）研究表明，含有角鲨烯成分的罗汉果浸膏能明显降低卷烟的刺激性、柔和烟香、改善口感，并且还能增加烟气的甜润度。这些发现都为烟草行业的发展带来了新的启示和方向。

随着现代科学技术的发展，科学家们正在积极开展相关研究，以期揭示角鲨烯更多的生物学作用和医疗保健价值。同时，也有一些企业已经开始将含有角鲨烯的罗汉果提取物应用于保健品、香烟、化妆品等领域，以满足消费者对健康和美容的需求。随着社会经济的发展和人们生活水平的提高，这些产品的市场前景将更加广阔。

二、罗汉果蛋白酶的应用

蛋白酶作为一种能够协助分解蛋白质肽链的酶，存在于诸多植物中。其对生命过程，包括种子发芽、细胞分裂、形态变化、抗压应激以及细胞程序性死亡等有着举足轻重的影响。苏小建等（2007）研究表明，新鲜的罗汉果中所含有的特殊蛋白酶具有较高的酪蛋白分解功能。并且，值得关注的是，在相同环境条件下，罗汉果蛋白酶的活性比木瓜蛋白酶高近10倍。综上所述，罗汉果蛋白酶具有极高的潜在开发价值。

（一）食品添加剂

梁成钦等（2007）采用罗汉果蛋白酶水解大豆分离蛋白制备大豆肽的水解工艺，分析了温度、酸碱度（pH值）、底物浓度、酶与底物比例及反应时长等因素对酶水解的影响，最终发现温度保持在60℃、pH值调节至9.0，底物浓度设定为5.0%，酶与底物比率控制为5.0%，反应时间则设置在1 h，能获得最佳酶水解效果。使用罗汉果蛋白酶所产生的大豆肽苦味较低，口感更为美味宜人。且用罗汉果蛋白酶催化生成的大豆肽味道较为温和，适合直接调制成酸性蛋白肽饮料，这一发现预示着这一酶解产物的潜在应用潜力。

（二）水解酒糟中蛋白质

苏小建等（2010）采用酶解法，用罗汉果蛋白酶提取酒糟中的蛋白质，测定酶解酒糟上清液中蛋白质的含量，计算单位体积蛋白质增量。各因素对单位体积蛋白质增量的影响依次为：pH值＞水解时间＞加酶量＞水解温度。酶解酒糟的最佳条件为：pH值8.0，水解时间10 min，加酶量0.75 mL/100 g湿酒糟，温度65℃。在最佳条件下，单位体积蛋白质增量可达 98.78%。该研究确定了酶解法提取酒糟中蛋白质的最优条件，使酶解上清液中蛋白质含量增加了近 1 倍。

罗汉果蛋白酶是一种具有广泛应用前景的绿色环保的植物蛋白酶，其提取工艺也在逐步改进。目前它主要被应用于水解大豆以及酒糟中的蛋白质，能够显著提高水解效果。尽管目前的开发应用相对较窄，但随着技术的不断进步以及研究的深入，罗汉果蛋白酶有望在更多领域得以应用，从而为人类的健康和社会的发展作出更大的贡献。

三、小结

角鲨烯是一种具有生物活性的化合物，对病毒、细菌、真菌、放线菌等病原体具有一定的抑制作用。蛋白酶作为一种重要的生物催化剂，在食品、酿酒生产等方面也有应用，例如在酿酒中，蛋白酶可以水解原料中的蛋白质、破坏颗粒质间包膜结构、增加可利用糖，从而提高原料出酒率。

总体而言，对罗汉果中角鲨烯以及蛋白酶的开发利用，为医药和食品等领域开辟了广阔的应用前景。与此同时，因其具备的生物活性与专一性，在多个领域的应用蕴含着极大潜力，值得进一步展开深入研究与开发工作。

第九章 罗汉果废弃物的开发与利用

参考文献

卞伟明,刘蓉飞,杨帆,等,2020.罗汉果花黄酮和多糖的提取与活性研究.粮食与油脂,33(10):121-124.

陈换莹,卢凤来,颜小捷,等,2012.不同极性罗汉果根萃取物抗氧化活性研究.食品科技,37(3):221-224,228.

陈梅,2008.罗汉果叶黄酮对力竭大鼠某些组织抗氧化损伤保护作用的实验研究.广西师范大学.

陈全斌,汤桂梅,徐庆,等,2003.罗汉果块根中药用成份提取及其药理作用初探.化学世界,(1):21-23,30,44.

陈全斌,程忠泉,杨建香,等,2006.罗汉果种仁中角鲨烯的提取及其结构表征.广西植物,(6):687-689.

陈全斌,罗星晔,梁国秋,等,2007.同期罗汉果植株不同部位黄酮含量测试研究.广西轻工业,(10):1-2.

陈全斌,沈钟苏,韦正波,等,2005.罗汉果黄酮的活血化瘀药理作用研究.广西科学,(4):316-319.

陈全斌,苏小建,沈钟苏,2006.罗汉果叶黄酮抗氧化能力研究.食品研究与开发,(10):189-191.

陈全斌,杨建香,程忠泉,等,2006.罗汉果叶黄酮甙的分离与结构鉴定.广西科学,(1):35-36,42.

陈全斌,杨建香,义祥辉,等,2006.罗汉果叶中黄酮甙元的研究.广西植物,(2):217-220.

龚丽,常伟,黄湛,等,2013.橄榄油中角鲨烯的提取与检测.食品与发酵科技,49(5):72-74.

何安乐,熊瑶,陈明明,等,2022.保健型罗汉果糖开发及清咽功能研究.企业科技与发展,(4):21-25.

和卫宾,2013.罗汉果叶黄酮对力竭性运动大鼠免疫功能的影响.广西师范大学.

扈芷怡,卢凤来,赵立春,等,2024.罗汉果根的生物活性及化学成分.吉林农业大学学报,46(1):72-77.

蓝群,金晨钟,莫亿伟,2018.罗汉果块根粗提取物抗氧化及抑菌能力.北方园艺,(10):144-149.

梁成钦,苏小建,徐庆,等,2007.罗汉果蛋白酶水解大豆蛋白研究.食品工业科技,(12):148-149,152.

梁英,朱志仁,潘英明,等,2010.罗汉果叶总黄酮的提取及清除自由基活性研究.食品科技,35(11):211-213,218.

卢凤来,苏永文,刘幼娴,等,2013.响应面分析法优化超声提取罗汉果茎叶总黄酮的方法.食品科技,38(11):217-220.

莫凌凌,李典鹏,2009.罗汉果花中黄酮苷类化合物的抗氧化活性研究.现代食品科技,25(5):484-486.

彭成海,陈盛芳,施昊卿,等,2019.罗汉果花醇提物的抗氧化降血糖研究.食品科技,44(10):246-250.

彭小列,黄敏,刘世彪,等,2015.罗汉果块根的营养成分分析.中国林副特产,(1):16-17.

饶荣,2012.罗汉果的果实与其茎叶提取物质量分析及药效学比较研究.湖北中医药大学.

史宏志,刘国顺,1998.烟草香味学.北京:中国农业出版社.

斯建勇,陈迪华,沈连钢,等,1999.广西特产植物罗汉果根的化学成分研究.药学学报,(12):918-920.

苏小建,梁成钦,何星存,等,2007.罗汉果蛋白酶的提取方法比较.食品工业科技,(2):157-159,162.

苏小建,秦少艳,李敏,等,2010.罗汉果蛋白酶对酒糟中蛋白质的水解作用研究.安徽农业科学,

38(36): 20743-20745.

孙嘉忆, 孙佳祺, 李和平, 等, 2022. 两步高速逆流色谱法分离罗汉果根中的化学成分. 中成药, 44(12): 3885-3889.

谭洪盛, 马俊飞, 陈全斌, 2012. 罗汉果花中槲皮素和山奈酚含量的测定. 广西科学, 19(1): 69-70, 73.

汤桂梅, 2002. 罗汉果块根有效成份的分离研究. 桂林: 广西师范大学.

汪洪涛, 李清光, 薛珂, 2019. 罗汉果花提取液对鲜切苹果保鲜效果的影响. 食品工业, 40(12):89-93.

王慧娟, 2022. 罗汉果根抗肿瘤活性成分研究. 北京协和医学院.

王金凤, 马改霞, 陈俊红, 等, 2023. UPLC-Q-TOF-MS 分析罗汉果叶醇提物中化学成分. 中国现代应用药学, 40(3):328-334.

王雪芬, 卢文杰, 陈家源, 等, 1996. 罗汉果根化学成分的研究(Ⅰ). 中草药, (9):515-518.

王雪芬, 卢文杰, 陈家源, 等, 1998. 罗汉果根化学成分的研究(Ⅱ). 中草药, (5):293-296.

王雅静, 2022. 罗汉果茎化学成分与抗氧化活性研究. 湖南农业大学.

韦忠孙, 龙永诚, 马剑霜, 等, 2014. 罗汉果产业废弃物的研究与综合利用. 企业科技与发展, (12): 20-21.

岳才军, 何彦平, 阮洪生, 等, 2010. 苋菜培养细胞中角鲨烯的提取与含量测定. 安徽农业科学, 38(10): 5104-5105.

张彩霞, 戎敢, 张志刚, 2013. 罗汉果花中黄酮的提取及结构表征. 光谱实验室, 30(3):1389-1394.

张妮, 魏孝义, 林立东, 2014. 罗汉果叶的化学成分研究. 热带亚热带植物学报, 22(1):96-100.

张卓睿, 孙广仁, 段秀岩, 等, 2016. 响应面法对罗汉果花总黄酮超声波提取工艺的优化. 湖北农业科学, 55(6):1518-1522, 1525.

郑小嘎, 韦绪伦, 李继峰, 等, 2006. 罗汉果浸膏挥发性成分分析及在卷烟中的应用. 烟草科技, (9):43-45.

周莉, 2011. 罗汉果茎叶总黄酮提取纯化工艺及其质量分析研究. 湖北中医药大学.

周莉, 吴和珍, 赵勋臣, 等, 2010. 罗汉果茎、叶及其提取物中总黄酮的含量测定. 中国医药指南, 8(17):65-66.

Li D P, Elaasr M, Ikeda T, et al., 2009. Two new cucurbitane-type glycosides obtained from roots of *Siraitia grosvenori* SWINGLE. Chem Pharm Bull (Tokyo), 57(8): 870-872.

Lu F L, Sun J Y, Jiang X H, et al., 2023. Identification and Isolation of α-Glucosidase Inhibitors from *Siraitia grosvenorii* Roots Using Bio-Affinity Ultrafiltration and Comprehensive Chromatography. Int J Mol Sci, 24(12): 10178.

Si J Y, Chen D H, Tu G Z, 2005. Siraitic Acid F, a New nor-Cucurbitacin with Novel Skeleton, from the Roots of *Siraitia grosvenorii*. J Asian Nat Prod Res, 7(1):37-41.

Ying L, Shihao Z, Yingjie H, et al., 2020. Systematic characterization of flavonoids from *Siraitia grosvenorii* leaf extract using an integrated strategy of high-speed counter-current chromatography combined with ultra high performance liquid chromatography and electrospray ionization quadrupole time-of-flight mass spectrometry. J Sep Sci, 43(5):852-864.

第十章

罗汉果标准与知识产权分析

第一节　罗汉果产业标准体系建设情况

一、罗汉果产业标准起源

罗汉果作为一种具有悠久应用历史和广泛药用价值的药食同源植物，在唐代被发现，成名于五代十国时期，扬名于南宋时期。罗汉果的药用价值，直到清朝才因产量有所提升而有了文献记载。1932年，在李宗仁将军的倾力协助下，罗汉果被首次记载于《岭南采药录》，这一记载成为罗汉果标准的雏形，从而敲开了罗汉果进入中医界的大门。1959年，罗汉果被《广西中药志》收录，1977年被收载于《中国药典》，罗汉果拥有了一个正式的药品标准。在食品应用方面，最早的标准是2003年颁布的《罗汉果》（NY/T 694—2003）（现由 NY/T 694—2022 罗汉果代替），随后，相继有《原产地域产品 永福罗汉果》（DB45/ 191—2004）、《地理标志性产品 永福罗汉果》（GB/T 20357—2006）等标准颁布实施，罗汉果产业标准得到了进一步完善与提升。

二、罗汉果全产业链标准建立的紧迫性与必要性

（一）提升企业竞争力

罗汉果是中国传统的药食同源特色植物，主产区广西一直将罗汉果作为地方特色农业产业和脱贫攻坚产业项目。随着《广西"十四五"罗汉果产业高质量发展专项规划》的制定和发布，以及2020年"桂林罗汉果大健康产业峰会"的召开，一系列组合拳式政策及行业导向将罗汉果产业重整升级为绿色康养产业，有望成为继甘蔗之后的第二大"甜蜜产业"。罗汉果全产业链标准体系的构建，旨在规范全产业链生产流程，减少生产环节的变异性，提高生产效率，在满足市场和消费者高标准要求的同时，降

第十章　罗汉果标准与知识产权分析

低生产成本，增强企业在国内外市场的核心竞争力。同时，统一的行业标准还可以更有效地树立企业品牌形象，增强企业整体抗风险能力，推动上下游企业协同作业，提高全产业链的运作效率。

（二）产品质量稳定管控

目前，罗汉果产业链从育种、育苗、种植到产品加工，尚缺乏统一和系统化的标准，造成品种参差不齐、种苗质量不稳定，栽培技术落后或更新慢，产品开发和生产能力差、工艺成本高、有效成分利用率低、产品结构单一且同质化严重，产品质量良莠不齐等诸多问题，严重制约着罗汉果行业的快速健康发展。当今时代，建立产业的细分标准是促进产业升级与规范化，进而增强市场竞争力以占据市场主导位置的重要手段。在此形势下，急需构建覆盖罗汉果全产业链、协调统一、运行有效的罗汉果产业标准体系，规范罗汉果育种育苗、种植、产品加工等过程，以确保罗汉果从育苗到产品的每个环节都有标可依、有迹可循，有效降低劣质产品的风险，保障消费者权益，建立和维护品牌形象。同时，标准化的生产流程有助于降低罗汉果产品生产过程中产品变质的可能性，及时处理潜在的生产风险。

（三）推动罗汉果产业发展

罗汉果全产业链标准体系的构建能够为罗汉果市场提供清晰的行为准则与导向路径，遏制行业乱象，营造公平竞争市场环境，保护消费者和企业的合法权益。明确的标准体系有助于强化产品优势，提升罗汉果在国内外市场的竞争地位，吸引更多资本入驻，联动周边产业协同发展，推动区域经济向多元化前进，打造全球知名的天然植物系列产品。尤为重要的是，标准体系的建立奠定了环保与资源高效利用生产模式的基石，以健全的标准体系为纽带和内驱力，在产业协同、技术协作中推动罗汉果产业链全面稳定地发展，促进经济、社会、环境的有效协调发展。

三、罗汉果产业标准体系现状

2015年后，罗汉果产业标准建设引起各级政府的重视，先后制定了系列的支持政策。2021年10月，中共中央、国务院印发了《国家标准化发展纲要》，为罗汉果产业标准的建设带来了有利契机。南宁海关技术中心、广西植物研究所、桂林市农业科学研究中心、吉福思公司、桂林植提协会、桂林市雁山区罗汉果协会等从事罗汉果产业的科研机构及企业积极响应，加大在罗汉果全产业链标准体系建设方面的投入，使罗汉果产业标准体系得到迅猛的发展。2015—2023年相继在现行状态的团体以上级别颁布罗汉果相关标准达35项，每年均有新的行业性标准、地方标准、团体性标准公布和实施。标准体系规划覆盖罗汉果种苗繁育、种植、初级加工、深加工及资源再利用等各级产业。如表10-1所示，在颁布实施的35项标准中，国家标准有3个，占比8.6%；行业标准2个，占比5.7%；地方标准14个，占比40%；团体标准16个，占比45.7%。从标准覆盖范围上看，种苗繁育的3个，占比8.6%；种植方面的5个，占比14.3%；罗汉果初级加工9个，占比25.7%；罗汉果深加工方面17个，占比48.6%；资源再利用方面1个，占比2.8%。除已颁布实施的标准外，据不完全统计，目前至少有16项已通过立项待发布的罗汉果产业标准（表10-2）。

表10-1　2015年后颁布的现行罗汉果产业标准

范围	编号	标准类型	标准号－标准名称	发布单位	实施日期
种苗繁育	1	地方标准	DB45/T 1968—2019《罗汉果扦插苗生产技术规程》	广西壮族自治区市场监督管理局	2019/6/30
	2	地方标准	DB45/T 1965—2019《罗汉果扦插苗质量要求》	广西壮族自治区市场监督管理局	2019/6/30
	3	地方标准	DB43/T 2303—2022《罗汉果种苗繁育与栽培技术规程》	湖南省市场监督管理局	2022/5/2
种植	1	地方标准	DB45/T 1967—2019《罗汉果花果期管护技术规程》	广西壮族自治区市场监督管理局	2019/6/30
	2	团体标准	T/GXAS 391—2022《罗汉果斑枯病综合防治技术规程》	广西标准化协会	2022/10/20
	3	团体标准	T/GXAS 478—2023《罗汉果单垄覆膜生产技术规程》	广西标准化协会发布	2023/4/30
	4	地方标准	DB45/T 2800—2023《无籽罗汉果生产技术规程》	广西壮族自治区市场监督管理局	2024/2/1
初级加工产品	1	国家标准	GB/T 35476—2017《罗汉果质量等级》	国家林业和草原局	2018/7/1
	2	地方标准	DB45/T 191—2019《地理标志产品　永福罗汉果》	广西壮族自治区市场监督管理局	2019/6/30
	3	团体标准	T/CACM 1020.110—2019《道地药材　第110部分：罗汉果》	中华中医药学会	2019/8/13

第十章　罗汉果标准与知识产权分析

续表

范围	编号	标准类型	标准号 – 标准名称	发布单位	实施日期
初级加工产品	4	团体标准	T/SZS 2846—2019《供深食品 罗汉果》	深圳市深圳标准促进会	2019/9/27
	5	团体标准	T/GXAS 260—2021《地理标志农产品 桂林罗汉果》	广西标准化协会颁布	2021/12/30
	6	团体标准	T/CACM 1374.93—2021《罗汉果规范化生产技术规程》	中华中医药学会	2021/10/15
	7	行业标准	NY/T 694—2022《罗汉果》	国家农业农村部	2023/6/15
	8	团体标准	T/SHDSGY 189—2022《罗汉果茶制备规范》	上海都市型工业协会	2022/12/21
	9	团体标准	T/DGECA 012—2023《绿色食品 罗汉果产品质量规范》	东莞市电子商务协会	2023/9/30
深加工	1	行业标准	QB/T 4810—2015《香料 罗汉果浸膏》	轻工部	2015/10/1
	2	地方标准	DB45/T 1336—2016《罗汉果甜苷工艺技术规程》	广西壮族自治区质量技术监督局	2016/6/30
	3	地方标准	DB45/T 1335—2016《罗汉果浓缩膏工艺技术规程》	广西壮族自治区质量技术监督局	2016/6/30
	4	国家标准	GB1886.77268—2016《食品安全国家标准 食品添加剂 罗汉果甜苷》	国家卫生计划委员会	2017/1/1
	5	国家标准	GB 1886.268—2016《食品安全国家标准 食品添加剂 罗汉果酊》	国家卫生计划委员会	2017/1/1
	6	团体标准	T/CCCMHPIE 1.15—2016《植物提取物 罗汉果提取物（50% 罗汉果苷 V）》	中国医药保健品进出口商会	2017/7/1
	7	团体标准	T/CCCMHPIE 1.14—2016《植物提取物 罗汉果提取物（25% 罗汉果苷 V）》	中国医药保健品进出口商会	2017/7/1
	8	团体标准	T/CCCMHPIE 1.34—2018《植物提取物 罗汉果提取物（60% 罗汉果苷 V）》	中国医药保健品进出口商会	2018/7/15
	9	地方标准	DB45/T 1966—2019《罗汉果空气能加工烘烤技术规程》	广西壮族自治区市场监督管理局	2019/6/30
	10	团体标准	T/ZWTQ-001—2019《罗汉果甜苷绿色生产工艺技术方法》	桂林市植物提取协会	2019/9/20
	11	团体标准	T/CFCA 0019—2020《罗汉果糖》	中国副食流通协会	2020/6/15
	12	团体标准	T/GXAS 257—2021《罗汉果蜜》	广西标准化协会颁布	2021/12/30

续表

范围	编号	标准类型	标准号 – 标准名称	发布单位	实施日期
深加工	13	地方标准	DBS45/ 077—2022《食品安全地方标准 罗汉果粉》	广西壮族自治区卫生健康委员会	2023/5/1
	14	地方标准	DB45/T 2689—2023《罗汉果粉生产技术规程》	广西壮族自治区市场监督管理局	2023/8/30
	15	地方标准	DB45/T 2688—2023《罗汉果蜜生产技术规程》	广西壮族自治区市场监督管理局	2023/8/30
	16	地方标准	DB45/T 2690—2023《罗汉果醋饮料生产技术规程》	广西壮族自治区市场监督管理局	2023/8/30
	17	团体标准	T/CI 169—2023《罗汉果浓缩汁加工技术规范》	中国国际科技促进会	2023/10/23
综合利用	1	地方标准	DB45/T 2733—2023《罗汉果渣发酵饲料生产技术规程》	广西壮族自治区市场监督管理局	2023/9/30

表 10-2　已通过立项待发布的罗汉果产业标准

范围	编号	标准类型	标准拟定名称
种苗繁育	1	地方标准	《罗汉果健康种苗繁育技术规程》
	2	地方标准	《罗汉果嫁接育苗技术规程》
种植	1	地方标准	《罗汉果连作栽培技术规程》
	2	地方标准	《罗汉果采收与贮运技术规程》
	3	地方标准	《罗汉果出口种植基地管理规范》
	4	地方标准	《罗汉果标准果园建设规范》
	5	地方标准	《高海拔地区罗汉果高产栽培技术规范》
	6	地方标准	《罗汉果密植高产栽培技术规程》
	7	地方标准	《罗汉果病虫害生态防控技术规程》
	8	地方标准	《罗汉果间套种生产技术规程》
	9	地方标准	《罗汉果栽培配方施肥技术规程》
	10	地方标准	《罗汉果整形修剪技术规程》

续表

范围	编号	标准类型	标准拟定名称
种植	11	地方标准	《罗汉果立架栽培技术规程》
	12	地方标准	《罗汉果喷粉式授粉技术规程》
综合利用	1	地方标准	《罗汉果茎叶提取物饲用技术规程》
	2	地方标准	《罗汉果提取渣饲用技术规程》

四、桂林罗汉果产业高质量发展存在的标准化问题（谢宏昭，2024）

（一）标准体系缺失与标准更新滞后

虽然桂林罗汉果产业已发布实施40多项标准，但多数标准发布时间较长，技术已落后于罗汉果产业高质量发展的新要求，在科学性、先进性等方面无法满足产业发展需要。如，罗汉果种苗及繁育标准子体系中，DB45/T 481—2008《罗汉果组培苗质量标准》、DB45/T 539—2008《罗汉果组培苗生产技术规程》、DB45/T 630—2009《罗汉果组培苗》3项标准严重滞后，不能很好地指导罗汉果组培苗生产，导致市场上很多组培苗出现质量问题；罗汉果栽培标准子体系中，DB45/T 407—2007《绿色食品 罗汉果生产技术规程》、DB45/T 640—2009《管氏硬皮肿腿蜂防治罗汉果愈斑瓜天牛技术规程》、DB45/T 641—2009《罗汉果根结线虫病综合防治技术规程》等标准滞后，不能很好地指导绿色食品罗汉果生产及罗汉果病虫害防治，导致罗汉果病虫发生愈来愈重，部分果园损失严重。同时，桂林罗汉果产业链条中的一些关键环节的标准尚欠缺，如罗汉果脱毒健康种苗标准、罗汉果采收及商品化处理标准子体系、罗汉果鲜果质量、等级划分及商品化处理标准、深加工产品（罗汉果饮料、罗汉果冲剂、罗汉果砂糖等）质量标准以及品牌建设标准体系等。

（二）标准体系标准宣传贯彻与实施不到位

调研发现，相关部门重视标准的制定，却忽视了标准的推广实施，多数标准没有开展宣传贯彻培训，实施不到位，导致了桂林罗汉果标准的制定和推广实施严重脱节，影响罗汉果标准化发展。譬如，许多罗汉果种植户和龙头企业技术人员并不知悉一些标准的发布情况，包括 DB45/T 1968—2019《罗汉果扦插苗生产技术规程》、DB45/T 1965—2019《罗汉果扦插苗质量要求》、DB45/T 1967—2019《罗汉果花果期管护技术规程》、DB45/T 1966—2019《罗汉果空气能加工烘烤技术规程》、DB45/T 1335—2016《罗汉果浓缩膏工艺技术规程》、DB45/T 1336-2016《罗汉果甜苷工艺技术规程》等。

（三）罗汉果干燥核心技术规范及产品功能标准有待提升

罗汉果干燥主要是微波真空干燥、空气能加工烘烤和低温冷冻干燥 3 种方式，其中微波真空干燥和空气能加工烘烤技术成熟，是企业普遍采用的干燥方式，并有 DB45/T 1966—2019《罗汉果空气能加工烘烤技术规程》标准颁布实施。然而，企业使用低温冷冻干燥技术生产的罗汉果干果成品损坏率普遍超过 40%，急需科技攻关并编制高质量的低温冷冻干燥罗汉果技术规程标准。

桂林是罗汉果的发源地，也是全国最大的罗汉果种植与生产基地，但桂林罗汉果区域公用品牌建设和公共宣传力度较为薄弱。知晓桂林罗汉果的人群主要集中在广东、广西，区域外消费人群对桂林罗汉果认知较低，对罗汉果的食用价值和药用价值知之甚少，导致相关产品在销售上存在一定的局限性，迫切需要编制罗汉果产品功能方面的高质量标准。

五、罗汉果产业标准体系建设的策略与建议（谢宏昭，2024）

（一）构建产业标准体系

结合桂林罗汉果产业高质量发展实际和标准化发展现状，充分考虑桂林罗汉果产业全过程和全要素，构建以产品为主线、以全程质量控制为核心、覆盖全过程的罗汉果产业全链条标准体系，体系共包含 8 个子体系：罗汉果产地环境和基地建设、罗汉果种苗及繁育、罗汉果栽培、罗汉果采收及商品化处理、罗汉果加工、罗汉果及其加工产品质量、罗汉果及其加工产品销售、罗汉果研学和品牌建设。按照框架图 10-1 所示的罗汉果产业高质量发展标准体系，梳理与纳入现行有效的团体级别以上标准，同时纳入缺失的标准项目，编制完成罗汉果产业高质量发展标准体系标准明细表。组织相关单位对标龄超过 5 年的罗汉果相关标准开展复审修订，对已获批立项还未发布的标准及时组织制定，并组织相关单位制定《罗汉果产地环境技术条件》《罗汉果种植示范基地建设规范》《罗汉果脱毒种苗繁育技术规程》《罗汉果脱毒种苗》《罗汉果水肥一体化栽培技术规程》《罗汉果生产气象服务规范》《罗汉果甜苷V生产技术规程》《罗汉果代用茶生产技术规程》《罗汉果风味饮料生产技术规程》《罗汉果冲剂生产技术规程》《桂林罗汉果品牌建设指南》等一批缺失且急迫的标准。

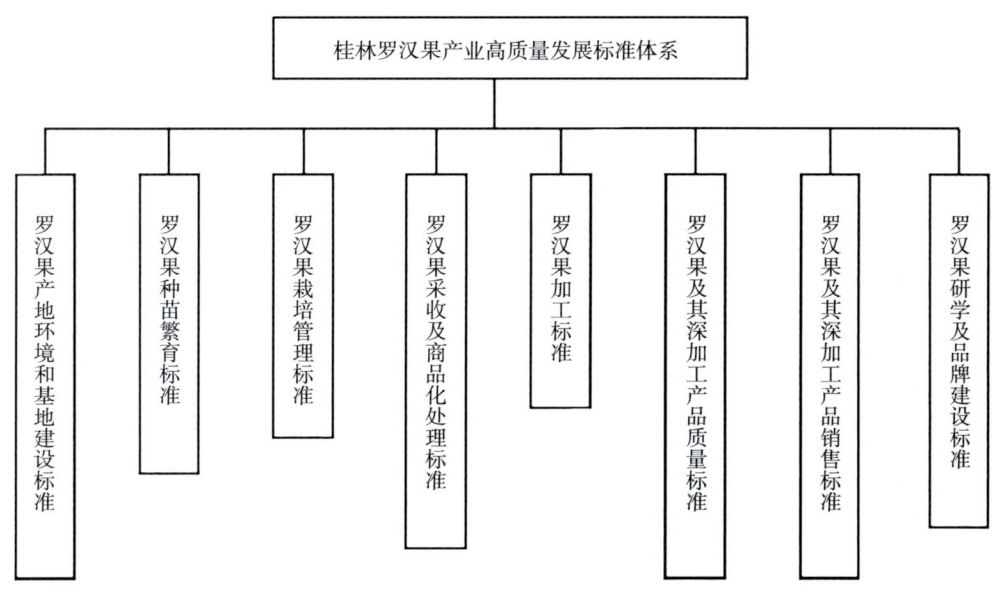

图 10-1　桂林罗汉果产业高质量发展体系框架

（二）提高罗汉果产业标准实施率和贡献率

实施罗汉果标准化，制定标准是前提，推广实施标准是关键。要促进罗汉果种植户及相关企业重视标准，形成学标准、识标准、用标准的工作意识和习惯，在种植、加工、商品化处理等方面，积极引用和实施标准，发挥标准在促进罗汉果产业高质量发展的独特作用。利用会议、论坛、新媒体等多种形式，组织专家对重要标准开展标准宣传、解读、培训等工作，普及 DB45/T 1968—2019《罗汉果扦插苗生产技术规程》、DB45/T 1965—2019《罗汉果扦插苗质量要求》、DB45/T 1967—2019《罗汉果花果期管护技术规程》、DB45/T 1966—2019《罗汉果空气能加工烘烤技术规程》、T/GXAS 391—2022《罗汉果斑枯病综合防治技术规程》、DB45/T 1335—2016《罗汉果浓缩膏工艺技术规程》、DB45/T 1336—2016《罗汉果甜苷工艺技术规程》等标准，提高标准的实施

罗汉果
全产业链关键技术研究与应用

率和贡献率,以高质量标准赋能罗汉果产业高质量发展。

(三)树立罗汉果一二三产业标准化试点示范标杆

一是打造罗汉果标准化种植示范区,推行罗汉果从育苗、栽种、田间管理、病虫害防治、采收、商品化处理、产品质量检测等全过程标准化生产,提高罗汉果产品的质量和产量,创建一批罗汉果种植农业标准化示范区,辐射带动罗汉果标准化种植。二是打造罗汉果加工企业标准化良好行为试点,引导罗汉果干果及深加工企业建立涵盖实现标准体系、基础保障标准体系和岗位标准体系三大子体系的标准体系并有效运行,确保罗汉果系列产品生产、经营等各个环节实现全过程标准化管理,实现其内部协调发展、市场竞争力、企业管理水平和企业品牌效益的显著提升。通过打造一批桂林罗汉果加工标准化良好行为标杆企业,带动提升罗汉果加工企业的标准化水平,以高水平企业标准化工作支撑桂林市罗汉果产业高质量发展。三是打造罗汉果文化旅游服务标准化示范单位,以罗汉果栽培、加工为核心,打造罗汉果文化长廊、纪念馆、文旅基地、采摘基地、研学基地等,实现罗汉果一二三产业融合发展,建成一批罗汉果文化旅游服务业标准化示范单位,打造罗汉果文旅服务品牌。

(四)实施"研发 + 专利 + 标准"桂林罗汉果区域品牌战略

1. 科技研发延长补强罗汉果产业链条

加强与高等院校及科研院所产学研用切实合作,深度挖掘罗汉果加工新技术及新产品,以"研发 + 专利 + 标准"的模式延长补强罗汉果产业链条,实现桂林罗汉果产业高质量发展,主要体现在:一是可以提高罗汉果产品的经济附加值和深加工层次,提高罗汉果产业的经济效益,将桂林的罗汉果资源优势转化为经济优势的重要途径;二是可以加强产业经济的应激能力,提高罗汉果产业的保险系数;三是增加桂林当地产业构成和发展的多元化,促进生态、经济、社会的共同发展,促进就业;四是促进各种相关产业的共同发展和提高。因此,建议开展罗汉果全产业链核心科技攻关,尤其是攻关罗汉果低温冷冻干燥技术,并制定《罗汉果低温冷冻干燥技术规程》加以推广,降低干果损坏率。同时通过招商引资,支持有实力的企业采用先进设备和工艺,开展罗汉果系列产品研发,大力开展罗汉果风味饮料、罗汉果糖果/饼干、罗汉果蜜、罗汉果茶、罗汉果代用茶、罗汉果冲剂等系列罗汉果终端产品的加工生产,以及罗汉果提取渣的饲料化利用,延长罗汉果产业链条,以标准提高产品附加值,加快罗汉果

第十章　罗汉果标准与知识产权分析

产品加工园区建设。

2. 以标准化促进桂林罗汉果系列产品营销

根据市场需求不断研发罗汉果深加工新产品，采用"研发＋专利＋标准＋市场"模式壮大市场营销力量。以龙头企业为主体，依托知名大企业和供销系统开拓区外市场，加强与粤港澳大湾区及东盟国家的对接，推进供港、供深果品基地及出口东盟国家的罗汉果基地建设，建成稳定的供应市场。加快发展网络直销、订单农业、提前认购等新型营销业态，争取销售主动权。支持电子商务发展，积极对接天猫、京东、唯品会等各类线上渠道和线下实体店，促进桂林罗汉果产品线上线下销售良性发展。通过在大中城市设立桂林罗汉果产品旗舰店，农超对接，以桂林罗汉果产业标准体系参评参展和新闻发布会等形式，不断创新营销方式，建立稳定的产销关系，拓宽桂林罗汉果销售渠道。

3. 以标准化打造桂林罗汉果区域品牌

以"研发＋专利＋地理标志＋标准"模式打造桂林罗汉果区域品牌，充分发挥"桂林罗汉果""永福罗汉果"地理标志产品优势，加强注册商标的管理，规范地理标志的授权使用，强化地理标志在罗汉果产业中的应用，提升品牌识别度。通过桂林罗汉果高质量标准体系增强区域品牌公信力，培育一批具有市场竞争力的优质罗汉果企业品牌和产品品牌，打造罗汉果品牌标准体系，扩大桂林罗汉果品牌影响力，达到品牌标准促进产业发展、产业发展反过来推动品牌标准建设的良性循环。加强罗汉果产业发展特性、消费需求等多方面的品牌战略分析，统筹制定桂林市罗汉果产业长期发展战略规划，进一步发展罗汉果品牌建设，促进桂林市罗汉果品牌升级。充分借助"互联网＋"发展机遇，打造网络品牌宣传平台，以高质量标准体系提升桂林罗汉果产品宣传力度和产品知名度，树立罗汉果在大健康领域的地位和形象，扩大桂林罗汉果市场品牌影响力。

第二节　罗汉果专利现状及趋势

近年来，罗汉果作为一种特色农产品，其独特的营养和药用价值逐渐为世人所知晓，在现代食品工业和制药领域得到了广泛关注和应用。特别是罗汉果甜苷作为天然甜味剂的成功，极大地带动了罗汉果相关专利的申请。但从行业角度来看，各企业的专利布局仍有优化的空间。本节根据国家知识产权局数据库中的信息，对目前国内罗汉果行业的专利现状及趋势做简明的分析。

一、数据来源与研究方法

本节应用国家知识产权局专利检索系统，对1999—2024年10月罗汉果相关专利信息检索。通过"罗汉果""罗汉果甜甙""罗汉果甙""罗汉果甜苷""罗汉果苷""罗汉果浓缩汁""罗汉果糖"等关键词检索，确定专利申请趋势、主要申请地，再分别就行业内重点企业（如吉福思公司、莱茵生物、华诚生物等）、重点区域的情况进行分析。

二、专利现状及趋势分析

（一）罗汉果产业专利年度申请趋势分析

由图10-2可见，截至2024年10月25日，查询到罗汉果产业相关专利申请12472件。1999—2009年，我国罗汉果产业相关的专利每年不足百件，从2010年开始申请量呈阶梯形急剧上升，到2016年达到最高的1936件。2017年开始呈下降趋势，但仍较2010年前处于高位。因专利审查公开存在一年到一年半的延迟，因此近年的申请量与数据库中查询到的结果会存在一定差异。

自 2010 年起的专利申请数量攀升主要是源于国内外市场对罗汉果甜苷的逐步认可，行业内加大了相关的研究，尤其是国内外的饮料企业大量申请了配方专利；而后续的回落属于正常的商业活动周期变化。未来为了扩大国外市场份额，各国内企业有理由加大 PCT 专利的申请力度。

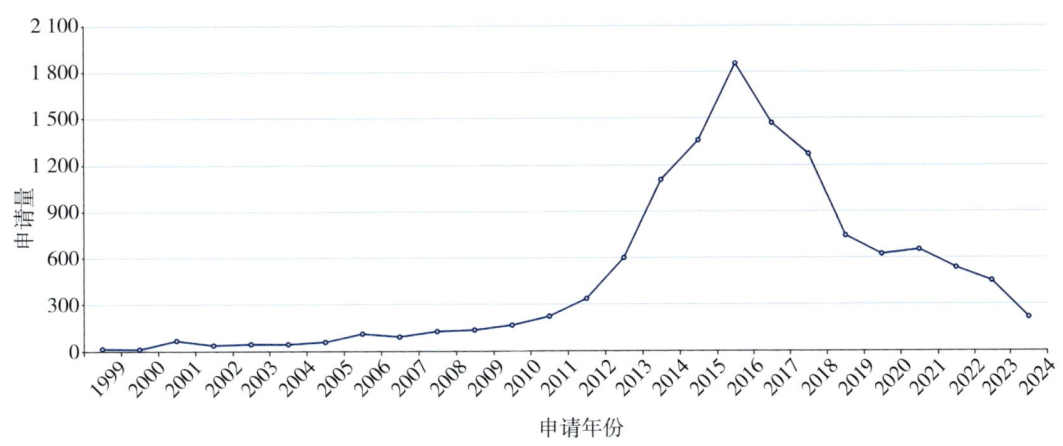

图 10-2　罗汉果产业年度专利申请数量情况

（二）国内申请专利技术分支构成分析

从图 10-3 可知，目前国内关于罗汉果的专利申请主要分布在 A23L、A61K、A61P 三类中，三者共占了 62.27%。具体来看占比最高的 A23L 类中，主要分布于 27/30——调味料；增香剂或佐料；人造甜味剂；食盐；食用盐代用品；它们的制备或处理——人工甜味剂；2/60——非酒精饮料；其干组合物或浓缩物；它们的制备——加入组分——甜味剂；总的来看，国内的专利申请内容以甜味剂的应用为主，申请量较大，其次是有关甜味剂制备方法的改进，这与国内目前行业的现状是一致的。

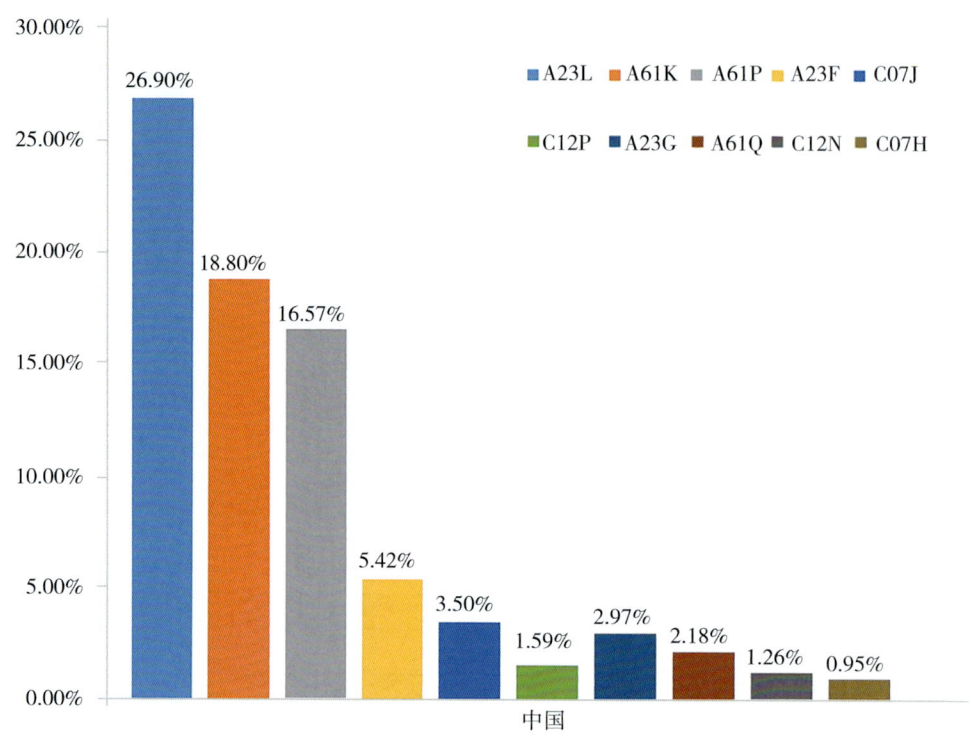

图 10-3 国内申请专利技术分支构成（按 ICP 分类统计）

注：A23L——不包含在 A21D 或 A23B 至 A23J 小类中的食品、食料或非酒精饮料；它们的制备或处理，例如烹调、营养品质的改进、物理处理；

A61K——医用、牙科用或梳妆用的配制品；

A61P——化合物或药物制剂的特定治疗活性；

A23F——咖啡、茶、其代用品；它们的制造、配制或泡制；

C07J——甾族化合物；

C12P——发酵或使用酶的方法合成目标化合物、组合物或从外消旋混合物中分离旋光异构体；

A23G——可可、可可制品，例如巧克力；可可或可可制品的代用品、糖食、口香糖、冰激凌，其制备；

A61Q——化妆品或类似梳妆用配制品的特定用途；

C12N——微生物或酶，其组合物；

C07H——糖类，及其衍生物；核苷、核苷酸、核酸。

（三）申请人分布及趋势分析

1. 申请数量分析

在罗汉果产业相关专利申请数排名前 20 位的主要申请人中（图 10-4），"桂林洁宇环保科技有限责任公司"以 200 多件申请排行第一，其次是罗汉菲、华诚公司、实力公司、可口可乐公司。此外，在罗汉果行业，专利申请的主体以企业为绝大多数；高校及学者位居其次，主要是以产学研结合的方式配合企业开展相关研究；科研机构仅拥有少量专利。总的来说，这一现状与罗汉果产品的市场规模水平相符合，未来随着有关产品的普及以及使用范围的增加，有望看到更多的高校及科研机构加入研发行列中。

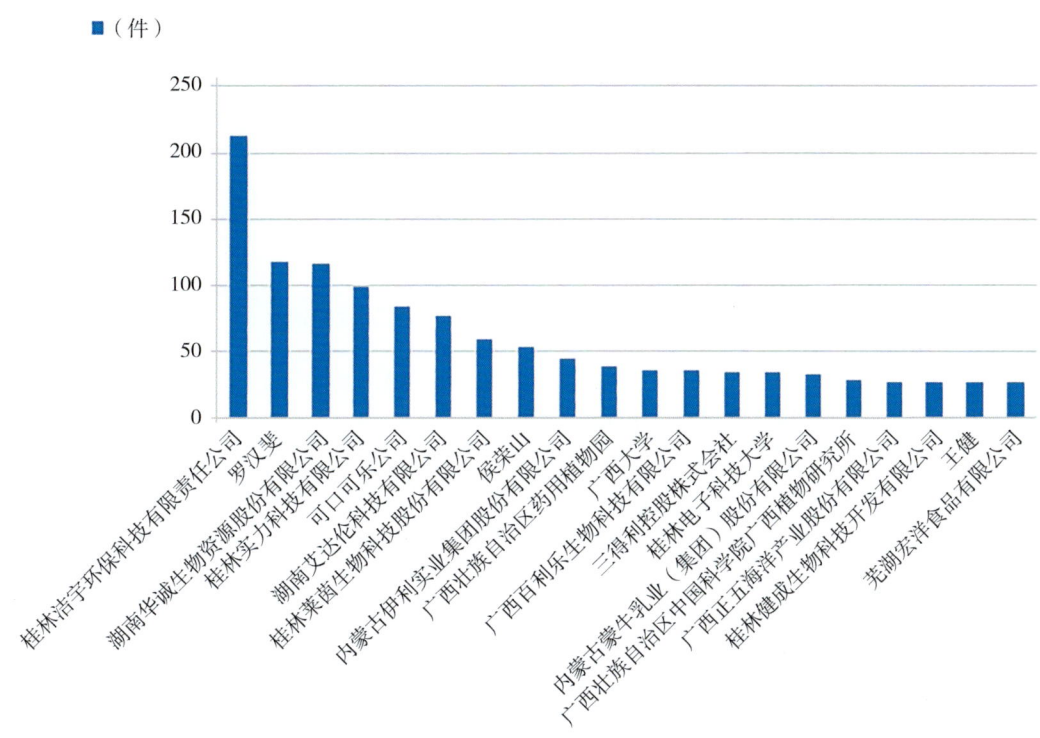

图 10-4 国内罗汉果产业相关专利申请人排名

2. 申请地区分布分析

罗汉果的种植存在明显的地域性，广西罗汉果种植面积占全国种植面积的 80% 以上。同时，优质的原料是罗汉果提取分离及精深加工行业的生命线。因此在罗汉果专利区域分布上，体现为广西较其他地区布局多、全的特点（图 10-5）。目前，广西企业特别是吉福思公司、莱茵公司等，对罗汉果研究力度不断加大，已初步形成"产学研"相结合的研究体系，预测未来在罗汉果专利申请和布局方面会持续增大。

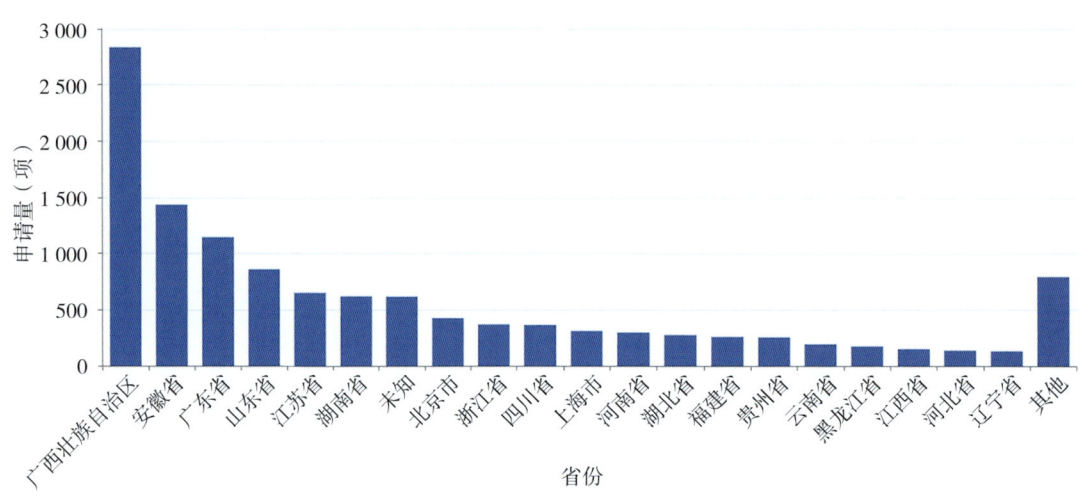

图 10-5 中国罗汉果产业相关专利地区分布情况

（四）国内专利授权情况分析

国内专利是指在中国大陆申请或获得授权的专利。罗汉果有效专利数量在 2021 年之前呈逐年攀升趋势，2021—2023 年逐渐回落（图 10-6）。截至 2024 年 9 月 6 日，国家知识产权局以"罗汉果"为关键词检索到的有效专利为 522 项，其中发明专利 409 项、实用新型 64 项和外观设计 49 项。相较于每年的申请量，每年的授权专利仍较少。这既是不足，也是机遇，反映出整体行业的科研产出效率有待提高。

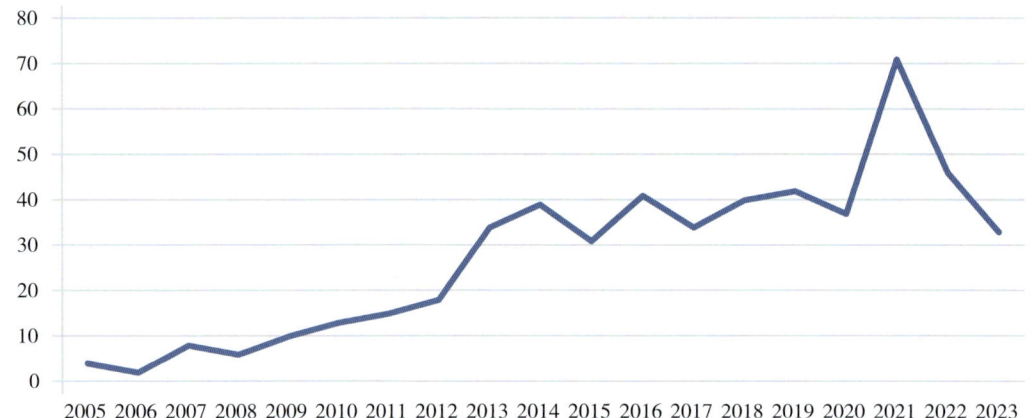

图 10-6 有效专利数量（按申请年份统计）

第十章 罗汉果标准与知识产权分析

1. 申请人有效专利数量分析

结合前文，对申请人实际持有的国内有效专利数量进行分析（图10-7），可以看到，虽然吉福思公司和桂林莱茵生物科技有限公司占据了全球罗汉果提取物80%左右的份额，但这两家企业所拥有的国内有效专利数量并不是最多的。值得一提的是，华诚公司在近年对于知识产权的投入和重视取得了一定的成效，其申请量和持有的有效专利数量均排名前列。

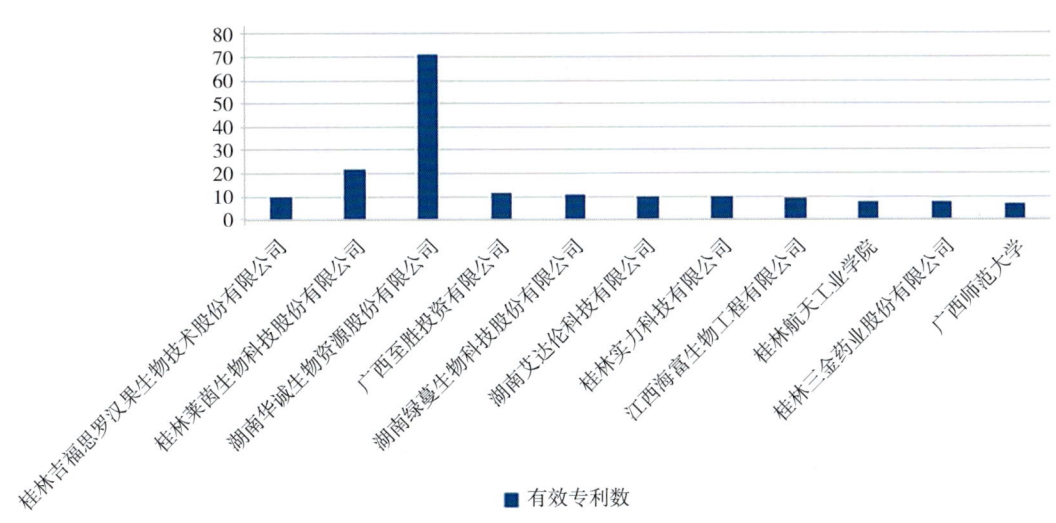

图10-7 有效专利数量（按申请人统计）

2. 有效专利地区分布分析

广西壮族自治区拥有191项罗汉果相关授权专利，在全国处于领先和主导地位。这与广西作为罗汉果的原产地和主产区，且拥有最多的罗汉果相关企业密不可分。湖南省拥有110项授权专利，该省近年来对罗汉果相关产业的发展给予了较大力度的支持。第三名为广东省，但也仅拥有32项授权专利。从第四名开始基本保持在每个省份10项有效专利左右，侧面反映出目前罗汉果在国内的使用和认知仍然存在局限，尚未取得较大的影响力。

3. 有效专利国际分布分析

截至目前，中国实体获得的授权有效专利数量为512项，占98%，处于绝对优势地位。这也是因为罗汉果目前仅能在中国大规模商业化种植的现状决定的。但由于罗汉果提取物大部分的市场需求在海外，也不断吸引着海外实体在罗汉果行业加大研发力度。目前，海外实体在我国国内获得有效专利授权的情况如下所述。

罗汉果
全产业链关键技术研究与应用

（1）美国实体

授权数量：4项。

授权时间：2015—2018年，近3年来没有在国内获得授权专利。

主要申请人：可口可乐公司、弗门尼舍公司、泰特&莱尔组分美国公司、艾洛生物系统有限公司（Elo Life Systems）等。

授权内容：可口可乐公司专利专注于罗汉果甜味剂对饮料的口味改善；泰特&莱尔组分美国公司涉及罗汉果甜苷混合物制备及去除农药残留的方法。艾洛生物系统有限公司（Elo Life Systems）的是利用基因编辑技术使西瓜生产罗汉果甜苷的方法。

（2）日本实体

授权数量：3项。

授权时间：主要在2022年。

授权内容：三得利控股株式会社、大冢制药株式会社、三荣源有限公司各持有1项，分别为《罗汉果醇糖苷的生产方法》《一种含有罗汉果提取物的饮料》《改善甜叶菊提取物甜味》的方法。

（3）瑞士实体

授权数量：3项。

授权时间：2020年。

授权内容：弗门尼舍有限公司、芬美意香料（中国）有限公司共同持有《罗汉果苷化合物及其用途专利》；埃沃尔瓦公司持有《用于生物合成罗汉果苷化合物的方法和材料》《酶促合成罗汉果苷化合物的方法和材料》2项。

（五）重点地区代表企业分析

1. 广西代表企业——吉福思公司

吉福思公司创立于2004年，是一家与新西兰维多利亚生物技术有限公司合作的中外合资企业。公司主要产品有罗汉果粉、罗汉果浓缩纯汁、罗汉果浓缩原汁，产品主要出口北美和欧洲等海外市场，已占据其一半以上的市场份额。

专利情况：吉福思公司可检索到的专利申请共有18件，主要涉及罗汉果甜汁制备工艺和罗汉果甜味剂研发，专利布局地区较广，主要销售地区均有布局同族专利。其中，关于甜汁组合物的制备方法（美国申请号：61/680,572）在中国、美国、欧洲等16个国家和地区都获得专利保护。

第十章 罗汉果标准与知识产权分析

技术布局分析：专利申请主要围绕罗汉果提取分离、罗汉果浓缩汁、罗汉果种植三大板块展开，吉福思公司国内申请数量不多，但具有极高的商业价值，且在海外充分布局，已经获得了近40多个国家、地区的专利许可。这有利于该公司参与国际市场竞争，提高自身国际品牌形象和竞争力，同时规避了侵犯他人专利等知识产权纠纷事件产生。

通过吉福思公司国内专利类型占比情况来看，该公司近期在努力获得罗汉果种植技术方面的专利，共申请了6项，这在整体行业中是比较少的，大部分公司选择的是较为简单的配方型专利，可见该公司深耕罗汉果产业的决心。其次在罗汉果浓缩汁、罗汉果提取物方面都有对应的1～2件核心专利。

2. 广西代表企业——莱茵公司

莱茵生物成立于2000年11月，在植物提取行业具有20多年的经验，业务范围较广，涉足多种植物提取物的生产，是国内植物提取行业的第一家上市公司。

专利情况：莱茵生物可检索到的专利申请共有169件。2018年有4件发明专利，是与东华理工大学、清华大学研究院、广西植物研究所等单位合作开发；与中国科学院天津工业生物技术研究所于2022年开展了新的"产学研"研究。

技术布局分析：莱茵生物授权专利中有8件罗汉果相关专利在海关做了备案，由此可见莱茵生物很重视进出口的专利保护，这与莱茵生物罗汉果相关制品主要面向国外市场有关；在PCT专利方面申请了5件，以公开情况来看，提取分离类专利申请目前还处在国际阶段，没有进入具体的国家，一旦专利技术在他国被侵权，存在不受保护的知识产权风险问题。

莱茵生物专利申请主要围绕罗汉果有效成分提取分离和食品制作加工展开。在提取专利方面，核心专利为"一种脱色、脱苦的罗汉果提取物的制备方法（CN2007100033645）"，距今已有14年，2019—2022年没有围绕该核心专利进行相关的外围专利保护。在食品制作加工方面，专利围绕终端产品罗汉果果汁（罗汉果浓缩汁）展开，同时将一种罗汉果果汁及其制备方法这项罗汉果浓缩汁专利进行PCT申请，目前已进入美国、澳大利亚等国家。

3. 湖南代表企业——华诚公司

华诚生物成立于2008年。目前，该公司主要面向海外市场生产罗汉果甜苷、罗汉果浓缩汁、罗汉果糖等产品。

专利情况：华诚生物目前可检索到的罗汉果相关专利申请共有221件，全部为发明专利，其中华诚生物罗汉果相关发明专利的申请最早出现在2008年，2016年之前申请量较少，每年申请量都在5件以下。2016年申请量开始线性增长，这与其于2016年登陆"新三板"有一定的关系。

技术布局分析：2016年以来，华诚生物的专利布局申请涵盖了种苗与种植、提取分离及精深加工、废弃物资源化利用、终端应用等方面。上游种植方法的4项专利申请时间均在2018年，之后没有种植方法方面的专利申请，而2016—2020年每年都有从提取之后的罗汉果废渣、废液中提取罗汉果甜苷以外生物活性成分及营养物质的专利申请。

此外，华诚公司的一种适用于工业生产的罗汉果提取物的制备方法（申请号：CN201410357838.6），从2018年起就开始反复被莱茵公司申请无效，目前结果是判定该专利维持有效。华诚生物市场主要是国外，但该公司目前的海外专利布局仍较薄弱，只有一项专利"一种以含谷维素的皂脚为原料制备谷维素的方法（申请号：PCT/CN2020/129370）"在海外被授权。在海外市场存在易侵犯他人权利的风险。

三、小结

罗汉果作为中国特产，目前仅分布于中国，传统产区为广西桂林，部分种植于湖南南部和江西宜春等地区，世界上少有其他国家和地区规模种植罗汉果，加上国内限制罗汉果种质资源外流，产区企业应当抓住这一特点和优势，积极对种苗和繁育技术进行研发，加强全产业链专利研发力度，拓展知识产权护城河的宽度，提升专利质量，构建专利保护群。

同时，国内的企业要密切关注海外实体的有关研究，特别是一些可能具有颠覆性的技术方法的应用情况，如艾洛生物系统有限公司（Elo Life Systems）拥有的《利用基因编辑技术使西瓜生产罗汉果甜苷》，以及可能具有较大商业潜力的应用型专利，如日本、韩国的《含罗汉果提取物和三氯蔗糖的低卡路里饮料组合物》《以罗汉果余液作为有效成分的组合物用于预防、改善或治疗炎症的方法》《含有罗汉果提取物的有机全素冰淇淋及其制造方法》《使用罗汉果的健康红薯红米奶油面包》《一种使用卡拉胶油和罗汉果油的防晒化妆品组合物》等20余项应用专利。

我国罗汉果产业目前处于快速发展阶段，为了更长远和健康的发展，有必要呼吁各企业从自身实际出发，围绕核心专利申请外围专利，形成专利保护群，完善罗汉果上下游产业链，同时加大对海外的专利布局，抢占国外市场话语权，进一步增强专利抵抗风险能力，将知识产权优势转化为切实的经济效益和竞争优势。

第十章 罗汉果标准与知识产权分析

第三节 罗汉果品牌建设情况

品牌是高质量发展的重要象征。1960年，美国营销学会（AMA）给出了对品牌较早的定义：品牌是一种名称、术语、标记、符号和设计，或是它们的组合运用，其目的是借以辨认某个销售者或某销售者的产品或服务，并使之同竞争对手的产品和服务区分开来。"品牌"是一种无形资产，是产品现代化的标志，也是提升企业核心竞争力的重要途径，是推动产业发展的重要引擎。当今的市场是品牌竞争的市场，市场上同质性的产品越多，竞争就会越激烈，品牌就成为消费者选择的重要依据。

一、罗汉果品牌的经营现状

罗汉果原产自中国，仅在中国有商业性种植。广西桂林作为罗汉果原产地，种植历史悠久，种植面积和产量占全球的85%以上，产品质量优良，已成为世界最大的罗汉果生产、加工、集散和出口基地。2023年，罗汉果全国种植面积约35万亩，年产量约30亿枚，一、二、三产业总产值超过150亿元。截至目前，罗汉果产业中有40多家罗汉果深加工企业、专业合作社和约200家的家庭农场。其中，4家为农业产业化国家重点龙头企业，建立有专业的罗汉果加工生产线，产品种类涵盖罗汉果干果、罗汉果甜苷、罗汉果风味粉、罗汉果浓缩汁、罗汉果袋泡茶、罗汉果茶膏、罗汉果零卡糖、罗汉果软糖等多元化品类（表10-3）。这些产品不仅提升了罗汉果的附加值，更推动了当地一、二、三产业的深度融合发展。

为进一步加强罗汉果产业与品牌建设，2021年1月底，广西壮族自治区8部门以《中华中医药学会道地药材标准》为基准，以"三代本草，百年历史"为原则，坚持道地性与临床应用相结合，坚持独特性与先进性相结合，联合发文公布10味"品质佳、疗效好、知名度高、文化底蕴深厚"的广西道地药材品种，简称"桂十味"，分别是：

肉桂（含桂枝）、罗汉果、八角、广西莪术（含桂郁金）、龙眼肉（桂圆）、山豆根、鸡血藤、鸡骨草、两面针、广地龙。

表10-3　罗汉果深加工的知名企业及其相关产品

企业名称	主营产品
吉福思公司	罗汉果甜苷系列、罗汉果浓缩汁系列、罗汉果风味粉系列、罗汉果茶膏、罗汉果原浆、罗汉果零卡糖等
莱茵公司	罗汉果提取物、甜叶菊提取物、罗汉果啤酒等
华诚公司	罗汉果甜苷、罗汉果浓缩汁、罗汉果糖等
湖南绿蔓生物科技股份有限公司	植物提取物、天然甜味剂（含罗汉果甜苷）、罗汉果甜苷复配糖
桂林实力华顿罗汉果有限公司	罗汉果健康品、罗汉果提取物、罗汉果低血糖指数营养健康品等
桂林市三棱生物制品有限公司	罗汉果甜苷、罗汉果提取物、罗汉果饮料

二、罗汉果品牌的宣传推广现状

（一）罗汉果认知演化

品牌认知度是衡量消费者对品牌内涵及价值的认识和理解度的标准，是品牌资产的重要组成部分，也是市场竞争力的一种体现。目前，我国南方大众对罗汉果的认知普遍停留在其润肺止咳、清咽利嗓的传统药用上，但其相关产品与同类型产品如枇杷膏、梨膏等相比仍有很大差距。而北方大众对罗汉果、罗汉果的应用和品牌知之甚少。2020—2021年关于"罗汉果"的百度指数地域分布统计发现，国内广东地区网民最关注罗汉果的相关信息，是第二名山东地区的一倍以上，一定程度上反映出"罗汉果"在全国范围内的相对较低的消费者认知度现状。

近年来，随着天然代糖、减糖概念的兴起，低糖、降糖、无糖已经成为不可逆转的健康需求，而对人工代糖的安全性忧虑进一步加速天然代糖产业的快速崛起。罗汉果提取物作为继甜叶菊之后的另一天然代糖新宠，逐步由传统中草药角色转换为安全的甜味剂，整体市场处于快速增加阶段。目前，全球市场中已经有8 000多种产品使用

第十章　罗汉果标准与知识产权分析

到罗汉果甜苷，包括蛋白粉、餐桌糖、饮料、保健品、膳食补充剂等。在国内，如中粮糖业、太古糖业、盼盼、汇源、加多宝、妙可蓝多及奈雪的茶、柠季等新式茶饮品牌。国外如可口可乐、星巴克等都开始使用罗汉果甜苷代替蔗糖，以满足消费者对低糖或无糖产品的需求。

（二）罗汉果农产品区域品牌建设

农产品区域品牌是指在特定农业生产区域内创建的农产品品牌，包括农产品区域公用品牌和农产品企业品牌。农产品品牌建设是农业现代化发展的产物，是地域因素、区域特色等多种因素相互结合的结果，对于品牌农业的发展具有重要意义。为了提升罗汉果品牌形象和市场占有率，桂林市政府和企业采取了多项措施宣传推广罗汉果，如在电视、广播和报纸等媒体上发布广告增加品牌的曝光度；通过举办罗汉果节，建设罗汉果小镇，深入挖掘罗汉果文化内涵等，加大该产业区域公共品牌建设力度。1995年桂林市永福县被农业部命名为"中国罗汉果之乡"，2004年永福县获评为"罗汉果原产地"，打造"永福罗汉果""桂林罗汉果"等区域公共品牌。其中"永福罗汉果"于2005年获国家原产地认证和国家地理标志产品称号，2009年获"中国农产品区域公用品牌价值百强产品"，2015年获广西最具影响力十大特产榜首，并入选2019年公布的全国首批中国农业品牌目录。2021年，桂林罗汉果参加中国品牌价值评价，位列区域品牌（地理标志）组第44名，品牌价值达83.98亿元（表10-4）（https://scjdglj.guilin.gov.cn/xwdt/zwdt/202304/t20230420_2481615.html）。

经过近些年的大力开发，罗汉果的产量和品质得到极大提升，初步打响了罗汉果农产品品牌。2023年2月22日，由中国经济信息社、桂林市人民政府合作推出的"中国·桂林罗汉果产业高质量发展指数"在桂林罗汉果品牌推介暨桂林名特优农产品展示推介会上正式发布，从产业实力、发展质量、产业环境、产业效益四方面对桂林罗汉果产业进行了全面衡量，综合反映桂林罗汉果产业的发展水平和品牌影响力。具体反映在产品结构指数上，是从2016—2021年指数的年均增长率达到惊人的20.84%，2021年为257.61点，是基期的2.5倍，显示罗汉果相关产品已得到市场的广泛认可（https://baijiahao.baidu.com/s?id=1758585759100671753&wfr=spider&for=pc）。

表 10-4 罗汉果国家区域品牌建设

农产品	登记年份	登记主体	登记类别	标志保护范围
永福罗汉果	2005	桂林市永福县经济作物技术推广站	中国地理标志产品	瓜果蔬菜，广西壮族自治区永福县、兴安县、阳朔县、融安县、荔浦县等5个县现辖行政区域
桂林罗汉果	2018	桂林市经济作物技术推广站	中国农产品地理标志	桂林市阳朔县、灵川县、全州县、兴安县、永福县、灌阳县、龙胜县、资源县、平乐县、荔浦县、恭城县、雁山区、七星区、临桂区共计14个县（区）131个乡镇。地域坐标为东经109°36′50″～111°29′30″，北纬24°15′23″～26°23′30″
桂林罗汉果	2021	桂林市经济作物技术推广站	中国地理标志产品	瓜果蔬菜，桂林市阳朔县、灵川县、全州县、兴安县、永福县、灌阳县、龙胜县、资源县、平乐县、荔浦县、恭城县、雁山区、七星区、临桂区共计14个县（区）131个乡镇

（三）罗汉果企业品牌建设

在打响农产品区域品牌的同时，涌现了众多的罗汉果企业品牌。其中，吉福思公司是一家具有代表性的企业。吉福思公司一直遵循产品到哪、商标先行的原则，在30多个国家和地区注册商标近200多项次。现在，"吉福思"和"Monk Fruit Corp."等已成为国内外公认的行业知名品牌，涵盖了食品添加剂、食品原料、饮料、糖果、糕点等多个产品类别。通过参加国内外各种专业性展会，吉福思公司与世界各国客户建立了长期稳定的合作关系，使罗汉果这一中国特色农产品走向世界。2015—2017年吉福思公司与桂林市罗汉果产业联盟、桂林市罗汉果协会等单位举办"中国罗汉果节"，通过罗汉果产业科技创新论坛、罗汉果新品发布会、罗汉果产业文化展等形式，集中展示罗汉果产业文化，打造产业品牌。罗汉果行业中另一代表性企业莱茵生物立足于大健康产业近24年，高度重视品牌建设，经过多年的品牌经营与维护，公司以优质的产品质量、稳定可靠的供货体系培育形成了"莱茵"品牌。而新近以LOHANGAR'S绿果甜品牌涵盖旗下村超可乐、罗汉果无糖顺喉糖等多个产品系列，是罗汉果品牌中又一黑马。

（四）国际对罗汉果品牌的认知

据文献记载，罗汉果至少从1917年开始在美国市场上销售。1941年，Walter T.

第十章　罗汉果标准与知识产权分析

Swingle 博士记录罗汉果出口到美国和其他海外国家，当时常被用作"清凉饮料"或"清凉茶"的主要成分，或与猪肉一起烹调。1941 年，Swingle 将"罗汉果"的鉴定结果发表在 Journal of the Arnold Arboretum 杂志上，也是关于罗汉果的论文第一次发表在美国杂志的记录，罗汉果正式进入到国际大众的视野。但由于罗汉果在很长一段时期都作为一种配方药材，其成分研究一直未能引起国内外学者的关注。

20 世纪 70—80 年代，研究者们确定了罗汉果甜苷（特别是罗汉果苷 V）为罗汉果的甜味来源。如今，消费者对罗汉果甜味剂的高认知度，来自它在清洁标签上的优势，罗汉果一般以罗汉果提取物、罗汉果粉、罗汉果汁等形式添加到食品或饮料中，可直接标注为"罗汉果 / 罗汉果提取物"（monk fruit /monk fruit extract），作为食品中的天然原料，不受添加量的限制，因此在北美有机天然食品饮料中，罗汉果的使用率很高。2022 年 4 月 26 日，New Hope Network 的 NEXT Date and Insight 团队在 Suzy 调查平台的支持下，对北美 1 000 名消费者进行了调查，对比消费者对蔗糖和其他 9 种甜味剂（龙舌兰、阿洛酮糖、阿斯巴甜、赤藓糖醇、罗汉果、糖精、甜菊糖、三氯蔗糖、木糖醇）的认知差异情况，发现 61% 的消费者认为罗汉果属于天然甜味剂，仅次于龙舌兰（67%），高于赤藓糖醇（14%）和甜菊糖苷（46%）。此外，根据调查显示，东南亚国家对便携、健康、纯天然的罗汉果深加工产品展现出较高兴趣，但对罗汉果企业及其产品了解不多，一定程度上反映出东南亚市场对罗汉果品牌认知较低（https://baijiahao.baidu.com/s?id=1742086922979300957&wfr=spider&for=pc）。

然而，罗汉果虽然产自中国，但罗汉果甜苷的消费市场主要集中在美国、加拿大、日本等国家和地区，亟待多方努力共建来打开国内市场。2010 年以后，美国市场上罗汉果甜苷的消费量呈现逐年增长趋势，2011 年消费量接近 20 t/ 年，2014 年超过 50 t/ 年，涨幅达 125%。SPINS 数据显示，2020 年美国市场带有清洁标签的食品饮料中，罗汉果的使用率增长了 15.7%。例如，美国 Cumberland Packing 公司在其原始品牌 Raw 系列代餐糖产品中均添加罗汉果提取物；美国乳制品公司 Prairie Farms 推出一款糖和罗汉果提取物混合而成的产品，在不影响口感的同时，能达到降糖的目的；卡夫亨氏更新 Capri Sun 配方，通过使用罗汉果浓缩物将其该果汁饮料中的糖分平均降低了 40%。

三、罗汉果品牌建设存在的问题

"罗汉果"作为区域特色鲜明的药食同源植物和区域公共品牌，其品牌建设过程应利用好其资源优势、专一化优势和差别优势。

（一）品牌规模尚未形成，市场定位模糊

目前，罗汉果品牌规模小、产品知名度低，缺乏准确的市场定位，直接影响了特色产业的规模化发展。许多生产者或经营者往往更关注短期的产量和销量，而忽视了品牌对于提升产品附加值和增强市场竞争力的重要作用。虽然近年涌现出吉福思公司、莱茵公司、湖南华诚生物资源有限公司等罗汉果企业创立的自主品牌，打造出一定的市场知名度，但现有罗汉果品牌多为罗汉果干果、罗汉果甜味剂等产品，品牌名称相似度高，个性不突出，缺乏独特的卖点和辨识度。特别是深加工产品或其他功能性产品、高附加值产品少，甚至一些产品只是使用了罗汉果的概念。

而要打造国内外知名品牌，罗汉果还存在一些问题，一是罗汉果在市场中的定位模糊不清，缺乏明确的目标市场和消费者群体，导致品牌难以在消费者心目中建立起明确的认知和印象。二是国际知名品牌的打造需要建立国际化的产品标准，目前罗汉果产业在这方面尚是空白。三是大健康理念越来越被人们重视和认同，但罗汉果现阶段产品主要是以食品添加剂为主，仅作为原料来源之一，高附加值产品匮乏，与大健康类型的功能产品相距甚远。四是相关品牌方在销售和使用过程中，因诸如产品宣传法律规范、科学研究不足等因素限制也很少主动将罗汉果作为产品的主要卖点进行宣传。

（二）品牌推广方式单一，市场教育进展缓慢

切实有效的营销宣传与产品推广是提高农产品品牌意识、提升中药材品牌知名度的有效手段，影响产品品牌竞争力的持久性。罗汉果作为药食同源资源虽然有着悠久的应用历史，但推广流传大多靠民间经方，近10年才开始品牌推广。当前，罗汉果的宣传推广主要依赖于传统媒介，如电视广告、报纸、杂志和户外广告牌、展会等。虽然这些渠道在某些情境下仍然具有一定的有效性，但它们已不足以满足当前数字化时代的需求。现代消费者越来越多地活跃在互联网和社交媒体上，这需要品牌采取更多元化的宣传方法以适应市场变化。然而，随着国家对广告管理的进一步规范化，罗汉果品牌建设将遇到更多的挑战。

（三）品牌形象不突出，缺乏完善的服务和支撑体系

品牌形象就是指品牌个性，它是由多种因素混合在一起构成的，一个塑造鲜明的品牌形象，能够建立起商品与消费者情感需求之间的关系，让消费者觉得品牌形象与其自我认知相吻合，符合自我期望，进而产生认同与偏好。如，提起可口可乐，就想到饮料，提起"万宝路"就使人想到香烟。当前，罗汉果公共品牌缺乏统一的品牌形象、管理制度和标准。提起罗汉果，消费者会想到中药材，想到长寿老人，还是想到减肥产品？目前，整体罗汉果的品牌形象是模糊的。

在品牌化建设的过程中，还有很重要的一项内容——品牌保护和管理体系的建设，也就是对品牌形象的维护。在电商直播的浪潮下，不少新农人与企业将目光放到了线上销售平台，在抖音、快手、微信视频号等平台上线展示、即时互动、体验式讲解，快速带动了罗汉果及其产品销售。然而，销售平台门槛低，电商主播文化水平有限，部分网络达人在介绍罗汉果产品时缺乏专业性、准确性，未能将罗汉果的纯天然、健康、专业的品牌形象建立起来。

四、罗汉果品牌建设的建议

（一）高位统筹，精准定位

1. 加强政府引导，做好罗汉果产业顶层规划

品牌建设是一项系统工程，需要加强顶层设计，谋划渐进式推进。健康消费趋势给罗汉果产业带来全新机遇，建议由政府牵头，多部门联动，引进国内或国外知名的品牌战略咨询顾问，对罗汉果产业进行全面战略分析，从消费心智、产业发展特性、产品特征等方面出发，统筹制定罗汉果产业品牌建设发展战略规划，明确品牌的定位。以区域公用品牌建设为核心、产品品牌建设为重点，企业品牌建设为支撑，加快构建罗汉果品牌体系，使品牌覆盖全产业链，增强罗汉果品牌市场竞争力。

2. 强化品牌支撑体系，推动乡村特色产业发展

完善市场价格调控机制，统筹兼顾种植农户利益，鼓励农业龙头企业制定合理的价格标准参照体系，并加大种植农户培训力度，提高农户科学文化素质；引导和鼓励种植农户组成专业合作社，增强种植户单独抗风险能力以及对市场的判断能力。加强

罗汉果
全产业链关键技术研究与应用

专业市场和信息服务平台的资源调配，要尽快建立面向特色农产品主产乡镇村、种植农户的农业信息服务发布系统，合理引导种植农户、企业和市场预期。

（二）加快提升罗汉果品牌增值能力

罗汉果产业本身的故事挖掘还不够充分，在记忆和传播方面未得到有效推广。通过地理品牌产品在客户群体中的知名度、美誉度和忠诚度等方面的市场容量特性，以提高地方市场盈利水平为宗旨，通过运用多种品牌的宣传推广手段，以及现代化的品牌传播途径，增强罗汉果市场影响力，实现与提高区域品牌的市场经济价值。如建立公共品牌宣传平台，以科学研究为着力点，集中公关宣传罗汉果的"止咳祛痰、清肺养颜、抗炎降糖"等功效，让这些突出功效牢牢扎根于消费者心理，提升市场教育程度。确立罗汉果产业品牌定位以及内外部品牌矩阵投放的渠道，根据不同渠道特点，确立投放内容，使其内容相互补充。依托网络优势做好网上宣传推广，充分利用微信、微博、视频网站等平台来扩大罗汉果品牌的知名度，建立罗汉果品牌推广平台，通过产品展示、案例分析、营销活动等方式增加罗汉果曝光度，让更多人有机会了解并认识什么是罗汉果，提升品牌的知名度与美誉度。

（三）聚焦品类创新，提升市场影响力

创新是引领发展的第一动力，科技创新是培育高价值品牌的最佳路径，打造自主品牌、提升品牌价值关键在于创新。罗汉果是药食两用的中药材，从现有的罗汉果加工产品来看，以罗汉果提取物作为甜味剂制作的食品、保健品和饮料为主，少部分作为祛痰止咳类药物的主要成分，其他成分如罗汉果多糖、黄酮、甘露醇、罗汉果醇等已开展了相关研究，但尚缺乏有力的临床数据支撑，药用、保健价值没有充分开发出来，产品同质化程度高，部分产品的附加值低，市场竞争力低。因此，罗汉果品牌要想发展起来，要以科技创新为核心，全方位推进品牌创新、产品创新、管理创新、模式创新，加快突破关键核心技术和"卡脖子"技术，为品牌赋能科创力量。建议集中优势科研力量，结合企业、高校，做到产学研有效结合，聚焦罗汉果品类创新和差异化产品、技术的开发，目的是以"品牌引领市场、市场拉动需求、需求带动产业、产业促进发展"，使其产品丰富多样，满足各类消费人群的需求，包括特殊人群，从而辅助罗汉果品牌建设。

（四）强化罗汉果产品市场的规范化经营

（1）好品牌是高质量的象征，高质量是打造品牌的基础，良好的品牌和高品质是满足高端市场需求的关键。建议增加罗汉果区域品牌、公共品牌及其周边品牌品别体系、管理规范的建立，推进品牌培育、品牌管理、品牌评价等标准化建设，构建完善的品牌标准体系，开展"标准化+"行动，促进全域标准化深度发展，遴选优质的区域品牌和企业品牌作为罗汉果产业标杆。强调农产品整体性的概念，突破药食同源中药材的使用价值和局限，从而形成能够使罗汉果优质优价的效应，构建罗汉果品牌文化。

（2）完善现代农业产业品牌保护的合作机制，加强跨部门和跨区域的执法合作，严格打击品牌冒充等侵权和不正当竞争行为，政府部门应对市场上出现的品牌乱象，如以次充好、假冒伪劣、过度/夸大宣传的应予以曝光、处罚或取缔，营造良好的品牌运营环境。

（3）建立起特色农产品产业相关知识产权方面的信用体系，引进更多的知识产权服务机构、相关专业律师为乡村特色产业、企业提供更加个性化的品牌保护方案。

参考文献

谢宏昭, 黄林华. 以标准化推动桂林罗汉果产业高质量发展现状及其对策建议 [J]. 中国标准化, 2024, (10):85-90.